INTELIGÊNCIA ARTIFICIAL E APRENDIZAGEM DE MÁQUINA

CONSELHO EDITORIAL

André Luiz V. da Costa e Silva

Cecilia Consolo

Dijon De Moraes

Jarbas Vargas Nascimento

Luis Augusto Barbosa Cortez

Marco Aurélio Cremasco

Rogerio Lerner

Oscar Gabriel Filho

INTELIGÊNCIA ARTIFICIAL E APRENDIZAGEM DE MÁQUINA

Aspectos teóricos e aplicações

Inteligência artificial e aprendizagem de máquina: aspectos teóricos e aplicações
© 2023 Oscar Gabriel Filho
Editora Edgard Blücher Ltda.

Publisher Edgard Blücher
Editores Eduardo Blücher e Jonatas Eliakim
Coordenação editorial Andressa Lira
Produção editorial Kedma Marques
Preparação de texto Samira Panini
Diagramação Plinio Ricca
Revisão de texto Bruna Marques
Capa e redesenho das figuras Laércio Flenic
Imagem da capa iStockphoto

Blucher

Rua Pedroso Alvarenga, 1245, 4º andar
04531-934 – São Paulo – SP – Brasil
Tel.: 55 11 3078-5366
contato@blucher.com.br
www.blucher.com.br

Segundo o Novo Acordo Ortográfico, conforme 6. ed.
do *Vocabulário Ortográfico da Língua Portuguesa*,
Academia Brasileira de Letras, julho de 2021.

É proibida a reprodução total ou parcial por quaisquer
meios sem autorização escrita da editora.

Todos os direitos reservados pela Editora
Edgard Blücher Ltda.

Dados Internacionais de Catalogação na Publicação (CIP)
Angélica Ilacqua CRB-8/7057

Gabriel Filho, Oscar
  Inteligência artificial e aprendizagem de máquina :
aspectos teóricos e aplicações / Oscar Gabriel Filho. -
São Paulo : Blucher, 2023.
  464 p.

  Bibliografia
  ISBN 978-65-5506-620-3

  1. Inteligência artificial 2. Engenharia da
computação I. Título

23-3482   CDD 006

Índices para catálogo sistemático:
1. Inteligência artificial

A evolução das machina intelligentes *traz de volta um antigo enigma, na sua versão moderna:*

entenda-me ou devoro-te.

AGRADECIMENTOS

A Deus, criador de todas as coisas.

À minha querida esposa, Marliz Werner Gabriel, pelas muitas vezes que a procurei para me ajudar a encontrar a harmonia das palavras e a clareza dos pensamentos e ela, carinhosamente, não apenas opinava, mas me enchia de motivação para continuar escrevendo.

À minha família, que muito amo.

Obrigado, Senhor!

PREFÁCIO

A escrita deste livro iniciou no ano de 1997, na forma de uma apostila, quando aceitei o desafio de lecionar pela primeira vez a disciplina de Inteligência Artificial nos cursos de graduação em Informática e Engenharia de Computação. Naquela ocasião, preparei o material didático que foi sendo aprimorado ano a ano, por intermédio da experiência como professor, adquirida, principalmente, nas aulas teóricas e de laboratório, bem como da participação em diversos eventos nacionais e internacionais, como palestras, trabalhos em congressos, artigos em revistas, e como convidado de outras instituições de ensino superior para participação em bancas de avaliação de trabalhos de graduação e de pós-graduação.

Então, vamos começar a falar de Inteligência Artificial (IA). Desde tempos remotos, o ser humano tem procurado produzir máquinas dotadas com algum tipo de inteligência. Homero (*Ilíada*, século IX ou VIII a.C.) cita duas passagens, nas quais *Hefesto,* o famoso artífice, é descrito como o criador de máquinas-robôs. Na primeira passagem, Hefesto está construindo símiles de garçons automáticos (provavelmente carrinhos de chá) e, na segunda, ele é assistido por criadas vestidas de ouro parecendo moças de verdade, com suas falas inteligentes, eficientes e habilidosas.

Entretanto, a história da IA realmente só começou no verão de 1956, em Hanover, New Hampshire, Estados Unidos, quando um grupo de cientistas formado por John *McCarthy*, Marvin *Minsky*, Claude *Shanon* e Nathaniel *Rochester* organizou e realizou a primeira conferência sobre IA, no *Dartmouth College*. Nessa conferência foi adotado o termo Inteligência Artificial (*Artificial Intelligence*, AI), criado por John McCarthy, para o nome da nova ciência que estava surgindo.

Olhando a partir daquele ano do surgimento oficial da IA até os tempos atuais, a IA tem passado por diversos momentos, oscilando entre alguns momentos de grande entusiasmo, porém outros nem tanto assim. Numa tentativa de localizar no tempo esses momentos, objetivamente e sem se prender no rigor das datas, pode-se afirmar que o período entre 1956-1970 foi marcado por um grande entusiasmo acadêmico em busca de tecnologias baseadas na representação do conhecimento, marca registrada da abordagem simbólica, e uma das outras abordagens mais novas, a abordagem conexionista baseada no cérebro humano, numa tentativa de imitar o funcionamento do neurônio biológico, na época com aplicações voltadas para o reconhecimento de padrões ou classificação.

Infelizmente, não era o que estava por vir com o conexionismo, pois um dos idealizadores da IA, Marvin Minsky, com a coautoria de Seymour Papert, publicaram em

1969 (MIT Press, reedição expandida em 1988), um livro intitulado *Perceptrons – An Introduction to Computational Geometry*, lançando dúvidas sobre a capacidade da teoria conexionista de resolver problemas de classificação de dados que não sejam linearmente separáveis. Era o prenúncio de um período denominado de inverno da IA, quando a atenção se voltou quase totalmente para a sua abordagem simbólica. Foi tão notório o descrédito pelo conexionismo, que a IA passou a ser confundida com Sistema Especialista, principal ferramenta da IA Simbólica por muitos anos.

Foram aproximadamente 17 anos de descrença na capacidade das redes neurais resolverem problemas de separabilidade não linear, até que em 1986 surgiu o algoritmo de aprendizagem chamado de Propagação Retroativa do Erro (*Error Backpropagation*), mais conhecido como *Backpropagation*, que veio para superar as limitações apontadas por Minsky e Papert, ao apresentar um método de aprendizagem que reascendeu o entusiasmo pelas redes neurais artificiais. O termo *backpropagation* e seu uso em redes neurais foi cunhado por Rumelhart, Hinton e Williams (*Learning representations by back-propagating errors*, 1986). A partir de 1986 os holofotes se voltaram novamente para a abordagem conexionista, sem jamais perder o entusiasmo dos pesquisadores e desenvolvedores de aplicativos, até a presente data.

A partir do surgimento do algoritmo *Backpropagation*, no ano de 1986, o que hoje se vê é pouca ciência e muita tecnologia! Grosseiramente falando, têm surgido muitos algoritmos (campo fértil para empresas de desenvolvimento de aplicativos computacionais), entretanto, sem o respaldo de uma sólida fundamentação matemática. No rastro dessas aplicações, surgiram termos de época, começando por aprendizagem de máquina, passando por agentes inteligentes, redes neurais profundas, e mais recentemente está sendo bastante usado midiaticamente o termo metaverso, cunhado originalmente por Neal Stephenson, em 1992, no seu romance *Snow Crash*. Claro, recentemente metaverso está relacionado com a imersividade em ambientes virtuais, antevendo-se que as suas potencialidades futuras estão fortemente ligadas à IA. Dependerá muito daquilo que a IA será capaz de fazer para conseguir maior imersão e interatividade entre entidades reais e o ambiente virtual, e desta maneira atender algumas funcionalidades necessárias para a harmonia entre a realidade e o mundo imaginário, contando para isto com a disponibilidade, interpretação e a utilização de uma grande quantidade de dados.

Incorporar a IA no seu dia a dia vai fazê-lo, ao menos acreditar, que está olhando para a sua própria imagem. No futuro, poderá testar virtualmente a si próprio, podendo, assim, antever e avaliar as suas possibilidades no mundo real.

Deixando de lado a utopia dos avatares, ainda assim, a IA vem desempenhando um papel importante, com aplicações em várias áreas da atividade humana, desde a robotização de conversas pela rede de computadores, tradução de idiomas, instalações prediais, automobilismo, relações com o cliente, mercado financeiro, aplicações industriais, sistemas generativos e muitas outras. Aos poucos, a IA vai fazendo parte dos recursos usados para a tomada de decisão, na maioria das vezes de uma maneira transparente ao usuário, sendo que transparente significa aquilo que "existe, mas não se vê", diferentemente daquilo que é virtual, que "não existe, mas se vê".

A proposta deste livro é possibilitar ao leitor uma visão ampla da Inteligência Artificial, suas abordagens e exemplos de algumas aplicações, tudo isto sem descuidar da dimensão científica dos assuntos tratados, procurando ser consistente na apresentação da teoria e suas aplicações, como fundamento essencial para a compreensão e o desenvolvimento de novas aplicações na área da IA.

Na esperança de que o leitor esteja motivado para a IA, resta desejar uma boa leitura e, consequentemente, um bom proveito deste material, elaborado com muita dedicação.

Sugestões de melhorias e comentários serão bem recebidos.

E-mail: oscargf.ia@gmail.com

O Autor

Natal, RN, julho de 2023

LISTA DE SÍMBOLOS E ABREVIATURAS

AC	Aquisição do Conhecimento
AD	Adaptabilidade
ADR	Adaptabilidade Relativa
AG	Algoritmo Genético
AI	Inteligência Artificial (*Artificial Intelligence*)
ARX	Autorregressivo com Entradas eXógenas (*AutoRegressive with eXogeneous inputs*)
AutoML	Aprendizagem de Máquina Automática (*Automatic Machine Learning*)
BC	Base do Conhecimento
BIBO	Entrada Limitada, Saída Limitada (*Bounded Input, Bounded Output*)
Big O	Notação que indica a complexidade de um problema
CE	Computação Evolucionária
CNN	Rede Neural Convolucional (*Convolutional Neural Network*)
CRT	Tubo de Raios Catódicos (*Cathodic Ray Tube*)
DH	Distância Hamming
DP	Aprendizagem Profunda (*Deep Learning*)
E	Erro total ou global da saída da rede neural artificial
ELU	Unidade Linear Exponencial (*Exponential Linear Unit*)

EE	Estratégia Evolucionária
Exp	Potência com a base igual a $e = 2{,}71828182...$
FAM	Matriz Associativa *Fuzzy* (*Fuzzy Association Matrix*)
FAN	Função de Ativação do Neurônio
F_{av}	Função de Avaliação
FN	Falso negativo (*False Negative*)
FP	Falso positivo (*False Positive*)
$f(NET)$	Sinal de saída da função de ativação do neurônio ou Sinal de saída do neurônio
$f'(NET)$	Derivada de $f(NET)$ em relação ao NET
$g(X)$	Função discriminante
h_o	Hiperplano ótimo
IA	Inteligência Artificial
IoT	Internet das Coisas (*Internet of Things*)
KNN	K-Vizinhos Mais Próximos (*K-Nearest Neighbors*)
LLM	Modelo Grande de Linguagem (*Large Language Model*)
LMS	Método dos Mínimos Quadrados (*Least Mean Squares*)
Ln	Logaritmo natural ou neperiano (base $e = 2{,}71828182...$)
LOGIT	LO*Garitmic Probabil*ITy
MCP	Neurônio de McCulloch e Pitts
MI	Mecanismo de Inferência
MIMO	Entradas Múltiplas, Saídas Múltiplas (*Multiple Inputs, Multiple Outputs*)
ML	Aprendizagem de Máquina (*Machine Learning*)
MLP	Rede Neural Multicamadas (*Multilayer Neural Network*)
MMQ	Método dos Mínimos Quadrados (*Least Mean Squares*)
MV	Variável Manipulada (*Manipulated Variable*)
NC	Número de Camadas
NCE	Número de Cópias Esperadas
NET	Sinal de entrada da função de ativação do neurônio
NLP	Processamento da Linguagem Natural (*Natural Language Processing*)

NN	Número de Neurônios
NNARMAX	Rede Neural Autorregressiva com Média Móvel e Entradas Exógenas (*Neural Network AutoRegressive with Moving Average and eXogeneous inputs*)
NNARX	Rede Neural Autorregressiva com Entradas Exógenas (*Neural Network AutoRegressive with eXogeneous inputs*)
NNBJ	Rede Neural Box-Jenkins (*Neural Network Box-Jenkins*)
NNFIR	Rede Neural com Resposta Finita ao Impulso (*Neural Network with Finite Impulse Response* – NNFIR)
NNOE	Rede Neural com Erro na Entrada (*Neural Network with Output Error*)
NPTR	Número de Pontos de Treinamento
PCA	Análise de Componentes Principais (*Principal Components Analysis*)
PE	Programação Evolucionária
PG	Programação Genética
PID	Proporcional-Integrativo-Derivativo
PLN	Processamento da Linguagem Natural
PRE	Propagação Retroativa do Erro (*Error Backpropagation*)
PRV	Problema de Roteamento de Veículos
$P(Y\|X)$	Probabilidade de Y dado que X ocorreu
PV	Variável de Processo (*Process Variable*)
RAM	Memória de Acesso Aleatório (*Random Access Memory*)
ReLU	Unidade Linear Retificada (*Rectified Linear Unit*)
RNA	Rede Neural Artificial
ROM	Memória Apenas de Leitura (*Read Only Memory*)
RNM	Rede Neural Multicamadas
RNR	Rede Neural Recorrente
SE	Sistema Especialista
SeLU c/ Vazamento	Unidade Linear Segmentada com Vazamento (*Leaky Segmented Linear Unit* – *Leaky* SeLU)
SeLU Paramétrica	Unidade Linear Segmentada Paramétrica (*Parametric Segmeted Linear Unit* – *Parametric* SeLU)
SC	Sistema Classificador

SISO	Entrada Única, Saída Única (*Single Input, Single Output*)
SNB	Sistema de Numeração Binário
SND	Sistema de Numeração Decimal
SP	Ponto de Ajuste ou de Referência (*Setpoint*)
T	Transposta de uma matriz
TN	Negativo verdadeiro (*True negative*)
TP	Positivo verdadeiro (*True positive*)
TSK	Takagi-Sugeno-Kang
Tol	Tolerância (critério de parada do treinamento de uma rede neural artificial)
d_k	Saída desejada para a saída de ordem k
x_i	Entrada x de ordem i
y_j	Saída y de ordem j
z_k	Saída atual ou corrente de ordem k
$w_{(j,i)}$	Peso sináptico que conecta o neurônio de origem i com o neurônio de destino j
α	Coeficiente do momento
β	Declividade ou coeficiente angular (Beta)
δ	Sinal de erro retropropagado (propagado para trás) (Delta minúsculo)
Δ	Variação (Delta maiúsculo)
Σ	Somatório (Sigma)
η	Constante ou taxa de aprendizagem (Eta)
θ	Limiar de operação (*threshold*) (Teta)
∇	Gradiente (Nabla)
$\frac{\partial(.)}{\partial w}$	Derivada Parcial em relação a w (Deron)
η-Adaptativo	Método de Otimização Automática da Constante de Aprendizagem (Eta-Adaptativo)

CONTEÚDO

PARTE I – ASPECTOS TEÓRICOS

1. FUNDAMENTOS DA INTELIGÊNCIA ARTIFICIAL — 23

1.1	Introdução	23
1.2	Definição de IA	23
1.3	Como surgiu a IA	25
1.4	As abordagens da IA	26
1.5	Conceitos relacionados com a IA	27
1.6	Consumir IA	36
1.7	IA na atualidade e perspectivas	36
1.8	Conclusões	37

2. IA SIMBÓLICA — 41

2.1	Introdução	41
2.2	IA simbólica: os sistemas de símbolos físicos	41
2.3	Sistemas baseados em conhecimento	42
2.4	Lógica *Fuzzy* clássica ou lógica *Fuzzy* do Tipo 1	55
2.5	Lógica *Fuzzy* intervalar ou lógica *Fuzzy* do Tipo 2	80
2.6	Método de defuzzificação Takagi-Sugeno-Kang (TSK)	84
2.7	Conclusões	85

3. IA CONEXIONISTA — 87

3.1	Introdução	87
3.2	Modelos de neurônios artificiais	89
3.3	Modelos de arquitetura	106
3.4	Algoritmos de aprendizagem	110
3.5	Breve histórico sobre a evolução das redes neurais artificiais	131
3.6	Conclusões	133

4. RNA: ARQUITETURAS AVANÇADAS — 137

4.1	Introdução	137
4.2	Redes neurais convolucionais	137
4.3	Aprendizagem profunda	146
4.4	Conclusões	160

5. IA EVOLUCIONISTA — 163

5.1	Introdução	163
5.2	Computação evolucionária	163
5.3	Algoritmos genéticos	166
5.4	Conclusões	185

6. APRENDIZAGEM DE MÁQUINA — 187

6.1	Introdução	187
6.2	Diferença entre parâmetro e hiperparâmetro	190
6.3	Etapas da aprendizagem de máquina	192
6.4	Métodos de aprendizagem de máquina	195
6.5	Aprendizagem automática de máquina	199
6.6	Anormalidades na aprendizagem: sobreajuste e subajuste	202
6.7	Avaliação do modelo	207
6.8	As Fontes de Incerteza na aprendizagem de máquina	216
6.9	Comentários sobre as técnicas de aprendizagem de máquinas	218
6.10	Conclusões	218

7. MAIS TÉCNICAS DE APRENDIZAGEM DE MÁQUINA (1) — 221

7.1	Introdução	221
7.2	Análise discriminante linear	222

7.3	Máquina de vetor de suporte	231
7.4	Conclusões	259

8. MAIS TÉCNICAS DE APRENDIZAGEM DE MÁQUINA (2) — **261**

8.1	Introdução	261
8.2	Métodos de regressão	261
8.3	Bayes ingênuo	276
8.4	Árvore de decisão	281
8.5	K-Vizinhos mais próximos	295
8.6	Conclusões	299

PARTE II – APLICAÇÕES

9. CONTROLE FUZZY — **303**

9.1	Introdução	303
9.2	Controlador industrial PID	304
9.3	Controlador *Fuzzy* aplicado no braço de um disco rígido (HD)	307
9.4	Conclusões	312

10. PILOTO AUTOMÁTICO *FUZZY* — **315**

10.1	Introdução	315
10.2	Projeto de um piloto automático *Fuzzy*	315
10.3	Etapa de fuzzificação	318
10.4	Etapa de inferência	319
10.5	Etapa de defuzzificação: Mamdani e Takagi-Sugeno-Kang	320
10.6	Conclusões	326

11. MODELOS POLINOMIAIS DISCRETOS: SIMULAÇÃO E PREDIÇÃO — **327**

11.1	Introdução	327
11.2	Estruturas e estabilidade	328
11.3	Outra forma de obter os preditores de saída	340
11.4	Exemplo: modelagem experimental, simulação e predição	342
11.5	Resumo: estruturas e estabilidade	346
11.6	Conclusões	347

12. IDENTIFICAÇÃO E CONTROLE DE PROCESSOS INDUSTRIAIS — 349

12.1 Introdução — 349
12.2 Modelagem de sistemas — 350
12.3 Controle de sistemas industriais — 361
12.4 Conclusões — 376

13. ALOCAÇÃO DINÂMICA DE TAREFAS INDEPENDENTES — 377

13.1 Introdução — 377
13.2 Formulação do problema — 377
13.3 A solução usando algoritmo genético — 378
13.4 Conclusões — 381

14. MODELAGEM EM GRANDE ESCALA — 383

14.1 Introdução — 383
14.2 Partes de um modelo grande — 385
14.3 O transformador *(transformer)* — 391
14.4 Outras tecnologias de modelo grande (LM) — 393
14.5 Conclusões — 393

PARTE III – APÊNDICES

APÊNDICE A

Método da propagação retroativa do erro *(Error Backpropagation)* — 397

APÊNDICE B

Código Gray — 417

APÊNDICE C

Fundamentos de Matemática — 423

REFERÊNCIAS — 445
ÍNDICE REMISSIVO — 449

PARTE I
ASPECTOS TEÓRICOS

CAPÍTULO 1
Fundamentos da inteligência artificial

1.1 INTRODUÇÃO

A palavra inteligência vem do Latim, do termo *intelligencia*, originário de *intellige-re*, que é composto de *inter* = entre e de *legere* = escolha. Nesses termos, pode-se dizer que "inteligência é a capacidade de fazer boas escolhas".

A palavra artificial é usada para indicar que um determinado produto não surgiu da criação divina (Teoria Criacionista) ou da evolução natural das espécies (Teoria Evolucionista) ou até mesmo da conjugação de ambas, como cada um queira acreditar, e sim foi um produto direto da invenção humana. Especificamente no que se refere à Inteligência Artificial (IA), esta denominação se aplica quando um produto apresenta certos comportamentos ditos inteligentes, os quais são resultantes da aquisição, manipulação e aplicação de conhecimentos acerca do mundo, com o objetivo de buscar boas soluções para as questões associadas às tarefas normalmente realizadas pelos seres humanos, como classificação, predição, controle, otimização e mais tantas outras.

1.2 DEFINIÇÃO DE IA

Ainda não há um consenso do que é IA, pois existem várias definições que, de uma certa forma, definem essa área do conhecimento, as quais são aceitas seja por um grupo ou por outro de especialistas e de cientistas estudiosos do assunto. Dentre as definições existentes na literatura, destacamos as seguintes:

- Ciência multidisciplinar que tem o objetivo de prover as máquinas com a capacidade de executar tarefas que exigem a concorrência de alguma habilidade característica do ser humano, como: inteligência, criatividade, atenção, perseverança etc. No campo da Psicologia, a inteligência é caracterizada pela manifestação de uma ou mais das seguintes qualidades: aprendizagem, adaptação e capacidade de resolver problemas.

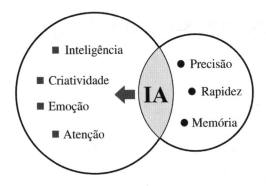

Figura 1.1 – Algumas habilidades do ser humano *versus* máquina.

A Inteligência Artificial (IA) tem o objetivo de prover as máquinas, as quais são possuidoras de precisão, rapidez de processamento e grande capacidade de armazenamento de dados (memória), com algumas habilidades próprias do ser humano -inteligência, criatividade, emoção, atenção, entre outras (Figura 1.1), com a finalidade de encontrar soluções para problemas que seriam difíceis ou até mesmo impossíveis de serem resolvidos pelos seres humanos. A seguir são apresentadas algumas definições, que sintetizam o que é IA, quais sejam:

- IA é o estudo de como fazer os computadores realizarem coisas que, no momento, as pessoas fazem melhor (Richt & Knight, 1994).
- Um dos objetivos principais da IA é encontrar modelos computacionais para os processos humanos inteligentes (Keller, 1991).

Um trabalho sobre o estado da arte foi publicado por Miller et al., em 1978, intitulado *State of the Art Report*, Fundação Sloan, Nova York, USA, com o objetivo principal de "descobrir as habilidades representacionais e computacionais da mente e sua representação estrutural e funcional no cérebro". Uma importante contribuição desse relatório foi o estabelecimento das inter-relações entre os campos do conhecimento relacionados com a IA (Figura 1.2), que ficou conhecido como o hexágono cognitivo.

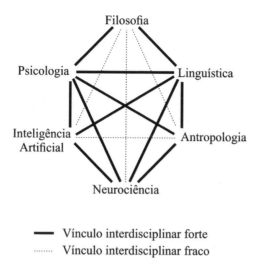

Figura 1.2 – O hexágono cognitivo (Miller et al., 1978).

A IA, antes de tudo, é considerada uma ciência cognitiva, pois está fundamentada sobre a crença de que é legítimo – na verdade necessário – postular a existência de um nível de conhecimento separado, que pode ser chamado de *representação*. Esse nível utiliza entidades representacionais, como os símbolos e suas operações, materiais normalmente encontrados entre um estímulo (entrada, em inglês *input*) e a sua resposta (saída, em inglês *output*). Além disso, ele também investiga as diversas possibilidades de combinar, comparar ou transformar as representações umas nas outras, que são os seus *processos*. O nível de representação é necessário para explicar a variedade do comportamento, da ação e do pensamento humano. Mais adiante, será visto que as abordagens ou as maneiras existentes de estudar IA, distinguem-se uma das outras exatamente pela técnica que cada uma delas utiliza no nível de representação, assim como as operações válidas que podem ser realizadas sobre esta representação.

Finalmente, não poderia deixar de registrar que a IA é uma ciência fortemente orientada a dados (*data-driven*), tanto no seu aspecto qualitativo, principalmente no que diz respeito à representatividade do espaço amostral, quanto ao seu aspecto quantitativo, devido aos seus valores estarem normalmente corrompidos por ruídos introduzidos durante a coleta de dados, realizada pelos processos de medição e aquisição de dados.

1.3 COMO SURGIU A IA

A história da Inteligência Artificial (IA) começou efetivamente no verão de 1956, em Hanover, New Hampshire, Estados Unidos, quando um grupo de cientistas formado por John McCarthy, Marvin Minsky, Claude Shanon e Nathaniel Rochester organizou e realizou a primeira conferência sobre IA, no Dartmouth College. A conferência reuniu vários teóricos da computação, sob o patrocínio da Fundação Rockefeller. Nessa conferência foi criado o termo Inteligência Artificial (*Artificial Intelligence*), por John McCarthy, para, assim, dar nome à nova ciência que estava surgindo.

Daqueles tempos até os dias atuais, a IA está repleta de promessas excitantes que, apesar de estarem frequentemente associadas à ficção científica, já possui várias aplicações práticas. Embora ainda longe de concretizar as expectativas que se nutrem acerca da IA, pode-se dizer que não é um adulto que fracassou, mas sim uma ciência jovem que está evoluindo, seguindo seu próprio ritmo e adotando regras totalmente diferentes das ciências que serviram de arcabouço para o seu desenvolvimento. Os pesquisadores de IA vislumbram para as primeiras décadas deste século XXI, uma verdadeira revolução tecnológica, advinda do emprego maciço das técnicas de IA em diversos produtos de apoio à decisão, linguagem natural, de uso pessoal e comercial.

1.4 AS ABORDAGENS DA IA

Na atualidade, o estudo da IA é realizado em 3 vertentes distintas, diferenciando-se entre si pela forma de representação do conhecimento adquirido, que pode ser por meio dos símbolos, das conexões entre os neurônios (sinapses) e dos cromossomos, dando origem respectivamente às seguintes abordagens:

1.4.1 IA SIMBÓLICA

A unidade básica representativa do conhecimento é o símbolo. Essa técnica está diretamente relacionada à Psicologia, e teve em McCarthy (1963), Minsky (1967), Newell e Simon (1976) seus trabalhos pioneiros na área da IA. Essa linha reúne diversas técnicas, entre as quais se destacam os sistemas baseados no conhecimento, cujo principal representante são os Sistemas Especialistas (SE). Também pertencente a essa classe, não se pode deixar de mencionar a Lógica Nebulosa ou Imprecisa (*Fuzzy*), desenvolvida por Lotfi A. Zadeh em 1965, que veio para modelar matematicamente o raciocínio impreciso do ser humano, permitindo uma melhor interação entre o homem e a máquina. O simbolismo é o modo natural de representação do conhecimento, ou seja, os símbolos são a forma de representar o pensamento humano e a comunicação com o mundo exterior, nas suas mais diversas formas de expressão ou de linguagem.

1.4.2 IA CONEXIONISTA

A unidade básica representativa do conhecimento é a ligação sináptica (sinapse) entre os neurônios. Tem a sua inspiração no comportamento neurológico do cérebro humano, sendo que o primeiro trabalho nesta área, intitulado *A Logical Calculus of the Ideas*

Immanent in Nervous Activity deve-se a Warren McCulloch (neurofisiologista) e Walter Pitts (estatístico), publicado em 1943. Outras contribuições que se destacaram foram dadas por Hebb (1949), Rosenblatt (1962), Rumelhart e McClelland (1986). A IA Conexionista é inspirada no funcionamento do cérebro humano e, por isso, tem nas Redes Neurais Artificiais (RNA) seu representante de grande interesse científico e aplicação na atualidade. O termo conexionista é inspirado na enorme quantidade de conexões, aproximadamente 100 trilhões de conexões ligando cerca de 20 bilhões de neurônios existentes no cérebro. Atualmente, a arquitetura de rede denominada de Rede Neural Profunda (*Deep Neural Network* – DNN), formada por muitas camadas justapostas de neurônios artificiais com funções de ativação apropriadas, podendo chegar a ter bilhões de parâmetros de treinamento (pesos sinápticos), tem despertado um enorme interesse devido a sua capacidade de aprendizagem de grandes conjuntos de dados; uma aplicação recente desta tecnologia de IA são os Modelos Grandes de Linguagem (*Large Language Models* – LLMs), usados para geração de texto, tradução de idiomas, resposta a perguntas, conversação e muitas outras atividades de linguagem natural.

1.4.3 IA EVOLUCIONISTA

A unidade básica representativa do conhecimento é o cromossomo, no qual está baseada a Teoria da Evolução natural das espécies, que tem a sua origem nos trabalhos do naturalista inglês Charles Robert Darwin (1809-1882), que desvendou os mecanismos segundo os quais os animais evoluem a partir de formas mais simples, como resultado da necessidade de melhor adaptação ao seu meio ambiente. No decorrer desse processo, vai ocorrendo uma seleção natural – a sobrevivência dos mais aptos, de acordo com as Leis de Seleção Natural, formuladas, originalmente, pelo monge austríaco Gregor Mendel (1822-1884). O principal representante dessa vertente da IA são os Algoritmos Genéticos (AG), pertencentes a uma classe de algoritmos, cuja aplicação visa resolver problemas de classificação e de otimização numérica. Recentemente, surgiram vários algoritmos inspirados no comportamento grupal de animais (Colônia das Formigas, Algoritmo de Morcego, Enxame de Partículas, Algoritmo de Polinização de Flores e outros), denominados de meta-heurísticas.

1.5 CONCEITOS RELACIONADOS COM A IA

A IA se relaciona com várias áreas do conhecimento, utilizando de seus recursos para realizar e agilizar o processo de aprendizagem, e aplicando seus resultados com o único objetivo de produzir soluções para problemas práticos de interesse.

1.5.1 CIBERNÉTICA

É a ciência que estuda as comunicações e o controle entre os organismos vivos e as máquinas – interação ser humano *versus* máquina. Abrange alguns dos temas mais atrativos do momento como: Inteligência Artificial, Realidade Virtual, Realidade Aumentada, Jogos Interativos, Rede de Computadores, Automação, Robótica etc.

1.5.2 ROBÓTICA

Homero foi o primeiro escritor a usar a ideia de robô no Livro 18, da *Ilíada* (provavelmente no século IX ou VIII a.C.). Há duas passagens, nas quais o personagem Hefesto – o famoso artífice, é descrito como o criador de robôs. Na primeira passagem, Hefesto está construindo simulacros de garçons automáticos (idealizados como carrinhos de chá) e, na segunda, ele é assistido por criadas inteligentes com poderes peculiares. Essas passagens são:

(Primeira passagem)

"Mesas de três pernas estava ele fazendo, vinte ao todo, para

Colocar ao longo da parede da sua bem construída sala. A essas ele adaptou

Rodas forjadas em ouro, pois elas iriam por si próprias ao banquete

Dos deuses, a sua vontade, e voltariam deixando todos desconcertados".

(Segunda passagem)

"Criadas vestidas de ouro prestavam grande ajuda aos senhores;

Parecendo moças de verdade, elas davam provas de aguçado entendimento

Por suas falas inteligentes, eficientes e habilidosas atuações".

O termo robô foi introduzido pela primeira vez com o significado de máquinas assemelhando-se ao ser humano, por Karel Capek, em 1921, em sua peça teatral satírica R.U.R (*Rossum's Universal Robots*). Em 1959, a Unimation lançava o primeiro robô industrial. Em 1960, McCarthy desenvolveu um computador com mãos, olhos e ouvidos. Em 1962, H. A. Ernst reportava o desenvolvimento de uma mão mecânica com sensores táteis. Em 1968, o problema cinemático de manipuladores controlados por computador foi tratado por Pieper. Hoje em dia, os robôs são universalmente empregados nas mais diferentes tarefas, inclusive em serviços baseados na comunicação de pessoas por computador (*chatbot* = *chat*ter ro*bot*, em português, conversa com robô).

Desse modo, a robótica se mostra uma ciência multidisciplinar que estuda o funcionamento dos robôs. A palavra foi inventada por Isaac Asimov, em 1942. A IA é importante para a robótica, por possibilitar uma alternativa viável para a execução de atividades com elevado grau de dificuldade, como o planejamento de tarefas e a interação com o meio ambiente para a detecção de obstáculos, a geração de trajetórias, a análise de cenas e a navegação autônoma, entre outras.

1.5.3 ESTADO, ESPAÇO DE ESTADOS E CAMINHO

Estado corresponde à situação em que um processo se encontra num determinado instante, dentro das possíveis situações que pode assumir desde seu início até o seu fim; é como se fosse uma fotografia do processo. Um processo pode se encontrar em um dos seguintes estados não excludentes: inicial, corrente, final e meta; quando o estado-final coincide com um dos estados-meta diz-se que o problema foi resolvido com sucesso.

Denomina-se *espaço de estados* o conjunto formado por todos os estados possíveis de um processo. *Caminho* é o percurso entre 2 estados quaisquer pertencentes ao espaço de estados.

1.5.4 BUSCA

Qualquer técnica que consiste em movimentar-se nos espaços de estado, percorrendo todos os caminhos possíveis, com o objetivo de encontrar uma solução para um determinado problema, que pode ser um estado (estado-meta) ou um caminho no espaço de estados.

- Um exemplo em que a solução é um estado.

O Jogo da Velha: é jogado entre 2 adversários e conquista o sucesso o jogador que conseguir ocupar primeiro as 3 casas situadas na mesma linha reta do tabuleiro de jogo, podendo ser na horizontal, vertical ou diagonal.

Exemplo: Na figura a seguir, a última coluna à direita é um estado-meta para o Usuário (U), ou seja, um estado que leva à vitória.

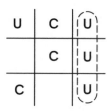

Figura 1.3 – Jogo da Velha.

- Um exemplo em que a solução é um caminho.

O Problema do Caixeiro-Viajante: um vendedor tem uma lista de cidades que precisa visitar apenas 1 vez. Há estradas ligando cada par de cidades da lista. Encontre a rota que o vendedor deverá seguir para que a distância percorrida seja a menor possível, de tal maneira que a viagem comece e termine numa mesma cidade, que poderá ser qualquer uma da lista.

Exemplo:

Tabela 1.1 – Distâncias (em km) entre as cidades A, B, C e D

CIDADE	A	B	C	D
A	0	170	180	130
B	170	0	140	80
C	180	140	0	70
D	130	80	70	0

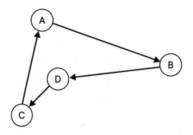

Figura 1.4 – Caminho ABDCA (Total = 500 km).

1.5.5 HEURÍSTICA

As heurísticas utilizam apenas parte do conhecimento do mundo, tanto genérico como específico, com o objetivo de encontrar uma solução para um problema difícil. O uso de heurísticas possibilita obter uma boa solução para um problema complexo, pois no mundo real raramente precisamos de uma solução ótima; uma boa aproximação normalmente será satisfatória. Em outras palavras, a heurística reduz a complexidade na solução de um problema, ajudando, assim, a encontrar uma solução aceitável.

Exemplo de uma heurística: no problema do caixeiro-viajante, pode ser usada a heurística do vizinho mais próximo; sem essa heurística estaríamos irremediavelmente presos em uma explosão combinatória.

Fundamentos da inteligência artificial

1.5.6 EXPLOSÃO COMBINATÓRIA

É assim denominado o crescimento acentuado da quantidade de alternativas que surgem na busca da solução para um determinado problema, à medida que se aumenta a quantidade n dos dados de entrada. Exemplificando com o problema do caixeiro-viajante, se há n cidades a serem visitadas, então o número total de caminhos possíveis é calculado pela fórmula (n-1)!/2. Supondo que haja 10 cidades a visitar, a quantidade de alternativas seria 181.440; caso seja aumentada apenas uma cidade a ser visitada, a quantidade de alternativas saltaria absurdamente para 1.814.400. Esse fenômeno é chamado de explosão combinatória!

1.5.7 COMPLEXIDADE DE UM PROBLEMA

A complexidade de um problema no tempo indica o grau de dificuldade para que se obtenha uma solução, tomando por base a quantidade de operações elementares executadas durante a fase de resolução do problema. Trata-se, portanto, de um conceito relativo, cuja valoração é obtida por intermédio de comparações com valores de funções matemáticas simples. Normalmente, é adotado o valor da função matemática mais próxima por excesso (ou valor próximo superior).

A notação usada para indicar a complexidade de um problema é a "big O". Por exemplo, são citadas:

$O(n^2)$ → indica a complexidade de um problema que exige, no máximo, n^2 operações elementares para se obter uma solução aceitável;

$O(n!)$ → complexidade fatorial;

$O(k^n)$ → complexidade também conhecida como "exponencialmente difícil".

1.5.8 DISTÂNCIA HAMMING (DH)

A distância Hamming (Hamming, 1950) mede o grau de *similaridade* ou *proximidade* entre 2 dados binários. Na verdade, o que é medido mesmo é o inverso, isto é, a "dissimilaridade". É definida como o número inteiro de posições em que 2 dados diferem entre si.

Exemplo: Qual a DH entre os dados 1001 e 1100? Os dados diferem nas primeira e terceira posições, a contar da esquerda para a direita, portanto, sua DH vale 2. Certamente, se os dados fossem coincidentes, sua DH seria 0 (zero).

Agora, suponha que um determinado sistema inteligente usado para reconhecimento de padrões encontre-se diante do seguinte problema: Durante a fase de captura de dados, um dos dados sofreu distorção provocada por um ruído. Sabendo-se que o dado capturado equivale a 1011 e os padrões armazenados previamente na memória do tal sistema são 0110, 1001, 0100 e 1101, pergunta-se qual destes padrões poderia ser o dado original sem distorções. Um dos critérios para resolver esse tipo de problema poderia ser a DH, ou seja, o dado original sem distorções poderia ser 1001, por apresentar a menor DH (= 1).

DADO	PADRÃO	DH
1011	0110	3
	1001	1
	0100	4
	1101	2

Na prática, a DH é calculada executando o operador booleano ou-exclusivo (XOR) entre 2 dados binários, bit a bit, e contando o número de bits 1 ocorridos no resultado.

Exemplo:

1100

$\oplus$ 1010

_____

0110 (DH = quantidade de bits '1' = 2)

O conceito de DH pode ser aplicado, por exemplo, para detecção e correção de erros na transmissão de dados, endereçamento de memória por conteúdo (*content-adressable memory*).

1.5.9 PREDIÇÃO

É o ato de prever a saída (resposta ou *output*) de um sistema usando um modelo matemático, caso lhe seja aplicada uma determinada entrada (excitação ou *input*). Os valores envolvidos podem ser numéricos ou não numéricos (categóricos), correspondendo respectivamente a um problema de regressão ou a um problema de reconhecimento de padrões (classificação). A predição certamente constitui uma das mais importantes manifestações da inteligência, juntamente com a comunicação (linguagens), campo da IA que vem causando um grande impacto na sociedade nos últimos anos, com o surgimento dos Modelos Grandes de Linguagem (LLM) (Capítulo 14).

1.5.10 REGRESSÃO

Definida como: 1) é uma técnica de predição numérica; 2) é uma técnica que utiliza os valores atuais e passados para predizer valores futuros; e 3) é uma técnica que utiliza uma ou mais variáveis de entrada para predizer o valor de uma variável de saída.

Regressão linear: quando a função matemática escolhida é uma reta.

Regressão logística: quando a função matemática escolhida é a função logística, também chamada de sigmoide unipolar.

1.5.11 RECONHECIMENTO DE PADRÕES

O que vem a ser um padrão? Rigorosamente falando, padrão significa que um determinado tipo foi definido como modelo ou referência. Então, reconhecimento de padrões significa identificar cada um dos diversos tipos existentes de um objeto (letras, números, rostos, figuras etc.), ou seja, classificar os tipos de objetos de acordo com uma determinada característica que seja de interesse. Assim, as expressões reconhecimento de padrões e classificação, para fins práticos, conduzem no mesmo resultado, portanto, serão usadas indistintamente neste livro.

1.5.12 MODELAGEM DE SISTEMAS

É o processo que tem por objetivo gerar modelos matemáticos, na forma de equações algébricas, tabelas e gráficos, que produzam respostas (saídas) tão próximas quanto desejável das respostas fornecidas pelos sistemas reais, supondo que ambos sejam excitados com as mesmas entradas.

1.5.13 MODELAGEM EXPERIMENTAL

É o processo para se obter um modelo a partir de dados experimentais, capaz de predizer o valor de uma determinada variável de interesse. As variáveis de interesse podem ser quantitativas (numéricas) ou qualitativas (categóricas), sendo que as numéricas podem ser contínuas ou discretas. As variáveis categóricas são aquelas que dizem respeito às categorias que um objeto pode pertencer, como cor (verde, amarelo, azul), funcionalidade (com ou sem defeito), velocidade (baixa, média, alta) etc.

1.5.14 ESTABILIDADE ALGORÍTMICA

É a garantia de convergência do algoritmo para uma solução aceitável. Duas condições são fundamentais para que isso ocorra: 1ª) os dados de treinamento contêm informação suficiente sobre o problema a ser resolvido; e 2ª) o algoritmo é capaz de varrer todo o espaço de entrada de dados e é baseado numa técnica de otimização.

1.5.15 ROBUSTEZ ALGORÍTMICA

É a capacidade do algoritmo apresentar um desempenho ainda aceitável, mesmo diante de ocorrências desfavoráveis.

1.5.16 SOBREAJUSTE (*OVERFITTING*)

O sobreajuste ocorre quando o modelo matemático somente responde bem às entradas usadas para o seu treinamento, não fornecendo boas respostas quando testado com outras entradas, embora todas elas pertençam ao mesmo conjunto de dados coletados. Na modelagem de sistemas, os dados coletados do sistema real normalmente são separados em dados para treinamento e dados para validação. Ao final do treinamento, é possível determinar o erro cometido. Resta agora testar o modelo recém-treinado, com o objetivo de decidir pela sua validação. Para isso, os testes são realizados aplicando novas entradas (dados para validação), e calculando o erro cometido, comparando o valor da saída do modelo (predição) com a saída real conhecida, quer seja fornecida por experimentos quer por um especialista. Enfim, o sobreajuste é detectado pela ocorrência de um pequeno erro no treinamento e um grande erro na validação, ou seja, o modelo trabalha muito bem para os dados de treinamento, porém tem desempenho insatisfatório para os dados de validação. Nesse caso, diz-se que o modelo não consegue generalizar para novas entradas, embora apresente boas respostas para as entradas de treinamento. De uma maneira grosseira, sobreajuste significa que o "modelo aprendeu muito sobre pouco".

1.5.17 SUBAJUSTE (*UNDERFITTING*)

Neste caso, diferentemente do sobreajuste (*overfitting*), o modelo "aprendeu pouco", e por isto, não tem um bom desempenho nem para os dados de treinamento nem para os dados de validação, isto é, apresenta erro elevado em ambas as situações – treinamento e validação.

1.5.18 REALIDADE VIRTUAL

É formada por ambientes em que tudo o que se vê, fisicamente não existe. Esses ambientes são totalmente criados por computadores, e são independentes do mundo real.

1.5.19 APRENDIZAGEM DE MÁQUINA (*MACHINE LEARNING* – ML)

É a área da Inteligência Artificial em que se atribui à máquina a capacidade de aprender por intermédio dos dados, ou seja, da experiência, sem a necessidade de detalhar as relações fenomenológicas existentes no problema a ser resolvido, utilizando-se para isto apenas métodos clássicos de modelagem experimental (por exemplo, o recozimento simulado) e/ou de Inteligência Artificial, sendo que estes últimos são inspirados em alguma funcionalidade do corpo humano (por exemplo, o cérebro humano) ou no comportamento característico de um grupo de animais (por exemplo, a colônia de formigas ou o voo das aves). A ML é empregada para resolver problemas de

Fundamentos da inteligência artificial

predição (regressão e reconhecimento de padrões), de modo a obter o valor de uma variável de saída, com base em modelos matemáticos que mapeiam as entradas nas saídas, de acordo com uma relação de causa e efeito bem definida entre elas.

1.5.20 APRENDIZAGEM PROFUNDA (*DEEP LEARNING* – DL)

Esta técnica é uma aplicação das Redes Neurais Artificiais, que consistem na tentativa de copiar o funcionamento do cérebro humano, como será visto mais adiante. O que justifica a denominação de Aprendizagem Profunda é a grande quantidade de camadas intermediárias da rede neural utilizada, o que vai exigir certas especificidades na configuração da rede para assegurar sua rápida convergência.

1.5.21 INTERNET DAS COISAS (*INTERNET OF THINGS* – IOT)

Consiste na utilização da Internet para interligar vários dispositivos de uma determinada área, podendo ser de natureza pessoal, residencial, predial ou industrial. A ideia é reunir todas as informações e funcionalidades dos dispositivos a serem monitorados e/ou operados a distância, por meio de em um sistema microprocessado (pulseira, telefone móvel, tablet ou computador), com o objetivo de otimizar o seu funcionamento em relação a algum atributo de interesse – conforto, segurança, eficiência etc. Apenas para dar uma visão mais clara, no caso residencial os equipamentos a serem interligados poderiam ser: iluminação interna e externa, refrigeração (geladeira, freezer e ar-condicionado), som ambiente, irrigação, segurança física e patrimonial etc.

1.5.22 INDÚSTRIA 4.0

Também é conhecida como: a 4ª Revolução Industrial. Tem como fundamento a utilização de recursos tecnológicos mais recentes (nuvem, internet de alta velocidade, rede sem fio, inteligência artificial etc.), para aumentar a operacionalidade, segurança e eficiência dos equipamentos e instalações industriais.

1.5.23 FUNÇÃO DE ATIVAÇÃO DO NEURÔNIO (FAN)

Desempenha as seguintes funções: 1) serve para definir o comportamento matemático do neurônio; e 2) estabelece qual será a contribuição individual do neurônio na formação da saída final da rede neural artificial, na busca do melhor ajuste aos padrões de entrada-saída ou somente de entrada, apresentados para o seu treinamento, como ocorre na montagem de um quebra-cabeça.

1.6 CONSUMIR IA

No que se refere à IA, o leitor pode se enquadrar simplesmente como usuário, uma classe de pessoas que precisa apenas usufruir dos produtos disponíveis no mercado e saber distinguir a qualidade daquilo que consome no seu dia a dia, ou como um profissional capacitado ou que busca capacitação para desenvolver IA, com a finalidade de fornecer produtos mais atraentes para o mercado de consumo.

Na condição de usuário, o conhecimento exigido do assunto não seria maior do que saber realmente as vantagens de possuir um produto com IA, em relação a outro produto concorrente sem IA, pela avaliação da relação custo/benefício; ou seja, basta saber se o produto vale a pena.

Por outro lado, se o objetivo é desenvolver (*development*) IA para resolver problemas do mundo real, seja pela criação de um produto ou para sua utilização dentro de um escopo mais amplo, então este texto pode ser considerado como uma introdução à IA. Nesse sentido, existem duas maneiras de implementar a IA – pela construção de equipamentos (*hardware*) e por de programas de computador (*software*).

Para implementar técnicas de IA, se a tecnologia escolhida envolver a construção de equipamentos, certamente a eletrônica é o meio de fabricação mais apropriado. Por outro lado, se o objetivo for o desenvolvimento de programas de computador irá exigir o domínio de alguma linguagem de programação, e a indicada neste caso deve ser aquela que mais se adequa aos propósitos do desenvolvedor. Aqui, o termo computador é usado de modo amplo, podendo na sua forma mais elementar tratar-se apenas de um sistema programável, por exemplo, um microcontrolador ou até mesmo um computador de grande porte. Aqui cabe registrar que o termo máquina (*machine*), de uma maneira genérica, pode ter a conotação de equipamento e/ou de um programa de computador.

1.7 IA NA ATUALIDADE E PERSPECTIVAS

A utilização da IA tem crescido muito nos últimos anos, em diversas áreas, como:

- Comércio eletrônico;
- Jogos e entretenimento;
- Análise e diagnóstico de falhas;
- Processamento da linguagem natural;
- Tradução de idiomas;
- Controle de ativos;
- Controle de processos industriais;
- Residências, prédios e cidades inteligentes;

- Serviços financeiros;
- Veículos inteligentes e muitas outras.

Essas áreas têm diversas aplicações práticas, que vão desde a segurança pública e privada até programas de computador capazes de prever o desempenho de um ativo financeiro no decorrer de um determinado tempo futuro.

Algumas tecnologias da atualidade trazem embutida a IA para ajudar a executar suas tarefas automáticas com eficiência, com o mínimo ou até mesmo sem a interferência humana. Dentre elas citamos a Internet das Coisas (*Internet of Things* – IoT) e a Indústria 4.0. O funcionamento dessas tecnologias se apoia normalmente na utilização de sensores, os quais fornecem as informações necessárias do ambiente (sinais de entrada) para as unidades de processamento, que são dotadas de Inteligência Artificial, e essas, por sua vez, atuam (sinais de saída) sobre o sistema específico, fazendo-o comportar de acordo com a maneira desejada previamente estabelecida pelo projetista.

Um dos gargalos atuais para a aceitação da IA pela sociedade de um modo geral, nas aplicações em tempo real (*online*), é a exigência de altas velocidades de transmissão (Internet) e maior capacidade de processamento de dados dos dispositivos digitais. Essas dificuldades, entretanto, estão sendo superadas, graças à implantação de Internet 5G e a viabilização técnica-econômica dos novos sistemas de processamento de dados, por exemplo o processamento distribuído, a computação em nuvem e a computação quântica, tudo isso associado ao desenvolvimento de algoritmos inteligentes mais eficientes.

1.8 CONCLUSÕES

A finalidade deste capítulo foi oferecer ao leitor uma visão geral do que se entende por Inteligência Artificial (IA), em inglês, *Artificial Intelligence* (AI), seu conceito e as formas de abordar o seu estudo, conforme a fundamentação teórica que dá suporte ao seu desenvolvimento e implementação, quer pelos equipamentos (*hardware*), quer pelos programas (*software*) de computador.

A Inteligência Artificial, assim denominada oficialmente a partir de 1956, vem sendo muito difundida na atualidade em diversos campos dos negócios (*business*), da segurança operacional e patrimonial (*security*), e de tantos outros campos de aplicação da ciência, que estão tirando proveito de algoritmos inteligentes para obter resultados mais eficientes, fazendo uso da manipulação de uma grande quantidade de dados disponíveis. Isso somente foi possível nos tempos atuais, notadamente a partir do século XXI, com o aprimoramento de antigas técnicas existentes, fazendo assim surgirem ferramentas como a Aprendizagem Profunda (*Deep Learning*), a ser tratada no Capítulo 4, e que nada mais é do que uma evolução das Redes Neurais Artificiais, diferentemente da forma como era aplicada originalmente.

Faz-se necessário registrar que o aparecimento da IA se deu com a abordagem simbólica, tendo os símbolos como armazenadores do conhecimento, com o advento dos Sistemas Especialistas. Corroborando com essa afirmação, é possível encontrar algumas obras de autores renomados tratando a IA como se fosse uma denominação específica de sistemas de raciocínio simbólico. Entretanto, a IA não contempla só a parte simbólica, pois surgiram posteriormente a conexionista e a evolucionista, e tampouco se afasta a possibilidade de surgirem novas abordagens no futuro. Ainda dentro da abordagem simbólica, não se pode deixar de mencionar a Lógica Nebulosa ou Difusa (*Fuzzy*), desenvolvida por Zadeh (1965), importante contribuição que permitiu a interação do ser humano com a máquina.

Outro fato relevante para a IA foi o surgimento de algoritmos de classificação e otimização baseados em meta-heurísticas, os quais são inspirados no comportamento coletivo de animais, como Colônia de Formigas, Voo dos Pássaros, Algoritmo dos Morcegos e muitos outros desta natureza.

Mesmo com esses avanços, nos dias atuais a impressão que se tem é que a IA pouco se desenvolveu em termos científicos nas últimas décadas, notadamente após a criação, em 1986, do algoritmo de aprendizagem conhecido como Propagação Retroativa do Erro (*Error Backpropagation*, ou simplesmente *Backpropagation*) (Anexo A), cujo desenvolvimento é creditado a Rumelhart, Williams e Hinton (Haykin, 2001), trazendo a solução para a aprendizagem de redes neurais supervisionadas com múltiplas camadas. A importância histórica do algoritmo *Backpropagation* foi bastante significativa para o ressurgimento das Redes Neurais Artificiais, isto porque foi decisivo para superar o pessimismo descrito por Minsky e Papert (1969), baseado na incapacidade de se estender a aprendizagem do *Perceptron* (Rosenblatt,1957) para redes interligadas contendo vários *perceptrons*, por ter apontado limitações sobre o que efetivamente poderiam aprender (Rumelhart, McClelland e outros – PDP *Group*, 1986), devido principalmente à inexistência na época de um algoritmo eficiente de aprendizagem.

Entretanto, a partir de 1986, com a publicação do *Backpropagation*, o entusiasmo pelo conexionismo foi retomado e, o que se observa na atualidade, é uma oferta abusiva de produtos divulgados como possuidores de IA. Basta ver a propaganda de diversos produtos oferecidos por meio dos meios de comunicação, com o atrativo de executarem serviços ou tarefas de modo inteligente. Deixando de lado os casos de exagero, a verdade é que não se pode ignorar essa tecnologia que está vindo com a proposta de facilitar as nossas vidas, nas mais diversas áreas de relacionamento e atividades do ser humano, surgindo com uma velocidade difícil de acompanhar, em determinadas situações vivenciadas no nosso dia a dia.

Resumindo: conhecer a IA tornou-se praticamente indispensável para o enfretamento de situações que surgem nas mais diversas atividades do ser humano, muitas delas caracterizadas pela necessidade de levar em conta uma grande quantidade de informações disponíveis, na busca de uma maior eficiência na utilização dos recursos. Por esse ponto de vista, a atitude adequada é ver a IA como uma aliada e encará-la

Fundamentos da inteligência artificial

como conhecimento a ser adquirido, idealmente por todos, à medida que possa ser empregada para satisfazer os seus próprios interesses – pessoal ou profissional. Mas, o tempo não muito distante vai torná-la um conhecimento útil bastante disseminado na sociedade – como dirigir um veículo ou utilizar o celular. Pode demandar algum tempo para que isso aconteça, porém a evolução é inevitável, como condição imprescindível para se desfrutar de uma vida com melhor qualidade.

Os próximos capítulos foram divididos em 3 partes. Na Parte I - Aspectos Teóricos, as vertentes da IA são apresentadas detalhadamente, iniciando pela abordagem simbólica, que utiliza os símbolos para representar o conhecimento, passando pela abordagem conexionista, que por sua vez procura imitar o funcionamento do cérebro humano e, finalmente, a abordagem evolucionista, que teve a sua inspiração nos princípios da Teoria da Evolução Natural, de Charles Darwin. Ainda dentro da Parte I, foram incluídos capítulos sobre os mais recentes avanços da IA, notadamente as arquiteturas de Redes Convolucionais e Redes Profundas (*Deep Learning*), com uma ênfase especial para a Aprendizagem de Máquinas (*Machine Learning*), em um nível introdutório, porém sem deixar de lado a sua fundamentação teórica, com extensa apresentação de exemplos ilustrativos.

A Parte I dedica seus últimos 3 capítulos para um assunto importante da IA, que atualmente vem merecendo grande atenção dos desenvolvedores e pesquisadores da área, que é a Aprendizagem de Máquina (*Machine Learning*), apresentando seus principais conceitos e técnicas.

Para não ficar restrito apenas aos aspectos teóricos, a Parte II - Aplicações apresenta algumas aplicações interessantes na área da IA, incluindo uma visão do que são os Modelos Grandes de Linguagem (*Large Language Models* - LLM), conhecidos como sistemas generativos e usados para a geração de texto e imagem, o que têm causado muitas espectativas e preocupações à sociedade. Finalmente, a Parte III - Apêndices contém complementos para auxiliar na leitura do livro, entre eles um dedicado a Fundamentos de matemática, com o objetivo de proporcionar ao leitor uma breve revisão sobre os principais conceitos utilizados na maioria dos assuntos tratados neste livro.

CAPÍTULO 2
IA simbólica

2.1 INTRODUÇÃO

As manifestações humanas de inteligência têm a sua origem no emprego dos símbolos, quer sonoros quer visuais. O conceito de símbolo não está restrito somente à sua forma, pois evoca também um contexto abstrato a ele associado. Não se deve confundir símbolo com sinal, visto que este último representa uma ação imediata, por exemplo, os sinais de trânsito. Nenhuma outra espécie animal foi capaz de se aproximar do nível de evolução de inteligência alcançado pelos seres humanos. Com essa inspiração surgiu a Inteligência Artificial Simbólica ou IA Simbólica, como uma tentativa de reproduzir os mecanismos humanos de aquisição, armazenamento e utilização do conhecimento, sendo este entendido como uma maneira organizada de descrever os fatos por intermédio de símbolos.

Atualmente, as áreas da IA Simbólica que vêm tendo maior progresso são aquelas relacionadas às aplicações que exigem algum tipo de conhecimento especializado, isto é, que não exige a utilização do conhecimento de senso comum (bom senso ou conhecimento natural). Essas áreas abrangem os sistemas classificados como Sistemas Baseados no Conhecimento (*Knowledge Based Systems*), que têm como representantes principais os Sistemas Especialistas (*Expert Systems*) e a Lógica Nebulosa (*Fuzzy Logic*).

2.2 IA SIMBÓLICA: OS SISTEMAS DE SÍMBOLOS FÍSICOS

Os cientistas Allen Newell e Hebert Simon, em 1956, criaram o primeiro programa de IA, denominado de *Logic Theoristic*, que era capaz de demonstrar teoremas não triviais da Lógica Matemática, baseando-se na utilização de sistemas simbólicos e na introdução de heurísticas. Em um trabalho apresentado em 1976, esses cientistas finalmente definiram um sistema de símbolos físicos, como:

> Um sistema de símbolos físicos consiste em um grupo de entidades chamadas *símbolos*, que são padrões físicos que podem ocorrer como componentes de um outro tipo de entidade chamada *expressão* (ou *estrutura de símbolos*). Assim, uma estrutura de símbolos é composta de um número de instâncias (ou marcas) de símbolos relacionados de alguma forma física (por exemplo, uma marca ao lado da outra). Em um determinado momento futuro, o sistema conterá uma coleção destas estruturas de símbolos. Além dessas estruturas, o sistema também contém uma coleção de *processos* que operam nas expressões para produzir outras expressões: processos de criação, modificação, reprodução e destruição. Um sistema de símbolos físicos é uma máquina que produz ao longo do tempo uma coleção progressiva de estruturas de símbolos. Tal sistema existe em um mundo de objetos mais amplo do que apenas estas próprias estruturas simbólicas.

É impressionante o papel que os símbolos desempenham no processo mental do desenvolvimento da inteligência humana. As formas mais primitivas de manifestações do pensamento humano se iniciaram com o desenho de símbolos nas cavernas e abrigos rochosos na era pré-histórica, com representação das coisas da natureza. Alguns cientistas chegam até mesmo a afirmar que a manifestação mais avançada da inteligência humana é a comunicação, a qual se fundamenta nos símbolos gráficos e sonoros.

2.2.1 A HIPÓTESE DO SISTEMA DE SÍMBOLOS FÍSICOS DE NEWELL E SIMON

Como consequência, Newell e Simon (1976, p. 116) apresentaram a Hipótese do Sistema de Símbolos Físicos, que afirma: "O sistema de símbolos físicos tem os meios necessários e suficientes para a ação inteligente em geral. "

É apenas uma hipótese, logo ela precisa ser validada empiricamente. Os computadores proporcionam um meio perfeito para essa validação, porque podem ser programados para simular qualquer sistema de símbolos físicos, desde que seja fornecido o programa tradutor (interpretador ou compilador). Newell e Simon acreditavam que os computadores podiam ser inteligentes porque processavam símbolos e ainda porque o conhecimento podia ser descrito por estruturas simbólicas.

2.3 SISTEMAS BASEADOS EM CONHECIMENTO

As pesquisas em IA demonstraram que a inteligência requer conhecimento. Em consequência, somos forçados a concluir que uma técnica de IA é um método que explora o conhecimento, o qual deve ser representado de tal forma que tenha a capacidade de:

- Fazer inferências ou generalizações; isso significa que não é necessário representar todo o conhecimento (holística) sobre um determinado fenômeno. Basta representar uma parte do conhecimento (heurística), pois uma boa técnica de IA será capaz de 'adivinhar' as outras situações não representadas, possibilitando assim a utilização de uma quantidade menor de memória;

- Ser de fácil compreensão para os usuários;

- Ser facilmente atualizado para absorver as mudanças no meio ambiente;

- Ser usado em diversas situações, dentro do seu contexto de aplicação;

- Fornecer o resultado no tempo requerido, apesar de seu grande volume de dados.

Existem vários tipos de conhecimento. Alguns são conhecimentos especializados, como os que se encontram nas bulas dos remédios ou embutidos num jogo eletrônico; outros são conhecimentos pessoais que usamos quase que inconscientemente nas tarefas do dia a dia.

Os conhecimentos são classificados em:

- Conhecimento Declarativo – Quando você vê um carro passando e o descreve a um amigo, está se baseando no conhecimento declarativo que você possui. É o conhecimento mais fácil de acumular, mas também é o mais difícil de utilizar nos computadores.

- Conhecimento Procedural – O conhecimento procedural especifica passo a passo o que fazer e quando fazer, podendo ser representado em programas de vários modos, sendo o mais comum na forma de código sobre como fazer alguma coisa. Boa parte do sucesso da IA Simbólica advém da utilização desse tipo de conhecimento. As ações para validar um cartão de ponto ou para instalar um programa de computador envolvem a execução de procedimentos.

- Conhecimento Semântico – O conhecimento semântico é o mais difícil de se capturar, uma vez que se trata de um aglomerado de conceitos e relações entrecruzadas (semântico do grego *semantikós* 'que assinala, que indica', adjetivo 1. Relativo à significação. Nesse caso, significação dos símbolos). Os profissionais da informação passam grande parte de seu tempo explorando a mente dos especialistas, para capturar o real significado de suas ideias.

- Conhecimento Episódico – Alguns dos conhecimentos sobre o mundo não foram obtidos com o estudo de fatos específicos. Pense como a sua mente divaga enquanto você dirige um carro. A atividade de dirigir está associada ao espaço e ao tempo. Dessa maneira, você consegue chegar até a sua universidade não porque tenha raciocinado de forma procedural sobre o ato de dirigir seu carro, mas porque reproduziu um conhecimento episódico acumulado. O conhecimento episódico é difícil de reconhecer e capturar devido à sua natureza pessoal e à sua tendência de estar interconectado com o conhecimento semântico.

Dentre os sistemas baseados em conhecimento, destacam-se os Sistemas Especialistas (SE) e a Lógica Nebulosa (*Fuzzy*), que serão vistos a seguir.

2.3.1 SISTEMA ESPECIALISTA (SE)

Os Sistemas Especialistas (SE) são aplicados para solucionar problemas que normalmente são resolvidos por "especialistas" humanos. Portanto, o SE é um sistema que executa uma tarefa de maneira similar ao especialista humano, este último valendo-se de seus conhecimentos adquiridos mediante estudo e/ou treinamento específico sobre um determinado assunto.

Os problemas tratados por SEs são bastante diversificados. Existem outras técnicas poderosas que são indicadas para tratamento de problemas específicos no âmbito da IA. Mas isso não significa necessariamente que algumas técnicas usadas em SE não possam ser estendidas para resolver questões mais complexas. Há diversas questões gerais que podem surgir em vários domínios do conhecimento sistematizado.

2.3.1.1 Conhecimento especializado *versus* senso comum

O Conhecimento Especializado é restrito a um domínio bem definido de atuação do ser humano, sendo, portanto, indicado para a resolução de uma classe específica de problemas. É um conhecimento organizado, que é adquirido por intermédio de um processo de aprendizagem, sendo orientado segundo a vocação do indivíduo pela manifestação de maior facilidade de aquisição teórica ou experimental, frequentemente havendo a prevalência de uma sobre a outra, indivíduo a indivíduo.

As máquinas, e aí estão incluídos todos os sistemas computadorizados, apresentam uma maior facilidade de implementação de mecanismos de aprendizagem baseados no conhecimento especializado, devido a sua principal característica de organização.

Denomina-se especialista o indivíduo que tem um conhecimento profundo num domínio restrito do universo do conhecimento humano.

Figura 2.1 – Esquema do conhecimento humano.

Outro tipo de conhecimento é o conhecimento do Senso Comum, também conhecido por bom senso, conhecimento fortuito ou conhecimento natural, que tem a sua origem no enfrentamento dos problemas que desafiam o ser humano no seu dia a dia. É o guia do ser humano na solução de seus problemas diários. Por meio das observações aprende-se instintivamente, por exemplo, a atravessar uma rua com movimentação de veículos, e que, muitas das vezes ,nem possui semáforo com faixa de pedestre, embora, talvez ainda não se tenha aprendido na escola noções de espaço, tempo e velocidade. É o conhecimento não sistemático, geralmente obtido fazendo uso dos 5 sentidos do corpo humano: visão, audição, olfato, paladar e tato.

O ser humano primeiro aprende as habilidades de senso comum, estimuladas pela necessidade de comunicação e de compreensão do mundo. Mais tarde, são adquiridas as habilidades especializadas, como matemática, informática, medicina etc. Então, pode parecer que as de senso comum são mais fáceis e, portanto, mais apropriadas à implementação computacional do que as especializadas. Mas, acontece que essa suposição está errada. Apesar das habilidades especializadas requererem conhecimentos que muitos de nós jamais adquiriremos, elas são precisas, bem definidas e completas, capazes de resolver problemas específicos, enquanto as habilidades de senso comum processam-se por meio de mecanismos cerebrais complexos, ainda não tão bem compreendidos pela neurociência. Algumas técnicas de IA estão procurando superar essas dificuldades, concentrando atualmente um grande esforço de pesquisa nas áreas de reconhecimento de padrões, como a visão e a linguagem natural – escrita e falada.

2.3.1.2 Componentes de um SE

Os Sistemas Especialistas são constituídos basicamente de:

- Base de Conhecimento (BC): armazena o conhecimento do Especialista sobre o problema em questão;

- Mecanismo de Inferência (MI): é responsável por construir dinamicamente uma solução no espaço de estados, ou seja, decidir quando, quais e em que ordem as expressões simbólicas serão ativadas na busca de uma solução para o problema, o que dependerá fundamentalmente do modo de raciocínio implementado. O MI deve prever a possibilidade de conflito na aplicação das regras (expressões simbólicas), assim como dispor de procedimentos internos para solucionar o conflito, caso ocorra;

- Contexto: caracteriza o problema específico a ser resolvido, por meio da atualização de seus dados e ocorrências. É a parte do SE responsável pela sua contextualização;

- Interface: é a parte responsável pela comunicação do SE com o ambiente externo, podendo ser com o usuário, computador ou outro SE.

Esquematicamente, os componentes de um SE podem ser representados da seguinte forma:

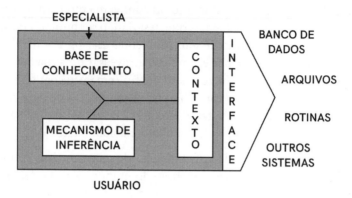

Figura 2.2 – Componentes do SE.

Como pode ser visto na Figura 2.2, os SE separam o conhecimento da parte que controla a inferência (controle) e do processo de solução. O conhecimento do especialista está contido na Base de Conhecimento, enquanto o conhecimento de controle é parte do Mecanismo de Inferência. A interação entre a Base de Conhecimento e os demais dispositivos do SE, controlada pelo Mecanismo de Inferência, caracteriza-se pelo processo de solução de um SE.

Por outro lado, os sistemas convencionais têm como principal estrutura: Programa + Estrutura de Dados: o Programa, que contém o conhecimento e o controle de execução, é um processo passo a passo da solução do problema; e a Estrutura de Dados, define o formato dos dados manipulados pelo Programa.

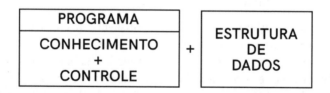

Figura 2.3 – Componentes do Sistema Convencional.

Em decorrência, pode-se notar que nos sistemas convencionais, o conhecimento e o controle estão misturados no Programa, dificultando a manutenção e a crescimento dos sistemas.

2.3.1.3 Etapas de um SE

2.3.1.3.1 – *Primeira etapa: aquisição do conhecimento*

A fase de Aquisição do Conhecimento (AC) é a mais importante no desenvolvimento de um SE. Nessa fase, o conhecimento necessário ao desenvolvimento do sistema é adquirido diretamente de um especialista colaborador ou utilizando um mecanismo apropriado para este fim, e codificado por um profissional da informação (também denominado de engenheiro do conhecimento). O produto dessa fase é uma estrutura do conhecimento (modelagem qualitativa), que representa o processo de solução atuando sobre os diversos conceitos e suas relações, documentando os diversos níveis de abstração existentes e necessários à solução do problema.

A aquisição do conhecimento pode se realizar a partir de 2 métodos, que são: automático e semiautomático.

- Métodos automáticos – Estes métodos minimizam, e até dispensam a interação entre o especialista e o profissional da informação. Têm a finalidade de automatizar a fase de AC, provendo o SE da capacidade de aprendizagem, que consiste na habilidade de um sistema ajustar-se a modificações ocorridas no ambiente, de forma a desempenhar uma certa tarefa mais eficientemente da próxima vez que for executada. A aprendizagem automática é classificada em:

1) Aprendizagem Direta: o especialista fornece o conhecimento; nenhuma inferência é realizada; a maioria dos sistemas não têm Mecanismos de Inferência (MI);

2) Aprendizagem por Instrução: o especialista fornece o conhecimento que é muito genérico; do conhecimento genérico é inferido o conhecimento abstrato;

3) Aprendizagem por Exemplo: a partir de um conjunto de exemplos, o sistema é capaz de criar estruturas de conhecimentos genéricos;

4) Aprendizagem por Analogia: a aprendizagem dá-se quando o sistema usa o conhecimento obtido de experiência similar para gerar novos conhecimentos;

5) Aprendizagem por Descoberta: o sistema descobre novos conhecimentos a partir de conhecimentos existentes;

6) Aprendizagem Indutiva (do específico para o geral): é um tipo de Aprendizagem por Exemplo em que, a partir de exemplos específicos, são induzidas regras gerais que o especialista, por si só, não está apto a formular;

7) Aprendizagem Dedutiva (do geral para o específico): é o oposto da aprendizagem indutiva que, dada a regra geral, são deduzidos os exemplos específicos.

- Métodos semiautomáticos – Estes métodos são baseados em entrevistas com o especialista, que não dispensam a presença de um profissional da informação que procura automatizar o que for possível.

2.3.1.3.2 – Segunda etapa: representação do conhecimento

Nesta parte serão analisadas algumas técnicas que podem ser usadas para representar e manipular conhecimentos dentro de programas, de acordo com um determinado processo de busca de uma solução para o problema. Uma variedade de maneiras para representar o conhecimento (fato) tem sido explorada em IA. Antes, porém, é necessário definir:

- Símbolo: é a representação do pensamento ou raciocínio usando algum formalismo;

- Fato: é a verdade em algum mundo sob observação. São as coisas que queremos representar;

- Conhecimento: é a descrição de um fato utilizando os símbolos, com o objetivo de permitir a sua aquisição, armazenamento e manipulação.

Para solucionar os problemas complexos encontrados em IA, é necessário dispor de uma grande quantidade de conhecimento armazenado, e algum mecanismo para a manipulação desses conhecimentos (Mecanismo de Inferência – MI), a fim de obter soluções para novos problemas. O processo de busca de solução ou raciocínio pode ocorrer usando um dos seguintes métodos:

- Raciocínio para frente: a busca percorre o espaço de estados para frente, a partir do estado inicial até encontrar um estado-meta;

- Raciocínio para trás: a busca percorre o espaço de estados para trás, a partir do estado-meta até encontrar um estado-inicial. Esse método também é chamado de raciocínio dirigido pelo objetivo;

- Raciocínio bidirecional: a busca dá-se em ambas as direções, simultaneamente até convergir para um estado-intermediário.

As representações do conhecimento mais difundidas são: Regra de Produção, Lógica de Predicados, Estruturas de Escaninho-e-Preenchimento (Redes Semânticas, Quadros e Roteiros, entre outras).

2.3.1.3.2.1 – Regra de Produção

É um formalismo usado para representar o conhecimento que será manipulado em programas de IA. As Regras de Produção são expressões condicionais da forma

$$\textbf{SE} <\text{estado ou condições}> \textbf{ENTÃO} <\text{ação}>, \qquad (2.1)$$

em que o estado ou condições é que determina a aplicabilidade da regra e a ação é que descreve uma determinada operação, a qual será executada caso o estado ou condições forem todas verdadeiras. Interessante lembrar que o estado é a situação em que o processo em consideração se encontra num determinado momento, por exemplo, <chuva>; caso esta condição seja verdadeira, bem que a ação prevista poderia ser <usar guarda-chuva>.

Exemplo: No Jogo da Velha; uma de suas Regras de Produção poderia ser:

SE

<é a terceira jogada **E**

 jogador da vez é o computador **E**

 primeira casa ocupada pelo computador for a casa central **E**

 usuário ocupou uma das casas laterais do meio>

ENTÃO

<ocupar casa de extremidade oposta à primeira jogada do usuário>

2.3.1.3.2.2 – Lógica de Predicados

O formalismo lógico é bastante atraente porque constitui uma maneira poderosa de derivar novos conhecimentos a partir de conhecimentos antigos. Nesse formalismo, podemos concluir que uma declaração nova é verdadeira se for provado que ela decorre de substituições em declarações já conhecidas. Para melhor entendimento, será mostrado um exemplo usando a Lógica de Predicados como meio de representar conhecimentos. Considere o seguinte conjunto de sentenças:

1) José é feliz

2) José nasceu em Natal

3) Todos que nascem em Natal são potiguares

4) Todos os natalenses felizes são torcedores do América

Essas sentenças podem ser descritas como um conjunto de fórmulas-bem-formadas (fbfs), da forma <**PREDICADO (ENTIDADE)**>, como segue:

1) José é feliz

   Feliz(José)

Aqui, José é a entidade e Feliz é o predicado. Outros exemplos a seguir:

2) José nasceu em Natal

   Natalense(José)

3) Todos que nascem em Natal são potiguares

   $\forall x: Natalense(x) \rightarrow Potiguar(x)$

4) Todos os natalenses felizes são torcedores do América

   $\forall x: Natalense(x) \wedge Feliz(x) \rightarrow Americano(x)$

Agora, suponha que o computador queira usar essas declarações para responder a seguinte pergunta:

José é torcedor do América?

Americano(José)?

Parece que usando as Declarações 4, 2 e 1 o computador responderia sim. Para a prova formal, será usado o raciocínio para trás, ou seja:

Americano(x)	←	Natalense(x) ∧ Feliz(x)
{Estado-meta}	{Raciocínio para trás}	{Estados-inicial}

Substituindo x por José, e como Natalense(José) e Feliz(José) são declarações verdadeiras, conclui-se finalmente que Americano(José) é verdadeiro. Caso a pergunta fosse:

José é uma pessoa?

Pessoa(José)?

Nesse caso, embora possa parecer óbvio para um ser humano que José é uma pessoa, o computador não saberá responder a essa pergunta, a menos que fosse acrescentada uma declaração do tipo:

5) Todos os natalenses são pessoas

$\forall x$: Natalense(x) → Pessoa(x)

2.3.1.3.2.3 – Estruturas de Escaninho-e-Preenchimento

São estruturas usadas para a representação do conhecimento, cujo formato procura espelhar literalmente o significado dos termos que dão o nome a este formalismo, isto é, são lugares (escaninhos) onde os conhecimentos são representados (preenchimento). Dentro dessa classe, serão apresentadas somente as técnicas de Redes Semânticas, Quadros e Roteiros.

- Rede Semântica: Numa Rede Semântica, as informações são representadas como um conjunto de nós conectados entre si por arcos marcados, que indicam as relações existentes entre os nós. As relações, também chamadas de *atributos* ou *escaninhos* (*slots*), são classificadas em:

  ▷ Relações de Descendência – São de 2 tipos: atributo é-um, que é aplicado para indicar a hierarquia entre classes (similar à relação de inclusão entre conjuntos) e atributo *instância*, que é aplicado entre objetos e classes (similar à relação de pertinência entre elementos e conjuntos), para indicar que um objeto é membro de uma classe. Essas duas relações dão suporte ao recurso de herança de atributos como técnica de inferência.

  ▷ Relações Específicas – São as relações existentes entre as entidades específicas do domínio do problema.

Exemplo de uma Rede Semântica:

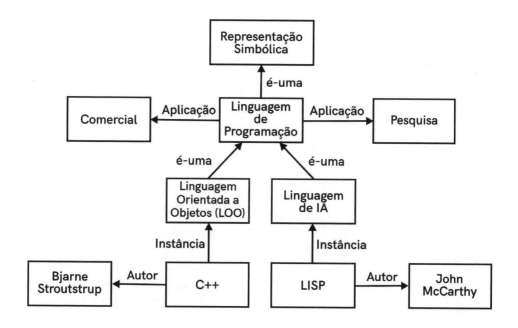

Figura 2.4 – Rede Semântica.

Portanto, um Algoritmo de Herança de Atributos pode ser definido para recuperar um valor **V** de um atributo **A** de um objeto **O**, bastando fazer:

1º Passo: Encontre **O** na Base de Conhecimento;

2º Passo: Se houver lá o atributo **A**, reporte o valor de **A** e encerre a busca. Caso contrário, procure o atributo *instância*;

3º Passo: Se não encontrar um atributo *instância* com valor, reporte fracasso e encerre a busca. Caso encontre, mova-se para o nó correspondente ao valor do atributo *instância*;a

4º Passo: Se houver lá o atributo **A**, reporte o valor de **A** e encerre a busca. Caso contrário, procure um atributo é-um;

5º Passo: Se não encontrar um atributo é-um com valor, reporte fracasso e encerre a busca. Caso encontre, mova-se para o nó correspondente ao valor do atributo é-um e retorne para o 4º Passo.

- Quadro (ou *Frame*): Um Quadro é uma coleção de atributos e valores a eles associados que descrevem uma entidade do domínio do problema.

Estrutura de um Quadro:

< ENTIDADE >

< ATRIBUTO 1 **>**	**: < VALOR** 1 **>**
< ATRIBUTO 2 **>**	**: < VALOR** 2 **>**
.	.
.	.
< ATRIBUTO N **>**	**: < VALOR** N **>**

Exemplo de um Quadro:

Linguagem_de_Programação

é-uma	: Representação_Simbólica
cardinalidade	: 300.000.000

C++

instância	: Linguagem_Orientada_a_Objetos
autor	: Stroutstrup
aplicação	: Comercial
tipo	: Procedural
cardinalidade	: 10.000.000

LISP

instância	: Linguagem_IA
autor	: McCarthy
aplicação	: Pesquisa
tipo	: declarativa
cardinalidade	: 5.000

- Roteiro (ou *Script*): Um Roteiro é uma estrutura que descreve uma sequência imutável de eventos em um determinado contexto. Em outras palavras, um Roteiro é uma estrutura de um Quadro acrescida de dinamicidade.

Um Roteiro consiste em um conjunto de escaninhos. Associadas a cada escaninho podem estar informações sobre os tipos de valores que ele pode conter e um valor *default* a ser usado caso nenhuma outra informação esteja disponível.

IA simbólica

53

Exemplo de um Roteiro:

Roteiro:	Restaurante	Cena 1:	Entrada
Trilha:	Cantina	S PTRANS	S no restaurante
Acessórios:	Mesas	S ATTEND	olhos na mesa
	Cardápio	S MBUILD	onde sentar
	F=Comida	S PTRANS S	na mesa
	Cartão de crédito	S MOVE S	para posição de sentar
	Dinheiro		
Papéis:	S=Cliente	Cena 2:	Pedido
	G=Garçom	(cardápio na mesa)	
	C=Cozinheiro	G traz cardápio	S pede cardápio
	M=Caixa	G PTRANS cardápio	S MTRANS sinaliza
	D=Dono	para S	para G
			G PTRANS G para mesa
			S MTRANS pede
			cardápio para G
			G PTRANS G para
			cardápio
			...
Condições de Entrada		Cena 3:	Refeição
		C ATRANS F	para G
S está com fome		G ATRANS F	para S
S tem dinheiro		S INGEST F	
			(Opção: Voltar à Cena
			2 para pedir mais;
			caso contrário, ir para
			Cena 4)
			...
Resultados		Cena 4: Saída	
S tem menos dinheiro			
D tem mais dinheiro		...	
S está sem fome		S ATRANS dinheiro ou cartão para M	
S está satisfeito (opcional)		S PTRANS S para fora do restaurante	

Figura 2.5 – O Roteiro de um restaurante.

A Figura 2.5 mostra um Roteiro típico de um restaurante, no qual se pode identificar claramente os componentes principais, que são:

- Condições de Entrada: Condições que precisam ser satisfeitas antes da ocorrência dos eventos;

- Resultado: Condições que serão verdadeiras após a ocorrência dos eventos descritos;

- Acessórios: Escaninhos que representam os objetos envolvidos nos eventos descritos. A presença desses objetos pode ser inferida mesmo que eles não sejam mencionados explicitamente;

- Papéis: Espaços reservados para as pessoas envolvidas nos eventos. A presença dessas pessoas também pode ser inferida mesmo que elas não sejam mencionadas explicitamente;

- Trilha: Variação do padrão representado pelo Roteiro em particular.

- Trilhas diferentes de um mesmo Roteiro terão vários componentes em comuns, mas não todos;

- Cenas: Sequência de eventos que ocorrem durante a realização do Roteiro.

2.3.1.3.3 – *Implementação computacional*

As linguagens de IA (LISP – *List Processor* e PROLOG – *Processing Logic*) são apropriadas para representar ideias e objetos complexos. Para exemplificar a linguagem PROLOG, aqui está o que talvez seja o mais famoso trecho lógico escrito:

Em linguagem natural: Todos os humanos são mortais.

Sócrates é humano.

Sócrates é mortal?

Em PROLOG, esse trecho seria escrito da seguinte forma:

mortal(x):-humano(x).

humano(Sócrates).

mortal(Sócrates)?

e o computador certamente responderia sim.

As linguagens tradicionais, como C++, Java, Python e outras são excelentes para a programação convencional ou algorítmica, mas não têm a sutileza necessária para permitir as explorações interativas, a manipulação de símbolos e a descrição de problemas por meio de blocos pequenos e reutilizáveis.

Entretanto, devido à pouca divulgação das linguagens específicas de IA, atualmente confinadas às comunidades de pesquisa e grandes corporações, cada vez mais são gerados códigos tradicionais para aplicação em problemas de IA, embora com perda de flexibilidade e utilização. Das linguagens tradicionais, as orientadas a objeto são as mais indicadas por possuírem recursos de adequados à implementação de IA. Por exemplo, a transferência de mensagens entre objetos de uma classe é bastante semelhante à transferência de mensagens entre as entidades de IA.

2.4 LÓGICA *FUZZY* CLÁSSICA OU LÓGICA *FUZZY* DO TIPO 1

A Lógica Clássica *Fuzzy* (Nebulosa, Difusa ou Imprecisa), atualmente também conhecida por Lógica *Fuzzy* Tipo 1, foi originalmente desenvolvida por Lotfi A. Zadeh (1965), com o objetivo de servir como uma ferramenta matemática capaz de traduzir as expressões linguísticas para valores numéricos, em especial aquelas comumente usadas pelos seres humanos para expressar a avaliação pessoal que se faz de um atributo ou grandeza. Considere, por exemplo, o atributo distância. Um valor linguístico para distância poderia ser a expressão "perto"; por exemplo, quanto vale perto na sentença "Estive perto de sua casa"? Seria, por acaso 10 metros, ou 50 metros ou outra distância? Veja esta outra sentença: "A água do chuveiro está morna". Quantos graus Celsius equivale à temperatura morna da água de banho?

Como a Teoria Clássica dos Conjuntos não é capaz de lidar com expressões dessa natureza, era praticamente impossível traduzir o conhecimento impreciso de um especialista humano para comandos de máquina, até surgir a Teoria *Fuzzy* dos Conjuntos, criada por Zadeh.

Podemos dizer que a Lógica *Fuzzy* é usada para o tratamento do raciocínio aproximado, ao invés do raciocínio exato, este último tratado matematicamente pela aplicação da teoria clássica dos conjuntos. Nesse ponto, é possível discernir duas teorias: uma usada para tratar o raciocínio exato (Teoria Clássica dos Conjuntos) e, a outra, para tratar o raciocínio aproximado (Teoria dos Conjuntos *Fuzzy*). Vamos entender melhor o que isso significa, começando por entender o que é raciocínio exato.

2.4.1 RACIOCÍNIO EXATO (TEORIA CLÁSSICA DOS CONJUNTOS)

Suponha a variável denominada *velocidade de processamento*, podendo ser classificada como *lenta ou rápida*. Caso você seja solicitado a classificar um computador de 2.8 GHz com relação à variável *velocidade de processamento*, a sua resposta poderia ser, por exemplo, *rápida*. Nesse caso, a resposta é válida e fácil de ser interpretada por qualquer programa adequado para essa finalidade. Para sua implementação poder-se-ia convencionar que lenta vale 0 e que rápida vale 1, representado pelo conjunto bivalente {0, 1}, ou qualquer outra convenção desde que seja um conjunto bivalente, por exemplo, {sim, não}. Isso quer dizer que um determinado elemento somente pode estar em apenas uma das classes estabelecidas para a variável em consideração, ou seja, pertence ou não pertence totalmente a uma classe.

Em outras palavras, nesse caso da velocidade de processamento, se ela for lenta então não é rápida, ou se ela for rápida então não é lenta. Na teoria clássica, essa situação é descrita pelo seguinte formalismo matemático:

"Dado um conjunto universo

$$U = \{A, B, C, ...\},$$

em que A, B, C, ... são partições distintas ou subconjuntos de U, tal que A ∪ B ∪ C ∪ ... = U, evidentemente que A ∩ B ∩ C ∩ ... = ∅, (conjunto vazio)."

Considere x um elemento qualquer de U com suas partições A, B, C, ..., conforme mostrado na próxima figura, ou seja, se x pertencer ao subconjunto A, então x só pertence a A.

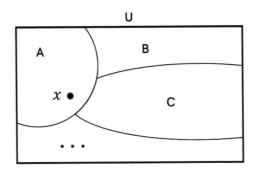

Figura 2.6 – Partições do conjunto universo U (teoria clássica).

De acordo com o raciocínio exato da teoria clássica dos conjuntos, é válido afirmar que se um indivíduo for classificado em uma classe de altura, ele pertencerá somente a esta classe, ou seja (o símbolo → representa o conectivo lógico de implicação):

SE $x \in A$ **ENTÃO** $x \notin \{B, C...\} \rightarrow \mu_A = 1$ e $\mu_B = \mu_C = 0$

SE $x \in B$ **ENTÃO** $x \notin \{A, C...\} \rightarrow \mu_B = 1$ e $\mu_A = \mu_C = 0$

SE $x \in C$ **ENTÃO** $x \notin \{A, B...\} \rightarrow \mu_C = 1$ e $\mu_A = \mu_B = 0$

Essas expressões descritas significam que a pertinência de um elemento x (do conjunto universo U) ao conjunto A ou B ou C ..., somente pode assumir um dos valores 0 e 1, e isto quer dizer que se o elemento x pertencer ao conjunto A então ele não pertence ao conjunto B ou ao conjunto C e assim sucessivamente. O símbolo $\mu_A(x)$, que nesse caso só pode valer 0 ou 1, é denominado de grau de pertinência (ou grau de associação) e lê-se: grau de pertinência do elemento x em relação ao conjunto A; se x valer 0, ele não pertence ao conjunto A e, se valer 1, ele pertence ao conjunto A.

Denomina-se *função de pertinência* a linha (reta ou curva) formada por todos os pontos x do universo de discurso (onde x existe) e seus respectivos graus de pertinência, $(x, \mu_A(x))$.

Graficamente, podemos representar uma função de pertinência bivalente (teoria clássica), por exemplo, do conjunto universo da altura (x) de uma pessoa e seu subconjunto "mediana", como:

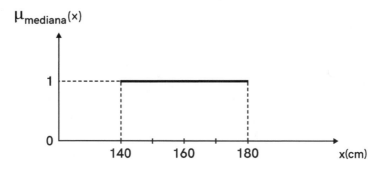

Figura 2.7 – Função de pertinência m do subconjunto "mediana".

A Figura 2.7 mostra que todas as pessoas com altura de 140 até 180 cm, inclusive, possuem grau de pertinência unitário, isto é, são classificadas como mediana.

Exemplo: Uma determinada população foi classificada de acordo com a altura de seus indivíduos, adotando-se para conjunto da variável *altura* = {*baixa, mediana, alta*}, de acordo com as seguintes regras:

Regra 1: **SE** *altura* menor que 140 cm **ENTÃO** *baixa*;

Regra 2: **SE** *altura* maior ou igual a 140 cm e menor que 180 cm **ENTÃO** *mediana*;

Regra 3: **SE** *altura* maior ou igual a 180 cm **ENTÃO** *alta*.

Nesse exemplo, um indivíduo x com 175 cm será classificado como de altura *mediana*, ou seja, o seu grau de pertinência para mediana será:

$\mu_{mediana}(x) = 1$

Quanto às outras classes, *baixa* e *alta*, conforme o raciocínio exato, para x = 175 cm, tem-se:

$\mu_{baixa}(x) = 0$ e $\mu_{alta}(x) = 0$

2.4.2 RACIOCÍNIO APROXIMADO (TEORIA DOS CONJUNTOS *FUZZY*)

E os conjuntos *fuzzy*, que novidade é esta? O termo da língua inglesa *fuzzy* tem o significado de *nebuloso*, *incerto* ou *impreciso*, ou seja, aquilo *que não é exato*. Considere o exemplo anterior em que o indivíduo selecionado possui uma altura de 175 cm. Tendo em vista as regras estabelecidas, é absolutamente correto classificá-lo como de altura mediana. Entretanto, se observarmos cuidadosamente, constata-se que esse indivíduo, na proporção em que se afasta do ponto central da faixa mediana, aproxima-se de alta. A partir desse raciocínio, pode-se pensar que o indivíduo possui um porcentual de pertinência ao subconjunto mediana e um porcentual de pertinência ao subconjunto alta. Em outras palavras: o indivíduo não é exatamente de estatura mediana nem alta. O porcentual (ou o grau) de pertinência *fuzzy* de um elemento x a cada um desses subconjuntos pode variar no intervalo fechado de 0 a 1, isto é, [0, 1], por exemplo, pode ser 0,25 mediana, que equivale a 25%, e 0,75 alta, que equivale a 75%.

Assim, o grau de pertinência *fuzzy* é bivalente e depende fundamentalmente da regra de distribuição das alturas válida para cada um dos subconjuntos, nos quais o conjunto universo (também denominado de universo de discurso) foi dividido. O especialista no assunto, no caso conhecedor da altura dos indivíduos de uma determinada região geográfica, é quem deverá definir quais as regras de distribuição adequadas que deverão ser aplicadas, inclusive a forma com que variam (curvas). Apenas para exemplificar, suponha que as alturas da população em questão obedeçam às funções de pertinência triangulares, conforme figura a seguir.

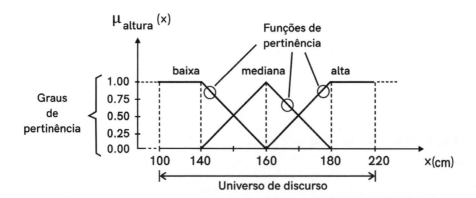

Figura 2.8 – Função de pertinência m (teoria *fuzzy* ou nebulosa).

Identificando no gráfico o indivíduo cuja altura é igual a 175 cm, tem-se

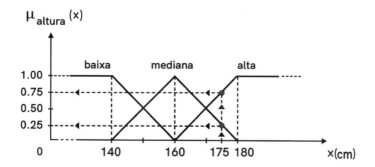

Figura 2.9 – Valores da função de pertinência para a variável *x* = 175 cm.

Observe que o indivíduo em questão possui um grau de pertinência de 0,25 (ou 25%) em relação ao conjunto mediana e de 0,75 (ou 75%) em relação ao conjunto alta!!! Isso significa que esse indivíduo é 25% mediano e 75% alto, portanto, não é exatamente mediano nem alto, daí a denominação de raciocínio aproximado. Na teoria dos conjuntos *fuzzy* (vamos insistir com esta denominação em inglês, devido à sua grande utilização), essa situação é descrita pelo seguinte formalismo matemático:

"Dado um conjunto universo

U = {A, B, C, ...},

em que A, B, C, ... são partições ou subconjuntos de U". Seja *x* um elemento qualquer de U, cuja representação é mostrada no diagrama a seguir:

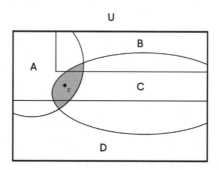

Figura 2.10 – Partições do conjunto universo U (teoria *fuzzy* ou nebulosa).

Nesse diagrama, a área hachurada (poderíamos perfeitamente referir à essa área como uma área nebulosa) representa a existência de difusão do conjunto A sobre o conjunto C, ambos pertencentes ao conjunto universo U. No caso da figura em questão, o elemento x pertence simultaneamente ao conjunto A e ao conjunto C, de acordo com um grau de pertinência a ser definido pelo especialista do assunto em questão. Generalizando, de acordo com o raciocínio *fuzzy*, podemos afirmar que se $x \in A$ então também pode pertencer a B ou C ou D, e assim sucessivamente, ou seja,

$$\mu_{A\ ou\ B\ ou\ C}(x) \in [0,1]$$

sendo $A \cup B \cup C \cup \ldots = U$, em que U é o conjunto universo e A, B, C, ...são os subconjuntos definidos pelas expressões linguísticas, por exemplo, A = baixa, B = mediana, C = alta e assim sucessivamente, caso existam mais expressões linguísticas.

A última expressão matemática significa que a função de pertinência de um elemento x (do conjunto universo U) relativamente aos subconjuntos A ou B ou C ..., poderá assumir qualquer valor real dentre os valores compreendidos no intervalo fechado [0, 1], isto é, se o elemento x possuir um grau de pertinência ao conjunto A então ele também poderá ter um grau de pertinência ao conjunto B e ao conjunto C, e assim sucessivamente.

A seguir, serão apresentadas algumas operações com conjuntos *fuzzy*.

- União: A operação de *união* de 2 conjuntos *fuzzy* é um conjunto *fuzzy* R formado pelos elementos x do conjunto universo, tal que

$$\forall x \in U, \mu_R(x) = \text{máximo}(\mu_A(x), \mu_B(x)) \qquad (2.2)$$

O gráfico representativo da união tem o seguinte aspecto:

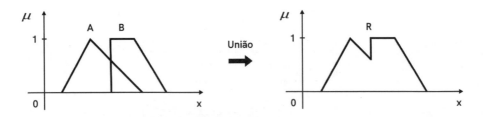

Figura 2.11 – Operação de união entre 2 conjuntos *fuzzy*.

- Interseção: A operação de *interseção* de 2 conjuntos *fuzzy* é um conjunto *fuzzy* R formado pelos elementos x do conjunto universo, tal que

$$\forall x \in U, \mu_R(x) = \text{mínimo}(\mu_A(x), \mu_B(x)) \tag{2.3}$$

O gráfico representativo da interseção tem o seguinte aspecto:

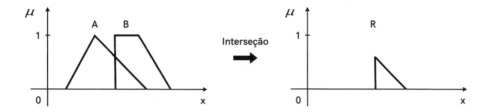

Figura 2.12 – Operação de interseção entre 2 conjuntos *fuzzy*.

- Complementação: A operação de *complementação* de um conjunto *fuzzy* A^C é um conjunto *fuzzy* R formado pelos elementos x do conjunto universo, tal que

$$\forall x \in U, \mu_R(x) = 1 - \mu_A(x) \tag{2.4}$$

O gráfico representativo da complementação tem o seguinte aspecto:

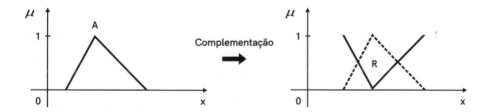

Figura 2.13 – Operação de complementação de um conjunto *fuzzy*.

- Produto: A operação de *produto* de 2 conjuntos *fuzzy* AxB é um conjunto *fuzzy* R formado pelos elementos x do conjunto universo, tal que

$$\forall x \in U, \mu_R(x) = \mu_A(x)\, \mu_B(x) \tag{2.5}$$

O gráfico representativo do produto tem o seguinte aspecto:

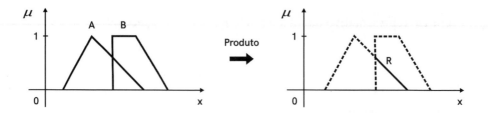

Figura 2.14 – Operação de produto entre 2 conjuntos *fuzzy*.

2.4.3 DEFINIÇÃO DE *CRISP*

É importante definir claramente o que é uma variável *crisp* e, no sentido oposto, complementar o que já foi descrito anteriormente sobre o que vem a ser uma variável *fuzzy*, mostrando as diferenças existentes entre elas.

- Variável *crisp*: Uma variável é denominada de *crisp* se pertencer somente a um único conjunto (100%) e, além disso, em ocorrendo uma variação no seu valor a ponto de fazê-la pertencer a um conjunto vizinho, a transição entre os conjuntos vizinhos ocorrerá de maneira brusca (instantânea).

Na Figura 2.15, supondo que a altura de uma pessoa seja 1,69 m, certamente esta pessoa pertenceria ao conjunto nomeado de baixa. Entretanto, basta que ela cresça apenas 0,01 m (igual a 1 cm), que já seria suficiente para ela passar a pertencer ao novo conjunto nomeado de alta; devido sempre pertencer a somente um conjunto por vez e à transição brusca entre conjuntos vizinhos, desse modo, a variável altura mostrada na citada figura é *crisp*.

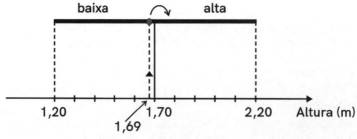

Figura 2.15 – A altura é uma variável *crisp*.

Verifica-se, portanto, que um conjunto *crisp* possui uma fronteira nítida, ou seja, bem definida. A seguir, será visto que a contraposição à variável *crisp* é a variável *fuzzy*, cuja tradução em português é nebulosa, incerta ou imprecisa.

- Variável *fuzzy*: uma variável é *fuzzy*, se ela pertencer a mais de um conjunto ao mesmo tempo e, além disso, a transição entre 2 conjuntos vizinhos do mesmo conjunto universo, caso ocorra, seja realizada de maneira gradativa, na qual os respectivos graus de pertinência apresentam um comportamento balanceado e inversamente proporcionais entre si.

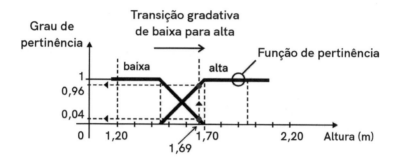

Figura 2.16 – A altura é uma variável *fuzzy*.

Dessa forma, é possível verificar que um conjunto *fuzzy*, diferentemente do conjunto *crisp*, não possui uma fronteira nítida, mas sim difusa, sua principal característica.

Na Figura 2.16, cada uma das rampas invertidas que define os conjuntos "baixa" e "alta", nesta figura com o formato de 2 rampas invertidas, é chamada de função de pertinência, e serve para fornecer o respectivo grau de pertinência da altura de uma pessoa em cada conjunto (baixa e alta) do conjunto universo. No exemplo mostrado na citada figura, uma pessoa com 1,69 m tem um grau de pertinência de 0,04 (4%) ao conjunto "baixa" e de 0,96 (96%) ao conjunto "alta", o que permite inferir que esta pessoa, na verdade, é "quase alta".

O nome do conjunto formado por todas as pessoas abrangidas por uma mesma função de pertinência, é denominado de variável linguística. Por exemplo, os termos "baixa" e "alta" são variáveis linguísticas da variável altura, com a observação de que a altura é uma variável *fuzzy*. As variáveis linguísticas podem vir acompanhadas de modificadores, como pouco, muito, mais ou menos etc., por exemplo, na declaração "altura muito baixa", tem-se que *altura* é a variável, *muito* é o modificador e *baixa* é a variável linguística.

Até este ponto, o que foi visto corresponde a apenas alguns conceitos importantes da Teoria dos Conjuntos *Fuzzy*, que servirão para a compreensão dos Sistemas *Fuzzy*, que serão apresentados a seguir.

2.4.4 SISTEMAS *FUZZY*

Conforme já mencionado anteriormente, a Lógica *Fuzzy* constitui uma ferramenta destinada ao tratamento de expressões da linguagem natural que contém grandezas descritas de forma aproximada ou não exata. Suponha, por exemplo, o problema hipotético: Um motorista para manter o veículo em condição normal de tráfego, estando a uma velocidade de 76 km/h, antes de entrar numa curva de 50° à direita, poderia usar a seguinte regra de produção, doravante denominada de *regra inferência*, que certamente foi elaborada por um especialista em condução de veículos automotivos (piloto):

"**SE** ((velocidade alta) **E** (curva fechada à frente))

ENTÃO (pisar forte no pedal de freio)"

Para resolver esse tipo de problema deveremos saber interpretar o que representa fisicamente cada uma das expressões e como operar os conectivos que aparecem na regra, principalmente no que diz respeito à ação a ser executada, a qual constitui a solução do problema apresentado. Veja que, logo após a condicional **SE**, temos um conectivo **E** operando sobre duas expressões variáveis linguísticas. Considerando A e B duas expressões quaisquer, vamos resumir os operadores usados na lógica *fuzzy*, conforme a seguir (sugere-se fazer analogia com as operações envolvendo os conjuntos clássicos, nos quais o operador lógico **E** implementa a operação de interseção dos conjuntos, o operador lógico **OU** implementa a operação de união dos conjuntos, e o operador lógico **NÃO** implementa a complementação de um conjunto):

$$A \text{ E } B = \text{mínimo } (\mu_A, \mu_B)$$
$$A \text{ OU } B = \text{máximo } (\mu_A, \mu_B)$$
$$\text{NÃO } A = 1 - \mu_A$$

Vamos considerar, então, que as variáveis nebulosas envolvidas neste problema (velocidade, ângulo da curva e força no pedal do freio) são modeladas pelas funções de pertinência (gráficos) mostradas nas figuras a seguir, as quais foram propostas por um especialista em tráfego rodoviário:

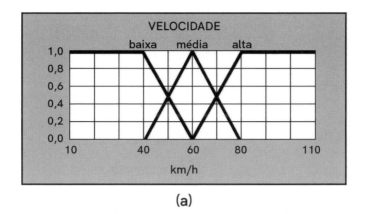

(a)

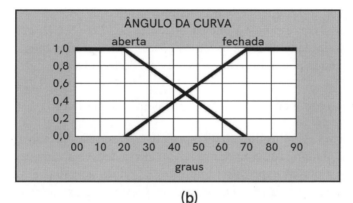

(b)

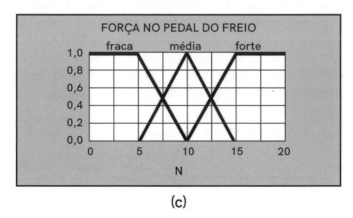

(c)

Figura 2.17 – Funções de pertinência (a) velocidade; (b) ângulo da curva; e (c) força no pedal do freio.

Interpretando a regra de acordo com as funções de pertinência mencionadas, deduz-se que:

"**SE** ((velocidade alta) **E** (curva fechada à frente))

ENTÃO (pisar forte no pedal de freio)"

executando a operação de interseção indicada pelo operador **E**, resulta em:

$((\mu_{velocidade}(76)$ **E** $(\mu_{\hat{a}ngulo\ da\ curva}(50))) \rightarrow \mu_{pisar\ forte\ no\ pedal\ do\ freio}(?)$

$((0,8)$ **E** $(0,6)) \rightarrow \mu_{pisar\ forte\ no\ pedal\ do\ freio}(?)$

mínimo $(0,8,\ 0,6) \rightarrow \mu_{pisar\ forte\ no\ pedal\ do\ freio}(?)$

$0,6 \rightarrow \mu_{pisar\ forte\ no\ pedal\ do\ freio}$

Vê-se, portanto, que a expressão "pisar forte no pedal de freio" obteve um grau de pertinência igual a 0,6 que, de acordo com o gráfico da FORÇA NO PEDAL DE FREIO mostrado, corresponde à intensidade forte de 13 N (N é abreviatura de Newton, que é uma unidade de força usada na Física). Isso significa que o valor *crisp* da ação a ser executada pelo motorista sobre o pedal do freio valerá:

pisar forte no pedal de freio = 13 N (equivalente a 1,3 kgf/cm^2)

De acordo com o conhecimento do especialista, caso seja aplicada uma força de 13 N (1,3 kgf/cm^2), o motorista conseguirá fazer a curva de forma a manter o controle do veículo. Observe que as expressões linguísticas "velocidade alta" e "curva fechada" foram inicialmente tratadas à luz da lógica *fuzzy* (este processo inicial é denominado de fuzzificação ou nebulização), fornecendo por intermédio da inferência uma solução também *fuzzy* "pisar forte no pedal do freio". Finalmente, a solução encontrada é defuzzificada para se ter o valor numérico exato a ser aplicado de volta no sistema para solucionar o problema (o processo para obter a solução final é denominado de defuzzificação ou desnebulização), coisa que a teoria clássica não conseguiria fazer. A seguir, apresentamos um esquema de um Sistema *Fuzzy*, qual seja:

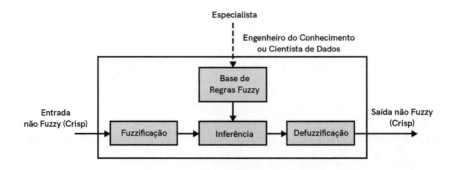

Figura 2.18 – Sistema *Fuzzy* (ou Nebuloso).

IA simbólica   67

A utilização dessa técnica exige que as variáveis exatas de entrada sejam fuzzifica-
das, de acordo com as funções de pertinência propostas pelo especialista. A fase intermediária consiste na inferência, que é processada de acordo com as regras de inferência
armazenadas no sistema *fuzzy*. Por outro lado, na ocasião da apresentação da solução do
problema, há necessidade de defuzzificar a variável de saída para obter seu valor exato.

O exemplo apresentado anteriormente teve exclusivamente um caráter ilustrativo,
por isso constou com apenas uma regra de inferência. Problemas reais normalmente
exigem muitas regras de inferência, podendo cada situação específica requerer a aplicação de mais de uma regra simultaneamente. Quando isso ocorrer, cada regra será
ponderada na fase de defuzzificação, tornando assim possível a obtenção da solução
exata ou *crisp* do problema em consideração. Ressalta-se que os sistemas físicos reais,
por exemplo, máquinas e processos industriais, em que ocorrem os problemas que
necessitam ser solucionados, possuem variáveis físicas que são consideradas de valor
bem definido, exato ou *crisp* para efeito de dimensionamento ou de cálculo.

2.4.4.1 Projeto de um sistema *fuzzy*

Para projetar um Sistema *Fuzzy* devemos seguir as seguintes etapas:

1ª Etapa: Analisar detalhadamente o problema a ser resolvido, buscando determinar as variáveis de entrada e as variáveis de saída, assim como seus respectivos universos de discurso;

2ª Etapa: Definir a forma das funções de pertinência (por exemplo: triangular,
trapezoidal, gaussiana etc.), os nomes ou rótulos de cada subconjunto de
pertinência e as regras de inferência de um especialista;

3ª Etapa: Aplicar as entradas nas funções de pertinência de entrada e determinar o
grau de pertinência, para cada uma delas (fuzzificação);

4ª Etapa: Realizar a inferência com base nas regras de inferência ativadas, com o
objetivo de determinar as áreas parciais (gráficos) delimitadas pelas funções de pertinência da saída;

5ª Etapa: Determinar a área global da variável de saída;

6ª Etapa: Calcular o valor da variável de saída (defuzzificação).

A seguir, cada uma dessas etapas será descrita detalhadamente, suficiente para a
aplicação prática da teoria *fuzzy* na solução de problemas, para a qual seja
apropriada.

2.4.4.1.1 – *Análise do Problema*

Nessa etapa inicial do projeto do Sistema *Fuzzy*, o projetista deverá estudar cuidadosamente o sistema físico no qual será aplicada a Lógica *Fuzzy*, indicada para solucionar algum tipo de problema que seja de seu interesse. O objetivo principal dessa

etapa será determinar quais são as variáveis de entrada e as variáveis de saída do Sistema *Fuzzy*, e como elas serão fisicamente obtidas (sensores) e matematicamente tratadas, principalmente no que diz respeito ao tratamento de ruídos (filtragem), se for o caso. Para cada variável do problema será necessário definir o seu universo de discurso, observando-se que um universo de discurso mal definido poderá trazer sérias dificuldades no funcionamento do Sistema *Fuzzy*. Exemplificando a natureza dessas dificuldades, podemos citar que um universo de discurso que não cubra toda a faixa de valores possíveis da variável em questão, certamente trará problemas de estabilidade do sistema. Por outro lado, uma faixa muito extensa afetará a convergência, podendo torná-la muito lenta.

2.4.4.1.2 – Definição das Funções de Pertinência e suas expressões linguísticas (rótulos)

Esse é momento em que o projetista escolhe qual o tipo de função de pertinência que será usada para a fuzzificação de cada variável de entrada proveniente do sistema físico, no qual o Sistema *Fuzzy* será aplicado. Dentre os tipos mais usados, podemos citar: triangular, trapezoidal e gaussiana.

Além do tipo e do perfil (intervalo, inclinação etc.) da função de pertinência, também é necessário escolher quantos subconjuntos serão usados para cobrir todo o universo de discurso. Cada subconjunto deverá receber um nome ou rótulo. Por exemplo, podemos escolher 3 subconjuntos, com os rótulos Z = Zero, P = Positivo e N = Negativo, ou 5 subconjuntos, com os rótulos Z = Zero, PP = Positivo Pequeno, PG = Positivo Grande, NP = Negativo Pequeno e NG = Negativo Grande, ou outra escolha que seja mais adequada. Não existe uma regra para determinar a quantidade ótima de subconjuntos, no sentido de propiciar maior velocidade de convergência, evitar oscilações indesejadas ou minimizar os erros acumulado e residual. Esses exemplos mostraram apenas subconjuntos simétricos em relação ao universo de discurso; lógico, dependendo da natureza do problema, os subconjuntos podem ser assimétricos.

- Triangular: É a função de pertinência mais usada, devido principalmente à facilidade de implementação computacional. Sua forma padrão é:

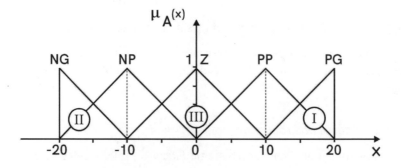

Figura 2.19 – Função de pertinência triangular.

IA simbólica   69

Normalmente, têm-se 3 formas básicas de implementação do triângulo, de acordo com a sua localização, isto é, localizado em uma das extremidades do universo de discurso: triângulo retângulo à direita (I) e triângulo retângulo à esquerda (II); localizado na região intermediária do universo de discurso: triângulo escaleno (III), sendo que neste caso estamos considerando os triângulos equilátero e isósceles como casos particulares do escaleno. Observe no gráfico que o eixo horizontal dá o valor de uma determinada característica x (por exemplo: altura, velocidade, ângulo etc.) de um elemento pertencente ao conjunto A, enquanto o eixo vertical representa o seu grau de pertinência m em relação ao conjunto em questão.

Os nomes ou rótulos dos 5 subconjuntos usados foram: Z = Zero, PP = Positivo Pequeno, PG = Positivo Grande, NP = Negativo Pequeno e NG = Negativo Grande.

A seguir, apresentamos um trecho do algoritmo que pode ser usado para implementar computacionalmente uma rotina de fuzzificação.

→ Algoritmo para converter valor exato (*crisp*) em valor *fuzzy* usando função de pertinência do tipo triangular (fuzzificação), ou seja, calcula o grau de pertinência.

Função triangular (s: caractere; a, b, c, x: real)

{Comentário: s fornece o tipo de triângulo; a, b e c são as coordenadas dos vértices do triângulo; x representa a variável que estiver sendo fuzzificada}

{Comentário: r retorna o grau de pertinência da variável fuzzificada}

{Comentário: a ordem das coordenadas no eixo horizontal é a, c e b, isto é, os vértices a e b sempre estarão posicionados no eixo horizontal}

Início

r: real;

Se s=0 Então Fazer {Comentário: s igual a 0 corresponde a triângulo reto em b (c=0)}

    Se (x>=a e x<=b) Então Fazer r=(x-a)/(b-a);

    Senão Fazer

        Se (x>b) Então Fazer r=1;

        Fim Se;

Fim Se;

Se s=1 Então Fazer {Comentário: s igual a 1 corresponde a triângulo reto em a (c=0)}

    Se (x>=a e x<=b) Então Fazer r=(b-x)/(b-a);

    Senão Fazer

        Se (x<a) Então Fazer r=1;

Fim Se;

Fim Se;

Se s=2 Então Fazer {Comentário: corresponde a um triângulo com altura em c}

Se (x>=a e x<=c) Então Fazer r=(x-a)/(c-a);

Senão Fazer

Se (x>c e x<=b) Então Fazer r=(b-x)/(b-c);

Fim Se;

Fim Se;

Fim.

- Trapezoidal: Sua forma padrão é expressa pela Figura 2.20.

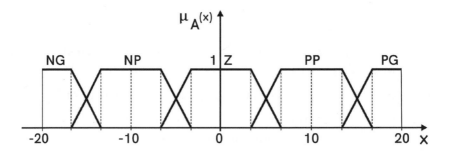

Figura 2.20 – Função de pertinência Trapezoidal.

As mesmas considerações feitas para a função de pertinência triangular podem ser estendidas para a função de pertinência trapezoidal.

- Gaussiana: Sua forma padrão é expressa pela Figura 2.21.

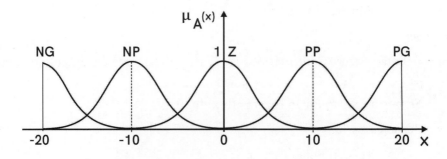

Figura 2.21 – Função de pertinência Gaussiana.

As mesmas considerações feitas para a função de pertinência triangular podem ser estendidas para a função de pertinência gaussiana, cujo nome advém da curva normal de Gauss.

2.4.4.1.3 – *Definição das Regras de Inferência pelo Especialista*

Essa etapa tem o objetivo de definir quais as regras que serão usadas no processo de inferência do Sistema *Fuzzy*. Na verdade, essas regras têm o formato de uma Regra de Produção (ver subitem 2.3.1.3.2.1), constituindo-se de expressões simbólicas da forma:

SE <estado da entrada> **ENTÃO** <estado da saída>,

em que o estado da entrada é formado por uma ou mais condições ligadas por um operador lógico, conforme o critério de inferência escolhido, sendo que este critério é que irá determinar a intensidade do estado da saída, cujo cálculo é baseado no grau de pertinência resultante da regra ativada e, consequentemente, na área da figura geométrica subtendida pela função de pertinência da variável de saída. Um exemplo de regra de inferência é:

SE ((velocidade = alta) **E** (curva_à_frente = fechada)) **ENTÃO** (força_no_freio = forte)

A regra anterior proposta pelo especialista afirma que, se as variáveis de entrada pertencerem aos subconjuntos *fuzzy* rotulados de alta e fechada, respectivamente, a variável de saída pertencerá ao subconjunto *fuzzy* rotulado de forte. Resta agora determinar qual o grau de pertinência que será atribuído à variável de saída, pois, até agora, sabemos apenas que ela pertence ao subconjunto da saída rotulado de forte.

2.4.4.1.4 – *Inferência com várias entradas (premissas)*

Uma regra de inferência possibilita obter o estado da saída (consequente) a partir do estado da entrada. Nas situações em que o estado de entrada é definido por somente uma variável de entrada (premissa), não existe problema em determinar o estado de saída, pois existe apenas uma premissa e um consequente. Entretanto, quando o estado de entrada é formado por mais de uma variável de entrada (premissas), é necessário utilizar um critério para compor as variáveis de entrada, de modo a encontrar uma relação unívoca entre a entrada (premissas) e a saída (consequente).

A seguir, veremos alguns critérios que servem para determinar o grau de pertinência resultante da etapa de inferência, o qual será essencial para a próxima etapa de defuzzificação.

- Critério Mín de Mamdani: Essa regra de inferência baseia-se na extensão da lógica *Modus Ponens* para conjuntos *fuzzy*. Seja inicialmente A e B duas sentenças matemáticas clássicas cujo valor pode ser 0 (falsa) ou 1 (verdadeira). A lógica denominada de *Modus Ponens* afirma que:

$(A, A{\rightarrow}B) {\Rightarrow} B$

que se lê: "((A é verdadeira) **E** (**SE** A **ENTÃO** B)) **IMPLICA** B". Desenvolvendo essa expressão lógica, virá:

$A{\wedge}({\neg}A{\vee}B) {\Rightarrow} B$

$(A{\wedge}{\neg}A){\vee}(A{\wedge}B) {\Rightarrow} B$

$(0){\vee}(A{\wedge}B) {\Rightarrow} B$

$A{\wedge}B {\Rightarrow} B$

Como A é verdadeiro, tem-se: tem-se: 1º) na lógica clássica $1{\wedge}B{\Rightarrow}B$, portanto, o valor final da expressão será o valor de B, quer seja verdadeiro quer seja falso; 2º) na lógica *fuzzy*, o resultado da operação de interseção, denotada pelo símbolo ${\wedge}$, é o mínimo entre os valores de pertinência das regras de inferência A e B, porém a conclusão não é tão imediata assim, já que as regras (sentenças) A e B podem possuir valores variando de 0 até 1, inclusive.

Vamos fazer um raciocínio similar ao da lógica clássica, para depois estender para a lógica *fuzzy*. Se A=B=1, tem-se que $1{\wedge}1{\Rightarrow}1$; a hipótese A=B=0 não é válida, sendo a hipótese restante o caso em que A=1 e B=0, e aí tem-se $1{\wedge}0{\Rightarrow}0(=B)$, pois a premissa é de que A sempre é verdadeira, o que nos leva a deduzir por analogia que o resultado *fuzzy* será o menor valor entre os graus de pertinência μ_A e μ_B, neste caso será o valor de μ_B; a mesma conclusão também seria válida, caso os papéis de A e B fossem trocados entre si.

Assim, se considerarmos que A e B representam 2 conjuntos *fuzzy*, temos então que a interseção entre estes 2 conjuntos, conforme a Equação (2.3), é dada por:

$A{\wedge}B=$ mínimo$(\mu_A(x), \mu_B(x))$

sendo que a operação de interseção representada pelo símbolo ${\wedge}$ é equivalente ao operador lógico **E** (*and*, em inglês). Conclui-se finalmente que a inferência feita com base no critério Mín de Mamdani significa tão somente encontrar o grau de pertinência mínimo do elemento x entre os conjuntos A e B. Trata-se da regra de inferência mais usada, devido principalmente à sua praticidade de implementação computacional.

• Critério VSSS (*Variant of the System Standard Sequence*)

A Regra VSSS baseia-se na regra de inferência:

SE A **ENTÃO** B =

$A{\rightarrow}B =$

${\neg}A{\vee}B$

Considerando que A e B são 2 conjuntos *fuzzy* e ¬A = A^C, virá:

A^C∨B= máximo{(1-$\mu_A(x)$), $\mu_B(x)$}

- Critério do Produto de Monblad e Östergaard

Vamos apenas mostrar a fórmula de aplicação sem demonstrá-la, já na sua forma *fuzzy*, que é:

$$\mu_{\text{SE A ENTÃO B}} = \mu_A(x).\mu_B(x)$$

- Critério de Lukasiewicz

Da mesma maneira que a regra anterior, vamos apenas mostrar a fórmula de aplicação sem demonstrá-la, já na sua forma *fuzzy*, que é:

$$\mu_{\text{SE A ENTÃO B}} = \text{mínimo } \{1,(1- \mu_A(x).\mu_B(x))\}$$

2.4.4.1.5 – *Obtenção Gráfica da Área Global de Pertinência da Variável de Saída*

Graficamente, a aplicação de cada regra de inferência nas correspondentes variáveis de entrada, acaba por resultar numa região parcial de pertinência, a qual fará parte do conjunto global da variável de saída do sistema *fuzzy*.

Essas regiões parciais de pertinência definem os subconjuntos de pertinência das variáveis de entrada no conjunto de saída. O próximo passo será definir qual a região global do citado conjunto de saída, o que é feito graficamente pela composição das regiões parciais de entrada, utilizando a operação de união *fuzzy*, que é realizada aplicando o operador máximo (união) entre todas as regiões parciais de pertinência, qual seja:

$$\forall x \in U, \mu_{\text{global}}(x) = \text{máximo}\{\mu_{\text{subconjunto A}}(x),\mu_{\text{subconjunto B}}(x),...\}$$

em que *x* é a variável de saída *fuzzy* e U é o seu conjunto universo ou universo de discurso.

Procedendo dessa maneira, graficamente tem-se:

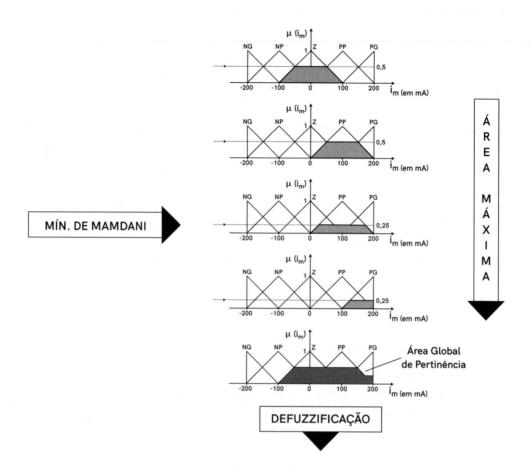

Figura 2.22 – Composição da área global de pertinência.

Alguns autores denominam esse método gráfico de composição Máx-Mín de Mamdani, pelo fato de que a inferência é baseada no método Mín de Mamdani e a composição da área global usar a operação de união (máximo) aplicada aos subconjuntos de saída *fuzzy* resultantes.

2.4.4.1.6 – *Métodos de defuzzificação*

Correspondem à última etapa do projeto de um sistema *fuzzy*, qual seja, escolher qual o método de defuzzificação a ser usado para se obter o valor exato (*crisp*) a ser aplicado de volta ao sistema físico.

Os métodos mais usados são: Centro de Gravidade (Centro de Massa ou Centroide), Centro dos Máximos e Média dos Máximos, os quais serão apresentados detalhadamente a seguir.

- Centro de Gravidade ou Centro de Massa ou Centroide

Esse método consiste em determinar o valor do Centro de Gravidade (também conhecido como Centro de Massa ou Centroide). Existem duas versões que podem ser usadas, conforme a conveniência do desenvolvedor – a versão contínua (integral) e a versão discreta (somatório).

- Versão contínua: Requer o cálculo de integrais, que são calculadas em cada intervalo definido pela forma geométrica da figura correspondente à saída ou solução do problema. Os contornos de integração das figuras parciais devem ser expressos pelas suas respectivas equações algébricas. A fórmula usada para o seu cálculo é dada por:

$$x_{CG} = \frac{\int x \cdot \mu(x) dx}{\int \mu(x) dx} \qquad (2.6)$$

em que x é a variável de saída e $\mu(x)$ é a função matemática que expressa o grau de pertinência. É um método exato, porém seu cálculo torna-se matematicamente complexo, devido ao cálculo das integrais delimitadas pelas funções de pertinência da saída.

Exemplo: Dada a área obtida pela inferência usando a regra Mín de Mamdani a seguir, calcular o Centro de Gravidade X_{CG}.

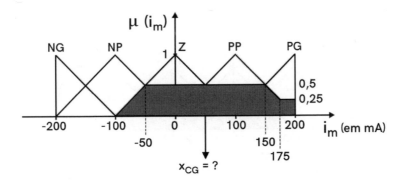

Figura 2.23 – Centro de Gravidade (versão contínua).

Solução:

$$x_{CG} = \frac{\int \mu(x)x\,dx}{\int \mu(x)\,dx}$$

$$= \frac{\int_{-100}^{-50}(0{,}01x+1)x\,dx + \int_{-50}^{150}0{,}5x\,dx + \int_{150}^{175}(-0{,}01x+2)x\,dx + \int_{175}^{200}0{,}25x\,dx}{\int_{-100}^{-50}(0{,}01x+1)\,dx + \int_{-50}^{150}0{,}5\,dx + \int_{150}^{175}(-0{,}01x+2)\,dx + \int_{175}^{200}0{,}25\,dx}$$

$$= \frac{6849{,}63}{128{,}13}$$

$$= 53{,}49\ mA$$

- Versão discreta: Nesse método, o cálculo das integrais é substituído pelo cálculo de somatórios. Torna-se bem mais prático, porém a desvantagem é a perda da exatidão matemática que, por ser tratar de lógica *fuzzy*, geralmente não compromete o resultado desejado. A fórmula usada para o seu cálculo é dada por:

$$x_{CG} = \frac{\sum x\mu(x)}{\sum \mu(x)} \tag{2.7}$$

em que x é o valor *crisp* de saída (note que aqui a saída corresponde ao eixo horizontal) e $\mu(x)$ é o valor da função de pertinência no ponto x.

Exemplo: Dada a área obtida pela inferência usando a regra Mín de Mamdani a seguir, calcular o Centro de Gravidade.

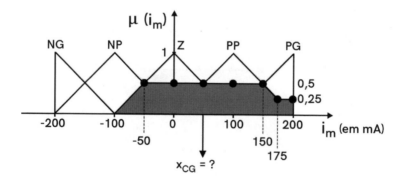

Figura 2.24 – Centro de Gravidade (versão discreta).

Solução:

$$x_{CG} = \frac{\sum x\mu(x)}{\sum \mu(x)}$$

$$= \frac{(-100)(0) + (-50)(0,5) + (0)(0,5) + (50)(0,5) + (100)(0,5) + (150)(0,5) + (175)(0,25 + (200)(0,25)}{0 + 0,5 + 0,5 + 0,5 + 0,5 + 0,5 + 0,25 + 0,25}$$

$$= \frac{218,75}{3,0}$$

$$= 72,92 \; mA$$

Vê-se que o método do Centro de Gravidade, versão discreta, não apresenta uma boa exatidão; os intervalos que entraram no cálculo foram espaçados no início em de 50 em 50, e no final passou para 25 em 25. Claro, quanto menor o espaçamento, mais o resultado da versão discreta se aproxima da versão contínua.

- Centro dos Máximos

Esse método consiste em determinar o valor do Centro dos Máximos, o qual consiste na ponderação do valor máximo de cada subconjunto da variável de saída do Sistema *Fuzzy* (que é igual à variável de entrada do sistema físico em estudo), em relação ao grau de pertinência de cada máximo. Considerando que o grau de pertinência m é uma variável contínua no intervalo fechado [0,1], conclui-se que o Centro dos Máximos também é uma variável contínua, o que impede a variação brusca do sinal de saída defuzzificado a ser aplicado no sistema físico. A fórmula para cálculo de é:

$$x_{CM} = \frac{\sum_{i=1}^{M} x_{máx.}(i) \cdot \mu_{x_{máx.}(i)}}{\sum_{i=1}^{M} \mu_{x_{máx.}(i)}} \qquad (2.8)$$

Exemplo: Dada a mesma área dos exemplos anteriores, calcular o Centro dos Máximos e compará-lo com o Centro de Gravidade.

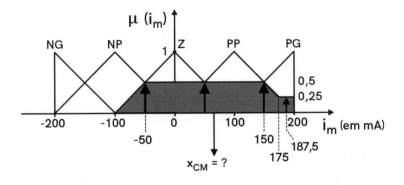

Figura 2.25 – Centro dos Máximos.

Solução:

$$x_{CM} = \frac{\sum_{i=1}^{M} x_{máx.}(i) \cdot \mu_{x_{máx.}(i)}}{\sum_{i=1}^{M} \mu_{x_{máx.}(i)}}$$

$$= \frac{(-50)(0,5) + (50)(0,5) + (150)(0,5) + (187,5)(0,25)}{0,5 + 0,5 + 0,5 + 0,25} = \frac{121,05}{1,75}$$

$$= 69,64 \, mA$$

Nota-se que $x_{CG} < x_{CM}$, sendo x_{CG} na versão contínua, embora esta comparação se baseie em apenas um exemplo, a relação $x_{CG} \leq x_{CM}$ sempre é verdadeira.

- Média dos Máximos

Esse método consiste em determinar o valor da média aritmética dos máximos, o que pode provocar uma variação brusca do valor da Média dos Máximos, ocasionada pela alteração da quantidade de máximos existentes na área a ser defuzzificada. Essa variação brusca pode acarretar problemas para o funcionamento do sistema físico, tornando-se contraindicado para certas aplicações, principalmente em controle de processos. A fórmula para cálculo de x_{MM} é:

$$x_{MM} = \frac{\sum_{i=1}^{M} x_{máx}(i)}{M} \tag{2.9}$$

em que M é a quantidade de máximos existentes na área a ser defuzzificada.

Exemplo: Dada a mesma área dos exemplos anteriores, calcular a Média dos Máximos e compará-la com o Centro de Gravidade e com o Centro dos Máximos x_{CM}.

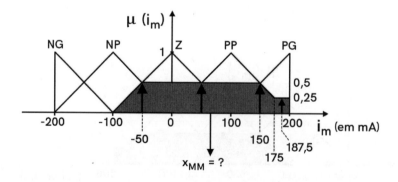

Figura 2.26 – Média dos Máximos.

Solução:

$$x_{MM} = \frac{\sum_{i=1}^{M} x_{máx.}(i)}{M} = \frac{-50 + 50 + 150 + 187{,}5}{4}$$

$$= \frac{337{,}5}{4}$$

$$= 84{,}38 \; mA$$

Nota-se que ; embora esta comparação se baseie em apenas um exemplo, a relação sempre é verdadeira.

2.4.4.1.6.1 Resumo dos métodos de defuzzificação

A ideia é fornecer uma visão da distribuição dos resultados obtidos pelos diversos métodos de defuzzificação mencionados anteriormente.

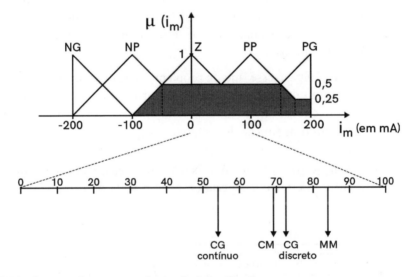

Figura 2.27 – Comparação entre os métodos de defuzzificação.

É importante ressaltar que o Método do Centro de Gravidade, na sua versão contínua, é o único desses métodos que tem a característica de apresentar mudanças suaves na saída, isto é, sem causar variações bruscas no sistema, característica muito importante para os sistemas de controle de processos. A sua desvantagem é a complexidade de cálculo, preço que se paga pelo fato de ser um método exato, servindo, portanto, para ser tomado como referência para todos os demais métodos, cujos resultados são *crisp*, isto é, são constituídos de valores exatos, cuja existência é pontual.

2.5 LÓGICA *FUZZY* INTERVALAR OU LÓGICA *FUZZY* DO TIPO 2

Além da Lógica *Fuzzy* Clássica vista até este ponto, que também é conhecida por Lógica *Fuzzy* do Tipo 1, não se pode deixar de mencionar a existência de outro tipo de lógica *fuzzy*, que é denominada de Lógica *Fuzzy* Intervalar ou Lógica *Fuzzy* do Tipo 2, criada com o objetivo de lidar com as incertezas também existentes na definição das funções de pertinência, além das incertezas nos valores das variáveis de entrada.

Claro, construir funções de pertinência, de modo a considerar suas incertezas, é bastante apropriado, visto que a classificação de uma variável linguística pode conter incertezas provenientes de várias causas, por exemplo, a experiência particular do especialista (por exemplo, um especialista pode classificar uma altura de baixa, enquanto outro, a mesma altura de média), dependendo do referencial de amostragem.

Um fato interessante para ilustrar essa questão: em uma instalação de produção de gás liquefeito do petróleo ou popularmente chamado de gás de cozinha (GLP), os operadores "adivinhavam" a qualidade do gás que estava sendo processado, bastando olhar a tonalidade da fumaça que saia da torre do queimador da unidade, ou seja, fumaça clara, GLP com baixo teor de pesados, e fumaça escura, GLP com alto teor de pesados. Um ponto difícil de avaliar era se os tons claro e escuro tinham a mesma percepção visual para todos os operadores.

Para dar uma solução para esse tipo de problema, surgiu a função de pertinência intervalar, em que o grau de pertinência deixa de ser um número, e passa a ser um intervalo numérico fechado, definido por uma função de pertinência inferior, $\mu_{(A)inferior}(x)$, e por uma função de pertinência superior, $\mu_{(A)superior}(x)$, sendo A o rótulo da classe em questão, ou seja, pelo intervalo fechado $[\mu_{(A)inferior}(x); \mu_{(A)superior}(x)]$. A faixa de incerteza, compreendida entre a função de pertinência inferior e a superior, é denominada de mancha de incerteza (*footprint*).

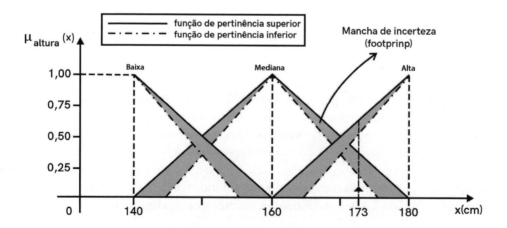

Figura 2.28 – Função de pertinência intervalar (Lógica *Fuzzy* Tipo 2).

É importante ressaltar que o tratamento numérico das incertezas, embora num primeiro momento possa parecer que irá deteriorar a precisão das respostas, muito pelo contrário, ao considerá-las o efeito é produzir respostas que permitem serem avaliadas também quanto ao aspecto de confiabilidade, oferecendo a oportunidade da tomada de decisão mais acertada.

Para criar um sistema *fuzzy* baseado na lógica intervalar, é necessário obedecer às mesmas etapas da lógica *fuzzy* clássica vista anteriormente, isto é: fuzzificação, inferência e defuzzificação.

2.5.1 FUZZIFICAÇÃO INTERVALAR

Fuzzificação intervalar é o procedimento utilizado para determinar qual é o intervalo de pertinência intervalar correspondente a um valor numérico exato. Suponha o seguinte caso: tomando-se por base o universo de discurso representado na Figura 2.8, pergunta-se: qual é o intervalo de pertinência de um indivíduo com 173 cm de altura?

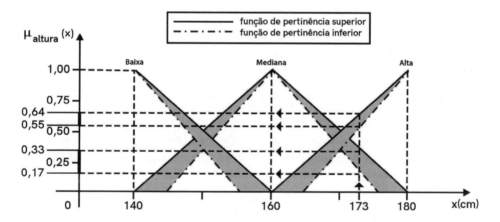

Figura 2.29 – Faixa de pertinência intervalar de um indivíduo com altura de 173 cm.

Essa pergunta poderia ser formulada de outra forma equivalente: fuzzificar a altura de 173 cm, considerando o universo de discurso da Figura 2.8. Para fuzzificar essa altura, primeiro vamos marcar a altura do indivíduo no eixo horizontal, e identificar as interseções da reta vertical, traçadas a partir desta marcação, com as curvas das funções de pertinência inferior e superior, para cada rótulo das classes que compõe o universo de discurso do atributo altura. Agindo dessa forma, verifica-se que um indivíduo x com uma altura de 173 cm possui as seguintes pertinências intervalares:

$$x_{altura\ mediana} = [0,17; 0,33]$$

$$x_{altura\ alta} = [0,55; 0,64]$$

Interpretação: o indivíduo x tem estatura mediana no intervalo de 0,17 a 0,33, como também tem estatura alta no intervalo de 0,55 a 0,64. Em resumo: embora seja considerado mais alto do que mediano, há um grande grau de incerteza na sua classificação.

2.5.2 INFERÊNCIA INTERVALAR

Os procedimentos para fuzzificação, inferência e defuzzificação na Lógica *Fuzzy* Intervalar (tipo 2) são similares aos que foram apresentados para a Lógica *Fuzzy* Clássica (tipo 1), devendo-se levar em conta as adaptações requeridas quando se trabalha com intervalos numéricos, ao invés de apenas um número para expressar a pertinência a um determinado rótulo, por exemplo, mediana, dentro de um conjunto de valores linguísticos imprecisos [baixa, mediana, alta].

Realizada a fuzzificação, a próxima etapa é a inferência intervalar, a qual é conduzida adotando-se os mesmos critérios estudados para a lógica clássica, com a diferença de que temos agora 2 conjuntos de graus de pertinência, que são os conjuntos definidos pelas funções de pertinência inferior e superior.

Nesse caso, tem-se trabalho dobrado, pois um mesmo procedimento é adotado tanto para o conjunto de pertinência inferior, quanto para o conjunto de pertinência superior, mas, em síntese, procede-se de maneira idêntica para os 2 conjuntos. Por exemplo, aplicando-se o critério composição Máx-Mín de Mamdani, teremos uma área resultante da composição correspondente às pertinências superiores e outra área correspondente às pertinências inferiores, conforme mostrado nas figuras a seguir; esses gráficos hipotéticos das pertinências superior e inferior serão utilizados apenas para ilustrar como é feito o cálculo da defuzzificação, usando o método contínuo do Centro de Gravidade.

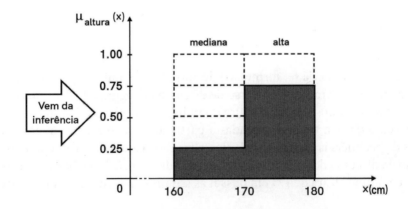

Figura 2.30 – Função de Pertinência Superior (Conjunto de saída ou solução).

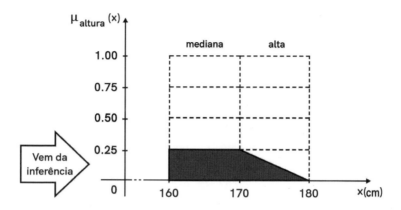

Figura 2.31 – Função de Pertinência Inferior (Conjunto de saída ou solução).

2.5.3 DEFUZZIFICAÇÃO INTERVALAR

Chegando neste ponto do desenvolvimento de um sistema *fuzzy* intervalar, encontramo-nos diante de 2 conjuntos para realizar a defuzzificação: um conjunto que vamos chamar de conjunto de inferência superior (cor azul) e outro conjunto que chamaremos de conjunto de inferência inferior (cor vermelha).

A defuzzificação pode ser realizada utilizando-se de qualquer um dos métodos vistos anteriormente na lógica clássica; no caso presente será usado o método do Centro de Gravidade, versão contínua, aplicando-se separadamente, para os conjuntos de saída superior e inferior.

- Defuzzificação do conjunto de saída (ou solução) superior

Aplicando a Equação (2.6) na Figura 2.30, tem-se:

$$x_{CGsuperior} = \frac{\int x\mu(x)dx}{\int \mu(x)dx}$$

$$x_{CGsuperior} = \frac{\int_{160}^{170}(0{,}25)xdx + \int_{170}^{180}(0{,}75)xdx}{\int_{160}^{170}(0{,}25)dx + \int_{170}^{180}(0{,}75)dx} = \frac{412{,}50 + 1312{,}50}{2{,}5 + 7{,}5} = \frac{1725}{10}$$

$$= 172{,}50 \text{ cm}$$

- Defuzzificação do conjunto de saída (ou solução) inferior

Dessa vez, aplicando a Equação (2.6) na Figura 2.31, tem-se:

$$x_{CGinferior} = \frac{\int x\mu(x)dx}{\int \mu(x)dx}$$

$$x_{CGinferior} = \frac{\int_{160}^{170}(0,25)xdx + \int_{170}^{180}(-0,25x + 4,5)xdx}{\int_{160}^{170}(0,25)dx + \int_{170}^{180}(-0,25x + 4,5)dx} = \frac{412,50 + 216,97}{2,5 + 1,25}$$

$$= \frac{629,47}{3,75}$$

$$= 167,86 \text{ cm}$$

Assim, de cada conjunto resultou um valor defuzzificado, , inferior e superior, respectivamente, formando assim o intervalo de pertinência da saída ou solução.

Finalmente, a obtenção de um valor único para a defuzzificação intervalar é feita calculando a média aritmética entre os graus de pertinência inferior e superior, ou seja:

$$x_{CGcontínua} = \frac{\mu_{(solução)superior} + \mu_{(solução)inferior}}{2} = \frac{172,50 + 167,86}{2}$$

$$= 170,18 \text{ cm}$$

2.6 MÉTODO DE DEFUZZIFICAÇÃO TAKAGI-SUGENO-KANG (TSK)

Os critérios que regem as etapas iniciais da fuzzificação e da inferência normalmente são iguais para todos os métodos e aplicações baseadas na Lógica *Fuzzy*, ressalvadas as peculiaridades que caracterizam a lógica clássica, na qual o grau de pertinência é dado por um único número, e a lógica intervalar, na qual a pertinência é fornecida por um intervalo numérico fechado, isto é, por 2 números e todos os demais compreendidos entre eles.

Entretanto, quando se chega na etapa da defuzzificação, podemos proceder de acordo com o método das áreas (gráfico) Máx-Mín de Mamdani ou optar em realizá-la pelo método algébrico de Takagi-Sugeno-Kang (TSK).

O método TSK tem como principal característica efetuar uma ponderação dos valores correspondentes às funções algébricas obtidas pela inferência, com o objetivo de fornecer uma saída (solução) para o sistema *fuzzy*. Para isso, o referido método produz um consequente, que é uma função matemática das premissas do problema, representada por f_i dada por:

SE $(y_1 \in Y_1)$ **E** $(y_2 \in Y_2)...$**E** $(y_n \in Y_n)$ **ENTÃO** $x_i = f_i (y_1$ **E** $y_2...$**E** $y_n)$

IA simbólica   85

lembrando que o operador lógico **E** equivale ao menor valor das variáveis que compõem as premissas das regras de inferência ativadas, para $j = 1, ..., n$, fornecidas pelo seu respectivo grau de pertinência, e x_i é a saída de uma regra de inferência ativada, definida pela função algébrica $f_i: \mathbb{R}^n \to \mathbb{R}$, de grau $p \in \mathbb{Z}$, calculada por:

$$x_i = a_i y_{inferido}^p + b_i, \text{ para } i = 1, 2, ..., n \tag{2.10}$$

em que p é a ordem do defuzzificador tipo TSK, que a_i e b_i são os coeficientes da expressão algébrica dada pela Equação (2.10), tendo-se em conta que se $p = 0$ então todos os b_i também serão iguais a zero, sendo que $y_{inferido}$ é o valor mínimo entre as variáveis provenientes do processo de inferência, calculado para cada regra de inferência ativada. Dessa forma, o valor da saída global é calculado pela seguinte fórmula:

$$x = \frac{\sum_{i=1}^n w_i x_i}{\sum_{i=1}^n w_i} \tag{2.11}$$

em que os pesos w_i são obtidos com base na inferência, normalmente adotando-se o menor valor (mínimo) da regra ativada, os quais têm o objetivo de ponderar a influência de cada saída individual x_i, na obtenção da saída global x defuzzificada pelo método TSK.

O valor do expoente p na Equação (2.10) define a ordem do método, qual seja: para $p = 0$, tem-se o Método TSK de Ordem Zero, para $p = 1$, tem-se o Método de TSK de Primeira Ordem, e assim por diante.

É importante destacar que TSK é um método algébrico, diferentemente do método Máx-Mín de Mamdani apresentado anteriormente, que por sua vez é um método puramente gráfico, cujo resultado se baseia no cálculo da maior área obtida, levando em consideração todas as regras de inferência ativadas.

O Capítulo 10 apresenta um exemplo de aplicação abordando o método Máx-Mín de Mamdani, como também o método TSK de Ordem Zero e de Primeira Ordem.

2.7 CONCLUSÕES

A principal manifestação humana de inteligência reside, indubitavelmente, na sua capacidade de comunicação, e este comportamento dá-se por meio dos símbolos – sonoros e visuais. Levados por essa percepção, os pesquisadores procuraram copiar os mecanismos pelos quais se processa a comunicação entre os seres humanos, para tentar estabelecer outro tipo de comunicação – entre o ser humano e as máquinas. Assim surgiu a IA Simbólica, como uma maneira de fazer com que as máquinas compreendam e executem tarefas definidas pelos seres humanos.

Consequentemente, é imediato concluir que o aparecimento da IA se deu com a abordagem simbólica, mais precisamente com o advento dos Sistemas Especialistas. Corroborando com essa afirmação, é possível encontrar obras de autores renomados tratando a IA como se fosse uma denominação específica dos sistemas de raciocínio simbólico. Entretanto, a IA não contempla só a parte simbólica, pois surgiram a conexionista e a evolucionista, e tampouco se afasta a possibilidade de surgirem novas abordagens no futuro.

Vimos que na abordagem simbólica existem várias maneiras de armazenar o conhecimento, sendo que a mais usada é a Regra de Produção, do tipo "**SE** as premissas são verdadeiras, **ENTÃO** executar as ações previstas", a qual é utilizada tanto nos Sistemas Especialistas quanto nos Sistemas *Fuzzy* (Nebuloso). Nesse tipo de estrutura, **SE** <condições> **ENTÃO** <ação>, as condições são as premissas ou os antecedentes, as quais reúnem as condições necessárias e suficientes para que determinadas ações sejam executadas, caso sejam satisfeitas simultaneamente, de maneira parecida como os seres humanos fazem quanto acumulam conhecimento para poder utilizá-los posteriormente, ou seja, determinam suas ações conforme as condições verdadeiras ou estímulos recebidos do ambiente.

Além dessa forma de guardar o conhecimento na abordagem simbólica, também foram vistas outras formas de representar o conhecimento, mas todas elas podem ser interpretadas como variações da Regra de Produção, ou seja, um conjunto de condições verdadeiras que levam a determinadas ações. Por conseguinte, podemos concluir que nessa abordagem da IA, as condições e as ações guardam uma relação de causa-efeito, e são armazenadas utilizando representações do mundo real na forma de símbolos, como ocorre nas linguagens orais e escritas dos idiomas usados pelos povos em todo o planeta.

Assim, dentro dessa linha de pensamento existem, na atualidade, duas tecnologias que permitem a comunicação direta entre seres humanos e máquinas – os Sistemas Especialistas e os Sistemas *Fuzzy*, ambos foram tratados neste capítulo.

Ao leitor interessado em mais detalhes sobre as técnicas abordadas neste capítulo, é recomendada a leitura de diversas obras de qualidade existentes sobre o assunto, algumas encontram-se citadas nas Referências.

Finalizando, os Capítulos 9 e 10 apresentam aplicações práticas da Lógica *Fuzzy*, abordando temas, como um controlador de processos industriais tipo PID *fuzzy*, e o projeto básico de um piloto automático *fuzzy*, que embora utilizem a técnica *fuzzy* clássica e de Takagi-Sugeno-Kang (TSK), podem ser facilmente estendidas para a Lógica *Fuzzy* Intervalar ou Lógica *Fuzzy* do tipo 2. Fica um desafio para o leitor!

CAPÍTULO 3
IA conexionista

3.1 INTRODUÇÃO

A Inteligência Artificial na sua abordagem conexionista, denominada de IA Conexionista, fundamenta-se nas Redes Neurais Artificiais – RNA, as quais têm o propósito de simular simplificadamente alguns comportamentos do sistema nervoso biológico por meio de programas de computador (*software*) ou de circuitos elétricos (*hardware*), e investigar se assim é possível imitar estes sistemas de inteligência com que o ser humano é dotado. O grande avanço tecnológico nos últimos anos tem possibilitado o desenvolvimento de programas de computador que procuram implementar as RNAs e investigar a principal característica da inteligência humana, que é a sua capacidade de aprender. Aprender significa construir um modelo, mapa interno ou raciocínio que seja capaz de representar a relação existente entre as observações e suas consequências, entendendo como observação qualquer entrada apresentada à rede neural e, como consequência, a saída decorrente de uma dada observação.

Para cumprir com a tarefa de aprender (aprendizagem ou treinamento), as RNAs são compostas de vários elementos de processamento conectados entre si de uma forma adequada, possibilitando a operação em paralelo e distribuída. Esses elementos são baseados no sistema nervoso do ser humano e são denominados de neurônios, verdadeiras unidades computacionais.

O neurônio é uma célula biológica delimitada por uma fina membrana, que possui determinadas propriedades essenciais ao funcionamento eletroquímico da célula nervosa. É estimado que existem cerca de 20 bilhões de neurônios no cérebro humano (córtex), perfazendo um total aproximado de 100 trilhões de conexões, o que justifica a denominação de conexionista.

O neurônio biológico possui o corpo celular (ou soma), no qual se encontra o núcleo, e ramificações de 2 tipos – vários dendritos (entradas) e um axônio (saída) para cada neurônio.

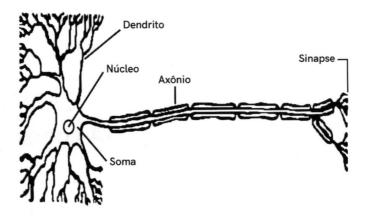

Figura 3.1 – O neurônio biológico (*biological neuron*).

Com relação ao sentido de condução dos estímulos nervosos, os dendritos são receptores ou centrípetos (para dentro ou entrada), enquanto o axônio é transmissor ou centrífugo (para fora ou saída). Em uma rede neural, a região compreendida entre a extremidade de um axônio e seus dendritos receptores é chamada de sinapse.

As manifestações elétricas de neurônios biológicos foram observadas pela primeira vez no século XIX por du Bois-Reymond com o auxílio de um galvanômetro. O funcionamento dessas células começou a ser mais bem entendido no final do século XIX, com a invenção do tubo de raios catódicos (*Cathodic Ray Tube* – CRT), por Crookes. Erlanger e Gasser, na década de 1920, que usaram o CRT para observar a atividade elétrica dos neurônios biológicos, o que lhes valeu o Prêmio Nobel de Fisiologia, em 1944.

Nas duas décadas que se seguiram a 1920, como resultado do trabalho de vários pesquisadores, passou-se a entender o neurônio biológico como basicamente um dispositivo computacional elementar do sistema nervoso, que possuía várias entradas, os dendritos, e uma única saída, o axônio. As entradas ocorrem por meio das conexões sinápticas, que conectam a árvore dendrital de um neurônio posterior com os axônios de outros neurônios anteriores. Os sinais que chegam por esses dendritos são pulsos elétricos conhecidos como impulsos nervosos e constituem a informação que será processada de alguma forma pelo corpo celular do neurônio, produzindo como saída um outro impulso nervoso através de seu respectivo axônio.

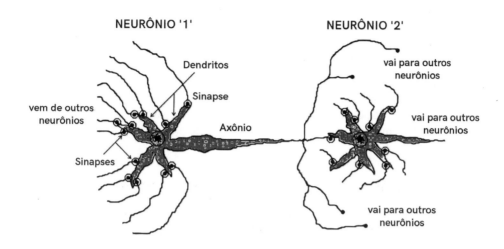

Figura 3.2 – Conexão de 2 neurônios biológicos (ilustração).

De um modo geral, pode-se afirmar que a sinapse é uma região eletroquimicamente ativa, compreendida entre 2 neurônios, na qual se observa a existência de uma região pré-sináptica, pela qual chega um estímulo proveniente de um axônio próximo anterior, e de outra região posterior chamada de pós-sináptica, que constitui o seu próprio dendrito. Na passagem da região pré para pós-sináptica, o estímulo nervoso é transmitido por meio das sinapses por substâncias químicas conhecidas como neurotransmissores (adrenalina, acetilcolina etc.), que atuam no sentido de alterar a condutância elétrica entre 2 neurônios adjacentes, de modo a moderar ou até mesmo bloquear a passagem do impulso elétrico de um neurônio para outro.

Assim, dependendo do neurotransmissor prevalente, a conexão sináptica será excitatória ou inibitória. Uma conexão excitatória contribui para a formação de um impulso nervoso no neurônio, enquanto a inibitória age no sentido contrário.

3.2 MODELOS DE NEURÔNIOS ARTIFICIAIS

O grande desafio dos pesquisadores é desenvolver um modelo de neurônio artificial que consiga emular o comportamento dos neurônios biológicos, com a finalidade de construir sistemas inteligentes. Até o momento, tem-se utilizado 2 modelos de neurônios, que são:

- o neurônio de McCulloch e Pitts (MCP) ou neurônio com peso (*weight-based*); e
- o neurônio RAM ou neurônio sem peso (*weightless*).

Denomina-se *peso sináptico* (símbolo *w*, do inglês *weight*) ou simplesmente *peso*, ao valor que é atribuído à ligação sináptica existente entre 2 neurônios vizinhos, de tal modo a reproduzir as condições de transmissão dos impulsos nervosos (lembre-se que são pulsos elétricos), contribuindo assim para excitar ou inibir a atividade nervosa do próximo neurônio situado à frente. Cada neurônio pode possuir várias entradas, o que significa afirmar que apenas o valor isolado de um de seus pesos de entrada não é suficiente para concluir se a sua ação será excitatória ou inibitória – esse tipo de conclusão depende dos outros pesos que chegam no neurônio e do seu limiar de operação (*threshold*), que funciona como uma barreira de potencial.

3.2.1 O NEURÔNIO DE McCULLOCH E PITTS (MCP)

Em 1943, o médico fisiologista Warren McCulloch e o estatístico Walter Pitts publicaram o artigo intitulado *A Logical Calculus of the Ideas Immanent in Nevrous Activity*, o qual é considerado o marco inicial das pesquisas em redes neurais artificiais. Nesse artigo foi estabelecida de forma científica, pela primeira vez, a ligação entre a inteligência e a atividade nervosa, com a proposição de um modelo artificial do neurônio, que ficou conhecido de neurônio de McCulloch e Pitts, ou neurônio MCP, que é um neurônio com peso (*weight-based*), conforme esquema mostrado na figura a seguir.

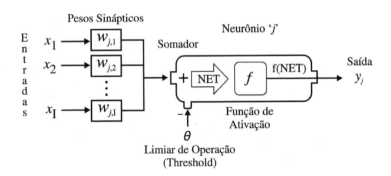

Figura 3.3 – Modelo MCP do neurônio de ordem '*j*'.

Na modelagem de McCulloch e Pitts, o neurônio artificial é constituído basicamente das seguintes partes:

- terminais de entrada, nos quais serão aplicados os sinais de entrada $x_1, x_2, ..., x_I$;
- pesos sinápticos, denotados por $w_{j,i}$, um para cada conexão, sendo *j* o destino e *i* a origem;
- somador dos sinais de entrada, representado por (+);
- limiar de operação (*threshold*), denotado por θ (letra grega teta);

- sinal de entrada da função de ativação, $NET_j = \sum_{i=1}^{I} W^T X = w_{j,1}x_1 + w_{j,2}x_2 + \cdots +$ $w_{j,I}x_I - \theta$, em que T é o símbolo de transposição matricial;

- função de ativação f escolhida para modelar o comportamento matemático do neurônio;

- sinal de saída da função de ativação, $f(NET_j)$;

- terminal de saída, no qual será medido o sinal de saída $y_j = f(NET_j)$ do neurônio de ordem 'j' na rede neural.

Observe que a notação usada para representar os pesos sinápticos reserva o primeiro subscrito para um neurônio da camada de destino, no caso j, contendo J neurônios, e o segundo subscrito para um neurônio da camada de origem, no caso i, contendo I neurônios. Assim, o neurônio MCP é representado na forma matemática, pela seguinte expressão:

$$y_j = f\left(w_{j,1}x_1 + w_{j,2}x_2 + \cdots + w_{j,I}x_I - \theta\right)$$

que, passando-se para a notação matricial, corresponde a

$$y_j = f(\Sigma W^T X - \theta) \tag{3.1}$$

em que o símbolo Σ representa a soma de todos os produtos dos pesos sinápticos pelas respectivas entradas, $W^T X$, sendo que W^T é a transposta do vetor-coluna dos pesos sinápticos, e X é o vetor-coluna dos sinais de entrada para o neurônio j, ou seja:

$$W = \begin{bmatrix} w_{j,1} \\ w_{j,2} \\ \vdots \\ w_{j,I} \end{bmatrix} \qquad X = \begin{bmatrix} x_1 \\ x_2 \\ \vdots \\ x_I \end{bmatrix}$$

e θ é o limiar de operação ou *threshold* do neurônio. A expressão entre parênteses $\Sigma W^T X - \theta$ corresponde à entrada NET da função de ativação do neurônio, ou seja,

$$y_j = f(NET), \text{ sendo } NET = \Sigma W^T X - \theta$$

Para fixar os conceitos envolvidos na definição do modelo MCP, vamos acompanhar a resolução dos problemas propostos nos exemplos a seguir.

Exemplo 1: Determinar qual o valor do sinal de saída de um neurônio J, sabendo-se que:

- Sinal de entrada = $[3 \quad 2]^T$
- Pesos sinápticos = $[0,5 \quad -0,9]^T$
- Limiar de operação $(\theta) = -1$
- Função de ativação limiar = f(Net)

$f(NET) = 0$, para $NET \leq 0$

$= 1$, para $NET > 0$

conhecida por função limiar, somente possui as saídas '0' ou '1' (Haykin, 2001).

Solução: Aplicando a expressão matemática do modelo de MCP, virá

$y_j = f(3.0,5 + 2.(-0,9) - (-1))$

$= f(1,5 - 1,8 + 1)$

$= f(0,7)$

Usando agora o gráfico da função de ativação correspondente à função limiar, obtém-se finalmente o valor do sinal de saída do referido neurônio

$y_j = 1$ (neurônio ativado)

Vamos visualizar esse exemplo do modelo MCP, conforme figura a seguir:

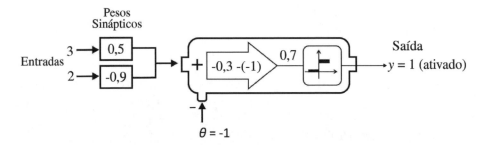

Figura 3.4 – Neurônio de McCulloch e Pitts ativado.

Exemplo 2: Considere os mesmos dados do Exemplo 1, porém alterando o sinal de entrada para $[-0,6 \quad 1]^T$.

Solução: Aplicando a expressão matemática do modelo MCP, virá:

$y_j = f((-0,6).0,5 + 1.(-0,9) - (-1))$

$= f(-0,3 - 0,9 + 1)$

$= f(-0,2)$

Usando agora o gráfico da função de ativação limiar, tem-se finalmente o novo valor do sinal de saída do referido neurônio, que é

$y_j = 0$ (desativado)

A visualização desse exemplo ficará:

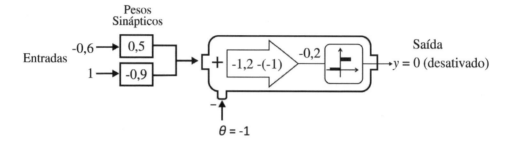

Figura 3.5 – Neurônio de McCulloch e Pitts desativado.

Observa-se que a função limiar usada permite somente saídas do tipo 0 ou 1 (saídas discretas). Poder-se-ia usar outras funções matemáticas contínuas, visando obter saídas do tipo analógica. Certamente, esse tipo de escolha vai depender do problema a ser resolvido.

Vamos agora fazer a seguinte pergunta: caso o valor do limiar de operação fosse alterado de –1 para –2, como se comportaria a saída do neurônio do exemplo anterior? Se assim ocorresse, a saída do neurônio J passaria a valer

$y_j = f(0,8) \Rightarrow y_j = 1$ (ativado)

A interpretação para o que ocorreu é a seguinte: se associarmos as saídas de um neurônio j à ideia de disparo (*firing*) e se convencionarmos que saída = 0 significa neurônio não ativado e saída = 1 neurônio ativado, então podemos compreender claramente qual o papel do limiar de operação, que é estabelecer o ponto de disparo ou operação do neurônio. Essa conclusão pode ser facilmente obtida por intermédio da análise do papel de θ na expressão matemática do neurônio MCP, apresentada anteriormente e reproduzida na expressão matemática a seguir:

$$y_j = f(\Sigma W^T X - \theta)$$

Em síntese: Θ desloca o gráfico da função de ativação $f(.)$ para trás ou para frente, caso seja positivo ou negativo, respectivamente, alterando assim o valor do ponto de disparo do neurônio, o que justifica a denominação de limiar de operação (*threshold*). É ele que determina a partir de que valor o neurônio será ou não ativado.

Exemplo 3: Tomando por base o funcionamento do neurônio MCP, determinar um conjunto de valores para os pesos sinápticos (W) e para o limiar de operação (θ), de modo a implementar o operador lógico **E** (*and*, em inglês).

Solução: Inicialmente precisamos escrever a Tabela-Verdade do operador booleano **E**, para depois aplicarmos a expressão matemática que modela o funcionamento do neurônio MCP. Procedendo-se dessa maneira, obteremos as condições que deverão ser atendidas para que seja possível implementar o referido operador booleano, ou seja:

⇒ Tabela - Verdade do operador lógico **E**

	X_1	X_2	X_1 E X_2
1ª linha	0	0	0
2ª linha	0	1	0
3ª linha	1	0	0
4ª linha	1	1	1

⇒ Neurônio MCP

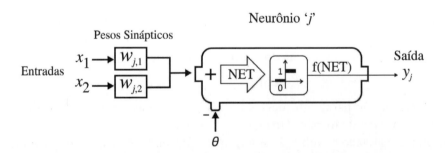

Figura 3.6 – Modelo MCP com função degrau unitário.

⇒ Cálculo dos pesos sinápticos e do limiar de operação

Aplicando o modelo do neurônio MCP, $y_j = f(\Sigma W^T X - \theta)$, virá:

- Usando a 1ª linha da Tabela-Verdade:

$f(w_{j,1}.0 + w_{j,2}.0 - \theta) = 0$

para $y_j = 0$ devemos ter $w_{j,1}.0 + w_{j,2}.0 - \theta \leq 0 \Rightarrow -\theta \leq 0 \Rightarrow \theta \geq 0$ (**condição I**)

- Usando a 2ª linha da Tabela-Verdade:

$f(w_{j,1}.0 + w_{j,2}.1 - \theta) = 0$

para $y_j = 0$ devemos ter $w_{j,1}.0 + w_{j,2}.1 - \theta \leq 0 \Rightarrow w_{j,2} - \theta \leq 0 \Rightarrow w_{j,2} \leq \theta$(**condição II**)

- Usando a 3ª linha da Tabela-Verdade:

$f(w_{j,1}.1 + w_{j,2}.0 - \theta) = 0$

para $y_j = 0$ devemos ter $w_{j,1}.1 + w_{j,2}.0 - \theta \leq 0 \Rightarrow w_{j,1} - \theta \leq 0 \Rightarrow w_{j,1} \leq \theta$ (**condição III**)

- Usando a 4ª linha da Tabela-Verdade:

$f(w_{j,1}.1 + w_{j,2}.1 - \theta) = 1$

para $y_j = 1$ devemos ter $w_{j,1}.1 + w_{j,2}.1 - \theta > 0 \Rightarrow w_{j,1} + w_{j,2} - \theta > 0 \Rightarrow w_{j,1} + w_{j,2} > \theta$ (**condição IV**)

A solução agora consiste em encontrar um conjunto de valores para θ, $w_{j,1}$ e $w_{j,2}$, que satisfaça simultaneamente as condições I, II, III e IV. Uma possível solução seria $\theta = 1$, $w_{j,1} = 0,6$ e $w_{j,2} = 0,8$. Obviamente, existem várias outras soluções que poderiam ser facilmente escolhidas. Encontre uma delas e teste no modelo, para ver se dará certo!...

O modelo apresentado no Exemplo 3 mostrou apenas 1 neurônio contendo pesos sinápticos e 1 limiar de operação que podem assumir diversos valores. A tarefa que tivemos que executar foi calcular esses valores de modo a atender um conjunto de condições. Entretanto, essa tarefa normalmente é realizada com ajuda de um mecanismo de adaptação, que deve possuir a capacidade de ajustar todos os pesos sinápticos, a cada par de entrada/saída aplicado em seus terminais. Essa capacidade de ajuste é o que possibilita a ocorrência do processo de aprendizagem, sendo uma das características para que um sistema seja considerado inteligente (capacidade de aprender).

Portanto, a aprendizagem decorre da possibilidade dos pesos sinápticos se ajustarem em resposta aos estímulos externos (dados de entrada) ou meio ambiente, durante a qual a entradas permanecem fixas em seus valores, enquanto a saída é forçada a se aproximar do valor desejado previamente estabelecido, denominado de professor (*teacher*) ou especialista, conforme mostrado a seguir:

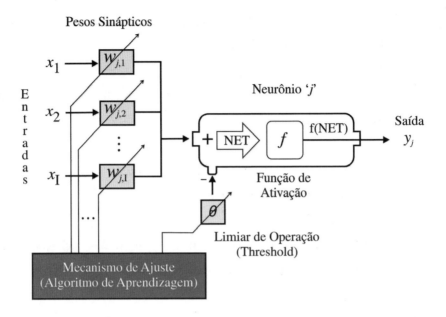

Figura 3.7 – Ajustando os pesos e o limiar para atender ao professor (*teacher*).

O processo de ajuste dos pesos sinápticos ocorre da seguinte maneira: aplique as entradas x_i e calcule o valor da saída corrente, y_j. Agora, compare y_j com o valor desejado (professor), d_j, gerando o $erro_j = d_j - y_j$, o qual é submetido a um mecanismo de ajuste baseado em algum método de otimização que, por sua vez, emite comandos para corrigir tanto os pesos sinápticos quanto o correspondente limiar de operação θ. Dessa forma, o processo de ajuste dos pesos sinápticos $w_{j,i}$ (Figura 3.7) repete-se várias vezes, indo para frente e para trás, iterativamente, com o objetivo de reduzir o valor do $erro_j$. O processo termina quando o valor do $erro_j$ é zerado ou atinge um valor mínimo considerado aceitável (tolerância); quando isto ocorre, ou seja, $erro_j \leq tolerância$, é dito que o neurônio aprendeu, isto é, está devidamente treinado.

Conforme foi mencionado, o ajuste é feito em todos os pesos e no respectivo limiar de operação θ. Entretanto, para facilitar a implementação do modelo matemático do neurônio, é possível tratar o limiar de operação (Figura 3.7) como se fosse um peso extra (Figura 3.8), isto é, adicionando na entrada do neurônio 'j' um peso extra $w_{j,I+1}$ e uma entrada extra de ordem $(I + 1)$. A maneira equivalente de fazer a mudança é fixar o valor dessa entrada extra em –1, obrigando assim o seu respectivo peso sináptico a ter o mesmo valor do limiar de operação (*threshold*). Observe que, o peso extra acrescido na entrada do neurônio recebe a denominação de *bias*, que em português significa desvio. Qual a vantagem de se fazer essa troca de posição do limiar de operação para *bias*? Essa troca de posição não é apenas topológica, isto é, mudar de uma posição para outra na estrutura do neurônio artificial; é muito mais do que isso, pois tem implicação no aspecto matemático, com o objetivo de facilitar a automatização dos cálculos (e a implementação computacional das redes neurais artificiais), como será explicado em seguida.

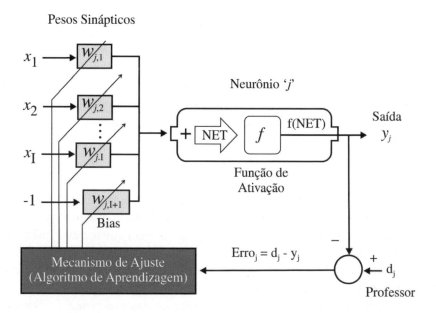

Figura 3.8 – Incorporação do limiar de operação (*threshold*) na matriz de pesos sinápticos.

Aplicando a fórmula matemática da entrada na função de ativação do neurônio '*j*' modificado, mostrado na figura anterior, virá:

$$NET_j = w_{j,1}x_1 + w_{j,2}x_2 + \cdots + w_{j,I}x_I + w_{j,I+1}(-1)$$

$$= w_{j,1}x_1 + w_{j,2}x_2 + \cdots + w_{j,I}x_I - w_{j,I+1}$$

Por outro lado, a fórmula original do modelo de McCulloch e Pitts (MCP), publicada no artigo *A Logical Calculus of the Ideas Immanent in Nervous Activity* (1943), em que o limiar de operação θ (*threshold*) aparece explicitamente, é dada por

$$NET_j = w_{j,1}x_1 + w_{j,2}x_2 + \cdots + w_{j,I}x_I - \theta$$

Comparando as duas últimas expressões apresentadas podemos concluir que $\theta = w_{j,I+1}$, isto é, que o cálculo do limiar de operação θ passou a ser feito como se fosse um peso sináptico extra, $w_{j,I+1}$, cuja entrada foi fixada em –1, e nesta nova estrutura o peso extra passa a ser denominado de *bias* (desvio). Esse artifício facilitará a implementação computacional das redes neurais artificiais, pois leva o limiar de operação para dentro da estrutura de dados dos pesos sinápticos, simplificando assim o cálculo do que antes era denominado de *threshold* e que agora passa a ser o *bias*, isto para cada um dos neurônios da rede neural. Vale ressaltar que somente para o caso em que a entrada extra é fixada em −1, tem-se valor do *threshold* igual ao peso sináptico extra $w_{j,I+1}$.

Claro, a entrada extra para o *bias* não tem a obrigatoriedade de valer −1, pois somente foi feito assim para fins de equivalência numérica do *bias* com o *threshold*, podendo ficar livre para escolher qualquer outro valor para esta entrada também extra, e, caso seja adotado um valor da entrada diferente de −1, a consequência seria que o peso extra não teria o mesmo valor do *threshold*. Entretanto, uma escolha diferente de −1 não acarretará problemas para a rede neural, pois todos os seus pesos irão se ajustar obedecendo o algoritmo de aprendizagem, procurando assim minimizar o erro de treinamento, independentemente do valor da entrada extra escolhida.

Isso posto, acabamos de conhecer uma das principais vantagens dos neurônios com pesos, que é a possibilidade de serem ajustados, de modo a aprender a relação que porventura exista entre as suas entradas e a saída, ou seja, a capacidade de aprendizagem. Essa característica fascinou os pesquisadores do mundo inteiro, constituindo-se num desafio a busca de uma metodologia de aprendizagem que pudesse imitar o comportamento humano. Vale ressaltar que, até alguns anos depois da criação desse modelo de neurônio, por McCulloch e Pitts (MCP) em 1943, ainda não se sabia como realizar a aprendizagem ou ajuste dos pesos de maneira automática. Acreditava-se apenas que existia algum mecanismo que levava obrigatoriamente os neurônios a aprender, quando estimulados por fatores externos.

Pois é, somente em 1949 foi proposta a primeira metodologia de aprendizagem, conhecida como Regra de Hebb, em homenagem a Donald Hebb, graças à publicação intitulada *The Organization of the Behaviour*, citada como tentativa pioneira para fazer aprendizagem neural. Mais adiante, teremos a oportunidade de conhecer os princípios da técnica de aprendizagem hebbiana aplicada aos neurônios artificiais.

O neurônio MCP tem uma extensa faixa de aplicações que abrange os sistemas de predição (regressão e classificação), reconhecimento e tratamento de sinais (áudio e imagem), sistemas de controle e automação de processos, entre muitos outros.

3.2.1.1 Função de Ativação do Neurônio

De acordo com McCulloch e Pitts, o neurônio artificial é modelado matematicamente para executar duas operações básicas: uma soma e o cálculo de uma função de ativação, isto é, o neurônio processa uma soma (descontando-se o *threshold*), a qual é aplicada na Função de Ativação do Neurônio (FAN), para então gerar a sua saída. De maneira simplificada, é representado por:

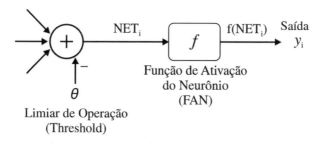

Figura 3.9 – (Soma - Limiar) aplicado à FAN.

Os cientistas McCulloch e Pitts originalmente usaram a função limiar em suas aplicações. Porém, com o surgimento de algoritmos sofisticados para o treinamento das RNA, passou a ser necessário que as funções de ativação dos neurônios fossem deriváveis. Consequentemente, essa subseção incluirá a função limiar apenas como uma citação histórica, pois a função f, para ser utilizada no processo de aprendizagem, deve ser contínua e derivável no intervalo de existência da variável NET_i, para $i = 1, 2, ..., I$, tal que $NET_i \in \Re$.

Dessa forma, serão apresentadas as funções Limiar, Linear, Sigmoide Unipolar (ou função Logística) e Sigmoide Bipolar (ou função Tangente Hiperbólica), sendo as 3 últimas as funções originais que são frequentemente utilizadas com o método de Propagação Retroativa do Erro – PRE (*Error Backpropagation*), que é o método de aprendizagem mais empregado e que será objeto de estudo mais à frente; atualmente, estas funções são recomendadas apenas para problemas de modelagem de sistemas ou processos.

- Função Limiar: Define-se como toda e qualquer função regida pela equação

$$f(NET) = 0, para\ NET \leq 0$$

$$= 1, para\ NET > 0 \qquad (3.2)$$

em que NET é a soma de todas as entradas do neurônio. A função limiar original é uma função discreta, cujo valor só pode ser 0 ou 1, tratando-se assim de uma função unipolar (só positiva). Entretanto, dependendo do problema a ser resolvido, esses valores extremos podem ser alterados para –1 e +1, de modo a abranger situações que possam assumir valores tanto positivos quanto negativos (bipolar).

O gráfico da função Limiar é mostrado na figura a seguir.

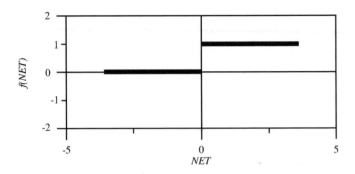

Figura 3.10 – Função Limiar.

Essa função somente é usada para mapear saídas discretas, ou seja, 0 ou 1, portanto, não se prestando para modelos contínuos no tempo, que, para o seu treinamento, necessita que a função de ativação possua a propriedade matemática de ser derivável.

- Função Linear: Define-se função Linear com uma declividade β, a toda e qualquer função regida pela equação

$$f(NET) = \beta NET \tag{3.3}$$

em que β é a declividade da reta que representa geometricamente a função Linear, sendo que a declividade $\beta = 1{,}0$ corresponde ao ângulo de 45° em relação ao semieixo horizontal positivo.

A função linear normalmente é usada na última camada de uma rede neural, na qual possui o papel de organizar os dados de saída, dentro de uma escala linear apropriada. Quando usada em todas as camadas da rede, somente se presta a resolver problemas lineares, como é o caso, por exemplo, do método de regressão linear, uma das técnicas usadas em aprendizagem de máquina (Capítulo 8), em que a reta seja uma aproximação aceitável.

O gráfico da função Linear é mostrado na figura a seguir.

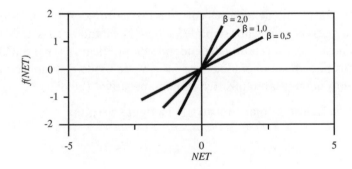

Figura 3.11 – Função Linear, com β = 0,5, 1,0 e 2,0.

Sua derivada primeira é

$$f'(NET) = \beta \tag{3.4}$$

- Função Sigmoide Unipolar ou Função Logística: Define-se função Sigmoide Unipolar com uma declividade β no ponto $NET = 0$, toda e qualquer função regida pela equação

$$f(NET) = \frac{1}{1 + e^{-4\beta NET}} \tag{3.5}$$

Prova: Seja a função Sigmoide Unipolar dada por

$$f(NET) = \frac{1}{1 + e^{-k\beta N NET}}$$

A questão agora é: calcular o valor de k tal que β represente a declividade da reta tangente à curva sigmoide unipolar no ponto em que $NET = 0$. Como a declividade da curva é dada pela sua derivada, o valor de k deve ser tal que $f'(0) = \beta$. Para tanto, vamos inicialmente deduzir a expressão para $f'(NET)$. A derivada da função sigmoide unipolar é dada por:

$$f'(NET) = \frac{k\beta e^{-k\beta NET}}{(1 + e^{-k\beta NET})^2}$$

Agora, isolando-se o termo exponencial em função de $f(NET)$ na expressão original da função Sigmoide Unipolar, virá:

$$f(NET) = \frac{1}{1 + e^{-k\beta NET}}$$

$$f(NET) + f(NET)e^{-k\beta NET} = 1$$

$$e^{-k\beta NET} = \frac{1 - f(NET)}{f(NET)}$$

Substituindo-se o valor da exponencial na expressão da derivada, desenvolvendo e simplificando matematicamente, encontra-se a expressão da derivada em termos de $f(NET)$, qual seja:

$$f'(NET) = k\beta f(NET)\,[1 - f(NET)]$$

Nesse ponto, já temos condição de calcular o valor de k tal que $f'(0) = \beta$, ou seja:

$f'(0) = k\beta f(0)[1 - f(0)]$

$\beta = k\beta 0{,}5[1 - 0{,}5]$

$1 = 0{,}25k \Rightarrow k = 4$

Substituindo o valor de k, finalmente tem-se:

$$f(NET) = \frac{1}{1 + e^{-4\beta NET}} \quad (3.6)$$

O gráfico da função Sigmoide Unipolar é mostrado na Figura 3.12, no qual β é a declividade da reta tangente à curva em $NET=0$, sendo que $\beta = 1{,}0$ corresponde ao ângulo de 45° em relação ao eixo horizontal.

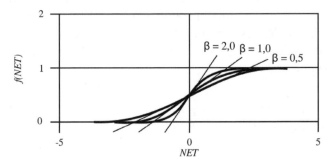

Figura 3.12 – Função Sigmoide Unipolar, com β = 0,5, 1,0 e 2,0.

A derivada primeira da Função Sigmoide Unipolar é

$$f'(NET) = 4\beta f(NET)[1 - f(NET)] \quad (3.7)$$

- Função Sigmoide Bipolar ou Função Tangente Hiperbólica: Define-se função Sigmoide Bipolar com uma declividade β no ponto $NET = 0$, toda e qualquer função regida pela equação

$$f(NET) = \frac{1 - e^{-2\beta NET}}{1 + e^{-2\beta NET}} \quad (3.8)$$

Prova: Seja a função Sigmoide Bipolar dada por

$$f(NET) = \frac{1 - e^{-k\beta NET}}{1 + e^{-k\beta NET}}$$

O objetivo é calcular o valor de k, tal que β represente a declividade da reta tangente à curva da sigmoide bipolar no ponto em que $NET = 0$. Como a declividade da curva é dada pela sua derivada, vamos inicialmente deduzir a expressão para $f'(NET)$. Assim derivando em relação à NET, obtém-se:

$$f'(NET) = k\beta e^{-k\beta NET}\left[\frac{\left(1 + e^{-k\beta NET}\right) + \left(1 - e^{-k\beta NET}\right)}{(1 + e^{-k\beta NET})^2}\right]$$

Partindo da expressão original da função sigmoide bipolar (3.8), isolando-se o termo exponencial em função de $f(NET)$, virá:

$$f(NET) = \frac{1 - e^{-k\beta NET}}{1 + e^{-k\beta NET}}$$

$$f(NET) + e^{-k\beta NET}f(NET) = 1 - e^{-k\beta NET}$$

$$e^{-k\beta NET} = \frac{1 - f(NET)}{1 + f(NET)}$$

Substituindo-se o valor da exponencial na expressão da derivada, desenvolvendo e simplificando matematicamente, encontra-se a expressão da derivada em termos de $f(NET)$, qual seja:

$$f'(NET) = \frac{k\beta}{2}[1 - f(NET)^2]$$

Neste ponto, já temos condição de calcular o valor de k tal que $f'(0) = \beta$, ou seja:

$$f'(0) = \frac{k\beta}{2}[1 - 0^2]$$

$$\beta = \frac{k\beta}{2} \Rightarrow k = 2$$

Substituindo o valor de k, finalmente tem-se:

$$f(NET) = \frac{1 - e^{-2\beta NET}}{1 + e^{-2\beta NET}}$$

$$(3.9)$$

O gráfico da função Sigmoide Bipolar é mostrado na Figura 3.13, no qual β é a declividade da reta que tangencia a curva em $NET = 0$, sendo que $\beta = 1,0$ corresponde ao ângulo de 45º em relação ao eixo horizontal.

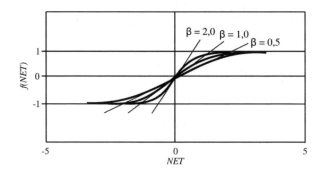

Figura 3.13 – Função Sigmoide Bipolar, com β = 0,5, 1,0 e 2,0.

Diferentemente da função sigmoide unipolar (logística), a função sigmoide bipolar (tangente hiperbólica) serve para mapear respostas tanto positivas quanto negativas. A derivada primeira da Função Sigmoide Bipolar é dada por:

$$f'(NET) = \beta\,[1 - (f(NET))^2\,] \tag{3.10}$$

3.2.2 O NEURÔNIO RAM

O neurônio RAM tem o seu funcionamento similar ao da memória RAM (*Randon Access Memory*), daí a razão de seu nome, cuja principal propriedade é permitir várias gravações ou escritas na memória, que em redes neurais caracteriza o processo poraprendizagem. Genericamente falando, a sintonia das ligações sinápticas nada mais é do que associar um determinado endereço a um conhecimento armazenado na memória, que pode ser recuperado e utilizado toda vez que tal endereço é ativado.

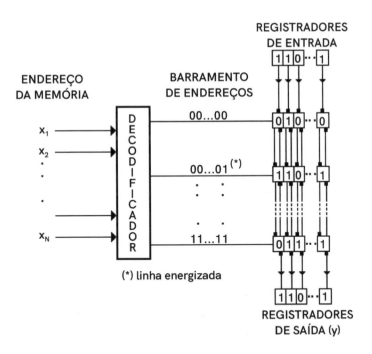

Figura 3.14 – Modelo de neurônio RAM (Memória de Acesso Aleatório).

A Figura 3.14 é um diagrama simplificado para mostrar o modo de operação de uma memória RAM.

Seus principais componentes são:

- Decodificador de endereços;
- Grupo de registradores para armazenamento de dados;
- Registrador de entrada (*input*);
- Registrador de saída (*output*).

Pode-se ver que o diagrama não mostra outras partes da circuitaria necessárias para indicar para a memória RAM se ela deve ser ajustada (*setting up*) para o estado de gravação (*writing*) ou para o estado de leitura (*reading*), o que fica para ser visto em literatura especializada (Aleksander & Morton, 1991). Praticamente com as mesmas características daAmemória RAM, surgiu o modelo de neurônio RAM, também conhecido como neurônio sem peso (*weightless neuron*), que pretende reproduzir as mesmas propriedades da memória RAM eletrônica, a qual tem a seguinte representação esquemática:

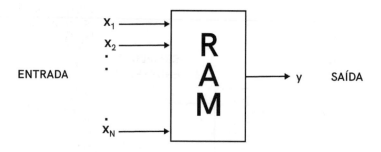

Figura 3.15 – Bloco do neurônio RAM.

A principal característica do neurônio RAM é a inexistência de pesos, isto é, o uso de nós de memória cujas funções são alteradas pelo seu conteúdo e não pela mudança dos pesos. Resumindo: quando é apresentado um vetor $[x_1\ x_2\ ...\ x_N]^T$ na entrada do neurônio RAM, ele responde com uma sequência $x_1, x_2, ..., x_N$ na sua saída y, fornecendo um valor idêntico ou próximo do valor de entrada. Diz-se assim que o neurônio RAM é endereçado pelo conteúdo (*content adressable*), diferente da memória eletrônica que é por endereço (*address adressable*).

O neurônio RAM é aplicado em sistemas inteligentes de reconhecimento de padrões escritos e falados, tratamento de sinais e outras aplicações.

3.3 MODELOS DE ARQUITETURA

Já afirmamos no começo desde capítulo que as Redes Neurais Artificiais (RNA) são compostas por vários elementos conectados entre si de alguma forma (conexionismo), formando camadas justapostas, com<Não>u sem realimentação entre os neurônios, possibilitando assim a operação destes elementos como simples unidades de processamento paralelo.

Doravante, será usado o modelo do neurônio de McCulloch e Pitts (MCP) para representar um neurônio de ordem '*j*', porém contendo uma modificação que consiste na introdução do *bias* dentro da estrutura dos pesos sinápticos, cuja nova representação gráfica passa a ser a mostrada na próxima figura.

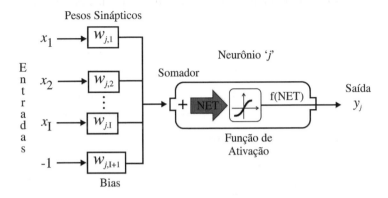

Figura 3.16 – Representação gráfica de um neurônio '*j*'.

A operação em paralelo é uma característica importante exibida pelas redes neurais biológicas, que as artificiais também procuram copiar na sua implementação, quer seja pelos programas (*software*) quer seja pela construção e montagem de equipamentos (*hardware*), em contraste ao modo sequencial de computação baseado no modelo de Von Neumann, amplamente usado nos computadores atuais.

A forma como os neurônios artificiais são conectados entre si define a arquitetura da rede neural, entendendo-se por arquitetura a organização topológica e a maneira pela qual os neurônios obtêm suas entradas. As arquiteturas predominantes são as Redes Neurais Recorrentes (*Recurrent Neural Networks*) e as Redes Neurais Multicamadas (*Multilayer Neural Networks*).

3.3.1 REDES NEURAIS RECORRENTES

As Redes Neurais Recorrentes têm as seguintes características básicas:

- Apresentam realimentação de sinais (*feedback*);
- As entradas e saídas dos neurônios não são bem definidas.

Esse tipo de arquitetura de rede neural é caracterizado basicamente pela existência de realimentação das saídas passadas dos neurônios de volta para as suas entradas, as quais se somam às entradas atuais, formando assim um somatório de termos que será processado pelo neurônio. Todos esses sinais juntos representam a dinâmica do sistema implícita nos pares de entrada-saída, qual seja, cada saída corrente, y_k, depende das entradas atuais, x_k, e da realimentação das saídas ocorridas no instante anterior, y_{k-1}. Vê-se, portanto, que a introdução de saídas passadas tem o propósito de incorporar a dinâmica do sistema no mapeamento promovido pela rede neural.

Quando foi mencionado que as entradas e saídas dos neurônios não são bem definidas, isto significa apenas que as entradas e as saídas dos neurônios dependem de saídas passadas, isto é, dependem de um conjunto de termos sendo que alguns deles já aconteceram, indicando a existência de uma memória. Resumindo, sistemas dinâmicos são sistemas com memória. Em outras palavras, as redes neurais recorrentes são redes com memória, cujos sinais evoluem no tempo, de modo a captar a dinâmica dos sistemas.

Esse tipo de rede tem grande aplicação em sistemas de controle automático, como pode ser visto em uma das aplicações constantes deste livro (Capítulo 12).

A figura a seguir mostra uma rede recorrente.

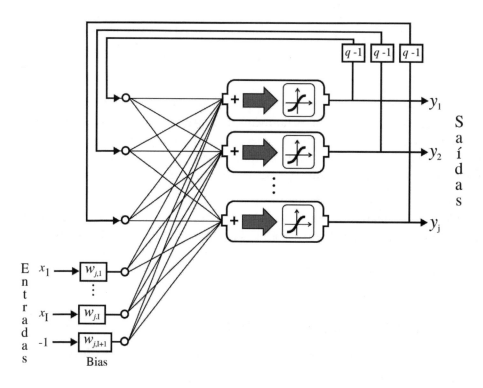

Figura 3.17 – Rede Neural Recorrente.

Nesse tipo de arquitetura, os sinais de saída dos neurônios serão realimentados para às entradas no próximo instante, um ou mais valores passados, a depender da dinâmica do sistema. O operador q^{-1} é chamado de operador de atraso unitário no tempo discreto, ou seja, $y_{k-1} = q^{-1}(y_k)$. significando que o sinal de saída a ser realimentado é o próximo sinal atrasado em uma unidade no tempo. Pelo fato do funcionamento da rede neural recorrente depender de valores passados, existe a necessidade de, ao final de cada ajuste parcial dos pesos (época), armazenar o valor da saída corrente em uma memória para utilizá-lo depois, sendo essa a principal característica de uma rede dinâmica, o que impede a redução do tempo de treinamento por meio da paralelização dos cálculos, pois cada saída depende também da saída anterior.

Conclui-se, portanto, que os sinais de entrada aplicados inicialmente vão sofrendo alterações de valor no decorrer do tempo, provenientes da realimentação dos valores anteriores das saídas armazenados na memória, no sentido de se adaptar ao comportamento variável do sistema a ser modelado pela rede neural, e isto somente é possível devido ao caráter dinâmico das redes recorrentes.

3.3.2 REDES NEURAIS MULTICAMADAS

Esse tipo de arquitetura dispõe os neurônios em várias camadas justapostas, cujas características principais são:

- Não possuem realimentação entre camadas, isto é, são redes estáticas, portanto,
- Os sinais propagam-se das entradas para as saídas (*feedforward*).

A figura a seguir mostra uma Rede Neural Multicamadas (RNM), também denominada de *Perceptron* de Múltiplas Camadas (*Multilayers Perceptron* – MLP), típica de 3 camadas com configuração usando *threshold* ao invés de *bias*.

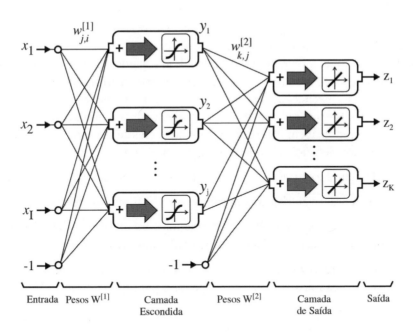

Figura 3.18 – Rede Neural Multicamadas (RNM).

Os neurônios estão dispostos em camadas que se justapõem umas às outras, formando uma configuração em cascata, podendo existir mais de uma camada intermediária. A primeira camada é a camada de entrada (*input layer*), as camadas intermediárias são as camadas escondidas (*hidden layers*) e a última camada é a camada de saída (*output layer*). A rede multicamadas funciona no sentido da entrada para a saída (*feedforward*) e a camada de entrada não possui neurônios, constituindo-se apenas em terminais de entrada para a rede neural.

Para indicar uma RNM será usada a nomenclatura $R^{N}_{I, J_1, J_2, ..., J_{N-2}, K}$, na qual N é o número de camadas de uma rede neural R contendo I+1 nós na camada de entrada, K neurônios na camada de saída e N-2 camadas escondidas contendo J_1+1, J_2+1, ..., J_{N-2}+1 neurônios cada, indicados na sequência da entrada para a saída.

Devido ao fato desse tipo de rede não possuir realimentação entre os seus neurônios, as Redes Neurais Multicamadas são classificadas de redes estáticas.

3.4 ALGORITMOS DE APRENDIZAGEM

Algoritmos de aprendizagem certamente é a parte mais importante das redes neurais artificiais. É pelos algoritmos de aprendizagem (*learning algorithms*) que uma rede neural artificial irá aprender a partir de um ambiente e melhorar o seu desempenho (Haykin, 2001).

Vamos definir aprendizagem como um processo pelo qual os pesos sinápticos de uma rede neural são ajustados pela estimulação contínua proveniente da ação do ambiente externo, no qual a rede neural está envolvida, sendo que o ambiente externo é descrito por sinais que possam ser processados pela rede neural, os quais são denominados de entradas (excitações, em inglês, *inputs*) e saídas (respostas, em inglês, *outputs*); isto no caso das redes com aprendizagem supervisionada, porque no caso das redes com aprendizagem não supervisionada, somente as entradas são fornecidas pelo ambiente. Essa definição de aprendizagem implica que:

- A rede neural é estimulada por um ambiente externo;

- A rede neural se autoajusta em resposta aos estímulos externos;

- A rede neural responde sempre de uma maneira diferente ao ambiente, devido às alterações de caráter adaptativo, ocorridas internamente na estrutura da rede.

O processo de aprendizagem é classificado de acordo com a maneira como os pesos sinápticos são ajustados, que define o tipo ou o paradigma de aprendizagem:

Tipos ou Paradigmas de Aprendizagem		
Supervisionada	Não Supervisionada	Por Reforço
• Aprendizagem direta • Minimiza uma função erro • Necessita de especialista	• Aprendizagem indireta • Minimiza uma função do ambiente • Não necessita de especialista	• Aprendizagem por estimulos, positivos ou negativos • Corrige comportamentos

Figura 3.19 – Tipos de Aprendizagem.

A aprendizagem supervisionada ocorre de forma direta, buscando-se minimizar o erro quadrático entre a saída corrente e a respectiva saída desejada, enquanto a aprendizagem não supervisionada ocorre de forma indireta, normalmente procurando minimizar uma variável do ambiente, correlacionada com a variável principal do processo de aprendizagem, por exemplo, a variação da entropia (grau de desorganização) do processo ou a análise de seus componentes principais (*Principal Component Analysis* – PCA). Já na aprendizagem por reforço, a aprendizagem se processa por meio da observação do comportamento da variável principal, atribuindo-lhe estímulos positivos ou negativos, por exemplo, aumentando o valor da função de custo (para um comportamento desejado) ou diminuindo o valor da função de custo (para um comportamento não desejado); mais à frente, especificamente no Capítulo 6, serão acrescentados mais detalhes sobre os paradigmas de aprendizagem. Ressalta-se que existem diversos algoritmos de aprendizagem pertencentes aos citados paradigmas. Vamos fazer uma breve exposição histórica dos principais métodos, com ênfase especial para o método supervisionado denominado de Propagação Retroativa do Erro (*Error Backpropagation*), por ser a metodologia de aprendizagem neural mais utilizada.

O primeiro método de aprendizagem foi criado pelo neuropsicólogo Donald O. Hebb, em 1949, divulgado no seu trabalho intitulado *The Organization of Behavior*, sobre o comportamento dos animais, quando propôs as seguintes regras, as quais constituem o Princípio de Aprendizagem de Hebb:

1) Se 2 neurônios situados em lados opostos de uma sinapse são estimulados simultaneamente, isto é, de maneira síncrona, então o valor da sinapse é seletivamente aumentado;

2) Se 2 neurônios situados em lados opostos de uma sinapse são ativados assincronamente, isto é, em tempos distintos, então o valor da sinapse é seletivamente reduzido ou, até mesmo, eliminado.

Nota-se que o princípio de Hebb é estritamente local, pois leva em consideração apenas as atividades neurais pré e pós-sinápticas na mudança dos pesos sinápticos, sujeitos a sofrerem alterações em função do processo de aprendizagem. Matematicamente, podemos escrever:

$$w_{j,i}(t + 1) = w_{j,i}(t) + \Delta w_{j,i}(t) \tag{3.11}$$

que afirma que o valor do peso sináptico de ligação do neurônio de origem i com o neurônio de destino j, no tempo futuro $t + 1$, é igual ao seu valor no tempo t imediatamente anterior, acrescido da variação do peso Δw ocorrida no tempo t. Hebb então afirmou que:

$$\Delta w_{j,i}(t) = f\big(y_j(t), x_i(t)\big) \tag{3.12}$$

em que x_i é o valor do sinal que chega na sinapse proveniente de um neurônio anterior i, e x_j é o valor do sinal que sai do neurônio posterior j, situado após a ligação sináptica em questão. A expressão pode ser reescrita como

$$\Delta w_{j,i}(t) = \eta y_j(t)x_i(t) \tag{3.13}$$

em que a constante η (letra grega, lê-se *Eta*) é chamada de constante ou taxa de aprendizagem (*learning rate*), responsável pela velocidade de convergência do algoritmo de aprendizagem. Essa equação simplista afirma que a variação ocorrida no peso sináptico é calculada apenas multiplicando-se a constante de aprendizagem pelos valores dos sinais situados antes e depois da correspondente ligação sináptica.

Baseado nas ideias de Hebb, foi construído o *Perceptron*, dispositivo prático que implementava a aprendizagem hebbiana, uma criação de Frank Rosenblatt, da Universidade de Cornell, anunciada em 1957 (Minsky & Papert, 1988), sendo que originalmente o *Perceptron* foi apresentado como um dispositivo para reconhecimento de padrões bivalentes (binários), pois usava a função de ativação limiar do modelo de McCulloch e Pitts; o *Perceptron* é considerado o primeiro método de aprendizagem do neurônio artificial de McCulloch e Pitts.

Praticamente na mesma época do *Perceptron*, surgiu outra evolução da aprendizagem hebbiana, desta vez proposta por Bernard Widrow e Marcian Hoff da Universidade de Stanford, em 1959, que passou a ser conhecida como Regra de Widrow-Hoff ou Regra Delta. Essa regra utiliza a função de ativação linear (derivável) e tem uma concepção mais elaborada, inspirada no desenvolvimento da série de Taylor e, numa função de custo quadrática, esta última sendo baseada no erro ocorrido na saída do neurônio, ao propor que o cálculo do ajuste no valor do peso sináptico seja feito da seguinte maneira (ver a dedução no Apêndice A):

$$\Delta w_{j,i}(t) = \eta[d_j(t) - y_j(t)]f'(NET)x_i(t) \tag{3.14}$$

em que d_j é o valor desejado da saída da rede neural (a ser fornecido pelo professor do neurônio de McCulloch e Pitts, na aprendizagem supervisionada). A diferença $d_j(t) - y_j(t)$ corresponde ao erro local entre o valor desejado e o valor da saída corrente do neurônio artificial. Rigorosamente falando, delta (δ) é o nome que se dá à regra de aprendizagem fornecida pelo produto $[d_j(t) - y_j(t)]f'(NET)$ da Equação (3.14), que foi proposto para substituir a saída $y_j(t)$ da Equação (3.13), sendo considerada uma contribuição fundamental que mais tarde viria a possibilitar a formulação da Regra Delta Generalizada que deu origem ao algoritmo da Propagação Retroativa do Erro (*Error Backpropagation*), certamente o mais importante quando se trata de aprendizagem das redes neurais artificiais.

Vê-se, portanto, a grande importância da Regra Delta no desenvolvimento das redes neurais, tendo esse método causado na época um impacto formidável na comunidade científica, voltando a atrair grandes investimentos para a área de pesquisa. Como fruto do esforço científico, foram criados vários dispositivos de aplicação prática, porém limitados aos recursos disponíveis naquela época, quando ainda não existiam sistemas digitais capazes de implementar cálculos iterativos usando técnicas matemáticas avançadas e processar uma grande quantidade de dados.

Entretanto, o entusiasmo da comunidade científica em desvendar os segredos da Inteligência Artificial (IA), apoiado pelos fundos de pesquisa, era muito grande na época, até que em 1969 foi publicado por Marvin Minsky e Seymour Papert um livro intitulado *Perceptrons – An Introduction To Computational Geometry*, no qual os autores demonstraram a impossibilidade das Redes Neurais Artificiais serem usadas com mais de uma camada e de classificar padrões não linearmente separáveis, por não existir um método eficiente para ajustar os muitos pesos sinápticos de uma rede multicamadas. Foi como jogar um balde de água fria no entusiasmo efervescente provocado pela crença existente de que as redes neurais seriam um campo fértil do conexionismo no desenvolvimento de uma nova vertente da Ciência.

Como resultado dessa publicação, foi gerado um descrédito generalizado sobre as potencialidades das redes neurais, permanecendo assim por mais de 15 anos. Durante esse período pouco se fez para desenvolver a teoria das redes neurais, resultando apenas em alguns esforços isolados, porém importantes, por exemplo, o modelo de memória associativa de Kohonen (1977) e as contribuições de Grossberg na área de modelos psicológicos (1980).

A década de 1980 iniciava-se promissora, dando sinais evidentes de que algo fundamental para o desenvolvimento das redes neurais estava por acontecer. Em 1982 Hopfield introduziu a ideia de minimização de energia, conceito que dá sustentação à utilização das redes neurais sem peso, modelo em que o neurônio RAM é largamente aplicado em memórias endereçadas por conteúdo e em sistemas de reconhecimento de padrões. Ainda em 1982, Feldman e Ballard popularizou em seus trabalhos o termo conexionista. Mas o mais importante ainda viria.

Em 1986, o entusiasmo pelas redes neurais foi retomado definitivamente, voltando a ocupar novamente um lugar de destaque na comunidade científica, desta vez para ficar até os dias atuais, de modo sempre crescente. Naquele ano, foi desenvolvido por David Rumelhart, Ronald Williams e Geoffrey Hinton, um algoritmo de aprendizagem que deu origem à metodologia da Propagação Retroativa do Erro (*Error Backpropagation*) (ver Apêndice A), finalmente apresentando soluções para as limitações apontadas por Minsky e Papert, em seu livro *Perceptrons,* publicado pela primeira vez em 1969. A regra de aprendizagem inédita passou a ser conhecida como Regra Delta Generalizada, pelo fato dela estender o conceito do erro delta (δ), para ser aplicado na correção dos pesos sinápticos de uma rede multicamadas, conforme a posição dos pesos na topologia da rede.

É importante ressaltar que a nova metodologia teve como ponto de partida a Regra Delta original de 1959, ao replicar a ideia central de fazer a correção do erro proporcional ao produto δ fornecido pela expressão $[d_j(t) - y_j(t)] f'(NET)$, de acordo com a Equação (3.14), adaptando matematicamente este cálculo para permitir a correção iterativa de todos os pesos sinápticos de uma rede neural supervisionada, contendo funções de ativação contínuas (deriváveis).

O algoritmo *Backpropagation*, como frequentemente é chamado, veio para restabelecer definitivamente o entusiasmo pelas redes neurais artificiais e dar novas perspectivas para a área conexionista da Inteligência Artificial, entusiasmo este que perdura até os tempos atuais.

3.4.1 METODOLOGIA DA PROPAGAÇÃO RETROATIVA DO ERRO (*ERROR BACKPROPAGATION*)

Trata-se de um método supervisionado, em que o ajuste dos pesos sinápticos é feito de maneira a minimizar o erro total das saídas da rede neural. O objetivo principal da Metodologia da Propagação Retroativa do Erro – PRE (*Error Backpropagation*) é ajustar os pesos sinápticos da rede neural, com base em um conjunto de pares de entrada-saída, denominados padrões de aprendizagem, o que ocorre durante a fase denominada de treinamento (aprendizagem).

Após treinada, a rede neural é usada para mapear outros pares de entrada-saída diferentes dos padrões usados no treinamento, porém pertencentes ao intervalo ou ao domínio de treinamento da rede. Essa fase é denominada de generalização, propriedade importante exibida pelas redes neurais artificiais.

De maneira resumida, para executar o método PRE a rede neural artificial tem os seus pesos inicializados por algum critério heurístico (normalmente randômico ou aleatório), os quais passam a ser ajustados continuamente de tal maneira a minimizar uma função baseada no erro total das saídas da rede. A função erro total E é uma função quadrática (o fator ½ serve apenas para simplificar o resultado numérico da operação de derivação, quando for preciso, como veremos mais adiante), dada por:

$$Erro\ total = E = \frac{1}{2} \sum_{p=1}^{NPTR} \sum_{k=1}^{K} \left(d_{p,k} - z_{p,k}\right)^2$$

(3.15)

em que p representa os pares de treinamento, k representa os neurônios existentes na camada de saída da rede neural. Isso significa que o erro total, E, a ser minimizado deve ser calculado para todos os pontos de treinamento, $NPTR$, ou seja, para todos os neurônios, K, das saídas da rede neural.

O PRE na sua versão básica é o método de aprendizagem mais utilizado para a obtenção desse propósito. A denominação de básica é aqui usada para indicar que o mesmo pode ser enriquecido com técnicas auxiliares, visando melhorar seu desempenho.

É interessante ressaltar que o erro total de treinamento de uma rede neural, estatisticamente falando, é uma grandeza similar à variância dos erros na saída da rede, ou seja, ambas são grandezas quadráticas baseadas em erros, dadas por:

$$Erro\ total = \frac{1}{2}\sum(\text{erro em relação à saída desejada})^2$$

(3.16)

$$Variancia = \frac{\sum(\text{erro em relação à média das saídas desejadas})^2}{NPTR}$$

(3.17)

em que o erro em relação à saída desejada é calculado por $(d_k - z_k)$, e o erro da saída em relação à média das saídas desejadas é calculado por $(\mu - z_k)$, sendo que μ é a média aritmética das saídas desejadas e $NPTR$ é a quantidade de pontos de treinamento da rede neural.

Assim, raciocinando por analogia, treinar uma rede neural é a mesma operação matemática que minimizar a variância do erro total, que é a soma de todos os erros locais nas saídas da rede. Daí pode-se afirmar que numa rede neural bem treinada a variância do erro total é mínima ou muito próxima da mínima, e esta última afirmativa parte das premissas de que a quantidade de entradas contém todas as informações necessárias para o treinamento, e que o treinamento é encerrado quando se atinge uma tolerância aceitável.

Vamos apresentar agora o método PRE básico, o qual tem por objetivo realizar a correção (atualização ou adaptação) dos pesos sinápticos, de tal maneira que o valor de um peso w no ciclo $[c + 1]$ seja igual ao valor do peso no ciclo anterior $[c]$, somado à sua variação calculada no mesmo ciclo, entendendo por ciclo a iteração que se inicia com a aplicação das entradas e finaliza com a correção de todos os pesos sinápticos da rede, obedecendo à seguinte regra:

$$w^{[c+1]} = w^{[c]} + \Delta w^c$$

(3.18)

em que Δw é a correção ou ajuste do peso sináptico que deverá efetuado a cada ciclo de adaptação c (também chamado de época), baseada na aplicação da seguinte expressão:

$$\Delta w^{[c]} = -\eta \nabla E^{[c]} = -\eta \frac{\partial E^{[c]}}{\partial w}$$

(3.19)

em que o sinal negativo indica o sentido para baixo (minimização da função erro total), η é a constante de aprendizagem e ∇E (o símbolo ∇ lê-se *grad*, *nabla* ou *del*) é o gradiente da função erro total E relativamente à cada peso sináptico w, neste caso calculado pela derivada parcial $\frac{\partial E^{[c]}}{\partial w}$. A operação indicada na última expressão da Equação (3.19), visa diminuir o erro total E, com a correção ou ajuste de todos os pesos sinápticos da rede neural, de modo a determinar ponderadamente, para cada neurônio, a sua cota de participação na composição da saída final da rede. O valor de cada peso, ao final do treinamento da rede, é que vai definir a parcela de participação do neurônio localizado à sua frente na composição da saída da rede.

Olhando atentamente a Equação (3.19) nota-se que o método da Propagação Retroativa do Erro – PRE (*Error Backpropagation*) utiliza a técnica de otimização conhecida como método da Descida do Gradiente (*Gradient Descent*), na qual o sinal negativo indica que o sentido de busca do mínimo é contrário ao do vetor gradiente, dado por $\nabla E = \frac{\partial E}{\partial w}$, calculado em cada ciclo iterativo, e que aponta para os valores crescentes.

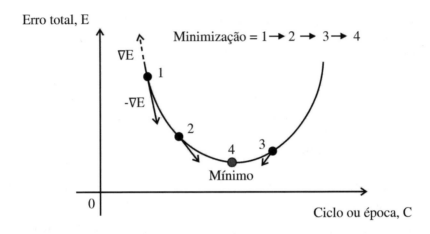

Figura 3.20 – Técnica da Descida do Gradiente.

A Descida do Gradiente é uma técnica muito utilizada na solução de problemas de otimização irrestrita, a qual procura encontrar o ponto de mínimo de uma função contínua, em que partindo-se aleatoriamente de um ponto '1', o objetivo é encontrar o ponto '4', identificado como o valor mínimo da função, conforme mostrado na Figura 3.20. A aplicação correta da metodologia PRE, a qual está baseada na descida do gradiente, possibilita o cálculo de todos os ajustes dos pesos sinápticos, necessários para que a rede convirja para valores muito próximos das saídas desejadas, de acordo com algum critério de parada do treinamento previamente escolhido, o qual poderá ser simplesmente por ter atingido uma quantidade de iterações (épocas) ou uma tolerância estabelecida.

É importante ressaltar que os ajustes dos pesos sinápticos (atualização) se dão no sentido da camada de saída para a camada de entrada, ou seja, a atualização é realizada de modo a propagar proporcionalmente a repartição do erro total para trás (*backward*), daí a denominação de propagação retroativa do erro.

As fórmulas para a atualização dos pesos sinápticos usando o algoritmo *backpropagation* são (ver dedução no Apêndice A):

IA conexionista

- Fórmula usada para atualizar os pesos sinápticos que conectam a camada de saída com a camada escondida precedente.

$$w_{k,j}^{[c+1]} = w_{k,j}^{[c]} + \left(\eta \delta_k y_j\right)^{[c]} \tag{3.20}$$

sendo delta o sinal de erro dado por $\delta_k = (d_k - z_k) f_k'(NET_k)$, para $j = 1, 2, ..., J$ e $k = 1, 2, ..., K$, em que:

k	= índice do neurônio da camada de saída (destino)
j	= índice do neurônio da camada escondida (origem)
h	= taxa ou constante de aprendizagem; adotar $0 < \eta < 1$
δ_k	= sinal de erro da camada de saída propagado retroativamente
d	= valor desejado para a saída do neurônio k
z	= valor da saída corrente (ou real) do neurônio k
$f_k'(NET)$	= derivada da função de ativação calculada no ponto $NET_k = \sum W^T Y$
y	= sinal de saída da camada escondida

- Fórmula usada para atualizar os pesos sinápticos que conectam uma camada escondida com a camada precedente, e assim sucessivamente até chegar na camada de entrada, tomando-se o cuidado de adequar as variáveis e seus respectivos índices de acordo com as camadas envolvidas.

$$w_{j,i}^{[c+1]} = w_{j,i}^{[c]} + \left(\eta \delta_j y_i\right)^{[c]} \tag{3.21}$$

sendo delta o sinal de erro dado por $\delta_j = \left(\sum_{k=1}^{K} \delta_k w_{k,j}\right) f_j'(NET_j)$, para $i = 1, 2, ..., I$ e $j = 1, 2, ..., J$, em que:

j = índice do neurônio da camada escondida J

i = índice do neurônio da camada I que antecede a camada escondida J

x = entrada do neurônio i

δ_j = sinal de erro da camada escondida J propagado retroativamente

Observações importantes:

$\Rightarrow$ O sinal de erro δ_k que ajustará os pesos da última matriz será calculado por

$$\delta_k = (d_k - z_k) f_k'(NET_k) \tag{3.22}$$

$\Rightarrow$ Caso a RNM possua 3 camadas, o sinal de erro δ_j que ajustará a penúltima matriz dos pesos sinápticos, será calculado por

$$\delta_j = f_j'(NET_j) \sum_{k=1}^{K} \delta_k w_{k,j} \qquad (3.23)$$

Suponha agora que a RNM tenha 4 camadas (entrada + oculta + oculta + saída), denominadas de I, H, J e K consideradas da entrada para a saída. Para calcular o d_h basta substituir, na expressão anterior, o índice k por j e o índice j por h, ou seja:

$$\delta_h = f_h'(NET_h) \sum_{j=1}^{J} \delta_j w_{j,h} \qquad (3.24)$$

Atenção: as variáveis de entrada e saída de cada camada também devem ser substituídas pelas denominações e índices adequados. O diagrama do Método PRE básico é mostrado a seguir, em que o termo 'Direto' significa para frente (*forward*) e 'Inverso' significa para trás (*backward*).

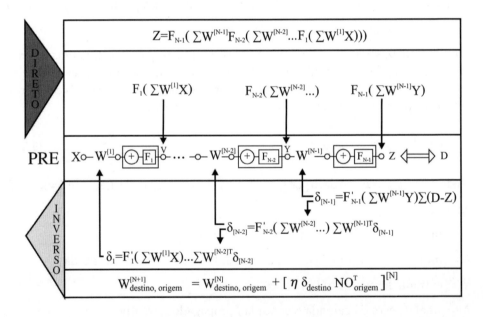

Figura 3.21 – Diagrama do Método PRE.

No diagrama do algoritmo PRE, é importante observar que, na fase de retropropagação (sentido inverso ou para trás), a defasagem na posição das setas é proposital e tem o objetivo de indicar que primeiro calcula-se o sinal de erro δ para depois atualizar os pesos W. Poder-se-ia calcular primeiro todos os δ para depois atualizar todas as matrizes W dos pesos sinápticos.

3.4.1.1 Algoritmo do Método de Propagação Retroativa do Erro (PRE)

O objetivo desta seção é apresentar um algoritmo básico para a implementação computacional da técnica de treinamento fundamentada na metodologia da Propagação Retroativa do Erro – PRE. Porém, antes de apresentar o algoritmo PRE faz-se necessário uma rápida análise quanto ao processamento dos padrões de aprendizagem, levando-se em conta, basicamente a maneira como é realizado o ajuste ou a correção dos pesos sinápticos, à medida que são apresentados os padrões à rede neural: ajuste individual ou em lote (*batching*). Os possíveis esquemas são apresentados a seguir:

- Ajuste individual: Os padrões de entrada e de saída são apresentados um a um à RNM, individualmente, por intermédio de estruturas de dados tipo vetorial.

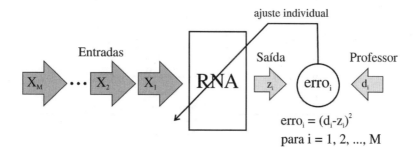

Figura 3.22 – Ajuste individual dos pesos sinápticos.

Para cada entrada, o sinal evolui no sentido direto até atingir a respectiva saída, sendo então calculado o erro entre cada saída corrente e o correspondente padrão de saída desejado (professor). Com base nesse erro quadrático parcial (corresponde a um par entrada-saída), os sinais de erro agora evoluem no sentido inverso ajustando cada peso da rede neural multicamadas, de acordo com a metodologia PRE.

Essa operação é repetida até que o último par de entrada-saída seja apresentado, concluindo assim um ciclo de aprendizagem, quando então todos os erros parciais são somados e o erro total (E) é comparado com a tolerância (*Tol*) estabelecida para a convergência do treinamento da rede neural. Então, um ciclo de treinamento se completa quando todos os pares de treinamento são apresentados, individualmente, devendo ser repetido até satisfazer a tolerância previamente escolhida pelo usuário, isto é, até que $E \leq Tol$.

Sob o ponto de vista de estabilidade do algoritmo, esse método de ajuste ou correção dos pesos sinápticos da rede neural possui uma dinâmica mais favorável à convergência dos pesos e, portanto, à estabilidade da rede neural, pelo fato da função custo ser quadrática, o que implica em dizer que os erros individuais são de menor amplitude do que o erro do conjunto, permitindo uma convergência mais suave, entretanto, esse método de ajuste dos pesos tem a desvantagem de ser mais lento, quando comparado com o próximo método de entrada em lote.

A seguir é apresentado o fluxograma de entrada individual, no qual se pode notar que a correção dos pesos se dá entrada a entrada.

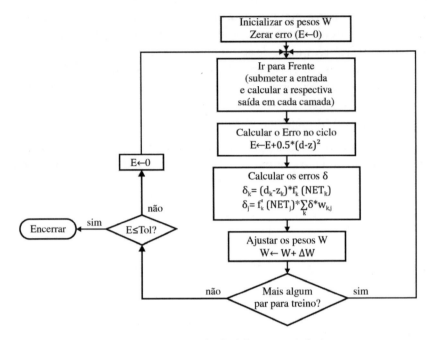

Figura 3.23 – Fluxograma para o ajuste individual dos pesos sinápticos.

- Entrada em lote (*batching*): Todas as entradas e as saídas desejadas são apresentadas à rede neural multicamadas, sendo que cada par irá gerar um erro quadrático parcial, os quais serão somados no final da apresentação para calcular o erro total E. Somente após esgotados os pares de treinamento, é iniciado o ajuste dos pesos sinápticos, com base no erro total calculado.

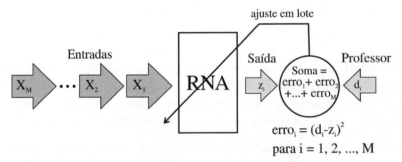

Figura 3.24 – Ajuste em lote dos pesos sinápticos.

Para todos os padrões de entrada, os sinais evoluem no sentido direto até atingir a saída, sendo então calculados os erros parciais entre cada saída corrente e o respectivo padrão de saída desejado, quando então todos os erros parciais são somados para se obter o erro total (E), e o valor de E comparado com a tolerância (Tol) escolhida para encerrar o treinamento da rede neural. Até que a tolerância não tenha sido satisfeita, os sinais de erro evoluem, também em lote, no sentido inverso ajustando os pesos sinápticos, de acordo com a metodologia PRE. O treinamento prossegue até satisfazer a tolerância, isto é, até que $E \leq Tol$. A utilização do método de ajuste em lote favorece a redução do tempo computacional, pois o ajuste dos pesos se dá para a soma dos erros de todas as saídas simultaneamente, ao invés de correções individuais para cada par de treinamento. Entretanto, esse método é mais vulnerável a problema de instabilidade, devido a elevados valores do erro total, susceptíveis de ocorrer durante o processo de convergência dos pesos sinápticos da rede neural.

A seguir, é apresentado o fluxograma de entrada em lote, no qual se pode notar que a correção dos pesos se dá pelo erro total E, após serem apresentados todos os pares de treinamento.

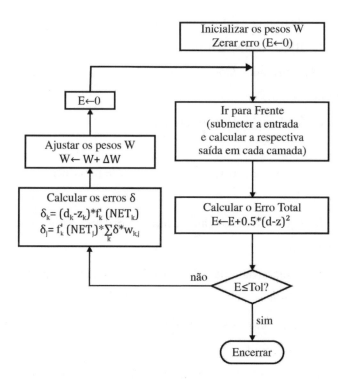

Figura 3.25 – Fluxograma para o ajuste em lote dos pesos sinápticos.

O algoritmo PRE apresentado neste texto está particularizado para utilização com entrada em lote e não inclui técnicas auxiliares para melhoria de desempenho, razão pela qual é denominado de versão básica.

- O algoritmo PRE (versão básica): Para facilidade de apresentação, o algoritmo PRE, em sua versão básica com entrada em lote, é dividido em duas partes, conforme se segue:

Primeira Parte: Declaração das principais variáveis computacionais

Número de pontos de treinamento

NPTR: Inteiro;

Entrada para treinamento

X [posição na entrada,ordem no lote]: Matriz de Reais;

Saída desejada para treinamento

d [posição na saída,ordem no lote]: Matriz de Reais;

Número de camadas

NC: Inteiro;

Número de nós por camada

NN [camada]: Vetor de Inteiros;

Função de Ativação dos Neurônios

FAN [camada]: Código Funcional;

Código Funcional

CodigoFuncional : Caracter;

Nó

NO [camada][posição na camada,ordem no lote]: Matriz de Reais;

Sinal de ativação

NET [camada][posição na camada,ordem no lote]: Matriz de Reais;

Peso sináptico

W [posição na rede][nó de destino,nó de origem]: Matriz de Reais;

Erro propagado δ

DELTA [posição na camada,ordem no lote]: Matriz de Reais;

Somatório dos produtos $\Sigma\delta^*w$

SDW [posição na camada,ordem no lote]: Matriz de Reais;

Erro Local

ErroLocal[posição na camada de saída,ordem no lote]: Matriz de Reais;

Erro Total

E: Real;

Tolerância

Tol: Real;

Constante de aprendizagem η

ETA: Real;

Segunda Parte: Algoritmo para implementação computacional

1º Passo: Ir Para Frente (*Forward*)

Fazer *NET* = 0;

Para r = 1 até *NC*-1 Fazer

Para p = 1 até *NPTR* Fazer

Para s = 1 até *NN*[r+1] Fazer

Para t = 1 até (*NN*[r]+1) Fazer

$NET[r][s,p] = NET[r][s,p]+W[r][s,t]*NO[r][t,p]$;

Fim Para;

Fim Para;

Fim Para;

Se *FAN*[r] = *CodigoFuncional* Então Fazer

Para p = 1 até *NPTR* Fazer

Para s = 1 até *NN*[r+1] Fazer

$NO[r+1][s,p] = f(NET)$;

Fim Para;

Se r+1<*NC* Então Fazer

$NO[r+1][s+1,p] = -1$;

Fim Se;

Fim Para;

Fim Se;

Fim Para;

2º Passo: Calcular Erro de Saída

Fazer *E* = 0;

Para p = 1 até *NPTR* Fazer

Para s = 1 até *NN*[*NC*] Fazer

$ErroLocal[s,p] = d[s,p]-NO[NC][s,p]$;

$E = E+0,5*(ErroLocal[s,p])^2$;

Fim Para;

Fim Para;

3º Passo: Verificar Convergência

Se $E > Tol$ Então Fazer

Ir Para o 4º Passo;

Senão Fazer

Ir Para o 5º Passo;

Fim Se;

4º Passo: Ir Para Trás (*Backward*)

Fazer $r = NC$-1;

Se $FAN[r] = CodigoFuncional$ Então Fazer

Para $p = 1$ até $NPTR$ Fazer

Para $s = 1$ até $NN[NC]$ Fazer

$DELTA[s,p] = f'_h(NET_h)^*(d[s,p] - NO[NC][s,p])$;

Fim Para;

Fim Para;

Fim Se;

Fazer $SDW = 0$;

Para $p = 1$ até $NPTR$ Fazer

Para $s = 1$ até $NN[r]+1$ Fazer

Para $t = 1$ até $NN[r+1]$ Fazer

$SDW[s,p] = SDW[s,p]+DELTA[t,p]^*W[r][t,s]$;

Fim Para;

Fim Para;

Fim Para;

Para $s = 1$ até $NN[r+1]$ Fazer

Para $t = 1$ até $NN[r]+1$ Fazer

Para $p = 1$ até $NPTR$ Fazer

$W[r][s,t] = W[r][s,t]+ETA^*DELTA[s,p]^*NO[r][t,p]$;

Fim Para;

Fim Para;

Fim Para;

Para $r = NC$-2 até 1 Fazer

Se $FAN[r] = CodigoFuncional$ Então Fazer

Para $p = 1$ até $NPTR$ Fazer

Para $s = 1$ até $NN[r+1]$ Fazer

$DELTA[s,p] = f'_h(NET_h)^*SDW[s,p]$;

Fim Para;

Fim Para;

Fim Se;

Fazer $SDW = 0$;

Para $p = 1$ até $NPTR$ Fazer

Para $s = 1$ até $NN[r]+1$ Fazer

Para $t = 1$ até $NN[r+1]$ Fazer

$SDW [s,p]= SDW [s,p]+DELTA[t,p]^*W[r][t,s]$;

Fim Para;

Fim Para;

Fim Para;

Para $s = 1$ até $NN[r+1]$ Fazer

Para $t = 1$ até $NN[r]+1$ Fazer

Para $p =1$ até $NPTR$ Fazer

$W[r][s,t] = W[r][s,t]+ETA^*DELTA[s,p]^*NO[r][t,p]$;

Fim Para;

Fim Para;

Fim Para;

Fim Para;

Retornar para o 1º Passo;

5º Passo: Encerrar Aprendizagem

Fim da Aprendizagem.

3.4.1.2 Aspectos práticos sobre a convergência do algoritmo PRE

O algoritmo PRE, por ser um método de minimização do erro (descida do gradiente), pode apresentar graves inconvenientes em sua implement,ação computacional: baixa velocidade de convergência ou, até mesmo, ficar retido num mínimo local.

3.4.1.2.1 – O problema de convergência lenta

Para tentar superar a primeira dificuldade, isto é, a baixa velocidade de convergência, sugere-se aplicar as heurísticas a seguir:

Heurística 1

"Os parâmetros ajustáveis que dependem da função erro, possuem uma constante de aprendizagem η própria, para cada iteração, de maneira a assegurar um desempenho ótimo da rede neural."

Essa heurística afirma que cada iteração requer um valor apropriado para a constante de aprendizagem η, a fim de assegurar uma velocidade de convergência ótima para o processo de treinamento da rede neural.

Heurística 2

"Todo processo de treinamento de uma rede neural deve dispor de um mecanismo que possibilite a variação da constante de aprendizagem η de uma iteração para outra."

Essa heurística é uma decorrência imediata da Heurística 1.

Heurística 3

"Quando os valores da função erro, em iterações consecutivas, forem decrescentes, a constante de aprendizagem poderá ser aumentada, isto é, se $E(c+1) < E(c)$ então incrementa η."

Heurística 4

"Quando os valores da função erro, em iterações consecutivas, forem crescentes, a constante de aprendizagem poderá ser reduzida, isto é, se $E(c+1) > E(c)$ então decrementa η."

As heurísticas citadas podem ser implementadas computacionalmente usando-se o procedimento denominado de η-Adaptativo, em que η (letra grega, lê-se *Eta*) representa a constante de aprendizagem da rede neural. É um procedimento muito utilizado para aumentar a velocidade de convergência das redes neurais, que, com base nas heurísticas 3 e 4, resumidamente, consiste em variar o valor da constante de aprendizagem η (*ETA*) na busca do melhor valor durante a etapa de treinamento da rede, ou seja, em tempo de execução, no sentido de acelerar o processo de correção dos pesos sinápticos. Sua implementação foi feita utilizando-se uma rotina que deve ser chamada no final do 4° Passo do algoritmo PRE básico, porém antes da instrução de "Retornar ao 1° Passo". Sugere-se inicializar a variável *ETA* com um valor pequeno, por exemplo, *ETA* = 0,001.

Código de Chamada: Eta_Adaptativo(*ETA; E*)

Declaração de Variáveis:

Erros Auxiliares

Erro_Aux1, Erro_Aux2: Real;

Implementação:

{Comentário: Fazer *Erro_Aux1* = 0 antes de implementar o algoritmo *PRE*}

Fazer *Erro_Aux2* = *E*;

Se *Erro_Aux2* ≤ 1,04 * *Erro_Aux1* Então Fazer

Se *Erro_Aux2* ³ *Erro_Aux1* Então Fazer

ETA = *ETA*;

Senão Fazer

ETA = 1,05 * *ETA*;

Senão Fazer

ETA = 0,7 * *ETA*;

Fim Se;

Fazer *Erro_Aux1* = *Erro_Aux2*;

Os fatores 1,04, 1,05 e 0,7 usados são sugeridos por Demuth e Beale (1992). O procedimento implementado é: se o erro variar entre 0% e 4%, inclusive, a constante de aprendizagem não sofre alteração; se for inferior a 0%, será aumentada por um fator 1,05 e, se for maior que 4%, será reduzida por um fator 0,7.

3.4.1.2.2 – O problema do mínimo local

O algoritmo PRE básico, quando aplicado na forma original pode trazer problemas de convergência (Pansalkar & Sastry, 1994), devido à parada da descida do gradiente num mínimo local. A técnica do momento é usada para evitar a parada num mínimo local e acelerar a convergência do processo de aprendizagem para o mínimo global da função erro *E*. A sua implementação matemática é feita por:

$$W^{[c+1]} = W^{[c]} + (1 - \alpha)\Delta W^{[c]} + \alpha \Delta W^{[c-1]} \tag{3.25}$$

em que α (*ALFA*) é o coeficiente do momento, sendo $0 \leq \alpha < 1$. Nessa expressão, nota-se de imediato que a soma das componentes de atualização dos pesos sinápticos é unitária. A interpretação que se dá é a seguinte: 0% (zero porcento) de momento significa correção dos pesos sinápticos executada integralmente com base nas variações atuais, que corresponde à aplicação do algoritmo PRE básico sem a técnica do momento, e, de outro extremo, 100% (cem por cento) significa ausência total de atualização, o que acarretaria uma estagnação dos pesos sinápticos em seus valores iniciais. Um valor para α é 0,95 (Demuth et al., 1992).

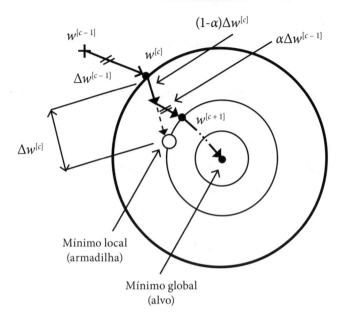

Figura 3.26 – Técnica do momento: desviando do mínimo local (o).

Nota: as barras paralelas são sinais de paralelismo.

O coeficiente α tem um papel importante, que é o de direcionar o próximo passo do processo de convergência. Observa-se que a adição vetorial da componente $\alpha \Delta w^{[c-1]}$ à componente $(1-\alpha)\Delta w^{[c]}$ faz com que esta última seja redirecionada, a cada ciclo c de atualização, para desviar do ponto de mínimo local (armadilha). A implementação computacional dessa técnica é feita diretamente no 4º Passo do algoritmo PRE básico.

Declaração de variáveis:

Momento

ALFA: Real;

Matriz de variações atuais

DWAtual [posição na rede] [nó de destino, nó de origem]: Matriz de Reais;

Matriz de variações anteriores

DWAnterior [posição na rede] [nó de destino, nó de origem]: Matriz de Reais;

Implementação:

{Comentário: Substituir a instrução

$W[r][s,t] = W[r][s,t]+ETA*AUX[s,p]*NO[r][t,p]$;

nas duas linhas de código do PRE original por:}

{Comentário: Fazer *DWAnterior* = 0 antes de iniciar o treinamento}

$DWAtual[r][s,t] = ETA * AUX[s,q] * NO[r][t,q]$;

$W[r][s,t] = W[r][s,t] + (1-ALFA)*DWAtual[r][s,t] +$

$ALFA*DWAnterior[r][s,t]$;

$DWAnterior[r][s,t] = DWAtual[r][s,t]$;

3.4.1.2.3 – O problema do sobreajuste (overfitting) e do subajuste (underfitting)

Ao final do treinamento, a RNA poderá conter anormalidades provenientes de escolhas ruins no seu projeto, no que se refere aos dados, quantidade e qualidade, e à estrutura da rede, o que fatalmente irão acarretar um baixo desempenho por não produzir boas respostas, seja durante a fase de treinamento seja na fase de teste. Esta última fase é realizada testando a rede com novas entradas, exatamente para verificar a capacidade de acerto da rede, chamada de generalização, sempre observando para que as entradas de teste sejam diferentes das entradas usadas no treinamento, tomando-se o cuidado para que todas as entradas, treinamento e teste, pertençam ao mesmo conjunto universo dos dados coletados, dos quais foram inicialmente retirados os dados para treinamento e os dados para teste.

As anormalidades que podem ocorrer após o treinamento são denominadas de sobreajuste e de subajuste, e são definidas da seguinte maneira:

- Sobreajuste (*overfitting*): ocorre quando a rede apresenta um bom desempenho nos pontos de treinamento, porém é incapaz de generalizar para um ponto de teste diferente daqueles usados no treinamento. Esse tipo de problema é característico de um conjunto de dados de treinamento desbalanceado, isto é, que não estão distribuídos uniformemente no intervalo de treinamento. A RNA apresenta um erro de treinamento pequeno, que satisfaz a tolerância para convergência, entretanto apresenta um erro de generalização elevado, isto é, para pontos não pertencentes ao conjunto de treinamento.

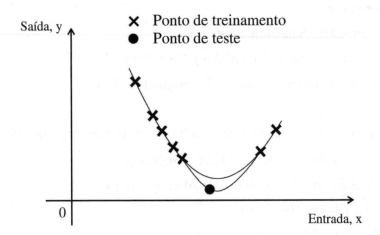

Figura 3.27 – Sobreajuste (*overfitting*).

Redes neurais com esse tipo de anormalidade mostrada na Figura 3.27 certamente não se prestam para generalizações, porém apresentam a qualidade de poderem auxiliar na interpretação do comportamento do sistema.

- Subajuste (*underfitting*): neste caso existem poucos pontos para o treinamento, e a rede não consegue aprender o suficiente para atender a tolerância. A RNA apresenta elevado erro de treinamento, com também um elevado erro de generalização (teste).

Nesse caso, não se visualiza alguma vantagem em usar uma rede neural com esse tipo de anormalidade, recomendando-se planejar outro treinamento, privilegiando a escolha de uma quantidade maior de pares de treinamento, de novas funções de ativação e, até mesmo, uma arquitetura mais apropriada para a aplicação de interesse.

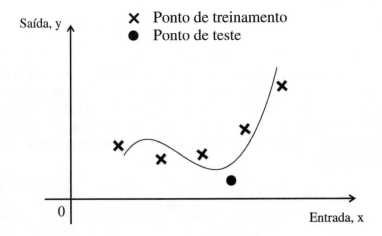

Figura 3.28 – Subajuste (*underfitting*).

As anormalidades de sobreajuste e de subajuste serão tratadas com mais detalhes no Capítulo 6 – Aprendizagem de Máquina (*Machine Learning*).

3.4.1.3 Aplicações do algoritmo PRE

As Redes Neurais Multicamadas treinadas com o algoritmo PRE têm sido aplicadas com sucesso em diversas áreas. Essas aplicações incluem, entre outras, as seguintes:

- Aproximador Universal de Funções Matemáticas;

- NETtalk – Redes Neurais Artificiais que aprendem a pronunciar textos em inglês (Sejnowski & Rosenberg, 1987);

- Reconhecimento de voz (Cohen et al., 1993);

- Reconhecimento ótico de caracteres (Säkinger et al., 1992);

- Reconhecimento de caracteres escritos em tempo real (Guyon, 1990);

- Reconhecimento de voz e imagem combinadas (Sejnowski et al., 1990);

- Identificação de sistemas (Narendra & Parthasarathy, 1990);

- Sistemas de controle adaptativo em tempo real (Gabriel Filho, 1996);

- Diagnóstico médico (Baxt, 1993);

- Modelagem de sistemas de controle dos olhos (Robison, 1992).

3.5 BREVE HISTÓRICO SOBRE A EVOLUÇÃO DAS REDES NEURAIS ARTIFICIAIS

As Redes Neurais Artificiais (RNA) surgiram oficialmente em 1943, com a publicação do artigo intitulado *A Logical Calculus of the Ideas Immanent in Nervous Activity*, com autoria de Warren McCulloch (neurofisiologista) e Walter Pitts (estatístico), publicado em 1943.

De 1943 até 1969 aconteceu uma explosão na pesquisa científica, a cada dia mais e mais pesquisadores, como Hebb (1949), Rosenblatt (1957), e muitos outros se dedicavam ao estudo dessa área promissora do conhecimento científico, até que, em 1969, foi publicado por Marvin Minsky e Seymour Papert um livro intitulado *Perceptrons – An Introduction To Computational Geometry*, no qual os autores mostraram a grande deficiência das RNA, a sua incapacidade de resolver problemas não linearmente separáveis. Exemplificando, isso significava que as redes neurais só podiam implementar os operadores *and* e *or*, que são linearmente separáveis, mas não conseguiam implementar o operador lógico *xor*, que é não linearmente separável, e isso era terrível, porque limitava a aplicação das RNA; além disso, naquela época ainda não existia um algoritmo eficiente para treinamento de redes neurais multicamadas.

Em decorrência, foi gerado um descrédito generalizado sobre as potencialidades das redes neurais, permanecendo assim por mais de 15 anos. Durante esse período pouco se fez para desenvolver a teoria das redes neurais, resultando apenas em alguns esforços isolados, porém importantes, por exemplo, o modelo de memória associativa de Kohonen (1977) e as contribuições de Grossberg na área de modelos psicológicos (1980).

Somente em 1986 esse problema foi resolvido com a criação do algoritmo de aprendizagem *Backpropagation,* por David Rumelhart, Ronald Williams e Geoffrey Hinton, divulgado no artigo *Learning representations by back-propagating errors.* Assim, como era de se esperar ocorreu uma retomada do entusiasmo pelas redes neurais, afetado duramente com a publicação do artigo de 1969. Entretanto, isso não ocorreu na proporção esperada, e o que se viu ainda foi um ceticismo com a nova ciência, limitada a alguns poucos trabalhos, proveniente principalmente da baixa velocidade dos computadores digitais.

Por outro lado, no final da década de 1980, começaram a aparecer no mercado computadores pessoais com capacidade de armazenamento e velocidade de processamento crescendo a cada ano que passava. Naquela época, já se dispunha da família x86, cujos representantes 386 e 486 atingiam a velocidade de 33 a 100 MHz. Não era muita, mas atendia uma boa parte das aplicações envolvendo a utilização das redes neurais, com aplicações mais voltadas para a área industrial. O que se pretende dizer é que, tanto o interesse científico quanto o interesse comercial, não eram significativos para alavancar uma produção técnica-científica relevante. Na área industrial, a razão principal pela falta de interesse foi a inexistência de provas robustas de estabilidade – as aplicações industriais envolvem riscos de danos materiais e pessoais, por isso requer garantias de estabilidade, que as redes neurais ainda tinham dificuldade de satisfazer na prática.

No início do ano de 2000, já era possível contar com processadores na ordem de 1 GHz e, com isso, aumentou o interesse em desenvolver programas de redes neurais para aplicações comerciais e industriais. Mas ainda não era suficiente para reduzir o tempo de processamento *online,* a um nível aceitável para aplicação em tempo real.

Foi nesse contexto do começo do século XXI, impulsionado pela necessidade de processamento rápido de uma grande quantidade de dados (*big data*), que surgiram algumas modificações importantes na arquitetura tradicional das redes neurais multicamadas, principalmente a criação de uma família de funções de ativação preponderantemente linear. A exemplo disso, a Unidade Linear Retificada (*Rectified Linear Unit* – ReLU), propiciou a aplicação das redes com uma grande quantidade de camadas (ver no Capítulo 4 – Arquiteturas Avançadas), capazes de processar rapidamente uma grande quantidade de dados, tornando-se bastante apropriadas para o desenvolvimento de aplicativos envolvendo problemas de predição, tanto numérica (regressão) quanto categórica (classificação ou reconhecimento de padrões).

Daquela época para hoje, isto é, praticamente desde o ano 2006, marcado pelo trabalho de Geoffrey Hinton, na área de Aprendizagem Profunda (*Deep Learning*), o que mais se vê são aplicativos inteligentes sendo disponibilizados para a sociedade, atrativo

IA conexionista   133

sem limites para o desenvolvimento de novos programas usando uma ciência que pouco evoluiu nas últimas décadas; afinal, pouco foi criado desde o *backpropagation* de 1986. Entretanto, é muito promissor o desenvolvimento e implantação de novas tecnologias, como a internet 5G e a interatividade digital em ambientes de realidade virtual, o que proporcionará um amplo campo para aplicação da Inteligência Artificial.

3.6 CONCLUSÕES

A Inteligência Artificial Conexionista é inspirada no funcionamento do cérebro humano, no qual existem cerca de 20 bilhões de neurônios biológicos conectados entre si, formando uma imensa rede de processadores interligados a partir de aproximadamente 100 bilhões de sinapses ou ligações. Assim, inspirada nessa rede biológica, surgiu a Rede Neural Artificial (RNA), que é constituída de neurônios matemáticos, ligados entre si por pesos sinápticos, os quais têm a finalidade de ponderar a participação de cada neurônio dentro da organização neural.

Os fundamentos necessários para entender o funcionamento de uma RNA consistem basicamente em conhecer qual o papel do neurônio artificial, seus pesos sinápticos, sua distribuição e as ligações entre os neurônios, que é chamada de arquitetura da rede neural. De uma maneira resumida, esses elementos podem ser descritos da seguinte maneira:

- Neurônio artificial: é formado por 2 elementos, um somador (soma os valores que chegam no neurônio) e por uma função de ativação (define o valor de saída do neurônio); o modelo de neurônio mais usado é o de McCulloch e Pitts (MCP). Cada neurônio ativado contribui com a sua parcela na composição da saída ou resposta final da rede neural;

- Peso sináptico (representado pela letra *w*, do inglês *weight*): é um fator numérico multiplicativo, que serve para multiplicar o valor do sinal proveniente da camada anterior, de modo a definir a participação deste sinal na ativação do neurônio localizado à sua frente, considerando o sentido para frente como da entrada para a saída da rede neural. Constitui-se num parâmetro da rede neural, que deve ser ajustado durante o seu treinamento, isto é, durante a etapa de aprendizagem da rede. Consequentemente, treinar uma rede neural significa simplesmente ajustar o valor de cada peso sináptico, estabelecendo assim a "força de cada ligação" no funcionamento do próximo neurônio. O algoritmo de treinamento mais utilizado é o da Propagação Retroativa do Erro (*Error Backpropagation*, muitas vezes chamado simplesmente de *Backpropagation*);

- Arquitetura: é a forma de organizar os neurônios na rede; a mais usada é a multicamadas (*multilayers*), e corresponde a distribuir os neurônios em camadas justapostas, iniciando pela camada de entrada, que é uma camada que só serve para receber os dados de entrada da rede, portanto, não possui neurônio, passando na sequência pelas camadas escondidas e terminando na camada de saída. Interessante ressaltar que nas camadas que possuem neurônio, a função de ativação deve ser a mesma para todos os neurônios da mesma camada, porém, nada impede que a função de ativação seja diferente entre as várias camadas porventura existentes na rede.

Na abordagem conexionista, o conhecimento é armazenado nas conexões ou ligações existentes entre os neurônios, as quais são chamadas de sinapses. Diante de determinadas entradas recebidas como se fossem estímulos recebidos do meio ambiente, o conjunto de sinapses se ajusta de alguma forma, sendo que no cérebro real ocorre um balanceamento de substâncias químicas (neurotransmissores) na região de cada sinapse, determinando uma resistência específica à passagem de descargas elétricas muito pequenas de um neurônio (através do axônio) para outro neurônio, as quais são depois disparadas numa sequência correta, para assim reproduzir o conhecimento armazenado em todo o conjunto das sinapses envolvidas naquela aprendizagem.

Então, qual é o fenômeno determinante para a armazenagem do conhecimento que as Redes Neurais Artificiais – RNA tentam copiar? É a resistência elétrica das sinapses, quando se atinge o equilíbrio eletroquímico entre os neurônios, ou simplesmente, o valor da resistência elétrica das sinapses que codificam o conhecimento aprendido. Posto de uma forma ainda mais simples: são os números que as sinapses finalmente adquirem no final da aprendizagem, qual seja, ao final do treinamento. Reproduzindo corretamente esses números, que são chamados de "pesos sinápticos", tem-se a reprodução repetida do conhecimento armazenado, quantas vezes forem desejadas.

No fundo mesmo, seria até razoável imaginar que, uma RNA treinada faz o mesmo papel de uma Regra de Produção do tipo **SE** <entradas> **ENTÃO** <saída>, qual seja, aplicando as entradas (as condições verdadeiras) obtém-se na sua saída a resposta correta, certamente apropriada para a solução de um problema ou uma ação decorrente!!! Lógico, a diferença aqui é: 1) o conhecimento é aprendido, e não fornecido externamente por um especialista; e 2) a Regra de Produção não permite fazer generalizações, ou seja, apresentando-se nova entrada retirada do mesmo espaço de amostragem; a Regra de Produção não é capaz de encontrar a nova saída correspondente.

As RNAs ocupam um papel importante na Inteligência Artificial, devido à sua capacidade de aprender, adaptar e de resolver problemas. É, atualmente, a única ferramenta de IA que apresenta a característica de aprendizagem, conseguida pelo ajuste automático dos pesos sinápticos, os quais possuem a atribuição de codificar matematicamente as partes de uma estrutura numérica que irá compor o conhecimento adquirido pela rede, quando treinada corretamente usando os pares de dados entrada-saída (etapa de treinamento).

Após estar devidamente treinada, a rede RNA será capaz de predizer qual o resultado (etapa de generalização), caso seja submetida a uma nova entrada distinta das que fizeram parte do conjunto de treinamento, porém retirada do conjunto maior gerado pela mesma coleta de dados.

Não seria pretencioso tentar identificar as fases de desenvolvimento das RNAs, que se sucederam desde a sua criação, nos seguintes períodos:

- Primeira fase – fase de grande entusiasmo, iniciada em 1943, com a publicação pioneira do artigo *A Logical Calculus of the Ideas Immanent in Nervous Activity* por Warren McCulloch (neurofisiologista) e Walter Pitts (estatístico), que se prolonga até o ano de 1969. Nessa fase, também merecem destaque os trabalhos de Donald Hebb (1949), divulgados na sua obra "*The Organization of Behavior*", o trabalho de Frank Rosenblatt (1958), com a criação do *perceptron*, um classificador não linear formado por uma rede com apenas um neurônio de McCulloch e Pitts, e os classificadores lineares Adaline e Madaline, desenvolvidos por Bernard Widrow e Marcian Hoff (1960);

- Segunda fase – fase de pouco entusiasmo, estende-se de 1969 até 1986 e é denominada de inverno das RNAs. É a fase em que as redes neurais artificiais caíram em descrédito, devido às deficiências apontadas por Marvin Minsky e Seymour Papert, no livro intitulado *Perceptrons – An Introduction To Computational Geometry*, devido à constatação da impossibilidade das redes neurais terem mais de uma camada (não existia um algoritmo de aprendizagem), e as redes com uma camada somente podiam ser usadas para problemas linearmente separáveis;

- Terceira fase – fase de ressurgimento do entusiasmo, iniciada em 1986, com a criação do famoso algoritmo de aprendizagem da Propagação Retroativa do Erro (*Error BackPropagation*), por Rumelhart, Williams e Hinton, constituindo-se numa importante ferramenta que viabilizou a aplicação de RNA multicamadas, pelo fato de resolver todas as deficiências apontadas em 1969 por Minsky e Papert, abrindo novos horizontes de aplicação das redes neurais;

- Quarta fase – fase de entusiasmo crescente, iniciada por volta do ano de 2006, com a criação das Redes Neurais Profundas (*Deep Neural Networks*), por Geoffrey Hinton, estendendo-se até os dias de hoje, e a cada dia que passa mais aumenta o entusiasmo pelas redes neurais e suas variantes. Quanto às Redes Neurais Profundas, elas serão tratadas num capítulo mais à frente, dentro das arquiteturas avançadas das rede neurais artificiais.

Na atualidade, as RNAs vêm sendo muito usadas como uma ferramenta para resolver problemas que envolvem a Aprendizagem de Máquina (*Machine Learning*), principalmente em problemas de predição – regressão e classificação.

O desafio agora é explorar as mais diversas aplicações para as RNAs, em praticamente todas as áreas da atividade humana, que engloba a fabricação de produtos de uso pessoal, comercial e industrial.

CAPÍTULO 4
RNA: arquiteturas avançadas

4.1 INTRODUÇÃO

Após a apresentação dos principais fundamentos sobre as Redes Neurais Artificiais – RNAs, feita no capítulo anterior, vamos mostrar algumas arquiteturas avançadas desenvolvidas a partir da abordagem conexionista e que vêm tendo grande aplicação em problemas de predição, presentes nas áreas do processamento da linguagem natural, visão computacional, controle e automação de processos e outras.

As arquiteturas avançadas tratadas a seguir são as Redes Neurais Convolucionais e as redes neurais usadas na Aprendizagem Profunda.

4.2 REDES NEURAIS CONVOLUCIONAIS

As Redes Neurais Convolucionais (*Convolutional Neural Networks*, CNNs) são redes neurais especializadas na extração de características (*feature maps*) de objetos codificados por matrizes, por intermédio da utilização de filtros escritos também na forma de uma estrutura matricial, os quais são aplicados na etapa inicial de um processo de reconhecimento de padrões. O filtro é usado para evidenciar certas características especiais (contornos, formas, cores etc.) de um objeto com a finalidade de reconhecimento de padrões (classificação). Essas redes apresentam diferenças marcantes em relação às redes neurais tradicionais, tanto na arquitetura quanto nos procedimentos de treinamento (aprendizagem), o que explica porque alguns autores não as consideram redes neurais, denominando-as de apenas redes convolucionais.

Muito embora a rede convolucional tenha surgido na década de 1980, somente passou a ser difundida a partir do final da década de 1990, com a publicação do artigo intitulado de *Gradient-based learning applied to document recognition* (LeCun et al, 1998). A denominação de convolucional tem a sua origem no fato de que essas redes, para executar a filtragem dos dados de entrada dispostos na primeira camada da rede, objetivando atender alguma necessidade de pré-tratamento dos dados de entrada (por exemplo, suavização, tratamento de bordas, compactação etc.), efetuam a operação matemática da convolução discreta, mostrada na figura a seguir.

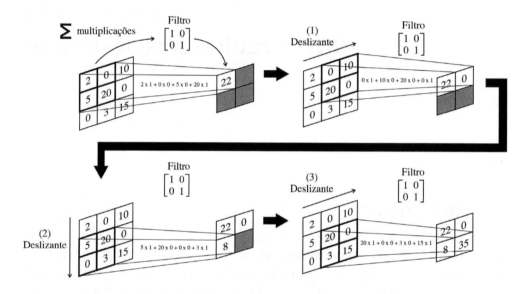

Figura 4.1 – Operação de convolução discreta.

Destaca-se que, na Figura 4.1, o filtro se sobrepõe à matriz de entrada, elemento a elemento, resultando no seguinte cálculo: 2x1+0x0+5x0+20x1 = 22.

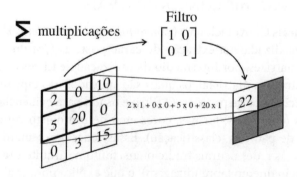

Na sequência (poderia ser executado em paralelo), o filtro da Figura 4.1 desliza para a direita da matriz de entrada e, novamente repete o cálculo: 0x1+10x0+20x0+0x1 = 0.

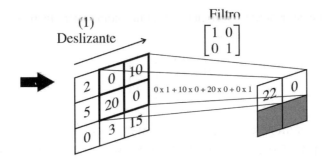

Esse procedimento matemático se repete até cobrir toda a matriz de entrada (Figura 4.1). Um filtro bem projetado, além de permitir a evidenciação de certas características de interesse existentes na matriz de entrada, também proporciona a sua redução de dimensionalidade, facilitando o cálculo envolvendo as camadas posteriores da rede.

Matematicamente, para realizar a operação de convolução calcula-se a integral (no caso contínuo) ou o somatório (no caso discreto) das multiplicações dos elementos da camada anterior pelos respectivos elementos do filtro (*kernel*) escolhido de dimensão adequada (1-D, 2-D ou 3-D), em que cada resultado corresponde à soma das multiplicações do elemento da camada pelo respectivo elemento do filtro, fazendo o filtro deslizar sobre a camada até cobrir todos os seus elementos.

É interessante ressaltar que a operação de convolução mostrada foi realizada no modo sequencial, embora não seja este o modo recomendado, pois é uma operação apropriada para o processamento distribuído e paralelo, objetivando reduzir o tempo de processamento computacional, principalmente em problemas com uma grande quantidade de dados.

Somente com o intuito de demonstrar o funcionamento de um filtro, considere um exemplo simples de um gráfico retangular (Figura 4.2), o qual poderia estar representando a evolução normal da temperatura de um processo térmico.

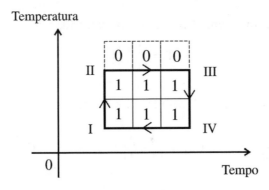

Figura 4.2 – Gráfico de um processo térmico normal.

A matriz que representa o processo normal, considerando o reticulado (grade) escolhido (Figura 4.2), é dada por

$$N = \begin{bmatrix} 0 & 0 & 0 \\ 1 & 1 & 1 \\ 1 & 1 & 1 \end{bmatrix}$$

Suponha que foram gerados 2 gráficos hipotéticos contendo alguma anormalidade na evolução do processo, por exemplo, um contendo um aumento da temperatura na parte inicial do processo, e outro contendo um aumento da temperatura na parte final, representados respectivamente pelos gráficos e suas representações matriciais a seguir:

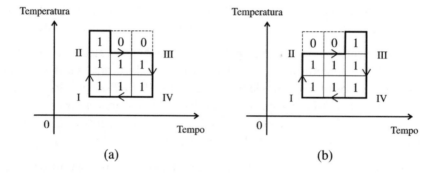

Figura 4.3 – Anormalidades no processo térmico (a) salto de I → II; (b) salto de II → III.

As respectivas matrizes de anormalidades são:

$$A1 = \begin{bmatrix} 1 & 0 & 0 \\ 1 & 1 & 1 \\ 1 & 1 & 1 \end{bmatrix} \quad e \quad A2 = \begin{bmatrix} 0 & 0 & 1 \\ 1 & 1 & 1 \\ 1 & 1 & 1 \end{bmatrix}$$

Vamos agora escolher como filtro a matriz 2x2, dada por

$$F = \begin{bmatrix} 1 & 1 \\ 1 & 1 \end{bmatrix}$$

Realizando a convolução de F com N, A1 e A2, tem-se:

$$C_N = \begin{bmatrix} 3 & 3 \\ 4 & 4 \end{bmatrix}, \quad C_{A1} = \begin{bmatrix} 3 & 2 \\ 4 & 4 \end{bmatrix} \quad e \quad C_{A2} = \begin{bmatrix} 2 & 3 \\ 4 & 4 \end{bmatrix}$$

Analisando atentamente as matrizes C_{A1} e C_{A2} é fácil detectar que ocorreram picos de temperatura nas partes superiores dos gráficos, em C_{A1} no lado esquerdo (número 3) e em C_{A2} no lado direito (número 3). Essa operação é chamada de extração de características, a qual permite à rede neural classificar ocorrências diferentes que sejam de interesse.

Uma vantagem adicional da convolução é a redução da dimensionalidade da matriz de entrada, o que favorece a velocidade de aprendizagem da rede. Constata-se que a parte crucial da convolução é a escolha adequada do filtro, que mal comparando, tem papel similar ao de um algoritmo de aprendizagem.

O projeto de um filtro normalmente é feito caso a caso, para atender o problema sob demanda (*on demand*), e tem a finalidade de produzir o resultado desejado da filtragem, que é evidenciar as características de interesse capazes de ressaltar aquilo que se deseja efetivamente identificar. Algumas estruturas produzem resultados interessantes: 1) um filtro com elementos de valores iguais e relativamente pequenos, em comparação aos valores codificados da figura, serve para amplificar as diferenças existentes nas figuras sob análise; e 2) um filtro com elementos de valores relativamente grandes, comparativamente aos valores codificados das figuras sob análise, apresenta dificuldade para evidenciar as diferenças entre as figuras. É possível afirmar que quanto maior os valores relativos do filtro, maior a sua opacidade, ou seja, sua incapacidade de ressaltar as características da uma figura.

Assim, os valores de um filtro dependem de sua aplicação, existindo na literatura algumas recomendações para detecção de bordas, nitidez etc., as quais são citadas a seguir.

- Detecção de bordas (*edge*):

$$\begin{bmatrix} 0 & 1 & 0 \\ 1 & -5 & 1 \\ 0 & 1 & 0 \end{bmatrix}$$

- Realce da nitidez (*sharpen*):

$$\begin{bmatrix} 0 & -2 & 0 \\ -2 & 5 & -2 \\ 0 & -2 & 0 \end{bmatrix}$$

Na verdade, tão ou mais difícil do que escolher um filtro é escolher qual o critério para codificar numericamente a figura, de tal maneira a preservar as suas características de interesse ou até mesmo ressaltá-las, para melhor identificação.

O tamanho de cada deslocamento do filtro sobre os dados de entrada é medido pela quantidade de elementos da matriz ou passos (*stride*) com que o filtro desliza, podendo ser de um ou mais passos numa determinada direção; nas ilustrações apresentadas, o passo é igual a um (sempre avança uma linha ou uma coluna da matriz). Outra operação possível é o preenchimento de bordas (*padding*) em problemas de reconhecimento de imagem, com a finalidade de aumentar a imagem sendo tratada pela inclusão de linhas e colunas externas, com 2 objetivos: permitir uma melhor caracterização do contorno da imagem e/ou preservar a dimensionalidade da imagem original.

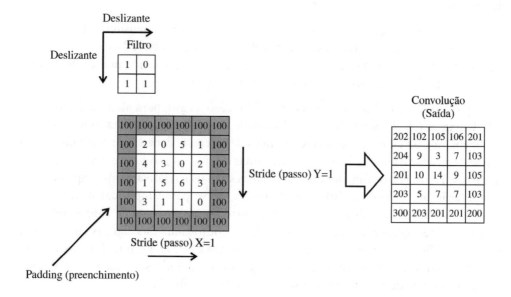

Figura 4.4 – Convolução discreta.

É fácil ver que a codificação da Figura 4.4 implementa a operação de *padding*, com a finalidade de definir claramente o contorno (borda) do objeto representado pela matriz de entrada. Como a escala de cinza define 0 (preto) e 255 (branco), a matriz de saída apresenta a borda clara e a parte interna escura, o que não atende à finalidade de detecção de borda. Para inverter os códigos de cinza da referida matriz, basta subtrair todos os números da saída por 255, e neste caso a borda fica escura (facilmente visualizada) em contraste com a parte interna da imagem que fica clara.

As CNNs são usadas principalmente no pré-processamento de dados, como uma fase preliminar da predição ou da classificação, na qual são configuradas várias camadas convolucionais, cada qual com o seu filtro e/ou algoritmos apropriados, com a finalidade de refinar continuamente as características desejadas, passando pela extração de características (*features*), agrupamento de características (*pooling*) e ordenação/normalização (*flatting*). Essa etapa é feita antes de entregar os dados ao processo subsequente, para que este processo possa realizar a predição ou classificação, aplicando-se uma técnica adequada à solução do problema em questão. Resumidamente, tem-se:

- Convolução. Operação usada para realçar características de interesse face a outras características coexistentes, como resultado de uma filtragem;

- Agrupamento de características (*pooling*) é uma operação é realizada adotando-se um dos seguintes operadores:

  ▷ Agrupamento pelo máximo (*maxpooling*);

  ▷ Agrupamento pela soma (*sumpooling*);

  ▷ Agrupamento pela média (*averagepooling*).

- Ordenação e/ou normalização (*flatting*). Basicamente consiste em dispor os dados multidimensionais (matrizes) na forma unidimensional (vetor), podendo também promover um escalamento desses valores, no sentido de diminuir seus valores e evitar operações numéricas elevadas.

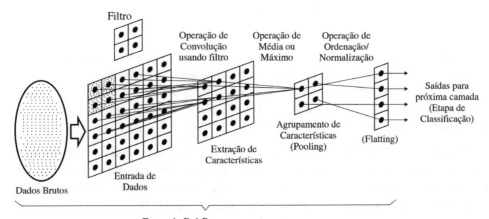

Figura 4.5 – CNN (extração, agrupamento e ordenação/normalização).

É imediato constatar que a matriz convoluída possui uma dimensão menor que a matriz de entrada. Suponha que a matriz bidimensional de entrada seja ExE, a do filtro seja FxF e o passo P de deslizamento do filtro seja P, então a dimensão da matriz convoluída será dada por:

$$C = \frac{E - F}{P} + 1 \qquad (4.1)$$

As CNNs são enquadradas no paradigma de aprendizagem supervisionado, devido à existência de parâmetros do filtro a serem ajustados mediante um treinamento. A camada de saída normalmente utiliza a função de ativação ReLU, com o treinamento usando a propagação retroativa do erro (*backpropagation*), com a finalidade de ajustar os elementos do filtro ou camada de convolução.

144 *Inteligência artificial e aprendizagem de máquina: aspectos teóricos e aplicações*

Para finalizar, vale registrar que o filtro usado numa CNN pode ser interpretado como um algoritmo de ajuste dos pesos sinápticos de uma rede neural tradicional, com a finalidade de possibilitar a evidenciação das características para fins de predição ou classificação de objetos.

4.2.1 OPERAÇÃO MATEMÁTICA DE CONVOLUÇÃO (CASO DISCRETO)

Dadas as matrizes de entrada e um filtro a operação de convolução discreta, com passo 1, pode ser calculada usando a seguinte fórmula:

$$\sum_{m=1}^{M}\sum_{n=1}^{N} x_{l+m,k+n}f_{m,n} \tag{4.2}$$

sendo $l = 0, ..., $ I-M e $k = 0, ..., $ J-N. As variáveis l e k servem apenas para a indexação do processo de deslizamento do filtro F sobre os dados de entrada X mantidos fixos. O resultado dessa operação também será uma matriz de dimensões (I-M + 1) x (J-N + 1), em que $p = 1, ..., $ I-M + 1 e $q = 1, ..., $ J-N + 1. Seguindo essa convenção, é imediato verificar na figura anterior que a entrada é X_{3x3}, o filtro é F_{2x2} e saída (resultado) é Y_{2x2}.

Essa operação é aplicada para fazer com que a saída realce os elementos que facilitam a identificação da característica alvo da imagem. Assim, o filtro funciona como um extrator de características ao deslizar sobre os dados de entrada submetidos à filtragem, que, por sua vez, são dados codificados (frequência, medidas e formas geométricas etc.) que representam, de alguma maneira, os objetos sob observação.

• Testando a Equação (4.2) no esquema da Figura 4.1

Nesse caso, vê-se que $l = k = 0$ e 1. Então, fazendo primeiro variar k e depois l, tem-se:

Para $l = 0$ e $k = 0$

$= 2 \times 1 + 0 \times 0 + 5 \times 0 + 20 \times 1 = 22$

Para $l = 0$ e $k = 1$

$= 0 \times 1 + 10 \times 0 + 20 \times 0 + 0 \times 1 = 0$

Para $l = 1$ e $k = 0$

$= 5 \times 1 + 20 \times 0 + 0 \times 0 + 3 \times 1 = 8$

Para $l = 1$ e $k = 1$

$= 20 \times 1 + 0 \times 0 + 3 \times 0 + 15 \times 1 = 35$

Assim, o resultado da convolução discreta é a matriz

$$Y_{2x2} = \begin{bmatrix} 22 & 0 \\ 8 & 35 \end{bmatrix}$$

- O algoritmo da convolução (versão discreta)

Primeira Parte: Declaração das principais variáveis computacionais

Dimensões das matrizes X e F de entrada

I, J, M, N: Inteiro;

Índices de matrizes

i, j, m, n, p, q: Inteiro;

Matrizes de entrada X

X[linha,coluna]: Matriz de Inteiros;

Matrizes de entrada F

F[linha,coluna]: Matriz de Inteiros;

Matrizes de saída Y

Y[linha,coluna]: Matriz de Inteiros;

Segunda Parte: Algoritmo para implementação computacional

Fazer [1,1] = 0;

Para l = 0 até I-M fazer

Fazer p = 1;

Para k = 1 até J-N fazer

Fazer q = 1;

Para m = 1 até M fazer

Para n = 1 até N fazer

$Y[p,q] = Y[p,q] + X[l+m,k+n]*F[m,n];$

FimPara;

FimPara;

Fazer $q = q+1$;

FimPara;

Fazer $p = p+1$;

FimPara;

146   *Inteligência artificial e aprendizagem de máquina: aspectos teóricos e aplicações*

4.2.2 TREINAMENTO

O treinamento de uma rede tipo CNN pode ser realizado utilizando um algoritmo de otimização, por exemplo o Algoritmo Genético (AG), ou até mesmo o método da Propagação Retroativa do Erro (*Error Backpropagation*), este último por meio de uma retropropagação seletiva (*Selective Backpropagation*), em que a correção dos pesos é definida por regiões de conexão, nas quais cada neurônio de uma camada delimita quais os neurônios da camada anterior serão corrigidos pelo correspondente sinal do erro retropropagado do final para o início da rede.

4.3 APRENDIZAGEM PROFUNDA

Aprendizagem Profunda (*Deep Learning* – DL) é o nome que se dá para a aprendizagem realizada por uma Rede Neural Profunda (*Deep Neural Network* - DNN), a qual nada mais é do que uma Rede Neural Multicamadas (RNM) contendo muitas camadas escondidas ou intermediárias e com funções de ativação apropriadas do tipo lineares ou predominantemente lineares, com o propósito de simplificar o cálculo e assim aumentar a velocidade da aprendizagem.

Normalmente, a aprendizagem profunda é recomendada para resolver problemas de predição, sendo que a predição pode envolver 2 tipos de situações: a resposta é um número (numérica) ou a resposta não é um número (categórica).

4.3.1 PREDIÇÃO

Predizer significa antecipar o valor de uma variável (idade, temperatura etc.), podendo este valor ser fornecido por um número (16 anos, 20° C etc.) ou por um dos tipos de uma classe (classe idade = [criança, adolescente, adulto], classe temperatura = [frio, quente] etc.), em que na classe idade, por exemplo, os tipos são criança, adolescente e adulto. Vê-se, portanto, que o valor da variável a ser predito pode ser numérico (por exemplo, idade = 16 anos) ou não numérico (por exemplo, idade = adolescente).

Por sua vez, o problema de predição, dependendo se o valor a ser predito for um número ou uma classe, é definido como um problema de regressão (linear e não linear) ou de classificação, respectivamente.

4.3.1.1 Regressão

A regressão é um problema de predição em que o valor da variável é numérico ou quantitativo. Considerando que as redes profundas usam funções lineares ou predominantemente lineares, a regressão é linear; caso uma rede neural use funções de ativação não lineares (por exemplo, as funções sigmoidais), então a regressão é não linear.

Graficamente falando, a rede profunda aprende qual a melhor reta que se ajusta aos dados de entrada/saída disponíveis para o seu treinamento, obedecendo um critério matemático (modelo) escolhido pelo projetista. Um exemplo de regressão linear é mostrado na figura a seguir, no qual a reta faz o ajuste das alturas de 10 indivíduos por idade, usando, por exemplo, o método dos mínimos quadrados.

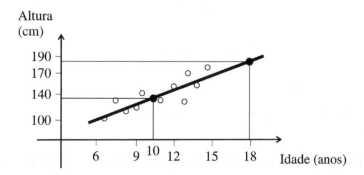

Figura 4.6 – Regressão Linear.

Olhando a figura, responda: qual é a altura aproximada de um indivíduo com 10 anos de idade? E de outro com 18 anos? Neste caso, como a resposta será um número, então estamos diante de um problema de regressão.

4.3.1.2 Classificação

É um problema de predição em que o valor da variável não é numérico, ou seja, é o nome de uma classe (qualitativo). Melhor definindo, classificação é o ato de rotular um determinado objeto conforme suas características de interesse, sendo o rótulo um valor não numérico, por exemplo, em se tratando da altura de uma pessoa poderia ser baixa ou alta. Algumas vezes o termo "classificação" se confunde com a expressão "reconhecimento de padrões", sob o ponto de vista que reconhecimento de padrões significa identificar certas características de um objeto, possibilitando assim a sua classificação segundo algum critério válido.

Na figura a seguir, a reta separa duas classes de indivíduos baseadas na altura, por exemplo, indivíduo alto e indivíduo baixo.

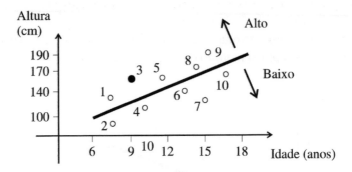

Figura 4.7 – Classificação (Reconhecimento de Padrões).

Agora, a pergunta é diferente: o indivíduo número 3 é considerado baixo ou alto? Com certeza, o indivíduo número 3 mostrado nessa figura é alto!

4.3.2 REDE NEURAL RASA E PROFUNDA

Com base na quantidade de camadas escondidas ou intermediárias (*hidden layers*), as redes neurais passaram também a ser classificadas como rasa (*shallow*) e profunda (*deep*), qual seja:

4.3.2.1 Rede Neural Rasa *(Shallow Neural Network)*

É assim denominada quando a rede possui apenas uma camada escondida ou intermediária. Foi a primeira classe de rede a surgir, com base na quantidade de camadas escondidas. Nesse tipo de rede, poderiam ser enquadradas as primeiras redes de 3 camadas – entrada, escondida e saída, que surgiram inicialmente usando funções de ativação não lineares, como as sigmoides. Frequentemente, essas redes são utilizadas para ajuste de funções não lineares em tarefas de identificação de sistemas, fazendo o papel de um aproximador universal de funções.

4.3.2.2 Rede Neural Profunda *(Deep Neural Network)*

É o nome que se dá quando a rede possui mais do que uma camada escondida. Normalmente são utilizadas em tarefas de reconhecimento de padrões (classificação), por exemplo, no reconhecimento de imagem e voz para processamento da linguagem natural, entre muitas outras aplicações.

Considerando que as redes rasas foram apresentadas em capítulos anteriores, aqui vamos nos ater somente à técnica de Aprendizagem Profunda (*Deep Learning* – DP) como é atualmente conhecida, e que vem sendo usada desde o início dos anos 2000 na análise, extração de características análise e reconhecimento de padrões de uma grande quantidade de dados (*big data*), como resultado de diversos avanços na arquitetura e nos procedimentos de treinamento das Redes Neurais Artificiais – RNAs (Bengio et al., 2021).

A denominação de profunda é explicada pelo fato da rede neural possuir uma arquitetura formada de muitas camadas escondidas (*hidden layers*), além das camadas de entrada e de saída, consequentemente contendo uma grande quantidade de neurônios e de pesos sinápticos a serem ajustados (parâmetros). Os avanços nos procedimentos de treinamento ficam por conta do surgimento de funções de ativação originadas da função linear clássica, como será apresentado mais à frente.

A concepção das redes profundas se aproxima mais da maneira como o cérebro humano faz para processar os sinais provenientes da rede sensorial humana, ao envolver uma grande quantidade de neurônios biológicos no seu processamento paralelo e distribuído. Assim, essa maneira biológica de operar tenta ser copiada pelas redes profundas, no aspecto do paralelismo pela grande quantidade de neurônios artificiais em cada uma de suas camadas escondidas, e no aspecto da distribuição pela grande quantidade de camadas escondidas. A Figura 4.8 mostra a arquitetura básica de uma rede profunda, na qual representa a matriz de pesos sinápticos que ocupa a *n*-ésima posição, contada da entrada para a saída da rede.

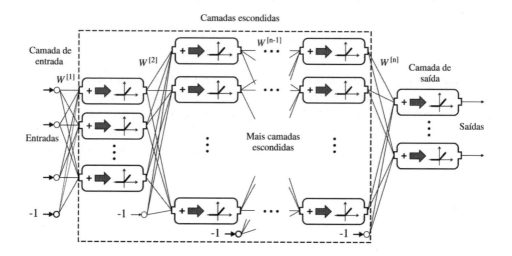

Figura 4.8 – Rede neural profunda (*Deep neural network*).

150   *Inteligência artificial e aprendizagem de máquina: aspectos teóricos e aplicações*

Com relação à arquitetura da rede neural profunda, similarmente a todas as redes neurais artificiais, nunca é demais lembrar que a camada de entrada não possui processamento, isto é, não possui neurônio, pois serve apenas como porta de entrada para a rede neural.

Na aprendizagem profunda, as redes neurais são construídas com arquitetura diferenciada das redes tradicionais (rasas), notadamente por possuírem uma grande quantidade de camadas escondidas e de neurônios artificiais, o que tornaria o seu processamento mais lento, no caso de serem usadas as funções de ativação tradicionais, como a função sigmoide unipolar (logística), com a saída $f(NET)$ variando no intervalo fechado [0,1], ou a função sigmoide bipolar (tangente hiperbólica), com a saída $f(NET)$ variando no intervalo fechado de [−1,1].

Para uma rede neural processar uma grande quantidade de dados são necessárias muitas camadas escondidas (daí ser chamada de rede neural profunda), podendo atingir dezenas delas, o que fatalmente acarretará problema de convergência, em razão da complexidade matemática envolvida no cálculo repetitivo das funções sigmoides. Há também a possibilidade dessas funções saturarem (variação nula ou muito pequena na resposta da função), o que pode ocorrer tanto para valores muito grandes quanto para valores muito pequenos na entrada da função de ativação, indicando que a função de ativação está operando nas suas regiões extremas.

O método mais usado para treinar as redes neurais é o Método de Retropropagação do Erro (*Error Backpropagation*), que calcula o valor da correção ou ajuste a ser feito nos pesos sinápticos, de modo retroativo a cada iteração, com o objetivo de minimizar o erro total E, cujo desenvolvimento matemático é fundamentado na seguinte expressão (ver Capítulo 3):

$$\text{Correção ou ajuste do peso sináptico, } \Delta w = -\eta \frac{\partial(Erro)}{\partial w} \qquad (4.3)$$

em que η é a constante ou taxa de aprendizagem e $\partial(Erro)/\partial w$ é a derivada parcial do erro total na saída da rede em relação ao peso sináptico w. A existência da derivada parcial na Equação (4.3) é a responsável pelo nome que essa técnica de minimização é conhecida, que é a técnica da Descida do Gradiente (*Gradient Descent*), cujo mecanismo para encontrar o valor mínimo é mostrado na figura a seguir.

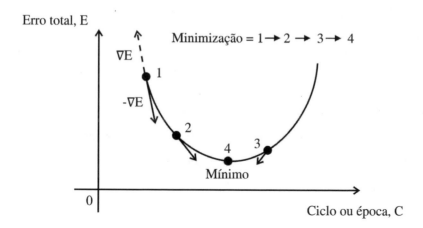

Figura 4.9 – Técnica da Descida do Gradiente.

É fácil notar na figura anterior, que o erro total E vai diminuindo em direção ao seu valor mínimo (1 → 2 → 3 → 4), com uma velocidade determinada pela constante de aprendizagem h, a qual pode ser escolhida pelo projetista ou calculada automaticamente por um algoritmo de otimização, por exemplo, o Método do η-Adaptativo apresentado no capítulo anterior. À medida que o erro total se aproxima do mínimo, a variação do erro vai se tornando cada vez menor, até que se torna definitivamente nula, encontrando assim o ponto de mínimo, no qual certamente a derivada é igual a zero, ou seja, ao estacionar neste ponto de mínimo, a correção ou o ajuste do peso sináptico torna-se igual a zero, conforme a Equação (4.3).

Mas, praticamente o que se deduz é que as funções de ativação tradicionais do tipo sigmoidais, por possuírem uma matemática trabalhosa (são constituídas de funções exponenciais) e a possibilidade de saturação, não são apropriadas para o treinamento de redes com muitas camadas escondidas (redes profundas), surgindo assim a necessidade de dispor de novas funções de ativação dos neurônios (FANs), que não apresentassem estas dificuldades no treinamento, de modo a torná-lo mais rápido e eficiente.

4.3.3 NOVAS FUNÇÕES DE ATIVAÇÃO

Conforme já foi mencionado, a complexidade matemática envolvida no cálculo repetitivo das funções sigmoidais, faz com que estas não sejam adequadas para o processamento de grande quantidade de entradas, para o que também se exige uma grande quantidade de camadas escondidas. Dessa forma, para superar os problemas de convergência em redes neurais contendo funções complexas (sigmoides), em arquiteturas com uma grande quantidade de camadas escondidas foram criadas outras funções de ativação mais simples do tipo linear por parte e híbrida, e esta última formada de uma parte linear e outra não linear, sendo todas estas funções inspiradas na função linear tradicional, apresentada anteriormente no Capítulo 3.

Dessa forma, objetivando aumentar a velocidade de treinamento e assim viabilizar a aplicação de redes neurais artificiais contendo uma grande quantidade de camadas e de neurônios em cada camada, recentemente foram criadas 4 novas funções de ativação, como:

- Unidade Linear Retificada – ReLU;
- Unidade Linear Segmentada Paramétrica – SeLU Paramétrica;
- Unidade Linear Segmentada com Vazamento – SeLU com Vazamento;
- Unidade Linear Exponencial – ELU.

4.3.3.1 Unidade Linear Retificada (*Rectified Linear Unit* – ReLU)

Define-se como uma função linear por partes, contendo a parte negativa retificada (constante) com valor nulo, dada por

$$f(NET) = \begin{cases} 0, \text{ para } NET < 0 \\ \beta NET, \text{ para } NET \geq 0 \end{cases} \tag{4.4}$$

em que a saída $f(NET)$ é igual a zero para valores da entrada NET menores que zero e é igual a β vezes a própria entrada para valores da entrada maiores ou iguais a zero. Aqui, β representa a declividade da parte inclinada da reta, que é matematicamente igual à tangente do ângulo que esta reta faz com o semieixo horizontal positivo, sendo que $\beta = 1,0$ corresponde ao ângulo de 45°. Evidentemente, outro ângulo poderá ser escolhido, desde possa trazer alguma vantagem significativa, como melhorar a convergência da rede neural.

O gráfico da função de ativação ReLU é mostrado na figura a seguir.

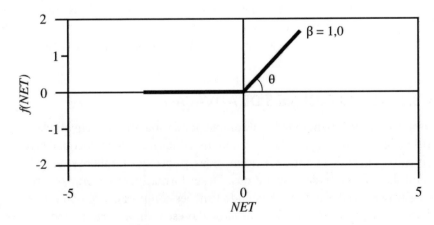

Figura 4.10 – Função de Ativação ReLU.

Sua derivada primeira é dada por

$$f'(NET) = \begin{cases} 0, para\ NET < 0 \\ \beta, para\ NET \geq 0 \end{cases} \qquad (4.5)$$

Observe que a função ReLU possui apenas uma região ativa, na qual a declividade $\beta = 1{,}0$, que corresponde ao ângulo $\theta = 45°$.

Essa função de ativação possui a vantagem de poder gerar vetores de saída dos neurônios esparsos, isto é, com muitos elementos nulos, o que facilita ainda mais o cálculo iterativo. Entretanto, a ocorrência da saída nula implica na morte do respectivo neurônio (*dying neuron*), o que certamente impedirá a correção dos pesos que chegam ao neurônio, tornando assim a convergência da rede neural mais oscilatória e, consequentemente, mais difícil.

As próximas funções de ativação que serão apresentadas são variantes da função linear retificada (ReLU) e têm a propriedade de evitar a morte do neurônio, simplesmente substituindo a parte nula da função de ativação por uma função com valores negativos próximos de zero.

4.3.3.2 Unidade Linear Segmentada Paramétrica (*Parametric Segmented Linear Unit* – Parametric SeLU)

Define-se também como uma função linear por partes, dada por

$$f(NET) = \begin{cases} \alpha NET, para\ NET < 0 \\ \beta NET, para\ NET \geq 0 \end{cases} \qquad (4.6)$$

em que a saída $f(NET)$ é igual a α vezes a entrada *NET* para valores da entrada menores que zero ($NET < 0$) e é igual a β vezes a entrada para valores da entrada maiores ou iguais a zero ($NET \geq 0$), observando que α é muito menor que β, ou seja, $\alpha \ll \beta$.

O gráfico da função de ativação SeLU Paramétrica é mostrado na figura a seguir.

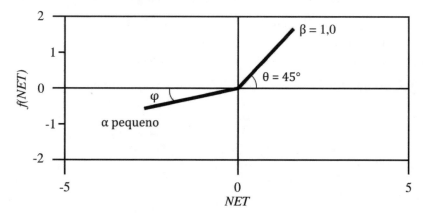

Figura 4.11 – Função de Ativação SeLU Paramétrica.

Sua derivada primeira é dada por

$$f'(NET) = \begin{cases} \alpha, para\ NET < 0 \\ \beta, para\ NET \geq 0 \end{cases} \tag{4.7}$$

Na figura anterior, os valores α e β representam as declividades das retas situadas no primeiro e terceiro quadrantes, respectivamente, sendo α um valor relativamente pequeno escolhido pelo desenvolvedor. Essa função de ativação elimina a morte do neurônio para $NET < 0$, assim como permite ajustar a influência do sinal de erro retroagido entre as correções negativas e positivas, o que pode acarretar uma melhora na convergência da rede.

Apenas para efeito de comparação, uma declividade igual a 1,0 corresponde ao ângulo de 45°, considerando que a declividade é definida matematicamente como a tangente do ângulo que a reta faz com o semieixo horizontal positivo.

4.3.3.3 Unidade Linear Segmentada com Vazamento (*Leaky Segmented Linear Unit* – Leaky SeLU)

É outra função que se define como uma função linear por partes, dada por

$$f(NET) = \begin{cases} 0{,}01NET, para\ NET < 0 \\ \beta NET, \ para\ NET \geq 0 \end{cases} \tag{4.8}$$

em que a saída $f(NET)$ é igual a 0,01 vezes a entrada NET, para valores da entrada menores que zero ($NET < 0$) e é igual a β vezes a entrada NET para valores da entrada maiores ou iguais a zero ($NET \geq 0$), em que β é a declividade da reta situada no primeiro quadrante.

Observe que essa função de ativação é um caso particular da função Unidade Linear Segmentada Paramétrica (*Parametric* SeLU), para $\alpha = 0{,}01$. Essa função de ativação também elimina a morte do neurônio para valores negativos de NET, e suaviza o impacto das correções negativas em relação às correções positivas.

Apenas para efeito de comparação, a declividade β igual a 1,0 corresponde ao ângulo de 45°, considerando que a declividade é definida matematicamente como a tangente do ângulo que a reta faz com o semieixo horizontal positivo.

O gráfico da função de ativação SeLU com Vazamento é mostrado na figura a seguir.

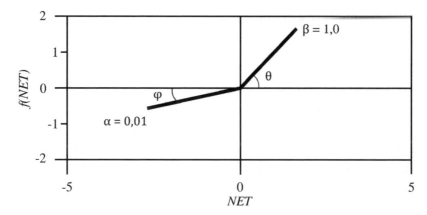

Figura 4.12 – Função de Ativação SeLU com Vazamento.

Sua derivada primeira é dada por

$$f'(NET) = \begin{cases} 0{,}01, para\ NET \leq 0 \\ \beta, para\ NET > 0 \end{cases} \quad (4.9)$$

4.3.3.4 Unidade Linear Exponencial (*Exponential Linear Unit* – ELU)

Define-se como uma função com uma parte linear e outra parte não linear (exponencial), dada por

$$f(NET) = \begin{cases} \alpha(e^{NET} - 1), para\ NET < 0 \\ \beta NET \quad\quad\ , para\ NET \geq 0 \end{cases} \quad (4.10)$$

em que *NET* é o valor de entrada, α é um fator de redução ($\alpha < 1$) ou de ampliação ($\alpha > 1$) fazendo a parte exponencial se aproximar ou se afastar do eixo horizontal, respectivamente, e β é a declividade da reta situada no primeiro quadrante.

O gráfico da função de ativação ELU é mostrado na figura a seguir.

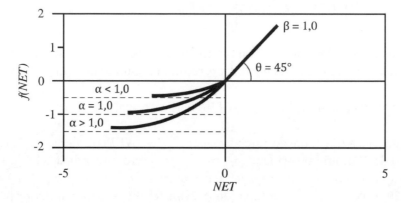

Figura 4.13 – Função de Ativação Linear Exponencial.

Sua derivada primeira é dada por

$$f'(NET) = \begin{cases} \alpha e^{NET}, para\ NET < 0 \\ \quad \beta \quad, para\ NET \geq 0 \end{cases} \qquad (4.11)$$

Como já foi mencionado antes, a declividade β igual a 1,0 corresponde ao ângulo de 45°, considerando que a declividade é definida como a tangente do ângulo que a reta faz com o semieixo horizontal positivo.

A função ELU possui a desvantagem de estar sujeita à extinção prematura do gradiente (*gradient vanishing*), a qual está relacionada ao zeramento do valor das derivadas existentes no método da descida do gradiente, durante a fase de retropropagação do erro (*error backpropagation*), o que acontece para sinais de erro muito negativos, devido à ocorrência de saturação.

As funções de ativação apresentadas aqui não esgotam todo o assunto, existindo muitas outras na literatura. A única condição para que uma função matemática seja uma função de ativação para redes neurais é que possua derivada no seu intervalo de existência.

4.3.4 COMO É FEITA A CORREÇÃO DO VALOR DO PESO SINÁPTICO

A correção ou ajuste dos pesos sinápticos, Δw, dependendo da posição do peso na rede neural, pode ser calculada com base na Equação (3.20) ou com base na Equação (3.21), do capítulo anterior, as quais são apresentadas a seguir, respectivamente.

- Fórmula para a correção dos pesos localizados entre a camada de saída e a camada anterior (obtida pela Equação (3.20)):

$$\Delta w = \eta(d_k - z_k)f_k{}'(NET_k)\ y_j$$

- Fórmula para correção dos pesos localizados entre a camada escondida e a camada de entrada ou entre duas camadas escondidas (obtida pela Equação (3.21)):

$$\Delta w = \eta \left[\sum_{k=1}^{K}(d_k - z_k)y_j w_{k,j} \right] f_j'(NET_j)x_i$$

Olhando cuidadosamente as duas últimas equações, é possível agrupar os fatores em comum segundo sua funcionalidade, resultando numa única expressão genérica:

$$\Delta w = \eta\left(erro_{posterior}\right)\left[f'_{posterior}(NET)\right](sinal\ anterior) \qquad (4.12)$$

em que η é a constante de aprendizagem, $f'_{posterior}(NET)$ é a derivada da função de ativação do neurônio pós-sináptico, $erro_{posterior}$ é o erro retropropagado do neurônio pós-sináptico, isto é, que propaga de trás para frente, calculado por $(d_k - z_k)$ na Equação (3.20) e $\left[\sum_{k=1}^{K}(d_k - z_k)y_j w_{k,j}\right]$ na Equação (3.21), e finalmente *sinal anterior* pode ser o valor da saída de um neurônio pré-sináptico (y_j) ou de uma entrada da rede neural (x_i). A figura a seguir mostra o esquema de correção dos pesos imediatamente anteriores à camada de saída (Equação (3.20)), sendo que os demais pesos situados entre as outras camadas da rede também obedecem a mesma lógica de correção (Equação (3.21)), mudando apenas a abrangência dos sinais de erro retropropagados.

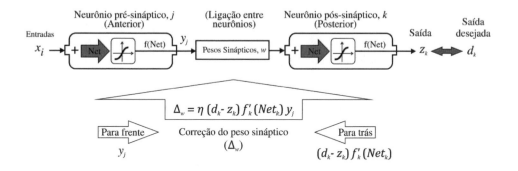

Figura 4.14 – Influência dos neurônios pré e pós-sinápticos na correção dos pesos.

A Figura 4.14 serve para ilustrar os cálculos realizados pela Equação (3.20), que possui a mesma lógica de correção dos pesos da Equação (3.21), sendo esta última aplicada exclusivamente aos pesos anteriores aos de saída da rede, em que se observa claramente que a correção do valor de um peso sináptico é afetada por 4 fontes distintas: 1) constante de aprendizagem η, que serve para regular a velocidade de convergência do processo de treinamento; 2) derivada da função de ativação do neurônio posterior, $f_k'(NET_k)$; 3) erro de treinamento, que é dado pela diferença entre a saída desejada e a saída corrente, ($d_k - z_k$); e, finalmente, 4) sinal de saída do neurônio anterior ao peso sináptico (pré-sináptico), y_j. Os fatores de correção dos pesos, citados nos itens 2 e 3 foram denominados de "Para trás", pois eles são efetivamente calculados no percurso em que a rede evolui da saída para a entrada (*backward*), enquanto o fator de correção dos pesos citado no item 4 foi denominada de "Para frente", pois é calculado quando a rede evolui no sentido da entrada para a saída (*feedforward*).

Desconsiderando a constante de aprendizagem η, que tem o seu valor arbitrado previamente pelo usuário ou calculado em tempo de execução por algum algoritmo apropriado, por exemplo, o *Eta*-Adaptativo, todos os demais fatores podem variar livremente, conforme algum mecanismo inerente ao processo de aprendizagem, inclusive ter os seus valores zerados. Vamos, então, analisar o comportamento dos fatores já mencionados, somente aqueles identificados por 2, 3 e 4, e suas consequências:

- $f'_{posterior}(NET)$ é a derivada da função de ativação do neurônio localizado após o peso sináptico que está sendo corrigido, também denominada de gradiente da função de ativação. É calculada durante a propagação do erro para trás (*backward*), ocasião em que ocorre a correção dos pesos sinápticos da rede neural.

Considerando que o valor da derivada é igual à tangente do ângulo medida no ponto de tangência da curva (por exemplo, o ângulo α no ponto 'A' da Figura 4.15), e que neste ponto o valor da derivada é igual à tan(α) (podendo variar de acordo com a sua inclinação), conclui-se que, nas partes horizontais da curva, este valor torna-se nulo, o que significa que o ponto de operação da função de ativação está localizado na parte plana da curva, como pode ocorrer com a função Sigmoide Bipolar (Tangente Hiperbólica), nas situações em que a entrada *NET* tem valores muito positivos ou muito negativos.

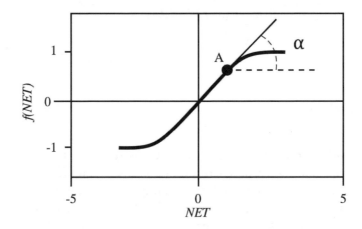

Figura 4.15 – Tangente à função de ativação Sigmoide Bipolar no ponto A.

A anulação da derivada $f_k'(NET_k)$ pode acontecer com as funções de ativação que possuem partes horizontais ou planas, por exemplo, as funções sigmoidais, gaussianas, ReLU e ELU. Vê-se que, quando $f_k'(NET_k) = 0$, é porque a função de ativação está operando no estado de saturação, anulando assim o valor da correção do peso sináptico localizado antes do neurônio, o que faz com que o valor do peso fique estagnado, isto é, não sofra alteração, e, neste caso, diz-se que foi devido ao desaparecimento do gradiente (*gradient vanishing*).

O fenômeno do desaparecimento do gradiente é indesejável no treinamento de uma rede neural, pois indica que estão ocorrendo erros nas saídas da rede com valores elevados, os quais acarretam também elevados valores nas correspondentes correções dos pesos sinápticos, o que acaba levando as funções de ativação localizadas à frente destes pesos com valores altos, a funcionarem no ponto de saturação ou muito próximo dele, dificultando ou até mesmo impedindo a convergência da rede neural.

- $erro_{posterior}$ é o erro de treinamento que tem a sua origem na diferença entre o valor atual da saída de um neurônio e seu valor desejado, propagando-se para trás com o objetivo de ajustar todos os pesos sinápticos da rede, de modo a reduzir o erro de treinamento até satisfazer uma tolerância previamente estabelecida. Por outro lado, quando o erro fica menor ou igual à tolerância especificada, o que é esperado que ocorra iterativamente, após transcorrer vários ciclos de treinamento, significa que a rede neural convergiu para o valor desejado nas saídas, ou seja, o treinamento terminou. Esse erro é calculado com base no erro de saída do último neurônio da rede neural, e vai se propagando de trás para frente (*backward*), proporcionalmente; atribuindo uma correção aos pesos sinápticos a cada iteração, de modo a fazer diminuir o erro total. Entretanto, quando o erro não consegue diminuir é um indicativo de que a rede não convergirá, possivelmente porque ocorreu uma estagnação dos pesos sinápticos, devido ao desaparecimento do gradiente.

- *sinal anterior* é o valor do sinal da saída de um neurônio pré-sináptico ou de uma entrada da rede neural. Quando é a saída de um neurônio pré-sináptico e esse valor é zerado, significa que o neurônio anterior está desativado, isto é, não produz sinal para os neurônios das camadas situadas à sua frente. Esse fenômeno ocorre nas situações em que a soma das entradas no neurônio for menor do que o seu valor do limiar de operação (*threshold*), forçando assim a ocorrência de uma saída nula da função de ativação; neste caso, diz-se que ocorreu a "morte do neurônio" (*neuron death*).

4.3.5 A OCORRÊNCIA DA MORTE DO NEURÔNIO *(NEURON DEATH)*

Ocorre quando a saída de um neurônio apresenta valor nulo, ou seja, o neurônio fica na condição de desativado (*neuron death*), nada contribuindo para a correção dos pesos sinápticos posicionados à sua frente. Muitos neurônios nulos, acabam por gerar uma matriz esparsa nas saídas dos neurônios, que de um certo modo constitui uma vantagem sob o aspecto de esforço matemático, por facilitar o cálculo realizado no treinamento da rede. É fácil ver o efeito da morte do neurônio na correção dos pesos sinápticos à sua frente. Considere novamente a Equação (4.12), transcrita a seguir:

$$\Delta w = \eta \left[f'_{posterior}(NET) \right] (erro_{posterior})(sinal\ anterior)$$

Nessa equação, nota-se claramente que um dos fatores de correção do peso sináptico depende diretamente do valor do sinal anterior, podendo ser originário da saída de um neurônio pré-sináptico, y_i, que é calculado no ciclo ou época imediatamente anterior, ou até mesmo de uma entrada da rede neural, x_i. Caso o valor de y_i seja zero, a correção dos pesos à frente será nula e, portanto, estes pesos permanecem com o valor que possuíam antes. Finalmente, é interessante concluir que a morte de um neurônio pode ser indicativa de que pode ser descartado, deixando a arquitetura da rede neural mais leve (com menos neurônio).

4.3.6 A OCORRÊNCIA DO DESAPARECIMENTO DO GRADIENTE (GRADIENT VANISHING)

O desaparecimento do gradiente (*gradient vanishing*) ocorre quando uma função de ativação opera na região de saturação, por exemplo, a região existente nos valores extremos da função tangente hiperbólica ou na parte negativa da função ReLU, mostradas na Figura 4.16.

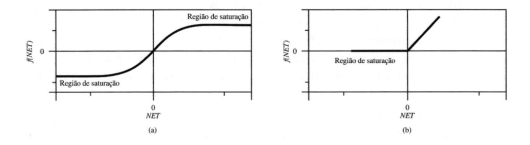

Figura 4.16 – Regiões de saturação: (a) Tangente hiperbólica; (b) ReLU.

Olhando a fórmula genérica para a correção dos pesos sinápticos (Equação (4.12)), depreende-se que tal correção depende do valor da derivada da função de ativação, lembrando que a derivada é uma operação matemática que é usada para cálculo do gradiente de uma função num determinado ponto, neste caso no ponto correspondente à entrada. Assim, o valor do gradiente (ou derivada) nos pontos de saturação da função de ativação normalmente adquire valores muito pequenos ou praticamente zero, acarretando uma correção próxima de zero ou nula, respectivamente, o que praticamente implica na estagnação do valor dos pesos sinápticos localizados antes da função de ativação saturada.

A consequência é que o peso sináptico nessa situação perde a capacidade de aprendizagem, o que constitui uma desvantagem para o treinamento da rede neural, evidenciando uma estagnação na aprendizagem. Uma possível causa é a utilização de uma quantidade de dados insuficiente para o treinamento adequado da rede, originando assim uma anormalidade de treinamento, denominada de subajuste (*underfitting*).

4.3.7 QUAL A MELHOR FUNÇÃO DE ATIVAÇÃO A SER USADA?

Essa resposta irá depender da aplicação que será dada à rede neural artificial. Caso o problema seja de reconhecimento de padrões usando uma grande quantidade de dados (*big data*), provavelmente a melhor escolha seria a arquitetura de aprendizagem profunda (*deep learning*), com a função SeLU Paramétrica nas camadas ocultas e a função linear clássica na camada de saída.

Por outro lado, caso o problema seja de identificação de sistemas não lineares ou de regressão, em que normalmente se opta pela arquitetura básica de 3 camadas

RNA: arquiteturas avançadas

(entrada + oculta + saída), a sugestão seria usar a função tangente hiperbólica na camada oculta e a função linear clássica na camada de saída.

Nota-se que a função de ativação recomendada para a camada de saída sempre é a linear clássica, isto porque este tipo de função permite uma distribuição uniforme, até mesmo um escalamento uniformemente distribuído dos valores mapeados pela rede, entre intervalos numéricos definidos, caracterizando uma etapa da rede denominada de ordenação/normalização (*flatting*).

4.4 CONCLUSÕES

A área conexionista da Inteligência Artificial foi inicialmente inspirada no comportamento do cérebro humano. Porém, com o passar do tempo e o desenvolvimento acentuado ocorrido nos sistemas computacionais nas últimas décadas, vimos surgir muitos avanços que na verdade não têm origem na funcionalidade das Redes Neurais Artificiais, mas sim frutos da exploração de recursos tecnológicos disponíveis. Assim, a cada dia vemos surgir novas maneiras de resolver problemas, muitos dos quais exigem processamento de uma grande quantidade de dados (*big data*) em tempo real (*online*).

A Redes Neurais Convolucionais (*Convolutional Neural Networks* – CNNs) são excelentes ferramentas para realizar o pré-processamento de dados brutos (*raw*), importante para a Aprendizagem de Máquina (*Machine Learning* – ML), normalmente se constituindo de uma etapa de pré-processamento antes da etapa de classificação (classificação ou reconhecimento de padrões). No próximo capítulo teremos a oportunidade de entrar em contato com a ML, na qual a Aprendizagem Profunda é um dos métodos que também pode ser aplicado para realizar tarefas de classificação, portanto sendo uma entre várias outras técnicas disponíveis que podem ser usadas para essa finalidade.

Na esteira das redes neurais artificiais tradicionais usando as funções sigmoides, vimos mais recentemente surgir a Aprendizagem Profunda (*Deep Learning*) com suas novas funções de ativação, que certamente não nasceram de uma maior compreensão do funcionamento da célula nervosa humana – o neurônio –, mas sim de simplificações matemáticas vantajosas, com o único objetivo de acelerar a velocidade de convergência das redes em aplicações contendo uma grande quantidade de dados.

Um dos elementos chave para o sucesso de uma rede neural é a escolha da função de ativação, existindo uma gama de opções (tangente hiperbólica, logística, ReLU, SeLU Paramétrica etc.), cada uma com características de mapeamento matemático próprias, cabendo ao desenvolvedor fazer a escolha que melhor satisfaz à solução do problema de interesse a ser resolvido.

CAPÍTULO 5
IA Evolucionista

5.1 INTRODUÇÃO

A IA Evolucionista compreende a parte das técnicas inteligentes baseada na Teoria da Evolução Darwiniana (Charles Robert Darwin, naturalista inglês, 1809-1882). Darwin observou que em qualquer população são encontradas variações individuais, que podem ser transmitidas hereditariamente. Algumas dessas variações são favoráveis à sobrevivência e à reprodução de um indivíduo em determinado ambiente. Com o passar das gerações, essas variações mais favoráveis vão se acumulando. Assim, as populações vão se transformando e, depois de muitas gerações, acabam por diferenciarem-se significativamente da população original.

No decorrer desse processo vai ocorrendo uma seleção natural – a sobrevivência dos mais aptos – que preserva as populações mais adaptadas (Leis de Mendel, Gregor Mendel, monge austríaco, é considerado o 'pai' da Genética, 1822-1884), que se modificaram gradativamente, para enfrentar as condições do ambiente em que vivem.

Em resumo, esses são os princípios que regem o processo estocástico de seleção e evolução naturais, nos quais se baseiam as técnicas da abordagem evolucionista, também conhecidas como Computação Evolucionária.

5.2 COMPUTAÇÃO EVOLUCIONÁRIA

Os Algoritmos Evolucionários (AE) incorporam uma das metáforas naturalistas que vem despertando grande interesse na comunidade científica nesta última década de 2020: os AEs utilizam a teoria da seleção e evolução natural como um processo adaptativo, propondo um modelo de estruturas computacionais que evoluem de modo a melhorar, na média, o desempenho geral da população em relação a um conjunto de características individuais, que traduzem sua adaptação (ou adequabilidade) com respeito ao ambiente. Esses algoritmos possuem algumas particularidades de programação bastante específicas, como a criação de blocos para o controle de indivíduos pertencentes a determinados grupos da população, conforme suas características genéticas, e a utilização de estratégias baseadas na teoria da probabilidade.

A implementação dos AEs fez surgir a Computação Evolucionária (CE), que, por sua vez, compreende 5 áreas, que são: Algoritmos Genéticos (AGs), Programação Evolucionária (PE), Estratégias Evolucionárias (EEs), Programação Genética (PG) e Sistemas Classificadores (SCs).

- Algoritmos Genéticos (AGs) são métodos dinâmicos de busca baseados nos mecanismos de seleção e evolução natural, que têm como objetivo encontrar o indivíduo ótimo de uma população geneticamente refinada. O processo de refinamento dá-se de geração a geração, isto é, com a renovação da população, obedecendo critérios probabilísticos de seleção e reprodução naturais.

- Programação Evolucionária (PE) é similar aos AG, porém não implementa o operador genético de recombinação (*crossover*).

- Estratégias Evolucionárias (EEs) são similares aos AGs e PE, porém têm como característica complementar a existência de parâmetros estratégicos que controlam o processo de evolução.

- Programação Genética (PG) abrange a parte de desenvolvimento de programas que usam as técnicas evolucionistas. Nas 3 primeiras áreas já relacionadas, os indivíduos de uma população são normalmente representados por estruturas computacionais com o formato de cadeia (*string*), enquanto a PG utiliza as técnicas da teoria dos grafos.

- Sistemas Classificadores (SCs) são similares ao AG, porém destinam-se exclusivamente à classificação de indivíduos dentro de uma população, de acordo com algum padrão de otimalidade previamente especificado.

Rigorosamente, a PG e SC podem ser vistos como aplicações especiais dos AG, enquanto PE e EE foram desenvolvidas independentemente dos AGs e somente agora começam a interagir. De um modo geral, as técnicas de CE dão origem aos chamados Algoritmos Evolucionários (AEs). Resumidamente, tem-se:

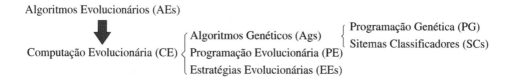

Figura 5.1 – Esquema da Computação Evolucionária.

Os paradigmas da CE geralmente diferem dos métodos convencionais de otimização em 4 pontos básicos:

- A CE trabalha um conjunto de pontos (população) ao invés de um único ponto (indivíduo) durante o processo de busca;

- A CE usa uma informação direta de cada indivíduo como parâmetro de medição de sua adequabilidade, ao invés de informações obtidas indiretamente, por exemplo, por intermédio de derivadas ou outros conhecimentos correlatos;

- A CE usa critérios probabilísticos, ao invés de determinísticos;

- A CE codifica os parâmetros da população em observação, enquanto os métodos convencionais trabalham diretamente com os parâmetros propriamente ditos.

Muitos métodos convencionais de otimização, ou seja, de minimização ou de maximização de determinadas características do indivíduo, usam critérios determinísticos para movimentarem-se de um ponto para outro no hiperespaço de busca. Um dos inconvenientes desses métodos é a parada prematura ou paralisia do processo de busca em um ponto de *ótimo local*, ao invés do *ótimo global*, quando se tratar de uma função multimodal (função com vários picos dentro de um mesmo intervalo). A CE tem condições de superar esse problema ao produzir uma nova população a cada iteração ou geração, permitindo assim a exploração simultânea de vários pontos do hiperespaço. Dessa maneira, muitos mínimos ou máximos, dependendo do caso, podem ser explorados eficientemente, no sentido de buscar o menor ou maior deles, respectivamente, eliminando a possibilidade de ocorrer uma parada local indesejável.

Na CE torna-se muitas vezes necessário codificar as características envolvidas no processo de otimização. Nesses casos, frequentemente são usadas cadeias (*strings*) do alfabeto binário (0 e 1), podendo ser usado também qualquer outro alfabeto finito, por exemplo, qualquer subconjunto finito de números inteiros positivos. Durante a fase de execução, o comprimento da cadeia normalmente permanece fixo. O comprimento da cadeia geralmente depende do grau de precisão requerido para a solução do problema e/ou da quantidade de características em observação.

5.3 ALGORITMOS GENÉTICOS

Algoritmos Genéticos (AGs) são métodos dinâmicos de busca baseados nos mecanismos de seleção e evolução naturais, que têm como objetivo encontrar o indivíduo *ótimo* de uma população geneticamente refinada, à medida que a população vai evoluindo de geração em geração. Os AGs fornecem estratégias eficientes de busca que podem ser usadas em problemas de otimização ou de classificação. Para o estudo dos AGs, é necessário introduzir certos conceitos básicos de genética, uma vez que são considerados metáforas dessa área científica que estuda a seleção e a evolução das espécies. Inicialmente, vamos entender o funcionamento dos AGs fazendo uso de um fluxograma básico.

5.3.1 FLUXOGRAMA BÁSICO

O fluxograma básico a ser apresentado tem apenas o objetivo de introduzir preliminarmente uma visão global das principais etapas de implementação de um AG, a fim de permitir-nos um posicionamento inequívoco durante a execução do processo evolucionário.

Figura 5.2 – Fluxograma básico do Algoritmo Genético.

É necessário ressaltar que estamos denominando de *geração* a ordem cronológica de cada população surgida ao longo da execução computacional do algoritmo. Dessa maneira, um mesmo indivíduo ao sobreviver computacionalmente a uma determinada geração, passa a pertencer à geração seguinte, diferentemente da interpretação biológica, em que cada indivíduo pertence a uma única geração, o que possibilita a coexistência de várias gerações num mesmo tempo. No AG isso não ocorre devido à estanqueidade temporal existente entre as gerações, isto é, quando surge uma nova geração e um indivíduo da geração anterior continua vivendo, é como se ele "morresse" e sua cópia idêntica "nascesse" na nova geração.

5.3.2 REPRESENTAÇÃO CROMOSSÔMICA

Como já foi mencionado anteriormente, as técnicas da CE trabalham uma *população* de pontos ao invés de um único ponto (*indivíduo*) durante o processo de busca. Esse conceito também se aplica aos AGs, sendo que cada indivíduo representa uma solução potencial ou candidato à solução de um problema de otimização. Por sua vez, cada indivíduo é definido univocamente por um *cromossomo*, em metáfora com a biologia. Os termos indivíduo e cromossomo doravante serão usados indistintamente para expressar a mesma entidade. A seguir veremos alguns exemplos de representação cromossômica.

Exemplo 1:

(Usando o Sistema de Numeração Binário – SNB): Suponha que se deseje encontrar uma representação cromossômica, usando-se o alfabeto binário do SNB (sistema convencional), para os números decimais 1,00, 1,50 e 2,00 com uma precisão de 10^{-3}, os quais serão denominados de indivíduos A, B e C, respectivamente.

Solução:

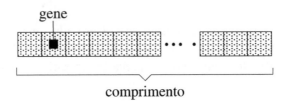

Figura 5.3 – Representação de um cromossomo.

I) Cálculo do comprimento da cadeia:

$$Comprimento = 1 + \text{Inteiro} \left[\frac{Ln\left(1 + \dfrac{Fim - Inicio}{Precisao}\right)}{Ln2} \right] \qquad (5.1)$$

em que *Comprimento* é a quantidade de bits da cadeia, *Inteiro* é uma função que retorna apenas à parte inteira da expressão entre parênteses, *Ln* é o logaritmo neperiano, *Início* e *Fim* são os extremos inferior e superior do intervalo cromossômico a ser representado.

Substituindo os valores correspondentes virá:

$$Comprimento = 1 + \text{Inteiro} \left[\frac{Ln\left(1 + \dfrac{2,00 - 1,00}{0,001}\right)}{Ln2} \right]$$

Calculando tem-se

$$Comprimento = 1 + \text{Inteiro} \ (9,967226)$$

$$= 1 + 9$$

$$= 10 \ genes$$

II) Representação cromossômica

CROMOSSOMOS

1,00 equivale a:	0	0	0	0	0	0	0	0	0	0	(Indivíduo A)
1,50 equivale a:	1	0	0	0	0	0	0	0	0	0	(Indivíduo B)
2,00 equivale a:	1	1	1	1	1	1	1	1	1	1	(Indivíduo C)

Observe que o cromossomo do indivíduo C (indivíduo maior), convertido para decimal, corresponde a 1023; isto significa que cada intervalo vale 1/1023 = 0,00098, que é menor que 0,001, atendendo assim a precisão especificada para a representação cromossômica.

Nesse exemplo, o comprimento do cromossomo foi escolhido igual a 10. Cada posição dentro do cromossomo é denominada de *gene*, sendo que nesse caso cada gene pode assumir os valores 0 ou 1. Os valores que cada gene pode assumir são denominados de *alelos*. Analogamente podemos comparar o gene à determinada característica humana, por exemplo, a cor dos olhos, e os alelos às suas possíveis cores – castanho, preto, verde ou azul. Nesse exemplo, concluímos que o gene cor dos olhos possui 4 alelos, que são as 4 cores possíveis.

O conjunto de genes que representam uma determinada característica é chamado de *genótipo* (por exemplo, cor dos olhos, altura, cabelo etc.). Biologicamente, o genótipo é hereditário, enquanto o *fenótipo* é a manifestação (aparência) do genótipo, podendo, entretanto, ser modificado pelo ambiente. Exemplificando: uma pessoa que desenvolve a musculatura graças a exercícios físicos altera o seu fenótipo, contudo, a característica adquirida de músculos fortes não será transmitida para seus descendentes. Conclusivamente, o genótipo determina o fenótipo, porém o fenótipo não afeta diretamente o genótipo.

Note que na representação cromossômica do exemplo citado, o indivíduo A é formado por uma cadeia de 0 (corresponde ao menor valor = 1,00), enquanto o indivíduo C é formado por uma cadeia de 1 (corresponde ao maior valor = 2,00). Isso posto, pergunta-se: quanto valerá o indivíduo intermediário 0011010100? Para calcular o valor decimal (*VD*) de um cromossomo intermediário, sugerimos usar a seguinte fórmula:

$$VD = Inicio + (Fim - Inicio)\frac{VDI}{VDS}$$
(5.2)

em que *Início* e *Fim* são os extremos inferior e superior do intervalo representado, *VDI* é o valor decimal do indivíduo que se deseja calcular o valor decimal, e *VDS* é o valor decimal correspondente ao maior indivíduo (superior).

Primeiro, vamos calcular *VDI* e *VDS*, que valem:

$VDI = 0 \times 2^9 + 0 \times 2^8 + 1 \times 2^7 + 1 \times 2^6 + 0 \times 2^5 + 1 \times 2^4 + 0 \times 2^3 + 1 \times 2^2 + 0 \times 2^1 + 0 \times 2^0$

$= 0 + 0 + 128 + 64 + 0 + 16 + 0 + 4 + 0 + 0$

$= 212$

$VDS = 1 \times 2^9 + 1 \times 2^8 + 1 \times 2^7 + 1 \times 2^6 + 1 \times 2^5 + 1 \times 2^4 + 1 \times 2^3 + 1 \times 2^2 + 1 \times 2^1 + 1 \times 2^0$

$= 512 + 256 + 128 + 64 + 32 + 16 + 8 + 4 + 2 + 1$

$= 1023$

Substituindo os valores e calculando, virá

$$VD = 1,00 + (2,00 - 1,00)\frac{212}{1023}$$

$$= 1,207234$$

Exemplo 2:

(Usando o Sistema de Numeração Decimal – SND): Suponha agora que se deseja encontrar uma representação cromossômica, usando-se um alfabeto decimal formado por um conjunto finito de números inteiros positivos, para identificar 7 cidades envolvidas no Problema de Roteamento de Veículos (PRV), também conhecido como o Problema do Caixeiro-Viajante.

Solução:

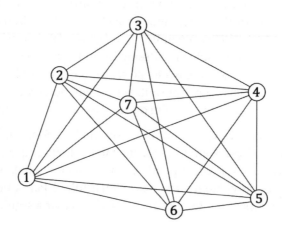

Figura 5.4 – Roteamento de Veículos (PRV) (Exemplo 2).

O PRV consiste basicamente em calcular o lucro máximo a ser auferido por um viajante que sai de uma cidade de origem e tem que percorrer várias outras cidades para entregar diversos produtos (ou carga), retornando ao final para a cidade de origem. O valor do lucro é então calculado como o total obtido com a venda dos produtos em cada cidade por onde ele passa, menos as despesas com o consumo de combustível. Considerando que a receita das vendas é fixa e previamente conhecida, e que o consumo de combustível é proporcional à distância percorrida, o problema resume-se, em última análise, em descobrir qual o menor trajeto que passa por todas as cidades, não podendo uma mesma cidade ser visitada 2 vezes.

I) Comprimento do cromossomo. Nesse caso, o comprimento do cromossomo é igual à quantidade de cidades, isto é, igual a 7.

II) Representação cromossômica

CROMOSSOMOS

Indivíduo 1: | 1 | 7 | 2 | 5 | 3 | 6 | 4 |

Indivíduo 2: | 4 | 7 | 3 | 6 | 1 | 2 | 5 |

⋮

Indivíduo N: | 3 | 5 | 1 | 7 | 6 | 2 | 4 |

A representação cromossômica correspondente ao indivíduo 2 significa que o viajante realizou o seguinte trajeto: cidade 4 → cidade 7 → cidade 3 → cidade 6 → cidade 1 → cidade 2 → cidade 5, retornando finalmente para a cidade 4, conforme mostrado na figura a seguir.

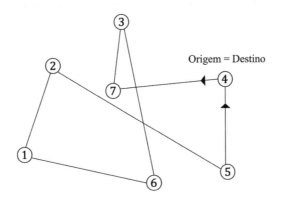

Figura 5.5 – Solução do Problema de Roteamento de Veículos (PRV) (Exemplo 2).

No caso específico do PRV, a distância percorrida será sempre a mesma para todos os indivíduos que contenham a mesma sequência de cidades, independentemente do sentido do percurso e da cidade de origem. O PRV admite apenas $(n - 1)!/2$ trajetos distintos, onde n é a quantidade de cidades. Por exemplo, 7 cidades admitem 360 trajetos distintos. Para encerrar esse aspecto da representação cromossômica, concluímos que cada caso requer uma representação apropriada, de acordo com as características do problema que se deseja otimizar. Além do SNB e do SND usados nos Exemplos 1 e 2, existe um outro sistema binário denominado de código Gray (ver Apêndice B).

5.3.3 INICIALIZAÇÃO DA POPULAÇÃO

A primeira população normalmente nasce de maneira aleatória ou randômica. É recomendado apenas o cuidado para que seus indivíduos constituintes tenham uma ampla representatividade da classe de problema em estudo. Caso contrário, corre-se o risco do processo de busca paralisar em um ponto de máximo local, fornecendo assim um resultado indesejável para a solução global do problema. A inicialização randômica é bastante facilitada quando se utiliza os geradores randômicos normalmente disponíveis em linguagens de programação científicas. Apresentamos a seguir, algumas sugestões para implementar a inicialização randômica de uma população.

Algoritmo para inicialização randômica de indivíduos binários

{Ativar gerador de números randômicos}

Para r = 1 até (*Quantidade_de_Indivíduos*) Fazer

    Para s = 1 até (*Quantidade_de_Genes*) Fazer

        Indivíduo[r,s] = Random(2);   {gera 0 ou 1}

        Fim s;

Fim r;

A implementação desse algoritmo gerará uma população constituída de indivíduos da forma *Indivíduo[r,s]*, na qual *r* é a ordem do indivíduo na população e *s* vale 0 ou 1.

- Algoritmo para inicialização randômica de um PRV (Problema de Roteamento de Veículos)

{Ativar gerador de números randômicos}

Para *r* = 1 até (*Quantidade_de_Indivíduos*) Fazer

    Conjunto_Genes = Vazio;

    Para *s* =1 até (*Quantidade_de_Genes*) Fazer

        Conjunto_Genes = *Conjunto_Genes* + [*s*];

    Fim *s*;

    s = 1;

    Repetir

        Gene_Auxiliar = Random(*Quantidade_de_Genes*+1);

        {gera um número entre 0 e *Quantidade_de_Genes*+1, exclusive}

        Se *Gene_Auxiliar* Estiver Contido Em *Conjunto_Genes* Fazer

            Indivíduo[r,s] = *Gene_Auxiliar*;

            Conjunto_Genes = *Conjunto_Genes* - [*Gene_Auxiliar*];

            s = *s* +1;

        Fim Se;

    Até *Conjunto_Genes* = Vazio;

Fim *r*;

A implementação desse algoritmo gerará uma população constituída de indivíduos da forma *Indivíduo[r,s]*, na qual *r* é a ordem do indivíduo na população e *s* é o número que identifica a cidade dentro de uma rota em particular (indivíduo). Definir uma população de 50 a 500 indivíduos normalmente é suficiente para resolver a maior parte dos problemas em que a técnica do AG pode ser aplicada.

5.3.4 AVALIAÇÃO DA POPULAÇÃO

Cada indivíduo ou cromossomo de uma determinada população será avaliado de acordo com uma função matemática que traduz o seu comportamento. Tal função é denominada de *Função de Avaliação* (F_{av}).

No caso específico do PRV, a função de avaliação deverá ser capaz de avaliar o lucro máximo a ser auferido por um viajante que sai de uma determinada cidade e tem que percorrer várias outras cidades para entregar diversos produtos (ou carga), retornando para a cidade de origem. O valor do lucro é então calculado como o total obtido com a venda dos produtos (receitas) em cada cidade por onde ele passa, menos as despesas com o consumo de combustível, qual seja:

$$F_{av} = Lucro = \left(\sum vendas\right) - \left(\sum consumos\ de\ combustivel\right) \tag{5.3}$$

Além do cálculo da F_{av}, também é interessante conhecer os parâmetros *Adaptabilidade, Número de Cópias Esperadas* e a *Adaptabilidade Relativa*, conforme segue:

- Adaptabilidade (AD) – Indica quanto um determinado indivíduo está adaptado aos aspectos modelados matematicamente pela função de avaliação. Normalmente é feito igual ao valor de F_{av}, quando $F_{av} > 0$. Porém, quando $F_{av} \leq 0$ obtém-se AD somando um valor relativamente pequeno (arbitrado) a todos os valores de F_{av}, de tal forma que AD seja sempre positivo. Atenção: $AD > 0$.

- Número de Cópias Esperadas (NCE) – Fornece a quantidade de cópias esperadas de um determinado indivíduo na próxima geração. O NCE de um indivíduo i é calculado pela fórmula:

$$NCE_i = {AD_i}\Big/{\left(\sum_{j=1}^{N} AD_j\right)/N} \tag{5.4}$$

em que N é a quantidade total de indivíduos.

Adaptabilidade Relativa (ADR) – Indica a adaptação de um determinado indivíduo em relação aos demais indivíduos da população. A ADR de um indivíduo i é calculada pela fórmula a seguir:

$$ADR_i = {AD_i}\Big/{\sum_{j=1}^{N} AD_j} \tag{5.5}$$

sendo que a soma das ADR de uma população deve ser igual a 1.

Exemplo:

Uma determinada população é constituída dos seguintes elementos:

indivíduo A = 0011

indivíduo B = 0111

indivíduo C = 1011

indivíduo D = 1110

Sabendo-se que a função de avaliação é $F_{av} = -x^2 + 5x - 4$ e que o intervalo de existência ou domínio é [1,4], pede-se calcular o Valor Decimal (*VD*), a Adaptabilidade (*AD*), o Número de Cópias Esperadas (*NCE*) e a Adaptabilidade Relativa (*ADR*) de cada indivíduo.

Solução:

- Cálculo de *VD*

$$VD = Inicio + (Fim - Inicio)\frac{VDI}{VDS} \tag{5.6}$$

em que *Início* = 1 e *Fim* = 4. Os valores de *VDI* e *VDS* deverão ser calculados, como se segue:

$$VDS = 1 \times 2^3 + 1 \times 2^2 + 1 \times 2^1 + 1 \times 2^0$$

$$= 8 + 4 + 2 + 1$$

$$= 15$$

$$VDI_A = 0 \times 2^3 + 0 \times 2^2 + 1 \times 2^1 + 1 \times 2^0$$

$$= 3$$

$$VD_A = 1 + (4 - 1)\frac{3}{15}$$

$$= 1,6$$

$$VDI_B = 0 \times 2^3 + 1 \times 2^2 + 1 \times 2^1 + 1 \times 2^0$$

$$= 7$$

$$VD_B = 1 + (4 - 1)\frac{7}{15}$$

$$= 2,4$$

$$VDI_C = 1 \times 2^3 + 0 \times 2^2 + 1 \times 2^1 + 1 \times 2^0$$

$$= 11$$

$$VD_C = 1 + (4 - 1)\frac{11}{15}$$

$$= 3,2$$

$$VDI_D = 1 \times 2^3 + 1 \times 2^2 + 1 \times 2^1 + 0 \times 2^0$$

$$= 14$$

$$VD_D = 1 + (4 - 1)\frac{14}{15}$$

$$= 3,8$$

- Cálculo de AD

A função de avaliação é $F_{av} = -x^2 + 5x - 4$. Inicialmente vamos verificar a imagem da função para alguns pontos do intervalo. Escolhemos os pontos do domínio 1, 2, 3 e 4.

para $x = 1 \rightarrow F_{av} = 0$

para $x = 2 \rightarrow F_{av} = 2$

para $x = 3 \rightarrow F_{av} = 2$

para $x = 4 \rightarrow F_{av} = 0$

Trata-se de uma parábola com raízes nos pontos $x = 1$ e $x = 4$. Como o parâmetro AD deve ser sempre positivo, devemos deslocar a F_{av} para evitar que a adaptabilidade assuma o valor zero. Basta então adicionar à F_{av} qualquer valor maior que zero, por exemplo 1, que dará

$$AD = F_{av} + 1 = (-x^2 + 5x - 4) + 1 = -x^2 + 5x - 3$$

$$= -(1,6)^2 + 5 \cdot (1,6) - 3 = 2,44$$

$$= -(2,4)^2 + 5 \cdot (2,4) - 3 = 3,24$$

$$= -(3,2)^2 + 5 \cdot (3,2) - 3 = 2,76$$

$$= -(3,8)^2 + 5 \cdot (3,8) - 3 = 1,56$$

- Cálculo do NCE

$$NCE_i = \frac{AD_i}{\dfrac{\sum\limits_{j=1}^{n} AD_j}{n}}$$

$$NCE_A = \frac{2,44}{\dfrac{2,44 + 3,24 + 2,76 + 1,56}{4}} = 1,0$$

$$NCE_B = \frac{3,24}{\dfrac{2,44 + 3,24 + 2,76 + 1,56}{4}} = 1,3$$

$$NCE_C = \frac{2,76}{\dfrac{2,44 + 3,24 + 2,76 + 1,56}{4}} = 1,1$$

$$NCE_D = \frac{1,56}{\dfrac{2,44 + 3,24 + 2,76 + 1,56}{4}} = 0,6$$

- Cálculo da ADR

$$ADR_i = \frac{AD_i}{\displaystyle\sum_{j=1}^{n} AD_j}$$

$$ADR_A = \frac{2,44}{2,44 + 3,24 + 2,76 + 1,56} = 0,24$$

$$ADR_B = \frac{3,24}{2,44 + 3,24 + 2,76 + 1,56} = 0,32$$

$$ADR_C = \frac{2,76}{2,44 + 3,24 + 2,76 + 1,56} = 0,28$$

$$ADR_D = \frac{1,56}{2,44 + 3,24 + 2,76 + 1,56} = 0,16$$

- Resumindo, teremos

Indivíduo ou Cromossomo	VD	AD	NCE	ADR
A	0011	1,6	2,44	1,0	0,24
B	0111	2,4	3,24	1,3	0,32
C	1011	3,2	2,76	1,1	0,28
D	1110	3,8	1,56	0,6	0,16
SOMA	–	–	–	–	1,00

5.3.5 SELEÇÃO

Selecionar significa escolher quais os indivíduos que darão origem à nova população ou nova geração. Os indivíduos selecionados são chamados de pais. Basicamente, existem 3 tipos de seleção: Determinística, Estocástica e Híbrida.

- Determinística – O critério de escolha contempla somente os indivíduos que atendem a determinadas características previamente estabelecidas como desejáveis. Esse critério também é conhecido por elitista, e o processo de cópia do indivíduo para fazer parte da próxima geração é denominado de clonagem. Os indivíduos que não atenderem o critério de escolha serão eliminados sumariamente, portanto, não há a menor chance de um indivíduo que não satisfaça os requisitos vir a ser escolhido para fazer parte da próxima geração. Em síntese, o critério de escolha resume-se em *passa* (chance de 100%) ou *não passa* (chance de 0%).

- Estocástica – Um processo é classificado de estocástico quando os seus eventos possuem probabilidades de ocorrência que variam no decorrer do tempo, de acordo com a sua natureza. Trata-se de um processo dinâmico. Em cada ciclo do processo, os indivíduos que apresentarem maior adaptabilidade (probabilidade) terão mais chance de serem escolhidos. Isso não significa que os de menor adaptabilidade não tenham chance de virem a ser escolhidos para fazerem parte da próxima geração. É importante registrar que não se deve confundir estocástico como se fosse a mesma coisa que aleatório. No estocástico, os eventos possuem probabilidades que são variantes no tempo, enquanto no aleatório, os eventos possuem probabilidades que se mantêm fixas no decorrer de todo o processo (processo estático, invariante no tempo).

- Híbrida – Quando uma parte do processo de seleção segue o critério de escolha determinístico (elitista ou clonagem) e o restante, segue o critério estocástico.

O método de seleção mais utilizado é o da *roleta* (*roullete wheel*). É um método eminentemente estocástico, portanto, é probabilístico, cujo valor da probabilidade de um indivíduo varia de geração a ageração.

A ordem de construção da roleta deve ser a mesma ordem de formação da população em cada geração, sob pena de degradação no tempo de execução do algoritmo, ou seja, fica mais lento. Isso quer dizer que, constituída a população, a ordem de montagem da roleta deve ser a mesma ocupada pelos seus correspondentes indivíduos. Funciona de maneira similar a uma roleta de cassino, com a diferença de que a coroa circular é dividida em setores com áreas proporcionais à adaptabilidade relativa (*ADR*) de cada indivíduo, obedecendo a mesma ordem em que são gerados.

Exemplo: Construir uma roleta usando-se os dados do exemplo anterior.

Vamos copiar parte da tabela anterior que contém as ADRs, qual seja

Indivíduo ou Cromossomo (de acordo com a ordem de formação)	ADR	Σ ADR
A	0,24	0,24
B	0,32	0,56
C	0,28	0,84
D	0,16	1,00
SOMA	1,00	–

Com base nas ADRs dos indivíduos, a roleta terá a seguinte forma:

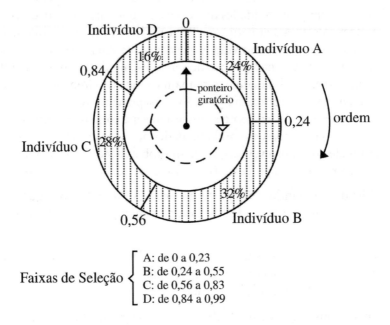

Faixas de Seleção $\begin{cases} \text{A: de 0 a 0,23} \\ \text{B: de 0,24 a 0,55} \\ \text{C: de 0,56 a 0,83} \\ \text{D: de 0,84 a 0,99} \end{cases}$

Quanto maior a área do setor circular, maior a probabilidade do correspondente indivíduo vir a ser escolhido para o papel de pai na próxima etapa de reprodução. No caso desse exemplo, a roleta girará 4 vezes, sorteando 4 indivíduos para serem pais da próxima geração. Probabilisticamente, o indivíduo B tem mais chance de ser escolhido, depois o C, o A e finalmente o D com menor chance.

Suponhamos que a roleta tenha sido acionada as 4 vezes. Um dos resultados possíveis seria: C, B, D e B. Nessa sequência, duas coisas nos chamam a atenção: 1º) o indivíduo B, como era de se esperar, foi escolhido duas vezes; e 2º) o indivíduo D foi escolhido uma vez, embora A tenha uma probabilidade maior e não foi escolhido. Esse resultado é aceitável, porque estamos tratando com probabilidades. Se ocorrer reprodução, os indivíduos B, C e D serão os candidatos para serem pais da próxima geração, quando então seria gerado apenas mais um indivíduo para completar a população, que é constituída de 4 indivíduos. Nessa hipótese, nascerá um filho que herdará as características dos pais selecionados pela roleta. Observe, entretanto, que temos 3 pais candidatos para gerar 1 filho. Se o processo de reprodução for biparticipado, apenas 2 serão escolhidos para cruzar e, se o processo de reprodução for monoparticipado, apenas 1 pai será sorteado entre os 3 candidatos. Por outro lado, se não ocorrer reprodução, a próxima geração será constituída pelos indivíduos selecionados C, B, D e B, nesta mesma ordem, com provável repetição de indivíduos.

Apresentamos a seguir, uma sugestão para implementar o processo de seleção da roleta.

- Algoritmo de seleção da roleta (*roullete wheel selection*)

Roleta[1] = *ADR*[1];

Para *r* = 2 Até (*Quantidade_de_Indivíduos*) Fazer

    Roleta[*r*] = *Roleta*[*r*-1] + *ADR*[*r*];

Fim *r*;

Para *r* = 1 Até (*Quantidade_de_Indivíduos*) Fazer

    {Ativar gerador randômico}

    Bola = Random(1); {gera um número fracionário *Bola* tal que

    $0 \leq Bola < 1$}

    s = 1;

    Bandeira = 0;

    Repetir

        Se *Bola* $\leq$ *Roleta*[*s*] Então Fazer

            Selecionado[*r*] = *s*;

            Bandeira = 1;

        Fim Se;

        s = *s* + 1;

    Até *Bandeira* = 1;

Fim *r*;

Ao finalizar, o algoritmo cima apresentará uma sequência ordenada dos indivíduos identificados pela variável *selecionado*[*r*], que foram obtidos pelo processo de seleção da roleta.

5.3.6 REPRODUÇÃO

A reprodução é a fase do algoritmo genético em que os indivíduos-filho são gerados, a partir de um processo envolvendo os indivíduos-pai selecionados, com o objetivo de completar a nova geração, em substituição aos indivíduos repetidos que surgiram na fase de seleção.

A reprodução é *ocasional*. Entende-se por ocasional um evento que pode ou não ocorrer em um determinado instante do processo evolutivo, mas provavelmente ocorrerá num instante futuro adequado, de acordo com uma *taxa de ocorrência* pré-fixada pelo projetista.

Exemplo: Suponha que a reprodução do tipo *x* tem uma probabilidade de ocorrência de 25%. Isso quer dizer que, a cada 100 gerações consecutivas, a reprodução do tipo *x* terá a possibilidade de ocorrer em mais ou menos 25 gerações. Nas gerações em que não ocorrer reprodução, os indivíduos selecionados serão aqueles que constituirão a próxima geração, mesmo que repetidos, porém na mesma ordem em que se deu a seleção.

Apresentamos a seguir uma sugestão para o algoritmo que determinará se uma reprodução do tipo x, com taxa de ocorrência igual a T%, sendo $T \leq 100$, ocorrerá ou não no instante em que for chamada pelo programa principal.

- Algoritmo de reprodução

    {Ativar gerador randômico}

    Conjunto_Numeros = [ ];

    Para $r = 1$ Até T Fazer {T é a Taxa_de_Ocorrencia, inteiro, $0 < T \leq 100$}

    Conjunto_Numeros = *Conjunto_Numeros* + [r-1];

    Fim r;

    Sorteio = Random(100);   {gera um número inteiro n, tal que $0 \leq n < 100$}

    Se *Sorteio* In *Conjunto_Numeros* Então Fazer

    Reprodução_do_Tipo_x;

    Fim Se;

A reprodução se dá por intermédio da ação dos operadores genéticos, os quais são aplicados sobre os pais, gerando os filhos. Podem ser aplicados os seguintes operadores genéticos: Recombinação (*Crossover*), Mutação, Inversão e Rotação.

5.3.6.1 Recombinação (*crossover*)

É um operador genético biparticipado, pois envolve a participação de 2 indivíduos-pai.

A técnica da recombinação consiste na troca de material genético entre os pais, gerando 2 candidatos a filhos.

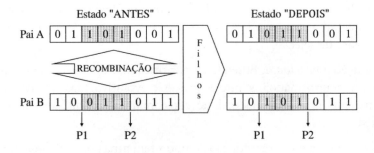

Figura 5.6 – Recombinação *(crossover)*.

Observe que são escolhidos aleatoriamente 2 pontos P1 e P2, que delimitarão a região de troca dos genes compreendidos entre estes pontos (recombinação interna). Poder-se-ia também optar pela recombinação externa, quando então seriam permutados os materiais genéticos situados fora dos pontos de recombinação. Uma outra variante desse processo, mais fácil de implementar, é a recombinação de um único ponto, em que somente um ponto é escolhido, permutando-se os genes à direita ou à esquerda do ponto, mantendo-se inalterada a outra parte dos cromossomos.

Enfim, independentemente de como se processa a recombinação, sempre teremos 2 filhos. Desses 2 filhos, apenas um sobreviverá. A escolha do filho sobrevivente, o qual se tornará um indivíduo na próxima geração, pode se dar por um dos seguintes critérios, a definir pelo projetista do algoritmo genético:

- Sorteio: A escolha é feita pelo simples sorteio entre os 2 candidatos a filho.

- Elitista: A escolha recai sobre o candidato de maior adaptabilidade. No caso de empate, usa-se o critério do sorteio.

A taxa de ocorrência mais comumente usada para o operador genético do tipo recombinação varia de 60 a 90%. Antes de encerrar o operador genético de recombinação, cabe a seguinte indagação: a recombinação pode ser usada em qualquer problema em que seja viável a utilização da técnica do Algoritmo Genético? Penso que a resposta correta seria não; não pode. Considere, por exemplo, o Problema do Roteamento de Veículos (PRV). A condição fundamental que se impõe nesse tipo de problema é que o veículo não passe mais de 1 vez em cada cidade. Ora, se aplicássemos o operador genético de recombinação, estaríamos violando essa condição básica do PRV, pois ao trocarmos partes de material genético de um pai para outro, certamente duplicaremos 1 ou mais cidade no roteiro do veículo. Ao ocorrer essa violação da regra de reprodução, estaríamos dando nascimento a um indivíduo degenerado. Para recuperá-lo teríamos de interferir internamente no processo de evolução, como se estivéssemos manipulando o cromossomo, o que julgo não ser recomendado.

5.3.6.2 Mutação

É um operador genético monoparticipado, pois envolve a participação de apenas 1 indivíduo-pai.

A técnica da mutação consiste na mudança na posição de 1 único gene do material genético do pai, para outro alelo possível, gerando 1 indivíduo-filho na próxima geração, admitindo-se que este filho venha a possuir alguma característica adicional que lhe favoreça melhor adaptação que o pai gerador.

Figura 5.7 – Mutação.

É escolhido aleatoriamente um ponto P1 que identificará a posição do gene que sofrerá a transformação. Na Figura 5.7, o gene correspondente à 4ª posição sofreu uma mudança do alelo "0" para o alelo "1". Poderíamos supor, por exemplo, que o valor "0" representa a característica de "pelos curtos" e, o valor "1", "pelos compridos", imaginando que um determinado animal esteja em processo de mutação, em resposta às variações nas condições climáticas terrestres. Da mesma forma que no cruzamento, a mutação também não se adequaria ao Problema de Roteamento de Veículos (PRV), pelas mesmas razões citadas no final do parágrafo anterior.

A taxa de ocorrência do operador genético do tipo mutação normalmente é pequena, a modelo do que ocorre na natureza, recomendando-se um valor entre 1 e 5%.

5.3.6.3 Inversão

É um operador genético monoparticipado, pois envolve a participação de apenas 1 indivíduo-pai. A técnica da inversão consiste em trocar os valores das posições diametralmente opostas situadas entre 2 pontos denominados de P1 e P2 escolhidos aleatoriamente dentro do material genético do indivíduo-pai, gerando assim 1 indivíduo-filho que completará a população da próxima geração.

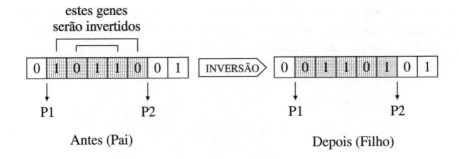

Figura 5.8 – Inversão usando sistema de numeração binário.

A seguir, mostramos outro exemplo de inversão, desta vez usando parte do alfabeto decimal, ou seja:

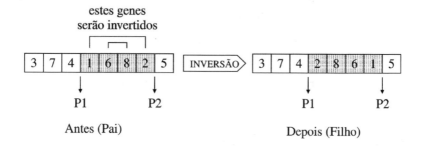

Figura 5.9 – Inversão usando sistema de numeração decimal.

A inversão pode se dar tanto internamente quanto externamente aos pontos P1 e P2. Também é permitido escolher apenas 1 ponto P1 e inverter as posições à sua direita ou à sua esquerda, ficando a critério do projetista qual modalidade a implementar. A inversão por 1 ponto é mais fácil de implementar computacionalmente.

O operador genético de inversão não tem restrição na sua utilização, podendo ser usado no Problema de Roteamento de Veículos (PRV). A taxa de ocorrência recomendada situa-se entre 10 e 40%.

5.3.6.4 Rotação

É um operador genético monoparticipado, pois envolve a participação de apenas 1 indivíduo-pai. Nessa técnica, cada valor de um gene é deslocado 1 posição à direita ou à esquerda, entre 2 pontos P1 e P2 escolhidos aleatoriamente dentro do material genético do indivíduo-pai, gerando assim 1 indivíduo-filho que completará a população da próxima geração. O gene situado mais à direita na sequência original, passará a ocupar a posição mais à esquerda deixada vazia, como se tivesse ocorrido uma rotação entre P1 e P2.

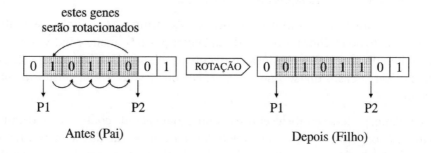

Figura 5.10 – Rotação.

A rotação pode se dar tanto internamente quanto externamente aos pontos P1 e P2, com deslocamento para a direita ou para a esquerda. Também é permitido escolher apenas 1 ponto P1 e deslocar as posições só de um lado ou do outro, ficando a critério do projetista qual modalidade a implementar. A rotação por 1 ponto é mais fácil de implementar computacionalmente.

O operador genético de rotação não tem restrição na sua utilização, podendo ser usado no Problema de Roteamento de Veículos (PRV).

A taxa de ocorrência recomendada situa-se entre 10 e 40%.

5.3.7 CONDIÇÕES DE PARADA

Por serem processos iterativos, os AG exigem que se estabeleçam previamente quais as condições que o algoritmo deverá ser encerrado. Duas condições de parada, mutuamente exclusivas, podem ser adotadas:

- Condição I – Quando a n-ésima geração possuir pelo menos 1 indivíduo que seguramente satisfaça a solução do problema, sendo n um número inteiro positivo menor que a quantidade máxima de gerações, que foi fixada na inicialização do AG; ou

- Condição II – Quando a n-ésima geração atingir a quantidade máxima de gerações, que foi fixada na inicialização do AG, sem que tenha conseguido descobrir pelo menos 1 indivíduo que satisfaça a solução do problema.

Mas, como será possível saber quando um indivíduo considerado o melhor de uma população é realmente a melhor solução que se pode obter (Condição I)? Infelizmente, essa avaliação somente será possível se feita de uma maneira indireta. O que se propõe aqui é avaliar quanto a população vem melhorando, geração a geração. Essa avaliação pode, por exemplo, ser feita fazendo-se o uso da verificação do comportamento da *média das adaptabilidades relativas* (ADR) de todos os indivíduos da população. Estabelece-se, então, como condição de parada a persistência do valor dessa média ao longo de várias gerações consecutivas. Se o estabelecido for 20 gerações, significa que, caso a média das ADRs permaneça inalterada durante 20 gerações consecutivas, o AG é encerrado e apresenta o melhor indivíduo como solução. Nessa hipótese, diz-se que o AG encerrou devido à *estagnação da população*.

Outra maneira de avaliar indiretamente se o AG atingiu a Condição I, é verificar o comportamento do melhor indivíduo de cada geração. Se o melhor indivíduo permanecer inalterado por várias gerações consecutivas, ele será considerado a solução do problema. Nesse caso, diz-se que o AG encerrou devido à *estagnação do melhor indivíduo*.

Finalmente, pode-se estabelecer uma condição de parada contemplando ambos os aspectos citados, isto é, *estagnação da população e estagnação do melhor indivíduo*. A literatura pesquisada utiliza somente o critério baseado na estagnação da população, o que achamos também suficiente para se encontrar uma boa solução para o problema de interesse.

Para implementar a Condição II, é simples. Basta definir previamente um limite máximo de gerações. Vale a pena ressaltar que existem problemas cuja solução deve ser encontrada dentro de um intervalo de tempo bem definido, após o qual, a falta de uma solução apropriada pode arruinar completamente o processo. Tais processos são denominados de *processo em tempo real* ou *online*. Por esse motivo, muitas vezes é necessário limitar a quantidade de gerações, pois o AG *consome tempo*.

5.4 CONCLUSÕES

A Inteligência Artificial Evolucionista baseia-se na evolução das espécies, que estabelece os princípios fundamentais para a sobrevivência do indivíduo mais apto dentro de uma população geneticamente refinada. Nessa abordagem, a unidade representativa, sobre a qual incidirá todas as técnicas na busca do melhor indivíduo é o cromossomo.

Na abordagem evolucionista, o conhecimento é armazenado dentro do cromossomo, o qual é o qual é formado por vários genes, sendo que o valor atribuído a cada gene representa uma determinada característica do indivíduo. Um conjunto de características (genes) define um indivíduo da população, a qual passa por um processo contínuo de evolução, buscando a sua aprimoração, até encontrar um indivíduo cujas características, no conjunto, alcance o seu maior valor. Assim, generalizando, pode-se afirmar que o conhecimento contido na "tira" do cromossomo corresponde a cada indivíduo pertencente à população geneticamente refinada, possibilitando a classificação segundo algum critério de aptidão (*fitness*) de interesse.

Evidentemente, o conceito de melhor indivíduo é relativo, porque sempre dependerá de quais aspectos que estão sendo levados em consideração, ou seja, dependerá dos atributos que são importantes para definir o quanto um indivíduo está ajustado em relação a um conjunto de características capazes de atender aos propósitos do problema a resolver. Surge então um desafio: escolher os atributos ou características (genes) que irão compor o perfil do objeto que se deseja encontrar o ótimo (ou muito próximo do ótimo), qual seja, como será a representação cromossômica do indivíduo em questão.

Escolhida a representação cromossômica, com base nas características de interesse, assim como a quantidade de indivíduos da população de busca, aparece mais outro desafio: a determinação da influência de cada uma das características na formação do indivíduo ou cromossomo. A resposta conduz à criação da Função de Avaliação (aptidão, *fitness*), ponto de partida para classificar os indivíduos de acordo com um critério objetivo que atende à solução do problema de interesse.

Desse ponto em diante, o fluxograma (Figura 5.2) indica um cálculo iterativo, passando pela seleção, reprodução e nova avaliação, até que uma condição de parada seja alcançada.

É muito importante ressaltar que o sucesso do AG reside, entre outros requisitos, em se fazer uma ampla varredura do espaço de busca do indivíduo ótimo, o que significa dizer que se deve ter uma representatividade completa dos mais diversos tipos de indivíduos existentes, o que, em grande parte, é garantida com a adoção da inicialização randômica ou aleatória da população; certamente, a completude da varredura melhora ainda mais com o emprego de critérios de seleção e reprodução também randômicos.

Sintetizando: quanto mais caótico o processo, maior a chance de se encontrar o indivíduo ótimo. Outra conclusão interessante que também é evidente, é o caráter global desse tipo de algoritmo de otimização.

Os Algoritmos Genéticos (AG) são fortes candidatos para usar o Código Gray (Apêndice B), face à sua Distância Hamming (DH) ser sempre igual a 1, o que resulta num tempo de processamento computacional significativamente menor, comparativamente à implementação usando os números binários tradicionais. A DH igual a 1 significa que 2 números consecutivos somente mudam 1 bit ao se passar de um para o outro (ver Capítulo 1 – Conceitos Relacionados com a IA).

Finalmente, é interessante mencionar a grande variedade de novos algoritmos que têm surgido recentemente, e que podem ser enquadrados nessa categoria de otimização – são as meta-heurísticas, cujo propósito é explorar alguma manifestação inteligente, observada no comportamento individual de alguns animais ou de grupos de animais. Dentro dessa classe de algoritmos, pode-se citar: Colônia das Formigas, Algoritmo do Morcego, Enxame de Partículas e o Algoritmo de Polinização de Flores (Damasceno & Gabriel Filho, 2017) e outros.

CAPÍTULO 6
Aprendizagem de máquina

6.1 INTRODUÇÃO

Aprendizagem de Máquina (*Machine Learning* – ML) é fazer com que as máquinas (*hardwares*) aprendam a executar determinadas tarefas, que normalmente seriam difíceis ou até mesmo impossíveis de serem executadas pelo ser humano, por exigirem algum tipo de raciocínio sobre uma grande quantidade de dados, durante um intervalo limitado de tempo, e que possa produzir resultados satisfatórios.

É, portanto, um processo baseado fortemente em dados, no qual a máquina é submetida a estímulos provenientes do meio ambiente, de onde são extraídos os dados (entradas), que irão ajustar iterativamente os parâmetros do modelo representativo (programa) da tarefa em questão, até que a sua resposta (saída) possa ser efetivamente usada na solução do problema de interesse. A figura a seguir ilustra as etapas do reconhecimento de uma pessoa na multidão, usando a imagem da face.

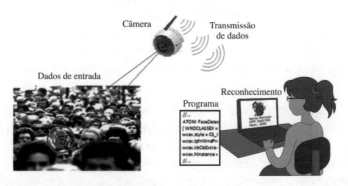

Figura 6.1 – Reconhecimento de padrões (facial).

Antes de progredir nesse assunto, é importante definir alguns termos que foram citados até então, mesmo que seja feito de forma ampla.

- Máquina: no escopo da Inteligência Artificial, é qualquer dispositivo físico, individual ou embarcado, capaz de processar comandos e instruções organizadas na forma de um programa de computador.

- Raciocínio: encadeamento de pensamentos que procuram estabelecer uma sequência lógica capaz de associar um efeito (resposta ou saída) a um determinado estímulo (entrada). A palavra "raciocínio" é uma habilidade do ser humano, que tem como similar o termo "programa", este aplicado às máquinas. Portanto, entende-se por programa uma sequência ordenada de instruções, que alimentada por entradas apropriadas é capaz de produzir um resultado (resposta ou saída), dentro de um tempo finito.

- Meio ambiente: é um termo originário das Ciências da Natureza, que agora está sendo apropriado pelas Ciências Exatas, como tantos outros têm sido na área da Inteligência Artificial. Aqui, meio ambiente ou simplesmente ambiente significa "o ambiente que influencia a relação entrada-saída existente em determinado fenômeno de interesse, seja de que natureza for". É de onde os dados de entrada são extraídos, e que serão processados pelas máquinas, com o objetivo de: 1°) ajustar o modelo matemático que relaciona entradas e saídas conhecidas (treinamento ou aprendizagem); e 2°) a partir do modelo treinado, oferecer respostas (saídas) para novas entradas do meio ambiente (generalização).

- Modelo matemático: é uma expressão algébrica (equação), gráfico ou tabela capaz de traduzir aproximadamente o comportamento de um fenômeno de interesse, que se encontra implícito na relação entre a entrada e sua respectiva saída (aprendizagem supervisionada) ou entre as entradas (aprendizagem não supervisionada).

Na área da Aprendizagem de Máquina, o programa de aprendizagem é desenvolvido pelo ser humano utilizando principalmente as técnicas de Inteligência Artificial, em conjunto com técnicas clássicas, normalmente em etapas secundárias que antecedem e/ou sucedem à aprendizagem propriamente dita, deixando para a máquina a incumbência de executar o programa, explorando os seus recursos de memória e rapidez de processamento. Observe que o termo aprendizagem tem o significado de "processo de ajuste" (*fitting*) do modelo matemático conforme o programa armazenado no computador", modelo este que traduz matematicamente a relação existente entre as variáveis de interesse do problema que se pretende resolver, e o termo máquina engloba tanto o equipamento (*hardware*) como o programa (*software*).

Segundo Mitchell (1997), num programa de computador considera-se o aprender por intermédio da experiência quando o seu desempenho melhora continuamente, à medida que novos dados do ambiente são inseridos e processados pela máquina. É muito importante destacar que o desempenho a ser avaliado irá depender substancialmente da escolha de um índice de desempenho apropriado, isto é, um indicador que efetivamente demonstre que a resposta atende aos requisitos para solução do problema.

A Aprendizagem de Máquina é considerada uma área da Inteligência Artificial que basicamente abrange a utilização de técnicas inteligentes e/ou clássicas, para realizar tarefas de predição, o que significa conhecer antecipadamente a resposta numérica (regressão) de sistemas reais (engenharia, economia, medicina etc.) ou a resposta não numérica de um reconhecimento de padrões (classificação), que possam ajudar a distinguir um objeto dos outros, de acordo com algum padrão de interesse do usuário, entendendo-se por padrão qualquer característica de um objeto que seja importante para uma certa aplicação.

Vale ressaltar 2 aspectos importantes da aprendizagem de máquina:

- É um processo autônomo;

- É realizado iterativamente, significando que ele se desenvolve, após sua implantação, sem a interferência humana e de maneira repetitiva, na qual a cada ciclo de repetição ocorrem alterações em alguns parâmetros internos do processo, caracterizando assim um processo de aprendizagem, até que ele encontre a melhor solução para o problema usando os recursos disponíveis – o conjunto de dados (*dataset*), o programa (*software*) e o equipamento (*hardware*). Portanto, a execução desses processos requer a utilização de sistemas microprocessados, podendo atuar de forma isolada (computador) ou embarcados em dispositivos e sistemas robóticos.

Constata-se que aprendizagem de máquina é a denominação que se dá quando se confere às máquinas a capacidade de aprender, o que é conseguida pela utilização de algoritmos inteligentes. É importante ressaltar que essa característica é conferida às máquinas pelos algoritmos desenvolvidos por um especialista humano, não sendo proveniente de aprendizagem espontânea ou natural da máquina. É simplesmente o ser humano transferindo para as máquinas um comportamento inteligente, no sentido d<bullet point> explorar os seus recursos mais importantes – a capacidade de memória e a velocidade de processamento, para obter maior eficiência na solução de problemas

Nos últimos anos, tem-se observado que a aprendizagem de máquina vem apresentando um grande avanço nos campos de aplicação que envolvem a predição (regressão e classificação), podendo ser usada em um dos seguintes paradigmas de aprendizagem: supervisionada, não supervisionada e por reforço, a serem apresentados mais à frente neste capítulo, com suas respectivas técnicas mais utilizadas. A literatura especializada apresenta diversas técnicas para implementação, cada uma com suas vantagens e desvantagens, tornando-as assim eficientes para determinadas aplicações práticas, a depender do problema de interesse.

Porém, não há como disponibilizar um produto para uso imediato, que atenda às peculiaridades de todos os clientes! Assim, vislumbra-se que a tendência de mercado é as empresas do ramo desenvolverem um programa de aprendizagem de máquina, com a possibilidade de acrescentar/remover módulos de programas pré-projetados, para operarem no modo *pipeline*, podendo assim atender cada cliente em particular a partir de uma única plataforma.

A técnica de *pipeline*, como será explicada mais adiante, consiste na execução autocontida (desde que iniciada, não depende mais de ações externas) de uma cadeia de componentes formada por programas e/ou subprogramas (*threads* e funções), de tal maneira que a saída de um componente é a entrada do próximo a ser executado.

Vemos, portanto, que se trata praticamente de um atendimento caso a caso, iniciando por uma análise das necessidades do cliente, passando pela configuração do produto, testes de validação e implementação, com a continuidade da venda prosseguindo com a fase de assistência técnica. Essa empresa hipotética atuaria no mercado tipicamente como empresa com produtos sob demanda (*on-demand*).

Resumindo, Aprendizagem de Máquina é um processo computacional autônomo, que tem o objetivo de encontrar uma solução para problemas de predição, que pode ser um problema de regressão (por exemplo, renda pessoal, valor das ações na bolsa de valores etc.) ou de classificação (por exemplo, imagens, sons, preferências do consumidor etc.), a partir de uma quantidade suficiente de dados experimentais disponíveis.

6.2 DIFERENÇA ENTRE PARÂMETRO E HIPERPARÂMETRO

Define-se parâmetro como um coeficiente do modelo matemático de um sistema ou processo, cujo valor é calculado automaticamente de acordo com um determinado critério de otimização numérica, objetivando fazer com que o modelo alcance um desempenho satisfatório, ou seja, que permita obter uma solução que satisfaça o problema de interesse.

Por exemplo, os parâmetros de uma rede neural artificial são os seus pesos sinápticos, cujos valores podem ser calculados automaticamente pelo algoritmo da descida do gradiente (*backpropagation*), conforme mostrado na figura a seguir.

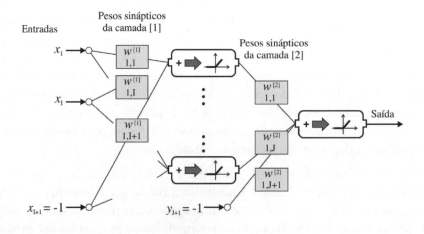

Figura 6.2 – Parâmetros ajustáveis de uma rede neural.

Aprendizagem de máquina

Portanto, na Figura 6.2, os parâmetros ajustáveis são os pesos sinápticos representados pela letra w, em que o subscrito indica o destino e a origem dos neurônios (ou das entradas), respectivamente, e o sobrescrito entre colchetes indica a ordem da camada de pesos na rede neural, considerando o sentido do início para o fim.

Outro exemplo de parâmetros são os coeficientes de um modelo polinomial regressivo, como o modelo ARX (*AutoRegressive with eXogeneous inputs*), que podem ser calculados automaticamente usando o método dos mínimos quadrados, dado pela equação de diferenças a seguir:

$$y(k) = -a_1 y(k-1) - a_2 y(k-2) - \cdots - a_n y(k-n) + b_0 u(k) + b_1 u(k-1) +$$
$$\cdots + b_n u(k-n) \tag{6.1}$$

em que os parâmetros são os coeficientes a_1, a_2, ..., a_n e b_1, b_2, ..., b_n.

Nesse caso, é muito importante entender que a principal característica de um parâmetro é a existência de um método que permita o seu cálculo independentemente da ação do usuário, ou seja, que possa ser executado de forma automática. Esses métodos necessitam da existência de uma relação matemática bem definida que possibilitam expressar, por meio de uma fórmula, os coeficientes do modelo em função de variáveis do modelo, normalmente escolhidas como entrada/saída do sistema (variáveis externas) e, assim buscar a otimização dos coeficientes do modelo com base na minimização de um erro global predefinido (também chamado de função de custo). Portanto, conclui-se que parâmetros são os coeficientes a serem ajustados automaticamente, de acordo com algum método de otimização escolhido pelo desenvolvedor do sistema de aprendizagem de máquina.

Por outro lado, define-se hiperparâmetro como um valor constante, que é definido manualmente pelo usuário antes de realizar a aprendizagem propriamente dita, desde que esta seja uma opção oferecida na configuração do programa, pois alguns programas podem fixar previamente os valores de seus hiperparâmetros, não permitindo ao usuário escolher por conta própria. A fixação do valor dos hiperparâmetros se faz necessária para definir qual modelo será usado, dentro de uma família de modelos de mesma natureza, por exemplo, definir a quantidade de regiões (clusters) em um problema de reconhecimento de padrões (classificação); no modelo ARX da Equação (6.1), o hiperparâmetro é a ordem n dos regressores de entrada/saída, desde que possa ser escolhida manualmente pelo usuário antes de executar a aprendizagem, obedecendo alguma heurística válida.

Os hiperparâmetros assumem um valor fixo durante todo o processo de aprendizagem de máquina, diferentemente do ocorre com os parâmetros do modelo matemático (algoritmo), que ficam embutidos dentro do processo de aprendizagem, muitas vezes ficando transparente (invisível) ao usuário.

É importante registrar que o papel do hiperparâmetro é regular ou delimitar a complexidade do modelo, a ser definida pelo valor escolhido do hiperparâmetro ao fixar, por exemplo, o grau da função a ser implementada pelo modelo.

Considere a função geral dada por $f(x) = a_0 + a_1 x + a_2 x^2 + \ldots + a_n x^n$, na qual os coeficientes a_n são os parâmetros e o grau n é o hiperparâmetro; neste caso, se definirmos $n = 1$, será um modelo de primeiro grau (linha reta); se definirmos $n = 2$ será um modelo de segundo grau (curva quadrática), e assim por diante. Definindo previamente o hiperparâmetro n, está-se determinando a complexidade do modelo. Evidentemente, ficará a cargo do método de aprendizagem determinar o valor dos parâmetros durante o treinamento.

Porém, em certas situações, distinguir parâmetro de hiperparâmetro apenas levando em conta o aspecto de ser pré-ajustado ou definido automaticamente em tempo de execução, pode trazer dificuldade – vamos considerar o caso da taxa de aprendizagem de uma rede neural artificial; na maioria das vezes a sua escolha é manual e, nestes casos específicos, seriam tipicamente um hiperparâmetro. Entretanto, existem na literatura especializada alguns métodos heurísticos para ajuste automático da melhor taxa (ou muito próxima dela), por exemplo, o método citado neste livro do η-Adaptativo. No caso de se usar esse método durante a aprendizagem, a taxa de aprendizagem da rede poderia ser considerada um parâmetro do modelo neural.

No final das contas, interpretar um coeficiente do modelo como ajustável ou constante não comprometerá o resultado do processo adotado para a aprendizagem de máquina, desde que, no caso dos hiperparâmetros o usuário seja previamente orientado a fazer as escolhas certas antes de executar o programa.

6.3 ETAPAS DA APRENDIZAGEM DE MÁQUINA

A questão é: como proceder para desenvolver (*develop*) e implantar (*deploye*) um sistema baseado em aprendizagem de máquina (ML)? Como a ML nada mais é do que um processamento especializado de dados para atender alguma finalidade, antes, porém, torna-se necessário definir o que se entende por dados. Entende-se por dado, qualquer informação na forma de imagem, som ou sinal passível de medição, armazenamento e interpretação, que, após ser coletado e tratado possa ser usada para atender algum propósito de interesse.

As etapas apresentadas a seguir servem de um roteiro para implantação de sistemas baseados na aprendizagem de máquina.

1ª Etapa: Exploração de dados

- Coleta

- Tratamento

2ª Etapa: Modelagem

- Escolha do modelo

- Treinamento

- Validação

Aprendizagem de máquina

3ª Etapa: Implantação

• Generalização

A primeira etapa é a exploração dos dados disponíveis sobre o sistema de interesse (*data exploring*), que é constituída de duas atividades: a coleta e o tratamento de dados. A ML inicia com a coleta de dados do ambiente, o qual constitui o espaço de entrada do sistema em observação, onde os dados são obtidos pelos dispositivos apropriados de medição ou captação. Esses dispositivos normalmente se apresentam na forma de um medidor de sinais ou um receptor específico, por exemplo, sensores, filmadoras, microfones, robôs de conversação (*chatbots*), sites de internet etc.

Na coleta de dados alguns cuidados devem ser observados, no que se refere à garantia de estabilidade e robustez no funcionamento do método, com a finalidade de assegurar a qualidade dos resultados. Para que isso efetivamente ocorra, é necessário entender os conceitos correlatos, que são:

• Estabilidade: a estabilidade de um método está relacionada com a garantia de manter o valor de sua saída ou resposta, apesar da ocorrência de variações internas no método, normalmente causadas por alterações sofridas pelos seus parâmetros ou hiperparâmetros (fenômeno interno). Basicamente, pode-se afirmar que a estabilidade do método depende do balanceamento e da distribuição uniforme dos dados de entrada (em porcentagem: 50/50, 25/25/25/25 ou outra balanceada), de forma que, quanto melhor o balanceamento e distribuição, mais estável será o método. Um exemplo do que foi mencionado, ocorre quando se altera a quantidade de núcleos (*clusters*) e, em consequência, altera também o valor da classe de um dado sendo testado, conforme será exemplificado mais à frente, quando for visto o Método dos K-Vizinhos Mais Próximos (K-*Nearest Neighbors*, K-NN), no Capítulo 8.

• Robustez: a robustez de um método está relacionada com a capacidade do método em manter a sua saída ou resposta, apesar da ocorrência de perturbações externas, normalmente produzidas por pequenas variações nos dados de entrada (fenômeno externo). A robustez depende fundamentalmente da quantidade de dados usada no treinamento, pois quanto maior a quantidade de dados no treinamento, mais robusto será o método, devido à redução da variância da população, dada por:

$$\sigma^2 = \frac{\sum_{i=1}^{N}(X_i - \mu)^2}{N} \tag{6.2}$$

em que são os dados de entrada, $i=1,2,...,N$ e μ é a média dos dados; vê-se, portanto, que: quanto maior a quantidade de dados, menor a variância (dispersão dos dados).

Ainda dentro da exploração, o próximo passo é o tratamento de dados disponíveis, visando atender as necessidades para a modelagem do sistema de interesse, nos aspectos quantitativo e qualitativo, este último com o objetivo de detectar e corrigir imprecisões e incompletudes, valores fora de padrão ou *outlier*, ou outra deficiência (ruído) que dificulta ou mesmo impossibilita a sua utilização futura como um dado de entrada. Após o tratamento de dados, possivelmente ainda seja preciso efetuar a sua codificação, normalização e rotulação, no sentido de avaliar e adequar os dados de entrada ao caso de aplicação do sistema de aprendizagem em desenvolvimento.

A próxima etapa é a escolha do modelo de aprendizagem, que se inicia levando em conta os dados existentes e qual será a aplicação do produto (*endpoint*) a ser desenvolvido (*develop*), podendo ser uma aplicação de predição, qual seja, para regressão (variável numérica) ou para classificação de padrões (variável categórica), um processador de linguagem natural ou até mesmo um controlador de processos.

Escolhido o modelo, a etapa de modelagem tem prosseguimento com o treinamento do modelo e a sua validação ou teste, ressaltando que o treinamento corresponde à aprendizagem propriamente dita. Aqui, é importante ressaltar que os dados usados para validação são retirados aleatoriamente dos dados usados no treinamento, apenas com a finalidade de verificar o erro cometido no treinamento do modelo; caso forem treinados 2 ou mais modelos, a etapa de validação serviria para escolher qual o modelo a ser adotado.

Assim, a etapa de modelagem encerra com a validação do modelo obtido, ocasião em que são realizados testes com o modelo, utilizando-se a mesma base de dados de treinamento previamente selecionada pelo projetista. Ressalta-se que os dados de validação são formados por pares de entrada e saída conhecidos, os quais tornam viáveis a comparação entre a saída apresentada pelo modelo e a saída desejada para a entrada aplicada ao modelo.

A última etapa da aprendizagem de máquina (*machine learning*) é a implantação (*deployement*), a partir de que a máquina deverá demonstrar efetivamente a sua capacidade de acerto, para entradas que não foram usadas no treinamento, conhecida como capacidade de generalização. Não existe um critério para definir a quantidade de dados para treinamento (incluindo a validação) e para generalização, sendo que normalmente adota-se a proporção treinamento/generalização de 70/30 porcento do total dos dados conhecidos. Entretanto, existem autores que recomendam usar 3 subconjuntos distintos, todos retirados do espaço dos dados de entrada, ou simplesmente espaço de entrada, cada um destinado para treinamento, validação e generalização, na proporção de 50/25/25 (Hastie et al., 2009)

Na verdade, a etapa de implantação vai desde o final do desenvolvimento do produto (engenharia), quando se dá o seu ajuste aos requisitos do cliente (generalização), e se estende para as questões relacionadas com a assistência técnica e garantia, atualmente constituindo-se numa importante área integrada, denominada de DevOp (Desenvolvimento + Operação), com o objetivo de criar um produto (*endpoint*) alinhado com as necessidades do cliente, de maneira a aumentar o potencial de vir a ser um caso de sucesso comercial.

Não se deve confundir validação ou teste com generalização: a validação é para decidir se o modelo pode ser aceito ou não, com base na determinação do erro de treinamento ocorrido para os dados escolhidos para validação, enquanto a generalização é para avaliar o nível de acertos do modelo em operação (desempenho), desta vez feita pela determinação do erro de generalização.

6.4 MÉTODOS DE APRENDIZAGEM DE MÁQUINA

De maneira idêntica à classificação adotada para as redes neurais artificiais, existem 3 métodos para se implementar a aprendizagem de máquina: supervisionada, não supervisionada e por reforço.

6.4.1 APRENDIZAGEM SUPERVISIONADA

A aprendizagem é denominada de supervisionada quando cada dado de entrada, , está associado a uma saída desejada ou rótulo, , definido por um especialista ou professor, constituindo-se assim um par de dados para treinamento, , em que *NPTR* é a quantidade total de dados para treinamento usados no processo de aprendizagem da máquina.

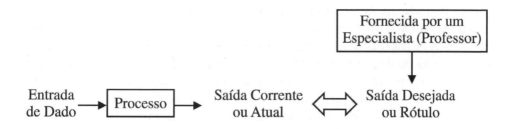

Figura 6.3 – Esquema de aprendizagem supervisionada.

A saída desejada é usada para calcular o erro corrente no término de cada etapa de cálculos para frente (*forward*), isto é, da entrada para a saída (resposta) do processo de aprendizagem. Na próxima etapa, denominada para trás (*backward*), ocorrerá a correção dos parâmetros ajustáveis, que dependerá do algoritmo ou método de aprendizagem escolhido; no caso das Redes Neurais Artificiais, os parâmetros ajustáveis são os pesos sinápticos da rede, incluindo o desvio (*bias*).

Claro, quando o processo de aprendizagem é iniciado pela primeira vez, é esperado que o valor da saída corrente ou atual seja bastante diferente da saída desejada, surgindo aí um erro inicial de aprendizagem, o qual deverá ser iterativamente zerado (aprendizagem perfeita) ou feito o mais próximo possível de zero (aprendizagem aceitável), esta última dentro de uma tolerância previamente definida pelo usuário para finalização do processo de aprendizagem (critério de parada). Depreende-se, portanto, que estamos diante de um processo de aprendizagem autônomo e iterativo, como devem ser todos os métodos classificados como Aprendizagem de Máquina.

Os métodos *supervisionados* de ML mais utilizados são:

- Rede Neural Artificial (RNA);

Exemplos: Neurônio RAM, *Perceptron* de Múltiplas Camadas (*Multilayers Perceptron* – MLP), Aprendizagem Profunda (*Deeping Learning* – DL) e Rede Neural Convolucional (*Convolutional Neural Network* – CNN);

- Bayes Ingênuo (*Naive Bayes*);
- Árvore de Decisão (*Decision Tree* – DT)

Exemplos: Floresta Aleatória (*Randon Forest*) e Impulsionamento do Gradiente Extremo (*XGBoosting*);

- K-Vizinhos Mais Próximos (*K-Nearest Neighbors* – KNN);
- Máquina de Vetor de Suporte (*Support Vector Machine* – SVM);
- Discriminantes Lineares e Não Lineares

Exemplo: Regressão Linear e Regressão Logística.

Tem-se notado recentemente que as Redes Neurais Artificiais vêm ocupando um lugar de destaque na Aprendizagem de Máquina, praticamente abrangendo todos as áreas de aplicação – predição, identificação, controle automático de processos e reconhecimento de padrões. Dependendo da aplicação, a configuração da rede neural irá exigir a utilização de componentes apropriados para satisfazer os critérios de eficiência – tempo de aprendizagem e confiabilidade, como é o caso de reconhecimento de padrões para uma grande quantidade de dados de entrada (*big data*), que fez surgir recentemente uma nova tecnologia denominada de Aprendizagem Profunda (*Deeping Learning*), a qual será vista mais adiante.

6.4.2 APRENDIZAGEM NÃO SUPERVISIONADA

Diferentemente da aprendizagem supervisionada, a aprendizagem não supervisionada, também denominada de aprendizagem auto-organizada ou autoassociativa, não possui uma saída desejada, uma marcação ou um rótulo para atuar como um professor (supervisionada), para associar a cada dado de entrada, de modo a permitir a formação dos pares de treinamento entrada-saída.

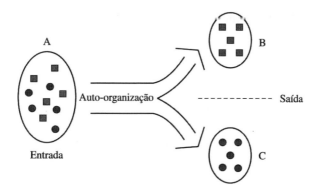

Figura 6.4 – Aprendizagem não supervisionada.

As técnicas de aprendizagem não supervisionada normalmente tentam reproduzir fenômenos da natureza, encontrando o devido respaldo científico na análise estatística do fenômeno para comprovar sua validade como mecanismo de inferência, que irá permitir a extração e classificação de características das entradas que possam constituir-se na solução de algum problema de interesse. Em decorrência, o objetivo deste tipo de aprendizagem é descobrir características ou padrões significativos nos dados de entrada e fazer esta descoberta sem um professor (Haykin, 2001). É uma aprendizagem cega, usando apenas análise estatística de ocorrências experimentais.

As técnicas não supervisionadas normalmente são inspiradas na Aprendizagem Hebbiana e na Análise de Componentes Principais (*Principal Components Analysis* – PCA), incorporando algumas regras de cooperação e competitividade entre as características a serem classificadas. Dentro do tipo de aprendizagem *não supervisionada*, destacam-se os seguintes métodos:

- Mapa Auto-organizável

Exemplos: Mapa Auto-organizável (*Self-Organized Map* - SOM) ou Mapa de Kohonen;

- Teoria da Informação

Exemplos: Método de Estimação por Máxima Verossimilhança e Método da Máxima Entropia;

- Mecânica Estatística

Exemplos: Máquina de Boltzman, Recozimento Anelar (*Simulated Annealing*) e Aprendizagem por Quantização Vetorial (*Learning Vector Quantization* – LVQ);

- Classificação e Otimização baseada em Meta-heurísticas

Exemplos: Algoritmo Genético, Colônia de Formigas, Algoritmo de Morcego, Enxame de Partículas, Algoritmo de Polinização de Flores e Algoritmo de Busca Cuco.

6.4.3 APRENDIZAGEM POR REFORÇO

Esse tipo de aprendizagem é baseado na Lei de Thorndike, escrita de forma resumida conforme: *Quanto maior a satisfação ou o desconforto, maior o fortalecimento ou o enfraquecimento da ligação* (Thorndike, 1911). O termo "fortalecimento" significa um reforço positivo ou premiação, feito na forma de um agrado (os animais recebem em troca um petisco saboroso), enquanto "enfraquecimento" significa um reforço negativo ou punição (os animais nada recebem). Nesse contexto, o termo "ligação" pode ser interpretado como a ligação sináptica, localizada no cérebro entre 2 neurônios vizinhos, na qual fica armazenado o conhecimento adquirido. Computacionalmente, a premiação e a punição consistem em atribuir um valor coerente com o objetivo que se quer atingir por meio da aprendizagem, conforme o comportamento apresentado (saída corrente), à medida que o sistema processa os dados de entrada.

No processo de aprendizagem por reforço, a parte que executa o reforço, realizando a premiação ou a punição, é denominada de crítico, que neste caso tem uma função similar à do especialista ou professor, existente no caso da aprendizagem supervisionada. Considere o exemplo de um cachorro aprendendo a pular um obstáculo, conforme mostrado no esquema a seguir:

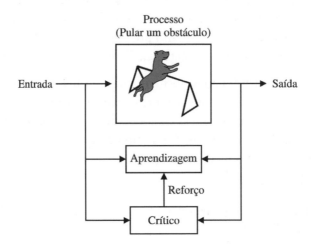

Figura 6.5 – Esquema de aprendizagem por reforço.

O papel do crítico é promover ações de reforço, quer premiando pelo bom comportamento (desejado), quer penalizando por comportamento não desejado, até que a aprendizagem seja concluída de maneira satisfatória. Outro exemplo é ensinar um robô a percorrer a melhor trajetória possível, sem colidir com obstáculos porventura situados à sua frente (Figura 6.6).

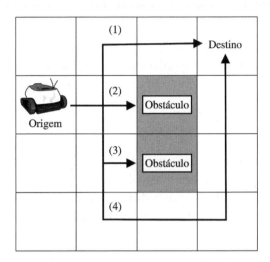

Figura 6.6 – Um robô avaliando qual a melhor trajetória a ser percorrida.

A trajetória vencedora (1) é aquela com menor pontuação, considerando o seguinte critério de premiação ou punição: caso o robô percorra uma casa livre ganha 10 pontos e caso percorra uma casa com obstáculo, por exemplo as trajetórias (2) e (3), ganha 1.000 pontos. Um algoritmo bastante usado para atingir esse objetivo, utilizando-se a aplicação da aprendizagem por reforço, é o Algoritmo A* (lê-se "Algoritmo A estrela"), que é indicado para descobrir a melhor trajetória a ser percorrida por um robô móvel, em um espaço reticulado contendo obstáculos previamente identificados.

6.5 APRENDIZAGEM AUTOMÁTICA DE MÁQUINA

A aprendizagem automática de máquina (*Automated Machine Learning* – AutoML) é um método para solução de problemas que utiliza um conjunto de técnicas sincronizadas, clássicas e de Inteligência Artificial, sendo todas executadas automaticamente usando o modo *pipeline*.

6.5.1 *PIPELINE*

O termo técnico *pipeline* não tem uma tradução em português, mas, de uma maneira aproximada, no contexto da Aprendizagem de Máquina, poderia ser entendido como "canalização de dados". Conceitualmente, trata-se de uma estratégia para execução automática de uma sequência de tarefas computacionais, isto é, sem a interferência humana, constituindo-se nas etapas de exploração de dados (coleta e tratamento), modelagem (escolha, treinamento e validação do modelo) e implantação.

Para explicar o que significa *pipeline*, primeiro vamos descrever como funciona um processamento sequencial. Suponha que a máquina tenha somente que executar duas tarefas, tratamento de dados e treinamento (aprendizagem):

- Tarefa 1: Tratamento de dados;
- Tarefa 2: Treinamento.

É também suposto existir uma grande quantidade de dados armazenada na máquina, que demandam um determinado tempo para que as tarefas '1' e '2' sejam completamente executadas, cuja duração é medida usando uma escala de tempo, que dependerá da complexidade das instruções e dos recursos de máquina disponíveis.

Simbolicamente, considerando um processo sequencial e usando uma escala de tempo apenas ilustrativa, somente com o objetivo de realizar comparações, tem-se:

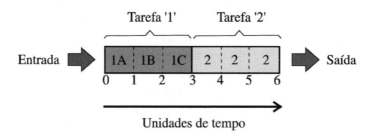

Figura 6.7 – Processamento sequencial.

A Figura 6.7 mostra que as tarefas '1' e '2' foram divididas em várias partes múltiplas de uma unidade de tempo, com o propósito de indicar a possibilidade de vir a executá-las separadamente, em que cada uma das partes consumiria uma quantidade múltipla da unidade adotada, sendo que neste caso a duração do processo totalizou 6 unidades de tempo.

Agora, é a vez de explicar o que está por trás do conceito de *pipeline*. Inicialmente, é importante saber que existe uma diferença sútil entre os conceitos de *pipeline* na área de arquitetura de computador (*hardware*) e na área de programação (*software*). A área que nos interessa diretamente é a de *pipeline* em programação. Define-se:

- *Pipeline* em arquitetura de computador (*hardware*) – quando se refere à arquitetura do computador, o conceito de *pipeline* envolve a segmentação e o processamento intercalado, explorando a possibilidade de execução em paralelo, utilizando-se das unidades lógico-aritméticas (ULA) internas existentes na máquina. A figura a seguir ilustra o funcionamento do pipeline desse tipo.

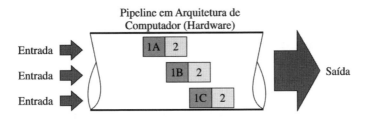

Figura 6.8 – Pipeline em *hardware*.

Primeiro, o grupo de dados 1A (tarefa 1) é tratado para, em seguida, ser iniciado o treinamento (tarefa 2) ou ajuste dos parâmetros do modelo, usando-se esta parte dos dados. Simultaneamente a esse treinamento com o grupo de dados 1A, é realizado o tratamento dos dados correspondentes ao grupo 1B, prosseguindo-se com o processamento em modo paralelo, até encerrar o treinamento usando todos os dados. Devido à adoção desse procedimento, consta-se que a duração total para executar as tarefas 1 e 2 usando *pipeline*, diminuiu para 4 unidades de tempo, resultando numa redução de aproximadamente 33% em relação ao processamento ou execução sequencial.

Nesse caso, nota-se que o *pipeline* de arquitetura é físico, pois depende da existência de um sistema com mais de um núcleo de processamento (*multicore*), normalmente disponíveis em unidades centrais de processamento (CPU) mais modernas, ou de várias unidades de processamento gráfico (GPU), com grande poder de processamento de dados.

- *Pipeline* em programação (*software*) – este é o caso de interesse em Aprendizagem de Máquina. Aqui, só está presente a execução automática, contínua e sequencial das tarefas, sendo que estas são formadas de processos, programas (*threads*) ou blocos de instruções. A impressão que se tem é como se o processamento estivesse ocorrendo dentro de uma canalização virtual.

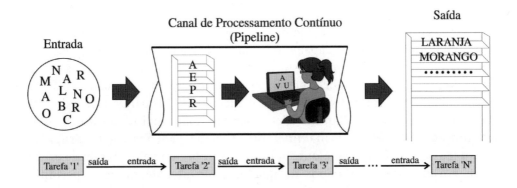

Figura 6.9 – Pipeline de *software*.

Vê-se, portanto que se trata de uma sequência de tarefas sendo executadas, de modo automático (sem a intervenção humana) e contínuo, na qual a saída de uma tarefa será a entrada da próxima tarefa a ser executada. Não há realização de processamento paralelo, embora possa existir uma falsa impressão de estar ocorrendo dentro da máquina.

6.5.2 UM EXEMPLO DE APLICAÇÃO DE AutoML

A título de ilustração, considere o caso de aprendizagem de máquina para predição de doenças cancerígenas na mama, em que se possui uma grande quantidade de dados (por exemplo, imagens médicas de formação de nódulos na mama) para serem classificados, conforme alguma característica de interesse (benigno ou maligno). Uma proposta de esquema a ser usado é mostrado na Figura 6.10, o qual consiste em um conjunto dados brutos disponíveis (imagens), de uma rede para realizar a extração de características e, finalmente, de uma rede para classificação das imagens. Observa-se que, para a tarefa de extração de característica, está sendo usada uma Rede Neural Convolucional (CNN) e, para a tarefa de classificação, está sendo usada uma Rede Neural Profunda (*Deep Learning*).

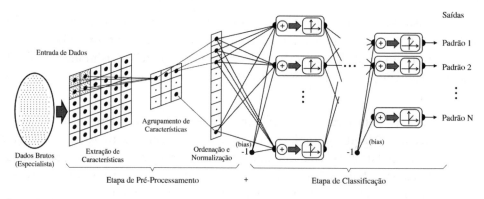

Figura 6.10 – Esquema de AutoML (CNN + Rede Profunda).

A tarefa correspondente à etapa de pré-processamento é realizada por programas apropriados, que sejam capazes de atender a formatação de dados, adequada à sua manipulação pelas etapas posteriores. Dentre muitas possibilidades existentes na literatura, citamos, por exemplo, as Redes Neurais Convolucionais (CNN) e o método da Análise de Componentes Principais (PCA) para a tarefa de extração de características, a Planilha Eletrônica bidimensional (*dataframe*), com as suas funções matemáticas de máximo, soma e média, para a tarefa de agrupamento de dados e, finalmente, qualquer aplicativo apropriado para a tarefa de ordenação e normalização dos dados agrupados (*flatting*), de modo a permitir a

Aprendizagem de máquina

alimentação da entrada na rede neural profunda que vem logo no final do processamento da máquina.

Na etapa de classificação, a profundidade da rede neural, ou seja, a quantidade de camadas, irá depender das características a serem extraídas dos dados a serem processados, que por sua vez definirá a complexidade do problema a ser resolvido.

6.6 ANORMALIDADES NA APRENDIZAGEM: SOBREAJUSTE E SUBAJUSTE

O comportamento dos erros de treinamento e de generalização, quando levados em conta, são bons indicadores qualitativos do modelo experimental, qual seja, a análise conjunta desses erros é um indicativo da qualidade do modelo, no que diz respeito à sua capacidade de fazer ou não predições confiáveis, isto, posteriormente na fase de aplicação do modelo. Porém, antes vamos definir o que se entende por erro de treinamento e por erro de generalização.

- Erro de treinamento – é o erro final cometido na fase de treinamento, a ser calculado na atividade de validação ou teste, como resultado do processo de convergência para um erro aceitável previamente estabelecido. O processo de treinamento é iterativo, sendo que em cada etapa do treinamento se comete um erro parcial, o qual vai diminuindo à medida que as entradas são reiteradamente submetidas ao modelo de predição, fazendo com que o erro convirja para um valor aceitável (tolerância), o qual foi arbitrado no início do processo da aprendizagem.

- Erro de generalização – é o erro que ocorre quando se aplica uma entrada diferente das entradas usadas anteriormente no treinamento do modelo, porém retirada do mesmo conjunto de entradas/saídas coletadas inicialmente. O erro de generalização então é obtido comparando a saída apresentada pelo modelo treinado com o valor real da saída (valor desejado ou rótulo) disponível.

6.6.1 SOBREAJUSTE (*OVERFITTING*)

Por sua vez, define-se sobreajuste (*overfitting*) como decorrente de um treinamento exaustivo, de grande complexidade, praticamente um ajuste específico para um conjunto de entradas com classes separadas por fronteiras bastante irregulares ou sinuosas.

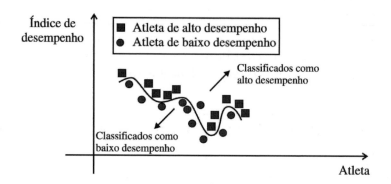

Figura 6.11 – Sobreajuste (*overfitting*).

Já na Figura 6.11, vê-se claramente que o modelo treinado se caracteriza por ser um modelo bastante particular, como feito por encomenda para atender um conjunto especial de entradas com suas respectivas saídas desejadas ou rótulos. Nesse caso, o erro de treinamento é baixo, com certeza conseguiu convergir para a tolerância estipulada como critério de parada do processo de aprendizagem. Entretanto, para algumas novas entradas (talvez nem todas) o modelo apresentará um elevado erro de teste, em resposta a novos dados de entrada.

Um aspecto interessante, é que um modelo sobreajustado pode se prestar bem para a finalidade de explicar o comportamento das variáveis do modelo e suas relações, embora não sirva para realizar generalizações.

Resumindo: o sobreajuste ocorre porque o modelo aprendeu muito sobre um conjunto restrito de dados experimentais, entretanto não consegue obter um bom desempenho para os pontos de generalização. Importante ressaltar que, tanto para os dados de treinamento quanto para os dados de generalização, para o cálculo dos erros correspondentes são conhecidos os valores das entradas e das suas respectivas saídas desejadas ou rótulos, permitindo assim comparar as saídas calculadas pelo modelo com as saídas desejadas conhecidas previamente.

Não se deve confundir a fase de validação ou teste com a fase seguinte de generalização, sendo que na generalização o modelo é efetivamente aplicado para fazer predições, embora o cálculo do erro de generalização seja realizado com dados conhecidos retirados do mesmo espaço de entradas utilizado no treinamento, a fim de verificar previamente a sua capacidade de acerto ou o seu desempenho.

6.6.2 SUBAJUSTE (*UNDERFITTING*)

Entende-se por subajuste (*underfitting*) quando o modelo é muito fraco, ou seja, não consegue captar a lógica embutida na relação entrada/saída implícita nos dados experimentais, ou seja, a "lei matemática" que rege o comportamento do sistema real. Essa deficiência exibida pelo modelo pode ter sido ocasionada por uma escolha errada do modelo de aprendizagem, por exemplo, modelo linear ao invés de não linear, quantidade insuficiente de núcleos (*clusters*) ou classes, poucos neurônios numa rede neural artificial etc.

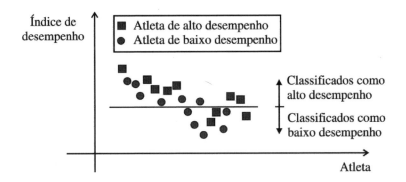

Figura 6.12 – Subajuste (*underfitting*).

Na Figura 6.12 vê-se claramente que o modelo linear não é suficiente para classificar, isto é, separar os subconjuntos dos atletas de alto desempenho dos atletas de baixo desempenho. Certamente o erro de treinamento foi elevado, sendo bem provável não ter conseguido convergir para a tolerância estipulada como critério de parada do processo de aprendizagem.

Em consequência, o erro de generalização, que é o erro cometido quando se compara a classificação calculada pelo modelo com os dados disponíveis, para atletas que não participaram do treinamento, também será elevado. Sintetizando: o subajuste (*underfitting*) ocorre porque o modelo não aprendeu o necessário, portanto, não é apropriado para fazer generalização ou predição.

6.6.3 UMA VISÃO ESTATÍSTICA SOBRE SOBREAJUSTE E SUBAJUSTE

Suponha que se possua um sistema real e se deseja construir um modelo de tal sistema, com a finalidade de realizar predições. O que se deve fazer inicialmente é realizar um planejamento, listando etapa por etapa, de como obter um modelo experimental a partir de um sistema real. Definido o método a ser usado, assim como seus requisitos de funcionalidade, certamente uma das primeiras providências a tomar, será realizar uma coleta de dados experimentais, sendo que uma parte desses dados será utilizado na fase de treinamento e outra parte será utilizada na fase de generalização do modelo, salientando mais uma vez que se tratam de dados diferentes, porém retirados do mesmo conjunto universo de dados experimentais coletados.

A figura a seguir apresenta uma visualização do sistema real (linha cheia), que é o gerador dos dados experimentais (círculos) e do modelo matemático (linha tracejada) obtido a partir desses dados, mostrados por:

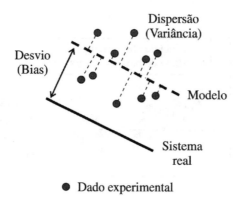

Figura 6.13 – Sistema real, dados experimentais e seu modelo.

Nota-se claramente que os dados gerados pelo sistema real se encontram contaminados devido à ocorrência de erros durante a medição, o que acarretou um desvio e uma dispersão nos valores verdadeiros. O desvio normalmente tem a sua origem em erros sistemáticos (por exemplo, instrumento de medição descalibrado), enquanto a dispersão é proveniente de erros aleatórios (por exemplo, influência da temperatura).

A dispersão dos dados em relação ao modelo é evidenciada pelo valor da variância, a qual é calculada por:

$$Variancia = \frac{\sum(\text{distância dos pontos em relação ao modelo})^2}{N} \quad (6.2)$$

em que N é a quantidade total de pontos usados na modelagem experimental.

A maioria das técnicas usadas em modelagem matemática de sistemas, baseiam-se na minimização da soma das variâncias resultantes da dispersão dos dados em relação ao modelo.

Dessa forma, têm-se duas medidas estatísticas importantes, o desvio (viés ou *bias*) do modelo e a sua variância, que podem ser correlacionadas com as anormalidades possíveis de ocorrer na modelagem, denominadas de sobreajuste (*overfitting*) e subajuste (*underfitting*), da seguinte forma:

Aprendizagem de máquina

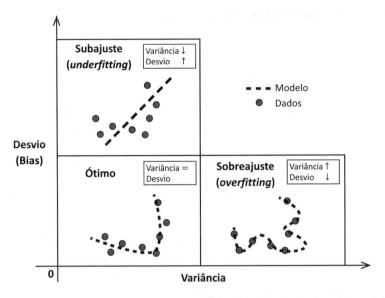

Figura 6.14 – Correlação entre medidas estatísticas e anormalidades de treinamento/generalização.

É importante mencionar que a variância do modelo está diretamente relacionada com a sua complexidade, conceito associado com a quantidade de parâmetros ajustáveis – quanto maior a quantidade de parâmetros, maior será a complexidade do modelo matemático.

A ideia agora é utilizar o desvio e a variância para avaliar tanto a qualidade do treinamento (aprendizagem) quanto da generalização (quando se usa dados diferentes do treinamento), principalmente para identificar a ocorrência das anormalidades de subajuste (*underfitting*) e de sobreajuste (*overfitting*). Sintetizando, os desempenhos mostrados na Figura 6.14 são descritos como:

- Subajuste (*underfitting*): variância pequena (erro de treinamento grande) e desvio^2 grande (erro de generalização grande), indicando um modelo muito simples; observe que o desvio aparece elevado ao quadrado (Geman et al., 1992);

- Sobreajuste (*overfitting*): variância grande (erro de treinamento pequeno) e desvio^2 pequeno (erro de generalização grande), indicando um modelo muito complexo. O modelo aprende muito bem somente os dados usados no treinamento, porém apresenta um desempenho ruim na fase de generalização;

- Ótimo: variância e o desvio^2 têm valores iguais, que determinam um certo erro de treinamento aceitável correspondente ao menor erro de generalização (mínimo), para uma determinada complexidade intermediária do modelo matemático.

6.7 AVALIAÇÃO DO MODELO

Todos os tópicos vistos até este ponto dizem respeito à teoria da aprendizagem de máquina, tendo sido apresentados basicamente com a sua definição e os conceitos necessários para o desenvolvimento de programas, voltados para resolver problemas de predição – regressão (números) e classificação (categorias), que resumidamente consiste na exploração dos dados e a obtenção de um modelo matemático do problema, com os seus parâmetros devidamente ajustados após o treinamento.

Agora, de posse do modelo de Aprendizagem de Máquina (ML) pronto para ser usado, é preciso determinar o grau de acerto nas suas predições, de modo a decidir pela sua aprovação ou não, com base no seu desempenho diante dos dados usados exclusivamente para este fim, que de fato servirá para avaliar a capacidade de sucesso (generalização) do modelo. Certamente, a análise de desempenho requer que os resultados obtidos nessa avaliação sejam inicialmente organizados para uma melhor visualização e a aplicação de métricas que irão indicar a eficiência do modelo adotado e, caso não seja aceitável, sugerir modificações no modelo ou até mesmo a adoção de outra técnica que possa ser mais eficiente.

Para facilitar a compreensão, suponha o seguinte caso:

"Considere um modelo de ML devidamente treinado, capaz de classificar jogadores de basquete, de acordo com o desempenho individual, baseado em algumas características profissionais consideradas importantes (por exemplo, altura, pontos marcados, títulos conquistados e distância média percorrida por jogo). Deseja-se testar esse modelo para um conjunto de 20 jogadores, os quais não foram utilizados no treinamento, e assim avaliar a sua eficiência".

Após submeter as características individuais (dados de entrada) dos atletas ao modelo devidamente treinado, obteve-se o seguinte gráfico de classificação, segundo um critério válido de avaliação de desempenho profissional:

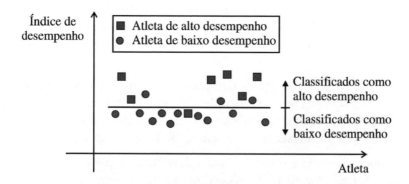

Figura 6.15 – Classificação conforme o índice de desempenho.

Observe no gráfico da Figura 6.15 que o modelo erra na classificação de alguns atletas, pois o atleta considerado de alto desempenho foi classificado pelo modelo como de baixo desempenho e vice-versa. Como então medir a eficiência do modelo?

A medição da eficiência de um modelo é realizada por intermédio do uso de métricas, que normalmente utilizam para medida a quantidade de acertos numa determinada classe, em relação à quantidade total de classes (rótulos), ou alguma variante desta relação que seja de interesse avaliar.

6.7.1 MÉTRICAS PARA AVALIAÇÃO DE DESEMPENHO

As métricas indicam a qualidade de um modelo de predição, mostrando o quão próximo as previsões estão dos valores reais. Na aprendizagem de máquinas existem 2 tipos de métricas que podem ser usadas – as métricas não probabilísticas e as métricas probabilísticas.

6.7.1.1 Métricas para modelos não probabilísticos

Existem modelos que classificam os dados de entrada indicando diretamente a classe absoluta a que correspondem, por exemplo, magro ou gordo. A avaliação desses modelos ditos não probabilísticos, isto é, que não usam a probabilidade como indicativo de ocorrência de uma classe, pode ser realizada usando-se métricas existentes na literatura, sendo que as mais usadas serão vistas logo em seguida.

Entretanto, a aplicação desse tipo de métrica requer a organização dos resultados de teste usando entradas diferentes das usadas no treinamento, com a finalidade de verificar a capacidade de generalização do modelo. Por conseguinte, a organização dos resultados será realizada segundo a técnica denominada de Matriz de Confusão, também conhecida como Matriz de Erro ou Tabela de Confusão, sendo que nas colunas está disposta a classificação, normalmente resultante de um teste ou avaliação, e nas linhas o que é realmente (real), conforme mostrado na tabela a seguir:

Tabela 6.1 – Matriz de Confusão

		Classificação	
		Alto desempenho	Baixo desempenho
Real	Alto desempenho	Alto verdadeiro (TP)	Baixo falso (FN)
	Baixo desempenho	Alto falso (FP)	Baixo verdadeiro (TN)

As siglas da tabela são as mais usadas e genericamente significam (podem ser aplicadas a qualquer Matriz de Confusão):TP: verdadeiro positivo (*True Positive*), isto é, o atleta foi classificado como alto desempenho e realmente é alto desempenho;

TN: verdadeiro negativo (*True Negative*), isto é, o atleta foi classificado como baixo desempenho e realmente é baixo desempenho;

FP: falso positivo (*False Positive*), isto é, o atleta foi classificado como alto desempenho, porém, na realidade é baixo desempenho;

FN: falso negativo (*False Negative*), isto é, o atleta foi classificado como baixo desempenho, porém, na realidade é alto desempenho.

Observando a Figura 6.15 que retrata a classificação de jogadores de basquete, tem-se a seguinte Matriz de Confusão:

Tabela 6.2 – Matriz de Confusão para classificação de jogadores de basquete

		Classificação	
		Alto desempenho	Baixo desempenho
Real	Alto desempenho	TP = 06	FN = 01
	Baixo desempenho	FP = 03	TN = 10

No entanto, falta ainda avaliar a eficiência do modelo, o que será feito utilizando-se de uma ou mais métricas disponíveis na literatura, conforme o aspecto qualitativo que se deseja avaliar. Uma métrica é um critério que serve para medir a distribuição relativa de um determinado conjunto de instâncias previamente classificadas.

Tomando-se por base a Matriz de Confusão, que contempla não só as ocorrências dos valores verdadeiros (acertos), como também dos valores falsos (erros) cometidos pelo modelo adotado, as principais métricas são: acurácia, precisão, sensibilidade (*recall*), especificidade e Pontuação F1.

- Acurácia (*accuracy*): é a razão entre o total de resultados verdadeiros (todos os acertos, positivos e negativos) e a quantidade total de resultados, sendo calculada pela seguinte fórmula:

$$Acuracia = \frac{TP + TN}{TP + TN + FP + FN} \qquad (6.3)$$

Aplicando para o caso dos resultados mostrados na Tabela 6.2, tem-se:

$$Acuracia = \frac{6 + 10}{6 + 10 + 3 + 1} = \frac{16}{20} = 0,80$$

cuja interpretação é: 80% das classificações estão corretas. A acurácia é uma das métricas mais importantes, pelo fato de retratar o grau de confiança que se pode ter no modelo adotado. Agora, vamos fazer uma reflexão sobre a métrica fornecida pela acurácia, tomando como base a Figura 6.16. É possível tornar a acurácia igual a 1, de forma que o modelo atinja 100% de acertos? A resposta é não. Mesmo deslocando a fronteira entre os dados classificados para cima ou para baixo, não é possível alterar o valor da acurácia, motivo pelo qual a sua confiabilidade é elevada.

- Precisão: é a razão entre o total de resultados positivos preditos corretamente (acertos positivos) e a quantidade total de resultados positivos preditos (acertos e erros), sendo calculada pela seguinte fórmula:

$$Precisao = \frac{TP}{TP + FP} \tag{6.4}$$

A precisão reflete a quantidade de positivos que foram preditos corretamente em relação à quantidade total de positivos classificados como tal. Aplicando para o caso dos resultados mostrados na Tabela 6.2, tem-se:

$$Precisao = \frac{6}{6 + 3} = \frac{6}{9} = 0{,}67$$

cuja interpretação é: 67% dos positivos foram classificados corretamente.

Agora, tomando como base a Figura 6.15, veja que é possível tornar a precisão de um modelo igual a 1, bastando que se use um artifício para deslocar a fronteira entre os dados para cima, de modo a posicionar todos os verdadeiros negativos abaixo da reta divisória.

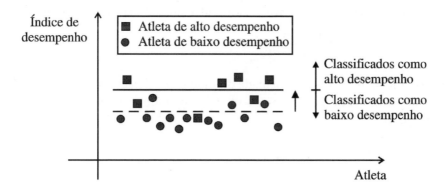

Figura 6.16 – Deslocamento da fronteira da Figura 6.15 (tracejada para contínua).

Agindo dessa maneira, a precisão passaria a ser

$$Precisao = \frac{4}{4 + 0} = 1{,}00$$

Conclui-se que a precisão de um modelo pode ser manipulada para atingir 100%, evidentemente em troca da redução da acurácia do modelo adotado.

- Sensibilidade (revocação ou *recall*): é a razão entre o total de resultados positivos preditos corretamente (TP, ou seja, verdadeiro positivo) e a quantidade total de resultados que realmente são positivos, sendo calculada pela seguinte fórmula:

$$Sensibilidade = \frac{TP}{TP + FN} \qquad (6.5)$$

A sensibilidade reflete a capacidade do modelo de detectar os positivos corretamente. Aplicando para o caso dos resultados mostrados na Tabela 6.2, obtém-se o seguinte valor:

$$Sensibilidade = \frac{6}{6 + 1} = \frac{6}{7} = 0,86$$

cuja interpretação é: 86% dos realmente positivos foram detectados pelo modelo.

Tanto no caso da precisão quanto no caso da sensibilidade, é possível alterar propositalmente os resultados apresentados pelo modelo utilizado, bastando deslocar a fronteira para cima ou para baixo (Figura 6.16), de modo a modificar a distribuição relativa dos objetos.

Observe que precisão e sensibilidade têm comportamentos opostos quando se desloca a fronteira para um determinado lado,, enquanto uma aumenta a outra diminui e vice-versa.

- Especificidade: é a razão entre o total de resultados negativos preditos corretamente (TN, ou seja, verdadeiro negativo) e a quantidade total de resultados que realmente são negativos, sendo calculada pela seguinte fórmula:

$$Especificidade = \frac{TN}{TN + FP} \qquad (6.6)$$

A especificidade reflete a capacidade do modelo de detectar os negativos corretamente. Aplicando para o caso dos resultados mostrados na Tabela 6.2, obtém-se o seguinte valor:

$$Especificidade = \frac{10}{10 + 3} = \frac{10}{13} = 0,77$$

cuja interpretação é: 77% dos realmente negativos foram detectados pelo modelo.

- Pontuação F1 (*F1-score*): é uma medida de acurácia calculada pela média harmônica entre as métricas de precisão e sensibilidade. A média harmônica situa-se mais próxima do menor dos números, e esta propriedade é explorada para inferir se a precisão ou a sensibilidade tem um valor baixo ou alto, o que permite que a avaliação seja feita usando apenas uma métrica ao invés de duas, sendo calculada pela seguinte fórmula:

Aprendizagem de máquina

$$F1 = 2\left(\frac{precisao \; x \; sensibilidade}{precisao + sensibilidade}\right) \tag{6.7}$$

Aplicando para o caso dos resultados mostrados na Tabela 6.2, tem-se:

$$F1 = 2\left(\frac{0,86 \; x \; 0,67}{0,86 + 0,67}\right) = 2\left(\frac{0,5762}{1,53}\right) = 2 \; x \; 0,3766 = 0,75$$

cuja interpretação é: quando a Pontuação F1 está baixa é sinal de que a precisão ou a sensibilidade está baixa ou ambas estão baixas; ao contrário, se a Pontuação F1 está alta, ntão a precisão e a sensibilidade estão altas.

Por exemplo, suponha precisão = 0,30 e sensibilidade = 0,80, então tem-se F1 = 0,44. Conclusão: a Pontuação F1 situa-se mais próxima do valor mais baixo, entre a precisão e a sensibilidade.

Exemplo: Um fabricante de Teste Rápido para detectar a presença no ser humano do Coronavírus, causador da doença chamada COVID-19, divulgou no Manual do Usuário do dispositivo, os dados da testagem realizada em 400 pessoas adultas residentes em uma região infectada pelo vírus, divulgados pela seguinte Matriz de Confusão (revista e adaptada):

		Classificação (Teste Rápido)	
		Positivo	Negativo
Real (RT-PCR)[*]	Positivo	13	01
	Negativo	07	379

(*) Tomado como referência (*benchmark*)

Sensibilidade = 93%

Especificidade = 98%

Pergunta-se:

1) Qual é a probabilidade do referido Teste Rápido acertar o diagnóstico para uma pessoa realmente infectada?

2) Qual a probabilidade de acertar para uma pessoa não infectada?

Solução:

1) A primeira pergunta quer saber o valor de P(R+|T+), ou seja, qual a probabilidade de uma pessoa estar realmente infectada (R+), dado que testou positivo (T+). A resposta é dada pela aplicação do Teorema de Bayes (ANEXO C), que estabelece:

$$P(R + |T +) = \frac{P(T + |R +).P(R+)}{P(T+)} = \frac{P(T + |R +).P(R+)}{P(T + |R +).P(R +) + P(T + |R -).P(R-)}$$

em que:

P(T+|R+) = Sensibilidade = 93%

(leia-se: probabilidade do teste dar positivo, para uma pessoa realmente infectada)

P(T+|R−) = probabilidade do teste dar positivo, para uma pessoa realmente não infectada

= 100 − P(T−|R−), sendo que P(T−|R−) é a Especificidade do dispositivo de teste

= 100 − 98

= 2%

P(R+) = probabilidade das pessoas se infectarem

= (14/400)x100 = 3,5%

P(R−) = probabilidade das pessoas não se infectarem

= 100 − 3,5 = 96,5% ou, calculada de outra forma, (386/400) x 100 = 96,5%

Substituindo na fórmula de Bayes e calculando, virá:

$$(R + |T +) \ = \frac{P(T + |R +).\,P(R+)}{P(T + |R +).\,P(R +) + P(T + |R -).\,P(R-)}$$

$$= \frac{0,93 \ x \ 0,035}{0,93 x 0,035 + 0,02 \ x \ 0,065}$$

$$= 0,6278 \cong 63\%$$

Portanto, a probabilidade do Teste Rápido acertar o diagnóstico para uma pessoa realmente infectada é de 63% (grau de confiança ou crença), e não de 93% (sensibilidade), como alguns usuários poderiam estar sugestionados a acreditar.

2) A segunda pergunta quer saber o valor de P(R−|T−), ou seja, qual a probabilidade de uma pessoa não estar realmente infectada (R−), dado que testou negativo (T−).

A resposta é dada pela aplicação do Teorema de Bayes (ANEXO C), que estabelece:

$$P(R - |T -) = \frac{P(T - |R -).\,P(R -)}{P(T-)} = \frac{P(T - |R -).\,P(R -)}{P(T - |R -).\,P(R -) + P(T - |R +).\,P(R+)}$$

em que:

P(T−|R−) = Especificidade = 98% (leia-se: probabilidade do teste dar negativo, para uma pessoa realmente não infectada)

P(T−|R+) = probabilidade do teste dar negativo, para uma pessoa realmente infectada

$= 100 - P(T+|R+)$, sendo que $P(T+|R+)$ é a Sensibilidade do dispositivo de teste

$= 100 - 93$

$= 7\%$

P(R+)   = probabilidade das pessoas se infectarem

$= (14/400) \times 100 = 3,5\%$

P(R–)   = probabilidade das pessoas não se infectarem

$= 100 - 3,5 = 96,5\%$ ou, calculada de outra forma, $(386/400) \times 100 = 96,5\%$

Substituindo na fórmula de Bayes e calculando, virá:

$$P(R-|T-) = \frac{P(T-|R-).P(R-)}{P(T-|R-).P(R-) + P(T-|R+).P(R+)}$$

$$= \frac{0,98 \, x \, 0,965}{0,98 \, x \, 0,965 + 0,07 \, x \, 0,035}$$

$$= 0.9974 \cong 100\%$$

Nesse caso, a probabilidade do referido Teste Rápido acertar o diagnóstico para uma pessoa realmente não infectada é de aproximadamente 100% (grau de confiança ou crença), praticamente igual ao valor da Especificidade informada do referido dispositivo de teste.

Conclusão: A indicação negativa (não infectado) do Teste Rápido é muito confiável, praticamente uma certeza, enquanto a indicação positiva é apenas uma sugestão que deve ser confirmada com um teste laboratorial de melhor qualidade.

6.7.1.2 Métricas probabilísticas

Diferentemente das métricas não probabilísticas, vamos tratar a seguir de métricas para modelos que usam a probabilidade como indicativo de ocorrência de uma classe, isto é, primeiro o modelo calcula a probabilidade e, com base neste valor, é feita a classificação.

- Pontuação da Perda Logarítmica (*Log-loss Score*)

Quando se diz perda logarítmica, a palavra perda significa o quanto uma predição se distancia do real. A métrica probabilística denominada de Pontuação da Perda Logarítmica (*Log-loss Score*) estabelece que, quanto menor for o seu valor, melhor é o modelo de predição; caso a métrica seja usada para comparar o desempenho de 2 modelos distintos, deve ser garantido que a distribuição dos dados de teste seja a mesma para os 2 modelos. É calculada pela seguinte fórmula:

$$Logloss = - (rLn(p)+(1-r)Ln(1-p)) \tag{6.8}$$

em que Ln é o logaritmo neperiano (base $e = 2,71828...$), r é a classe real de um determinado dado de entrada e p é a probabilidade da predição acertar a classe-alvo, ou seja, a classe que está sendo avaliada pelo modelo, por exemplo, um modelo feito para detectar pessoas obesas, a classe obesa é a classe-alvo; outro exemplo, um modelo para detectar *spam*, a classe *spam* é a classe-alvo.

Exemplo: Suponha um modelo probabilístico de 2 classes (binário), desenvolvido para detectar pessoas obesas, em que 1 = obesa e 0 = magra, cujo teste apresentou os seguintes resultados:

Instância	Classe real	Predição Probabilidade de ser 1 (obesa)
Pessoa 01	1	0,80
Pessoa 02	0	0,80

Aplicando a fórmula da perda logarítmica, virá:

$$Logloss\ 01 = -\big(1Ln(0,80) + (1-1)Ln(1-0,80)\big)$$

$$= -\big(1(-0,223)\big) + 0(-1,609)) = 0,223$$

$$Logloss\ 02 = -\big(0Ln(0,80) + (1-0)Ln(1-0,80)\big)$$

$$= -\big(0(-0,223)\big) + 1(-1,609)) = 1,609$$

Observe que o modelo, no caso da Pessoa 01, fez uma predição boa, pois a predição foi de que existe uma probabilidade de 0,80 (80%) da Pessoa 01 ser obesa (e ela é realmente obesa), enquanto no caso da Pessoa 02, a predição foi bastante ruim, já que o modelo afirmou que existe uma probabilidade de 0,80 (80%) da Pessoa 02 ser obesa (classe-alvo do modelo), porém na realidade ela é magra. Essas conclusões são coerentes com a Pontuação da Perda Logarítmica de cada uma delas, sendo que a Pessoa 01 tem um *logloss* 01 = 0,223 e, a Pessoa 02, tem um *logloss* 02 = 1,609, portanto, a Pessoa 01 tem uma pontuação mais próxima de zero. Lógico, tudo o que foi afirmado pressupõe que as duas pessoas foram retiradas de um mesmo conjunto amostral, isto é, possuem a mesma distribuição estatística.

6.8 AS FONTES DE INCERTEZA NA APRENDIZAGEM DE MÁQUINA

Quando se faz a aquisição e o processamento de um dado, quer seja de natureza numérica quer seja de natureza categórica, existe a possibilidade muito grande de ter ocorrido erros. Essa possibilidade é de praticamente 100% nas grandezas contínuas (dados expressos por números reais), e praticamente inexiste para os dados obtidos por contagem (números inteiros), este por razões fáceis de se compreender. A questão fundamental é saber se o erro ocorrido é aceitável ou não, isto é, se vai comprometer o resultado da aprendizagem de máquina a ponto de torná-la imprestável, sendo que o critério para aceitação irá depender fortemente do propósito para o qual se deseja utilizar a aprendizagem. Como a avaliação de um erro, qualquer que seja ele, necessita de se conhecer o seu valor verdadeiro como referência, então é impossível determinar exatamente qual o valor do erro cometido, já que o valor verdadeiro também está sujeito aos mesmos, erros na sua aquisição e no processamento.

Exatamente devido à impossibilidade de se calcular o valor exato de um erro, é que mais modernamente a sua utilização, para avaliar a qualidade de um dado medido, foi substituída pelo conceito de incerteza, já que a incerteza se refere a uma faixa de valores em que o valor verdadeiro deve estar contido. Ou seja, a incerteza de uma medição é um intervalo de valores no qual é garantido que o valor verdadeiro da medição esteja situado, sendo que a largura desse intervalo é que vai determinar a qualidade da medida realizada, isto é, quanto maior a incerteza, pior será a qualidade da medida (dado).

O propósito de se abordar esse assunto aqui, é formar o pensamento de que a Aprendizagem de Máquina está sujeita a várias fontes de erros, que acabam produzindo incertezas, o que requer uma atenção do desenvolvedor para procurar minimizar essas incertezas, utilizando técnicas apropriadas de correção de erros disponíveis na literatura especializada. Mas, para que isso ocorra, é necessário conhecer antes a origem desses erros, em outras palavras, quais são as prováveis fontes de incerteza. As fontes de incertezas na Aprendizagem de Máquina são:

- Dados – podem ocorrer durante as seguintes fases de manipulação dos dados: coleta ou medição, armazenamento, tratamento e comunicação. Para corrigir os erros, os dados deverão ser analisados, quanto ao aspecto quantitativo, no que se refere basicamente em atender o algoritmo escolhido (quanto?) e a sua distribuição equitativa (quais?), e quanto ao aspecto qualitativo (estatístico);

- Algoritmo de Aprendizagem – é o responsável por extrair a relação implícita (modelo) existente entre os dados de entrada e de saída, na aprendizagem supervisionada, ou entre os dados de entradas, na aprendizagem não supervisionada. Para um algoritmo de aprendizagem funcionar a contento, alguns aspectos devem ser observados, como: tipo e codificação das entradas (dados), método ou lógica utilizada (matemática) e o desempenho esperado (resposta);

- Linguagem de Programação – a linguagem, embora seja simplesmente a maneira de instruir como a máquina deve proceder, tem uma influência significativa no resultado da aprendizagem de máquina, decorrente dos recursos operacionais utilizados, como o nível (Assembler, C++, Java, Python etc.), estruturas de dados suportadas (conjuntos e matrizes), e finalmente, as interfaces permitidas (entradas/saídas).

- Máquina – capacidade de satisfazer os requisitos operacionais, principalmente se o produto é para uso em tempo real (online) ou não (offline), como características de velocidade de processamento e memória de trabalho, fixo (computador, Controlador Lógico Programável – CLP) ou móvel (dispositivo embarcado), assim como o valor do erro de aproximação cometido pela máquina.

O esquema a seguir tem a finalidade de ilustrar as possíveis fontes de incertezas na Aprendizagem de Máquinas:

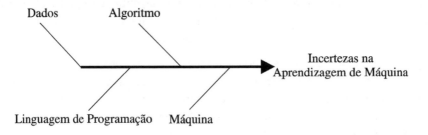

Figura 6.17 – Erros na Aprendizagem de Máquina (causa e efeito).

Resumidamente, constata-se que erros causam incertezas na Aprendizagem de Máquina, os quais devem ser reduzidos, lançando mão de técnicas apropriadas, e avaliando o desempenho final da metodologia utilizada, o que não descarta a necessidade de alterar o planejamento inicial, até atingir o resultado desejado.

6.9 COMENTÁRIOS SOBRE AS TÉCNICAS DE APRENDIZAGEM DE MÁQUINA

Algumas das técnicas ou métodos aplicados na Aprendizagem de Máquinas foram tratados em capítulos anteriores: Sistemas Especialistas, Sistemas Nebulosos (*Fuzzy*), Redes Neurais Artificiais, Redes Convolucionais, Redes Profundas e Algoritmos Genéticos. Entretanto, existem mais técnicas do que as abordadas anteriormente neste livro, as quais foram deixadas para serem vistas nos próximos capítulos, sendo que dentre elas, destacamos a Árvore de Decisão (*Decision Tree* – DT), Bayes Ingênuo (*Naive Bayes*) e a Máquina de Vetor de Suporte (*Support Vector Machine* – SVM). Mesmo assim, isso não significa que o assunto está esgotado, muito pelo contrário, outras técnicas existem na literatura especializada, e a cada dia que passa, pesquisadores e desenvolvedores publicam novos algoritmos sobre a Aprendizagem de Máquina.

Há de se ressaltar que uma boa parte desses "novos" algoritmos, para não dizer a totalidade deles, são versões turbinadas de velhos conhecidos, em que apenas é introduzida alguma inovação, visando melhorar o desempenho e/ou viabilizar a aplicação

Aprendizagem de máquina

em cenários de crescente desafio tecnológico, por exemplo, a necessidade do processamento de uma quantidade de dados cada vez maior (*big data*).

Conforme já foi dito antes, este texto não tem o propósito de esgotar o assunto, sendo recomendado aos interessados recorrerem a outras fontes de conhecimento, sempre observando pela sua credibilidade científica, principalmente devido à grande velocidade de inovação verificada nas últimas décadas, no campo das aplicações em Inteligência Artificial e áreas correlacionadas.

6.10 CONCLUSÕES

Aprendizagem de Máquina é uma aplicação da Inteligência Artificial que se propõe a resolver problemas que podem ser escritos na forma de um algoritmo, isto é, uma sequência finita de instruções capaz de encontrar uma solução para o problema de interesse. É uma ferramenta que abrange as mais diversas áreas do conhecimento técnico e científico, como processamento da linguagem natural, aproximação de funções matemáticas, predição (regressão e classificação), otimização, identificação e controle de processos, e muitas outras.

Embora tenha a sua inspiração na aplicação da Inteligência Artificial, ela permite o uso de técnicas clássicas (por exemplo, árvore de decisão, máquina de vetor de suporte, aprendizagem por Quantização Vetorial etc.), normalmente amparadas em algum critério estatístico que confere credibilida,de cient,ífica para a sua aplicação.

À medida que a disseminação do uso de ferramentas inteligentes avança nos diversos setores da sociedade, é natural deparar-se com a pergunta: será que um dia a máquina irá superar o ser humano, criando os seus próprios algoritmos?

Uma grande maioria julga que não, apoiada no fato de que os algoritmos "são criados e alimentados por seres humanos" (Lanier, 2022).

Acreditando na linha defendida por Jaron Lanier, porém, procurando usar argumentos sustentáveis, é sabido que um programa de computador é construído usando matemática, raciocínio lógico e os conhecimentos especializados de informática, adicionando-se uma boa pitada de criatividade, de modo a superar todos os obstáculos, até chegar à solução pretendida para um determinado problema. Discutir criatividade fugiria da proposta deste texto, mesmo porque existem vários tipos de criatividade, de acordo com a conjunção da ação (deliberada e espontânea) e a sua origem (cognitiva e emocional). É extremamente complexo, até para os especialistas no assunto, conceituar objetivamente criatividade, imagine estender isto para o funcionamento das máquinas. Só se for num horizonte de tempo muito, mas muito distante mesmo...

CAPÍTULO 7
Mais técnicas de aprendizagem de máquina (1)

7.1 INTRODUÇÃO

As técnicas a serem vistas neste capítulo podem ser consideradas como pertencentes à abordagem conexionista, que trata das Redes Neurais Artificiais – RNA, devido aos seus parâmetros serem semelhantes aos parâmetros básicos de uma rede neural: os pesos sinápticos e o *bias*, aumentando assim o arsenal das técnicas abrangidas pela Inteligência Artificial e, consequentemente, da Aprendizagem de Máquina.

Dentro desse contexto, serão apresentadas algumas técnicas da área de Análise Discriminante Linear, como o *Perceptron* de Rosenblatt e a Máquina Linear de Distância Mínima, finalizando o capítulo com o método da Máquina de Vetor de Suporte.

Cabe ressaltar que o conceito de linearidade, frequentemente associado à figura de uma linha reta, principalmente por exibir o caráter de proporcionalidade, a rigor extrapola a esta figura singela que expressa esta propriedade especificamente no espaço bidimensional. Nessa linha de raciocínio, o conceito de linearidade também pode adquirir a forma de um plano no espaço tridimensional, ou até mesmo de uma outra figura hipotética em espaços de dimensão maior do que 3, onde somente seria possível uma definição algébrica, não sendo factível a sua realização física. Por questão de simplicidade de expressão, referimo-nos a todas essas realizações, que atendem a propriedade da linearidade, usando o termo hiperplano, o qual abrange todas as figuras reais e hipotéticas, definidas literalmente nas diversas dimensões do espaço.

7.2 ANÁLISE DISCRIMINANTE LINEAR

A Análise Discriminante Linear (*Linear Discriminant Analysis* – LDA) envolve todos os métodos de classificação baseados na determinação de funções discriminantes, que tem o objetivo de separar os dados do espaço de entrada colocados na forma de vetores N-dimensional, de acordo com a classe a que cada um deles pertence. Trata-se de um método supervisionado, no qual os dados de entrada são previamente classificados por um especialista, de modo a formar os pares de treinamento do tipo , em que são as entradas e são as classes correspondentes a cada uma das entradas, para $i = 1, 2, ..., NPTR$, sendo que *NPTR* significa número de pontos de treinamento.

Existe mais de uma técnica para determinar as funções discriminantes, entre elas vamos apresentar o *Perceptron* de Rosenblatt, a Máquina Linear de Distância Mínima e a Máquina de Vetor de Suporte.

7.2.1 UM CLASSIFICADOR LINEAR: O *PERCEPTRON* DE ROSENBLATT

A rede neural chamada de *perceptron* foi desenvolvida por Frank Rosenblatt, a partir do neurônio de McCulloch e Pitts (ver no Capítulo 3). Tem grande valor histórico, devido ter sido um trabalho pioneiro em problemas de classificação, pela sua simplicidade e pelo estabelecimento da terminologia aplicada à área de análise discriminante. O modelo do discriminador linear de Rosenblatt é mostrado na próxima figura.

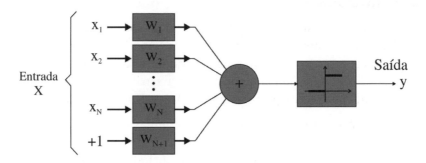

Figura 7.1 – *Perceptron*.

Note que a função de ativação é do tipo limiar (*threshold*), o vetor dos pesos sinápticos é $W = [w_1 \ w_2 \ ...w_N \ w_{N+1}]^T$ e o vetor de entrada é $X = [x_1 \ x_2 \ ...x_N \ x_N +1]^T$, com a entrada extra fixada em +1, o que resulta no seguinte modelo matemático:

$$y = W^T X = \sum_{i=1}^{N} w_i x_1 + w_{N+1} \qquad (7.1)$$

em que o peso sináptico extra faz o papel do *bias*, podendo ser reescrito como:

$$y = \sum_{i=1}^{N} w_i x_1 + b \qquad (7.2)$$

sendo que b é o *bias*.

Suponha que conjunto dos dados de entrada são constituídos por muitos vetores X, pertencendo, cada um deles, a uma das classes identificadas como −1 ou +1 (sistema bivalente; por vezes, este tipo de sistema é chamado de binário, por admitir apenas 2 classes). A questão agora é aplicar a Equação (7.2) para separar os dados de um sistema bivalente, que pode estar representando objetos do tipo lento e rápido, baixo e alto, e outros rótulos bivalentes.

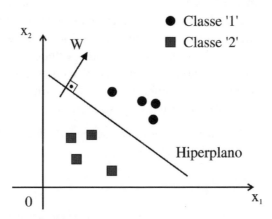

Figura 7.2 – Separação de dados bivalentes.

Por analogia com a equação da reta na forma reduzida, $Ax+b = 0$, pode-se escrever a equação do hiperplano no espaço 2-dimensional como:

$$W^T X + b = 0 \qquad (7.3)$$

em que X é vetor representativo de um ponto da reta (hiperplano 2-dimensional), W é o vetor dos coeficientes ou pesos, b é um escalar que representa o desvio ou *bias* e o símbolo T significa a operação de transposição vetorial. Vamos considerar que um ponto situado acima do hiperplano é positivo e abaixo do hiperplano é negativo.

$$W^T X + b > 0 \qquad \text{Classe '1': ponto } X \text{ acima do hiperplano)} \tag{7.4}$$

$$W^T X + b < 0 \qquad \text{(Classe '2': ponto } X \text{ abaixo do hiperplano)} \tag{7.5}$$

Olhando atentamente para a expressão situada no lado esquerdo das Equações (7.4) e (7.5), é imediato constatar que esta expressão algébrica faz o papel de um discriminador entre os lados positivo e negativo do hiperplano, razão pela qual é denominada de Função Discriminante, de natureza vetorial, passando a ser identificada por $g(X)$, que é calculada por:

$$g(X) = W^T X + b \tag{7.6}$$

7.2.1.1 Funções Discriminantes e o Hiperplano

As Funções Discriminantes serão designadas por $g_p(X)$, com $p = 1,2,\ldots, D$, em que D é a quantidade de funções discriminantes ou de classes, sendo que cada uma abrange uma certa quantidade de dados com a mesma classificação. É entendida como uma função que faz o mapeamento dos dados de entrada pertencentes à mesma classe, ou seja, mapeia os vetores de entrada X, de dimensão N, na mesma classe da saída unidimensional, ou seja, executa o mapeamento $\Re^{N+1} \to \Re$; a dimensão $N+1$ da entrada é devido ter acrescentado a entrada $+1$ para o peso extra w_{N+1}.

A superfície de decisão, que separa os dados de entrada de acordo com a sua classe, denominada de hiperplano, é definida por:

$$h(X) \equiv g_p(X) - g_q(X) = 0 \tag{7.7}$$

em que o sinal $\equiv$ é a identidade matemática, g_p e g_q são as funções discriminantes das classes $p, q = 1,2,\ldots,P$, respectivamente, sendo que $p < q$. Por exemplo, no caso de 2 classes, somente um hiperplano, cuja equação é fornecida por $h(X) = g_1(X) - g_2(X)$.

De um modo geral, pode-se afirmar que um dado X pertencerá à p-ésima classe ou categoria, se e somente se

$$g_p(X) > g_q(X), \text{ em que } p, q = 1, 2, \ldots, P \text{ e } p \neq q \tag{7.8}$$

Exemplo: Suponha que os dados de entrada são separados em 3 classes (categorias). Um dado qualquer X pertencerá à categoria 2 se, e somente se,

$$g_2(X) > g_1(X) \text{ e } g_2(X) > g_3(X)$$

Esquematicamente, a classificação de dados usando funções discriminantes é realizada por um bloco seletor de máximo, conforme mostrado a seguir:

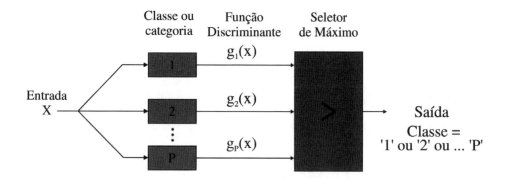

Figura 7.3 – Classificação por Função Discriminante.

Exemplo: Determinar a equação do hiperplano (superfície de separação de classes) para os seguintes dados:

$\left\{ \begin{bmatrix} 0 \\ 0 \end{bmatrix}, \begin{bmatrix} -0,5 \\ 1 \end{bmatrix}, \begin{bmatrix} -1 \\ -2 \end{bmatrix} \right\}$, classe '1' $\left\{ \begin{bmatrix} 2 \\ 0 \end{bmatrix}, \begin{bmatrix} 1,5 \\ -1 \end{bmatrix}, \begin{bmatrix} 1 \\ -2 \end{bmatrix} \right\}$, classe '2'

Solução:

Levando em conta que a entrada do *bias*, neste texto, será feita igual a +1 (no Capítulo 3, dedicado às Redes Neurais Artificiais, foi adotado a entrada do *bias* igual a −1, por razões de compatibilidade com o modelo matemático do neurônio original proposto por McCulloch e Pitts (1943)); entretanto, o valor atribuído à entrada do *bias*, isto é, à entrada do peso extra da redes neurais em nada prejudica o funcionamento da rede. Assim, as Equações (7.4) e (7.5) passam a ser escritas como:

$W_o^T X + b_o \geq +1$ (ponto X acima do hiperplano ótimo)   (7.8)

$W_o^T X + b_o \leq -1$ (ponto X abaixo do hiperplano ótimo)   (7.9)

Aplicando inicialmente a Equação (7.8) aos dados da classe '1', virá (Atenção: a condição a ser satisfeita é $g(X) > 0$, portanto, qualquer valor maior do que zero atende a referida desigualdade):

$g_1(X_1) = \begin{bmatrix} 0 & 0 \end{bmatrix}\begin{bmatrix} w_1 \\ w_2 \end{bmatrix} + b \geq 1 \Rightarrow g_1(X_1) = b - 1 \geq 0$, adotando $b = 1$ para $g_1(X_1)$, tem-se $g_1(X_1) \geq 0$;

$g_1(X_2) = \begin{bmatrix} -0,5 & 1 \end{bmatrix}\begin{bmatrix} w_1 \\ w_2 \end{bmatrix} + b = -0,5w_1 + w_2 + b \geq 1 \Rightarrow g_1(X_2) = -0,5w_1 + w_2 + b - 1 \geq 0$, adotando $b = 1$ para $g_1(X_2)$, tem-se $g_1(X_2) = -0,5w_1 + w_2$;

$g_1(X_3) = \begin{bmatrix} -1 & -2 \end{bmatrix}\begin{bmatrix} w_1 \\ w_2 \end{bmatrix} + b = -w_1 - 2w_2 + b \geq 1 \Rightarrow g_1(X_3) = -w_1 - 2w_2 + b - 1 \geq 0$, adotando $b = 1$ para $g_1(X_3)$, tem-se $g_1(X_3) = -w_1 - 2w_2$;

Assim, os valores de w_1 e w_2 serão as raízes do sistema:

$$\begin{cases} g_1(X_2) = -0,5w_1 + w_2 = 0 \\ g_1(X_3) = -w_1 - 2w_2 = 0 \end{cases}$$

cuja solução vale $w_1 = -1$ e $w_2 = 0,5$. Dessa forma, a função discriminante da classe '1' é dada por:

$$g_1(X) = -x_1 + 0,5x_2$$

Agora, vamos repetir os cálculos para os dados da classe '2' (Atenção: a condição a ser satisfeita é $g(X) > 0$, portanto, qualquer valor menor do que zero atende a desigualdade):

$g_2(X_4) = \begin{bmatrix} 2 & 0 \end{bmatrix}\begin{bmatrix} w_1 \\ w_2 \end{bmatrix} + b \leq -1 \Rightarrow g_2(X_4) = 2w_1 + b + 1 \leq 0$, adotando $b = -1$ para $g_2(X_4)$, tem-se $g_2(X_4) = 2w_1$;

$g_2(X_5) = \begin{bmatrix} 1,5 & -\begin{bmatrix} w_1 \\ w_2 \end{bmatrix}_2^1 \end{bmatrix} + b = 1,5w_1 - w_2 + b \leq -1 \Rightarrow g_2(X_5) = 1,5w_1 - w_2 + b + 1 \leq 0$, adotando $b = -1$ para $g_2(X_5)$, tem-se $g_2(X_5) = 1,5w_1 - w_2$;

$g_2(X_6) = \begin{bmatrix} 1 & -2 \end{bmatrix}\begin{bmatrix} w_1 \\ w_2 \end{bmatrix} + b = w_1 - 2w_2 + b \leq -1 \Rightarrow g_2(X_6) = w_1 - 2w_2 + b + 1 \leq 0$, adotando $b = -1$ para $g_2(X_3)$, tem-se $g_2(X_6) = w_1 - 2w_2$.

Assim, os valores de e serão as raízes do sistema:

$$\begin{cases} g_2(X_4) = 2w_1 = 0 \\ g_2(X_5) = 1,5w_1 - w_2 = 0 \\ g_2(X_6) = w_1 - 2w_2 = 0 \end{cases}$$

cuja solução vale $w_1 = 0$ e $w_2 = 0$. Dessa forma, a função discriminante da classe '2' é dada por:

$$g_2(X) = 0x_1 + 0x_2 - 1 = -1$$

Finalmente, usando a Equação (7.7) é possível determinar a equação do hiperplano, que é dada por:

$$h(X) \equiv g_1(X) - g_2(X) = (-x_1 + 0{,}5x_2) - (-1) = 0$$

qual seja:

$$h(X) \equiv -x_1 + 0{,}5x_2 + 1 = 0$$

Graficamente, a solução desse exemplo pode ser visualizada na figura a seguir:

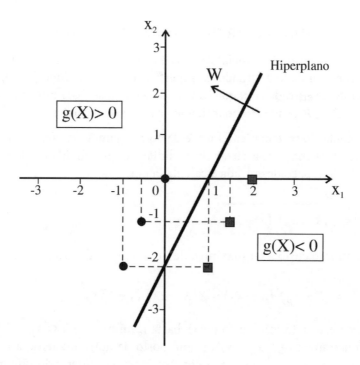

Figura 7.4 – Classificação de dados bivalentes.

Vamos testar usando 2 dados do espaço de entrada, qual seja:

$g_1 \left(\begin{bmatrix} 0 \\ 0 \end{bmatrix} \right) = 0 > g_2 \left(\begin{bmatrix} 0 \\ 0 \end{bmatrix} \right) = -1$, então $\begin{bmatrix} 0 \\ 0 \end{bmatrix} \in$ classe '1'

$g_2 \left(\begin{bmatrix} 2 \\ 0 \end{bmatrix} \right) = -1 > g_1 \left(\begin{bmatrix} 2 \\ 0 \end{bmatrix} \right) = -2$, então $\begin{bmatrix} 0 \\ 0 \end{bmatrix} \in$ classe '2'

Claro, o *perceptron* de Rosenblatt do exemplo anterior admite a existência de outros valores do *bias*, que também atendem as condições exigidas para as funções discriminantes, tanto para a classe '1' quanto para a classe '2', todos eles resultam em hiperplanos válidos. Porém, dentre todos os hiperplanos válidos, apenas um deles dividirá a região de separação de maneira ótima, isto é, que maximiza as distâncias entre os dados de cada classe em relação ao hiperplano.

7.2.2 MÁQUINA LINEAR DE DISTÂNCIA MÍNIMA

A Máquina Linear de Distância Mínima é baseada na maximização da distância euclidiana entre um dado X situado na superfície de decisão (hiperplano) e os dados de um conjunto de entrada , em que cada dado é como se fosse um centro do núcleo (*cluster*), $p = 1,2,..., P$, sendo P a quantidade de núcleos ou classes.

A fundamentação matemática é fornecida por: "Sejam X_p vetores, com $p = 1,2,...,P$, então é possível afirmar que a distância euclidiana entre um dado X do hiperplano e outro dado X_p do espaço de entrada é calculada por:

$$\|X - X_p\| = \sqrt{(X - X_p)^T (X - X_p)} \tag{7.10}$$

em que a função custo a ser maximizada é o quadrado da distância, fornecida por:

$$\|X - X_p\|^2 = (X - X_p)^T (X - X_p) = X^T X - 2X^T X_p + X_p^T X_p \tag{7.11}$$

Para maximizar a função custo (7.11), basta minimizar $-2X^T X_p + X_p^T X_p$, o que equivale a maximizar $2X^T X_p - X_p^T X_p$, ou, posto de outra maneira, a maximizar a expressão vetorial $X^T X_p - \frac{1}{2} X_p^T X_p$. Em consequência, considerando que toda função discriminante desempenha o papel de maximização, a função discriminante passa a ter a seguinte equação:

$$g_p(X) = X^T X_p - \frac{1}{2} X_p^T X_p \tag{7.12}$$

Assim, a equação da Máquina Linear, por analogia, é definida como:

$$g_p(X) = W^T X_p - \frac{1}{2} W_p^T X_p, \text{ sendo } p = 1, 2, ... , P \tag{7.13}$$

em que P é a quantidade de núcleos ou classes, em que são válidas as seguintes equivalências entre variáveis:

$$W_p = X_p \tag{7.14}$$

$$b = -\frac{1}{2} X_p^T X_p = -\frac{1}{2} \|X_p\|^2 \tag{7.15}$$

A equação do hiperplano entre quaisquer 2 classes de dados, nas quais a quantidade de classes $P \geq 2$, é dada por

$$h(X) \equiv g_p(X) - g_q(X) = 0 \tag{7.16}$$

em que o sinal $\equiv$ representa a identidade matemática, g_p e g_q são as funções discriminantes das classes p, $q = 1,2,...,P$, respectivamente, sendo que $p < q$. Por exemplo, no caso de 2 classes, somente um hiperplano, cuja equação será fornecida por $h(X) = g_1(X) - g_2(X)$.

Aqui, também pode-se afirmar que um dado X pertencerá à p-ésima classe ou categoria, se, e somente se,

$$g_p(X) > g_q(X), \text{ em que } p, q = 1, 2, ..., P \text{ e } p \neq q \tag{7.17}$$

Exemplo: Considere os seguintes dados vetorizados:

$$X_1 = \begin{bmatrix} 5 \\ 3 \end{bmatrix}, \qquad X_2 = \begin{bmatrix} 2 \\ -4 \end{bmatrix} \quad \text{e} \qquad X_3 = \begin{bmatrix} -3 \\ 1 \end{bmatrix}$$

Calcular as funções discriminantes e as equações dos hiperplanos entre eles.

Solução:

Aplicando a equação da Máquina Linear dada por (7.13), tem-se as seguintes funções discriminantes:

$$g_1(X) = W_1^T X - \frac{1}{2} \|X_1\|^2$$

$$g_2(X) = W_2^T X - \frac{1}{2} \|X_2\|^2$$

$$g_3(X) = W_3^T X - \frac{1}{2} \|X_3\|^2$$

Substituindo os valores dos pesos W e dos dados X_p, $p = 1,2,...,P$, e calculando virá:

$$g_1(X) = [5 \quad 3]\begin{bmatrix}x_1\\x_2\end{bmatrix} - \frac{1}{2}\left(\sqrt{5^2 + 3^2}\right)^2 = 5x_1 + 3x_2 - 17$$

$$g_2(X) = [2 \quad -4]\begin{bmatrix}x_1\\x_2\end{bmatrix} - \frac{1}{2}\left(\sqrt{2^2 + (-4)^2}\right)^2 = 2x_1 - 4x_2 - 10$$

$$g_3(X) = [-3 \quad 1]\begin{bmatrix}x_1\\x_2\end{bmatrix} - \frac{1}{2}\left(\sqrt{(-3)^2 + 1^2}\right)^2 = -3x_1 + x_2 - 5$$

As equações dos hiperplanos são:

$$h_{1,2}(X) \equiv g_1(X) - g_2(X) = (5x_1 + 3x_2 - 17) - (2x_1 - 4x_2 - 10) = 0$$

$$3x_1 + 7x_2 - 7 = 0$$

$$h_{1,3}(X) \equiv g_1(X) - g_3(X) = (5x_1 + 3x_2 - 17) - (-3x_1 + x_2 - 5) = 0$$

$$8x_1 + 2x_2 - 12 = 0$$

$$h_{2,3}(X) \equiv g_2(X) - g_3(X) = (2x_1 - 4x_2 - 10) - (-3x_1 + x_2 - 5) = 0$$

$$5x_1 - 3x_2 - 5 = 0$$

A representação gráfica da solução desse exemplo pode ser visualizada na figura a seguir:

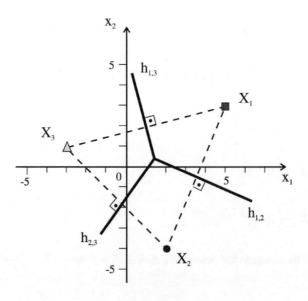

Figura 7.5 – Classificação de dados trivalentes.

A próxima técnica a ser estudada, Máquina de Vetor de Suporte (*Support Vector Machine* – SVM), tem como uma de suas vantagens o cálculo da equação do hiperplano ótimo, não somente para o caso dos conjuntos de dados linearmente separáveis, como também para dados não linearmente separáveis.

7.3 MÁQUINA DE VETOR DE SUPORTE

A Máquina de Vetor de Suporte (*Support Vector Machine* – SVM) é uma técnica supervisionada, aplicada para resolver problemas de regressão e de reconhecimento de padrões (classificação) bivalentes (apenas duas categorias), por meio da aprendizagem baseada na vetorização do conjunto de entrada. Basicamente, o seu propósito é classificar dados de entrada, e seu funcionamento consiste na separação da entrada em 2 subconjuntos de dados, que podem ser linearmente ou não linearmente separáveis.

Um espaço de entrada N-dimensional é dito ser linearmente separável quando os dados brutos podem ser separados por um hiperplano. Define-se hiperplano como uma figura geométrica matematicamente bem definida, cuja finalidade é a separação de dados, podendo ser uma linha no espaço 2-dimensional ou uma superfície plana no espaço 3-dimensional; no caso de espaços com dimensão superior a 3, é uma figura não realizável fisicamente, pois tem apenas existência teórica. A figura a seguir mostra um conjunto de dados linearmente separáveis, nos espaços 2-dimensional e 3-dimensional, que são:

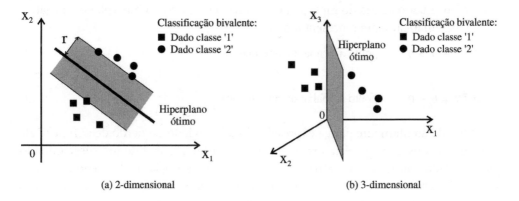

Figura 7.6 – Espaços linearmente separáveis.

Entendido o significado de separabilidade linear, resta agora estabelecer matematicamente como fazer para encontrar a função (modelo) que define um hiperplano, a partir de um conjunto de dados de entrada e a respectiva classe ou rótulo bivalente $d_i = \pm 1$, *para $i = 1,2,...,NPTR$*, que corresponde a cada um destes dados (ou pontos de treinamento), pois, como foi dito no início desta seção, a técnica de classificação da Máquina de Vetor de Suporte (SVM) é uma técnica supervisionada.

7.3.1 ESPAÇO DE ENTRADA LINEARMENTE SEPARÁVEL

Suponha que a entrada esteja estruturada como um vetor de entrada de dimensão N, ou seja $X_i = [x_{i1} \ x_{i2} \dots x_{iN}]^T$, em que cada vetor coluna X_i é possuidor de uma classe d_i, definida como $d_i = +1$ *ou* $d_i = -1$ ou (bivalente), formando assim um par de treinamento $\{(X_i, d_i)\}_{i=1}^{NPTR}$, em que $NPTR$ é a quantidade de pontos ou dados de treinamento. Será convencionado, para todo o texto, que a letra minúscula representa um escalar e a letra maiúscula um ponto ou um vetor, sem que isso acarrete prejuízo na interpretação, bastando atentar para o contexto matemático de cada expressão literal.

A primeira providência a ser tomada é definir um procedimento para calcular a distância de um ponto X_i (dado) a um hiperplano, representado por uma reta no espaço 2-dimensional, por se tratar da situação geometricamente simples e fácil de visualizar, podendo ser estendida para dimensões maiores.

Por analogia com a equação da reta na forma reduzida, $Ax + b = 0$, vamos escrever a equação do hiperplano no espaço 2-dimensional como:

$$W^T X + b = 0 \tag{7.18}$$

em que X é vetor representativo de um ponto da reta (hiperplano 2-dimensional), W é o vetor dos coeficientes ou pesos, b é um escalar que representa o desvio ou *bias* e o símbolo T significa a operação de transposição do vetor. Vamos estabelecer que um ponto situado acima do hiperplano é positivo e abaixo do hiperplano é negativo, sendo matematicamente representado por:

$$W^T X + b > 0 \qquad \text{(ponto } X \text{ acima do hiperplano)} \tag{7.19}$$

$$W^T X + b < 0 \qquad \text{(ponto } X \text{ abaixo do hiperplano)} \tag{7.20}$$

Olhando atentamente para a expressão situada no lado esquerdo de (7.19) e (7.20), é imediato constatar que esta expressão algébrica faz o papel de um discriminador entre os lados positivo e negativo do hiperplano, razão pela qual é denominada de Função Discriminante, de natureza vetorial, passando a ser identificada por $g(X)$, o que resulta em:

$$g(X) = W^T X + b \tag{7.21}$$

Após apresentados os fundamentos matemáticos necessários, vamos agora calcular a distância de um ponto X_1 em relação a um hiperplano, conforme representado graficamente na seguinte figura:

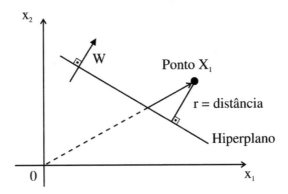

Figura 7.7 – Distância do ponto X_1 ao hiperplano.

Vamos desenhar o triângulo vetorial retirado da Figura 7.7, denominando de X_p o vetor da projeção do vetor X_1 sobre o hiperplano, e de R o vetor correspondente à distância de X_1 ao hiperplano, dado por:

$$R = r \frac{W}{\|W\|} \tag{7.22}$$

É fácil constatar que $W/\|W\|$ é um vetor unitário paralelo ao vetor R, sendo ambos perpendiculares a X_p, apontando no mesmo sentido positivo em relação ao hiperplano. Dessa forma, vetorialmente pode-se mostrar que:

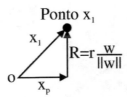

$$\text{em que } X_1 = X_p + R = X_p + r\frac{W}{\|W\|} \tag{7.23}$$

em que X_p é o vetor da projeção normal do vetor correspondente ao ponto (dado) X_1 sobre o hiperplano e o símbolo $\|.\|$ representa a norma 2 ou norma euclidiana. Generalizando o raciocínio para qualquer ponto X, pertencente ao espaço de entrada, e substituindo (7.23) em (7.21), obtém-se:

$$g(X) = W^T X + b = W^T \left(X_p + r \frac{W}{\|W\|} \right) + b$$

$$= \left(W^T X_p + b \right) + r \frac{W^T W}{\|W\|} = \left(W^T X_p + b \right) + r \frac{\|W\|^2}{\|W\|}$$

De acordo com a Equação (7.18), considerando que o ponto X_p encontra-se situado sobre o hiperplano, tem-se que $W^T X_p + b = 0$, e substituindo na última igualdade e manipulando matematicamente, finalmente virá:

$$r = \frac{|g(X)|}{\|W\|} \qquad (7.24)$$

em que r é a distância de um ponto X ao hiperplano e $|g(X)|$ é o módulo da função $g(X)$. Assim, da Equação (7.24) conclui-se que, quanto menor for a norma euclidiana dos pesos W, maior será a distância do ponto ao hiperplano que separa os dados em duas classes de entrada distintas. Vamos definir que, quando a distância do ponto mais próximo do hiperplano for a maior possível, chamado ponto de suporte, o hiperplano é ótimo, o que corresponde ao vetor de pesos ótimo W_o, ou seja:

$$r_{máxima} = \frac{|g(X)|}{\|W_o\|} \qquad (7.25)$$

que graficamente é representado por:

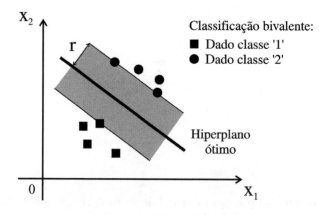

Figura 7.8 – Distância r do ponto de suporte em relação ao hiperplano ótimo.

Até este ponto, foram apresentados os fundamentos matemáticos necessários para a determinação do hiperplano ótimo, o qual permitirá a separação dos dados de entrada linearmente separáveis, disponíveis na forma de pares de treinamento $\{(X_i, d_i)\}_{i=1}^{NPTR}$, em que $NPTR$ é a quantidade de pontos ou dados de treinamento.

7.3.1.1 Determinação do hiperplano ótimo para dados linearmente separáveis

Vamos inicialmente tomar por base a expressão da função discriminante apresentada na Equação (7.12), adaptada para o caso do hiperplano ótimo, a partir da qual faremos as seguintes considerações:

I) Para os pontos X_i situados sobre o hiperplano, tem-se que a função discriminante $g(X_i)$ é igual a zero;

II) O *bias* ótimo, correspondente ao vetor de pesos W_o que proporciona a maior distância r, será denominado de b_o e convencionado ser igual a 1, o que possibilita reescrever as Equações (7.19) e (7.20) como:

$$W_o^T X + b_o \geq +1 \quad \text{(ponto } X \text{ acima do hiperplano ótimo)} \tag{7.26}$$

$$W_o^T X + b_o \leq -1 \quad \text{(ponto } X \text{ abaixo do hiperplano ótimo)} \tag{7.27}$$

As igualdades indicadas nas equações (7.26) e (7.27) são satisfeitas somente para a condição em que os pontos (dados) estão situados sobre as retas da fronteira que delimitam a região se separação, distantes r em relação ao hiperplano ótimo localizado no centro da região mencionada. Os vetores dos pontos limítrofes da região de separação são denominados de "vetores de suporte", daí originando o nome deste método de classificação bivalente: Máquina de Vetores de Suporte (em inglês, *Support Vector Machine* – SVM).

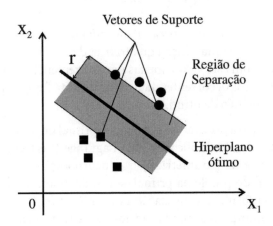

Figura 7.9 – Máquina de Vetor de Suporte: principais características.

Tendo em vista a Equação (7.25), conclui-se que, para encontrar o hiperplano ótimo correspondente à máxima largura possível da região de separação, basta minimizar a norma euclidiana do vetor de pesos, representada por $\|W\|$, sendo que, neste caso, o vetor passa a ser denominado de vetor de pesos ótimo, W_o.

Isso posto, o objetivo agora é, de posse de um conjunto de pares de treinamento $\{(X_i, d_i)\}_{i=1}^{NPTR}$, em que $NPTR$ é a quantidade de pontos ou dados de treinamento, desenvolver um procedimento matematicamente eficiente capaz de determinar a equação do hiperplano ótimo, sujeito à seguinte restrição (Haykin, 2001)

$$d_i(W^T X_i + b) \geq 1, \qquad \text{para } i = 1, 2, ..., NPTR \tag{7.28}$$

em que d_i é um valor igual a +1 ou –1 (rótulo), atribuído à classe bivalente do dado de ordem i. O objetivo é encontrar a expressão matemática que forneça o hiperplano ótimo, que, conforme já foi dito, é o hiperplano definido pelo menor vetor de pesos W, o qual fornece a maior largura da região de separação entre as classes bivalentes.

Consequentemente, o vetor de pesos procurado surgirá da resposta ao seguinte problema de otimização com restrições, colocado da seguinte forma:

"Conhecendo-se os de dados de treinamento (X_i, d_i), calcular o vetor de pesos W que minimize a função custo $\Phi(W)$, ou seja

$$\min_W \Phi(W) = \frac{1}{2}(W^T W) = \frac{1}{2}\|W\|^2$$

sujeito à seguinte restrição:

$$d_i(W^T X_i + b) \geq 1, \qquad \text{para } i = 1, 2, ..., NPTR."$$

Esse problema de otimização restrita é denominado de <u>Problema Primal</u>. Observe que a função custo $\Phi(W)$ é uma função quadrática, devido à $W^T W = \|W\|^2$, em que o fator 1/2 foi arbitrado com este valor, apenas por conveniência matemática, para simplificar os cálculos futuros decorrentes da derivação desta função quadrática, durante o procedimento matemático de otimização.

Uma das maneiras para resolver esse problema primal de otimização restrita é pela utilização do Método dos Multiplicadores de Lagrange (Bertsekas, 1995, *apud* Haykin, 2001), que consiste na parametrização e incorporação da restrição, dentro da função custo original do problema primal, surgindo assim uma nova função custo parametrizada. Dessa forma, a otimização dessa nova função custo é realizada por intermédio de sua minimização em relação aos pesos W e ao *bias* b, definida por:

$$\min_{W,b} J(W, b, \alpha) = \frac{1}{2}(W^T W) - \sum_{i=1}^{NPTR} \alpha_i[d_i(W^T X_i + b) - 1] \tag{7.29}$$

em que α_i são os multiplicadores de Lagrange. A realização da operação indicada em (7.29), impõe as seguintes condições:

Condição 1: $\dfrac{\partial J(W,b,u)}{\partial W} = 0$ \hfill (7.30)

Condição 2: $\dfrac{\partial J(W,b,\alpha)}{\partial b} = 0$ \hfill (7.31)

Aplicando a Condição 1 na função de custo modificada da Equação (7.29), virá:

$$\frac{\partial J(W,b,\alpha)}{\partial W} = \frac{\partial\left[\frac{1}{2}(W^T W)\right]}{\partial W} - \frac{\partial\{\sum_{i=1}^{NPTR}\alpha_i[d_i(W^T X_i + b) - 1]\}}{\partial W} = 0$$

$$W - \frac{\partial}{\partial W}\{\alpha_1[d_1(W^T X_1 + b) - 1] + \cdots + \alpha_{NPTR}[d_{NPTR}(W^T X_{NPTR} + b) - 1]\} = 0$$

$$W - \{\alpha_1[d_1 X_1] + \cdots + \alpha_{NPTR}[d_{NPTR} X_{NPTR}]\} = 0$$

$$W - \sum_{i=1}^{NPTR} \alpha_i d_i X_i = 0$$

Manipulando essa última igualdade, obtém-se a primeira condição para os valores dos pesos e do *bias* que minimizam a função custo de Lagrange $J(W,b,\alpha)$, de acordo com a operação expressa em (7.29), que finalmente resulta em:

$$W = \sum_{i=1}^{NPTR} \alpha_i d_i X_i \hfill (7.32)$$

Agora, aplicando a Condição 2 na função custo modificada da operação expressa em (7.29), virá:

$$\frac{\partial J(W,b,\alpha)}{\partial b} = \frac{\partial\left[\frac{1}{2}(W^T W)\right]}{\partial b} - \frac{\partial\{\sum_{i=1}^{NPTR}\alpha_i[d_i(W^T X_i + b) - 1]\}}{\partial b} = 0$$

$$0 - \frac{\partial}{\partial b}\{\alpha_1[d_1(W^T X_1 + b) - 1] + \cdots + \alpha_{NPTR}[d_{NPTR}(W^T X_{NPTR} + b) - 1]\} = 0$$

$$-\{\alpha_1[d_1] + \cdots + \alpha_{NPTR}[d_{NPTR}]\} = 0$$

$$-\sum_{i=1}^{NPTR} \alpha_i d_i = 0$$

Reescrevendo essa última igualdade, obtém-se a segunda condição para minimizar a Função de Lagrange, expressa pela Equação (7.29), qual seja:

$$\sum_{i=1}^{NPTR} \alpha_i d_i = 0 \tag{7.33}$$

No final das contas, as Equações (7.32) e (7.33) servirão para estabelecer um sistema de equações, cuja solução fornecerá os valores dos multiplicadores de Lagrange que atendem as condições para minimização dos pesos e do *bias*, que definirão o hiperplano ótimo de separação das classes das respectivas entradas, usadas no treinamento da Máquina de Vetor de Suporte (SVM).

Entretanto, para que seja possível avançar no cálculo da minimização indicada em (7.29), deve-se contornar o fato do vetor W ser desconhecido. A ideia é calcular W em função de α, e assim transformar o problema original de minimização em relação à W e b, para um problema equivalente mais fácil de resolver, que é a maximização de $J(W,b,\alpha)$, em relação à α. Procedendo dessa maneira, recai-se num Problema Dual, chamado assim por ser proposto de outra forma, mas que conduz indiretamente à mesma solução do problema primal (Haykin, 2001).

- Formulação do Problema Dual

A obtenção de uma forma equivalente para determinar os valores de W e de b que levem à construção do hiperplano ótimo, pode ser alcançada por intermédio da expansão da Equação (7.29), que pode ser reescrita da seguinte forma:

$$J(W,b,\alpha) = \frac{1}{2}(W^T W) - \sum_{i=1}^{NPTR} \alpha_i [d_i(W^T X_i + b) - 1]$$

$$= \frac{1}{2}(W^T W) - \sum_{i=1}^{NPTR} \alpha_i d_i W^T X_i - \sum_{i=1}^{NPTR} \alpha_i d_i b - \sum_{i=1}^{NPTR} \alpha_i [-1]$$

$$= \frac{1}{2}(W^T W) - \sum_{i=1}^{NPTR} \alpha_i d_i W^T X_i - b \sum_{i=1}^{NPTR} \alpha_i d_i + \sum_{i=1}^{NPTR} \alpha_i$$

Usando a segunda condição de otimização da Equação (7.33), a função custo da última igualdade ficará reduzida à seguinte expressão:

$$J(W,b,\alpha) = \frac{1}{2}(W^T W) - \sum_{i=1}^{NPTR} \alpha_i d_i W^T X_i + \sum_{i=1}^{NPTR} \alpha_i \tag{7.34}$$

Mais técnicas de aprendizagem de máquina (1)

Agora, usando a primeira condição de otimização expressa pela Equação (7.32) virá:

$$W^T W = W^T \left(\sum_{i=1}^{NPTR} \alpha_i d_i X_i \right) = \sum_{i=1}^{NPTR} \alpha_i d_i W^T X_i \tag{7.35}$$

Substituindo a Equação (7.35) na (7.34), e manipulando matematicamente virá:

$$J(W, b, \alpha) = \frac{1}{2} \sum_{i=1}^{NPTR} \alpha_i d_i W^T X_i - \sum_{i=1}^{NPTR} \alpha_i d_i W^T X_i + \sum_{i=1}^{NPTR} \alpha_i$$

$$= -\frac{1}{2} \sum_{i=1}^{NPTR} \alpha_i d_i W^T X_i + \sum_{i=1}^{NPTR} \alpha_i$$

Retornando com a Equação (7.32) na última equação, tomando o cuidado de adequar os índices dos somatórios, tem-se:

$$J(W, b, \alpha) = -\frac{1}{2} \sum_{i=1}^{NPTR} \alpha_i d_i \left(\sum_{i=1}^{NPTR} \alpha_i d_i X_i \right)^T X_i + \sum_{i=1}^{NPTR} \alpha_i$$

$$= -\frac{1}{2} \sum_{i=1}^{NPTR} \sum_{j=1}^{NPTR} \alpha_i \alpha_j d_i \, d_j X_j^T X_i + \sum_{i=1}^{NPTR} \alpha_i$$

Finalmente, denominando de a última igualdade, para ser a nova função custo, e ordenando seus termos, virá:

$$Q(\alpha) = \sum_{i=1}^{NPTR} \alpha_i - \frac{1}{2} \sum_{i=1}^{NPTR} \sum_{j=1}^{NPTR} \alpha_i \alpha_j d_i \, d_j X_j^T X_i \tag{7.36}$$

A nova função custo fornecida pela Equação (7.36) se propõe ao mesmo objetivo de otimização do Problema Primal, porém tem a grande vantagem de depender apenas dos pares de treinamento $\{(X_i, d_i)\}_{i=1}^{NPTR}$ e de se determinar quais são os valores de (multiplicadores de Lagrange) que maximizam a função custo $Q(\alpha)$. Consequentemente, o cálculo desses multiplicadores, passa a ser formulado pelo Problema Dual de Wolfe (Hastie et al., 2009):

"Conhecendo um conjunto de dados (X_i, d_i), calcular os multiplicadores de Lagrange que maximizam a função custo $Q(\alpha)$, ou seja

$$\max_{\alpha} Q(\alpha) = \sum_{i=1}^{NPTR} \alpha_i - \frac{1}{2} \sum_{i=1}^{NPTR} \sum_{j=1}^{NPTR} \alpha_i \alpha_j d_i \, d_j X_j^T X_i$$

240   *Inteligência artificial e aprendizagem de máquina: aspectos teóricos e aplicações*

sujeita à restrição $d_i\,(W^T X_i + b) \geq 1$ para $i = 1, 2, ..., NPTR$."

Entretanto, antes de prosseguir no cálculo dos multiplicadores de Lagrange que irão maximizar, é de grande importância destacar 2 pontos imprescindíveis para a obtenção dos valores corretos de W e b, que serão usados na determinação do modelo matemático da função discriminante, capaz de classificar corretamente os dados de entrada:

1) Somente os pares de dados ou pontos (X_i, d_i) dos vetores de suporte, isto é, que estão localizados nas fronteiras da região de separação das classes bivalentes, podem ser usados no cálculo dos pesos ótimos W_o e do *bias* ótimo b_o, os quais permitem definir o modelo matemático da função discriminante $g(X) = W_o^T X + b_o$;

2) É obrigatório redefinir a entrada original X_i, de modo a incluir o *bias* b dentro da função custo $Q(\alpha)$, sob pena do Problema Dual não conseguir calcular os valores dos multiplicadores de Lagrange, α_i, que maximizam $Q(\alpha)$. Para isso, vamos definir, a partir da expressão entre parênteses da restrição, um novo formato para a entrada X_i, o qual será denominado de $\tilde{X}_i$ (lê-se, X_i til), conforme a seguir:

$$W^T X_i + b = [W^T : b]\begin{bmatrix} X_i \\ ... \\ 1 \end{bmatrix} = \tilde{W}^T \tilde{X}_i \tag{7.37}$$

em que $\tilde{W}$ é o vetor coluna W acrescido do *bias* b, e $\tilde{X}_i$ é o vetor coluna X_i acrescido do elemento unitário, de modo a compatibilizar a dimensão aumentada de $\tilde{X}_i$ com a dimensão aumentada de $\tilde{W}$. Dessa forma, o Problema Dual Adaptado passa a ter a seguinte redação, apropriada para o cálculo dos multiplicadores de Lagrange, que é: "Conhecendo um conjunto de dados (X_i, d_i), calcular os multiplicadores de Lagrange que maximizam a função custo $Q(\alpha)$, ou seja:

$$\max_{\alpha} Q(\alpha) = \sum_{i=1}^{NPTR} \alpha_i - \frac{1}{2} \sum_{i=1}^{NPTR} \sum_{j=1}^{NPTR} \alpha_i \alpha_j d_i\, d_j \tilde{X}_j \tilde{X}_i \tag{7.38}$$

sujeita à restrição $d_i\big(\tilde{W}^T \tilde{X}_i\big) \geq 1,$ para $i = 1, 2, ..., NPTR$."

Recomenda-se fortemente a utilização da Equação (7.38) para a solução do Problema Primal, que fornecerá a função discriminante para a classificação correta de dados bivalentes. A desvantagem de usar essa estratégia reside na necessidade de conhecer os dados (pontos) que servirão como vetores de suporte, isto é, os dados que definem as fronteiras da região de separação ótima. A aplicação da operação indicada por (7.38) conduz a um sistema de equações lineares em função dos multiplicadores α_i, para $i = 1, 2, ..., NPTR$, dado por:

$$\begin{cases} \alpha_1 d_1 \tilde{X}_1^T \tilde{X}_1 + \alpha_2 d_2 \tilde{X}_1^T \tilde{X}_2 + \cdots + \alpha_{NPTR} d_{NPTR} \tilde{X}_1^T \tilde{X}_{NPTR} = d_1 \\ \alpha_1 d_1 \tilde{X}_2^T \tilde{X}_1 + \alpha_2 d_2 \tilde{X}_2^T \tilde{X}_2 + \cdots + \alpha_{NPTR} d_{NPTR} \tilde{X}_2^T \tilde{X}_{NPTR} = d_2 \\ \alpha_1 d_1 \tilde{X}_{NPTR}^T \tilde{X}_1 + \alpha_2 d_2 \tilde{X}_{NPTR}^T \tilde{X}_2 + \cdots + \alpha_{NPTR} d_{NPTR} \tilde{X}_{NPTR}^T \tilde{X}_{NPTR} = d_{NPTR} \end{cases} \tag{7.39}$$

Resolvendo o sistema de equações (7.39), obtém-se os multiplicadores α_i, procedendo-se na sequência com o cálculo dos pesos e do *bias* ótimos, que são obtidos da seguinte maneira:

- Cálculo dos pesos ótimos W_o usando a Equação (7.32) adaptada, para contemplar as novas estruturas dos vetores de entrada aumentados, passando a ser escrita como:

$$\tilde{W}_o = \sum_{\substack{i=vetor \\ de\ suporte}} \alpha_i d_i \tilde{X}_i \tag{7.40}$$

em que $\tilde{W}_o = [W_o^T \vdots b_o]^T$, sendo que o subscrito 'o' significa ótimo e T significa transposto, portanto, vê-se que os pesos W_o são obtidos diretamente de $\tilde{W}_o$. É importante insistir que somente poderão ser usados nas Equações (7.38) e (7.39) os pontos $\tilde{X}_i$, que são os pontos X_i situados sobre a fronteira da região de separação aumentados de 1, de modo a contemplar b_o inserido na estrutura dos pesos $\tilde{W}_o$, ou seja, somente poderão ser usados os pontos correspondentes aos vetores de suporte aumentados de 1.

- Cálculo da função discriminante $g(X)$, isto é, modelo de classificação bivalente:

$$g(X) = W_o^T X + b_o \qquad \text{(Função Discriminante)} \tag{7.41}$$

- Finalmente, a equação do hiperplano ótimo é dada por $g(X) = 0$, que resulta em:

$$W_o^T X + b_o = 0 \qquad \text{(Hiperplano Ótimo)} \tag{7.42}$$

7.3.1.2 Procedimento para aplicação do método SVM em dados linearmente separáveis

Sintetizando o que foi apresentado, a ideia agora é estabelecer um procedimento básico, visando aplicar corretamente o método da Máquina de Vetor de Suporte (SVM) em dados linearmente separáveis, conforme descrito a seguir:

1º passo – Coletar e analisar preliminarmente os dados de entrada.

2º passo – Vetorizar e rotular os dados de entrada para realizar o treinamento, transformando os dados de entrada X_i em vetores aumentados de 1, passando a serem chamados de $\tilde{X}_i$.

3º passo – Obter o modelo da Máquina de Vetor de Suporte (SVM).

242   *Inteligência artificial e aprendizagem de máquina: aspectos teóricos e aplicações*

- Calcular os multiplicadores de Lagrange (Problema Dual)

$$\max_{\alpha} Q(\alpha) = \sum_{i=1}^{NPTR} \alpha_i - \frac{1}{2} \sum_{i=1}^{NPTR} \sum_{j=1}^{NPTR} \alpha_i \alpha_j d_i \, d_j \tilde{X}_j \tilde{X}_i$$

    (Equação do Problema Dual Adaptado)

sujeita à restrição $d_i\big(\tilde{W}^T \tilde{X}_i\big) \geq 1$, para $i, j = 1, 2, ..., NPTR$, sendo i e j dos dados situados sobre as fronteiras da região de separação.

Alternativamente, ao invés de aplicar a equação do Problema Dual Adaptado para obter um sistema de equação em função de α_i, pode ser muito trabalhoso, portanto, recomenda-se usar diretamente o seguinte sistema de equações (Equação (7.39)):

$$\begin{cases} \alpha_1 d_1 \tilde{X}_1^T \tilde{X}_1 + \alpha_2 d_2 \tilde{X}_1^T \tilde{X}_2 + \cdots + \alpha_{NPTR} d_{NPTR} \tilde{X}_1^T \tilde{X}_{NPTR} = d_1 \\ \alpha_1 d_1 \tilde{X}_2^T \tilde{X}_1 + \alpha_2 d_2 \tilde{X}_2^T \tilde{X}_2 + \cdots + \alpha_{NPTR} d_{NPTR} \tilde{X}_2^T \tilde{X}_{NPTR} = d_2 \\ \qquad\qquad\qquad \cdots \\ \alpha_1 d_1 \tilde{X}_{NPTR}^T \tilde{X}_1 + \alpha_2 d_2 \tilde{X}_{NPTR}^T \tilde{X}_2 + \cdots + \alpha_{NPTR} d_{NPTR} \tilde{X}_{NPTR}^T \tilde{X}_{NPTR} = d_{NPTR} \end{cases}$$

A solução do sistema de equações fornece os valores dos multiplicadores de Lagrange, α_i, os quais serão usados para calcular o vetor de pesos ótimos aumentado $\tilde{W}_o$, donde serão obtidos, por simples inspeção, os valores ótimos de W_o e do *bias* b_o, conforme previsto na Equação (7.40), ou seja:

$$\tilde{W}_o = \begin{bmatrix} W_o \\ \cdots \\ b_o \end{bmatrix} = \sum_{\substack{i=vetor \\ de\ suporte}} \alpha_i d_i \tilde{X}_i$$

- Determinar o modelo de classificação bivalente conforme a Equação (7.41), ou seja, a Função Discriminante $g(X)$ dada por:

$$g(X) = W_o^T X + b_o$$

- Determinar a equação do hiperplano ótimo $h_o(X)$ conforme a Equação (7.42). Para obter $h_o(X)$, basta fazer $g(X) = 0$, ou seja:

$$h_o(X) \equiv g(X) = 0$$

4º passo – Representar graficamente, caso seja viável, a região de separação e o hiperplano ótimo, para visualizar o espaço de entrada e a sua separação.

5º passo – Testar o modelo vetorial com os dados do treinamento.

6º passo – Efetuar generalizações, usando dados diferentes dos usados no treinamento.

7.3.1.3 Um exemplo de aplicação do SVM, para o caso linearmente separável

Vamos exemplificar uma aplicação do SVM, executando todos os passos do procedimento descrito na subseção 7.3.1.2, com a finalidade de sedimentar os conhecimentos adquiridos sobre a implementação do método SVM, para o caso presente de dados linearmente separáveis.

Exemplo: Suponha que uma seguradora deseja classificar alguns tipos de veículos, mais especificamente os que contêm 2 e 4 rodas, de uso particular ou comercial, visando a aplicação de tarifas de seguro para uma cidade 'A', com base no levantamento de acidentes ocorridos com veículos num determinado período. A regra adotada foi de quanto maior a quantidade de acidentes, maior será a tarifa paga pelo segurado. Isso posto, passamos a execução passo a passo do procedimento visando obter uma solução para realizar a classificação de tarifas, conforme o tipo e a utilização do veículo, para atender a empresa de seguros.

Solução:

1º passo – Coletar e analisar preliminarmente os dados de entrada.

Com base na quantidade de acidentes, um especialista em seguro propôs a seguinte tarifação para veículos:

- 2 rodas, particular   tarifa baixa (■)
- 2 rodas, comercial   tarifa baixa (■)
- 4 rodas, particular   tarifa baixa (■)
- 4 rodas, comercial   tarifa alta   (●)

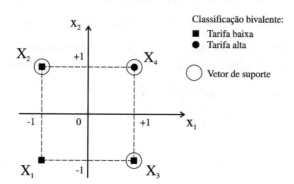

2º passo – Vetorizar e rotular os dados de entrada para realizar o treinamento, transformando os dados de entrada X_i em vetores aumentados de 1, os quais passarão a serem chamados de $\tilde{X}_i$, resultando em:

$$X_1 = [-1 \ -1]^T \quad \Rightarrow \quad \tilde{X}_1 = [-1 \ -1 \ \vdots \ 1]^T$$

$$X_2 = [-1 \quad 1]^T \quad \Rightarrow \quad \tilde{X}_2 = [-1 \quad 1 \ \vdots \ 1]^T \qquad \text{(Vetor de Suporte)}$$

$$X_3 = [\ 1 \ -1]^T \quad \Rightarrow \quad \tilde{X}_3 = [\ 1 \ -1 \ \vdots \ 1]^T \qquad \text{(Vetor de Suporte)}$$

$$X_4 = [\ 1 \quad 1]^T \quad \Rightarrow \quad \tilde{X}_4 = [\ 1 \quad 1 \ \vdots \ 1]^T \qquad \text{(Vetor de Suporte)}$$

Como resultado da análise preliminar do problema de tarifação, foi elaborada uma tabela contendo o tipo/uso dos veículos, o formato aumentado dos vetores de entrada e seus respectivos rótulos (tarifas), que, a título de curiosidade, equivale à mesma lógica implementada pelo operador **E**, em inglês *and*.

Tabela 7.1 – Vetorização aumentada e rotulação

Tipo/uso do veículo	Vetor de entrada aumentado, $\tilde{X}$	Rótulo, d
2 rodas/particular	$\tilde{X}_1 = [-1 \ -1 \ \vdots \ 1]^T$	$d_1 = -1$ (Tarifa baixa)
2 rodas/comercial	$\tilde{X}_2 = [-1 \ -1 \ \vdots \ 1]^T$	$d_2 = -1$ (Tarifa baixa)
4 rodas/particular	$\tilde{X}_2 = [-1 \ -1 \ \vdots \ 1]^T$	$d_3 = -1$ (Tarifa baixa)
4 rodas/comercial	$\tilde{X}_2 = [-1 \ -1 \ \vdots \ 1]^T$	$d_4 = +1$ (Tarifa alta)

3º passo – Obter o modelo da Máquina de Vetor de Suporte (SVM).

- Cálcular os multiplicadores de Lagrange (Equação do Problema Dual Adaptado)

Realizando a operação indicada em (7.38) ou, alternativamente, passando diretamente para o sistema de equações (7.39), obtém-se o seguinte sistema de equações:

$$\begin{cases} \alpha_2 d_2 \tilde{X}_2^T \tilde{X}_2 + \alpha_3 d_3 \tilde{X}_2^T \tilde{X}_3 + \alpha_4 d_4 \tilde{X}_2^T \tilde{X}_4 = d_2 \\ \alpha_2 d_2 \tilde{X}_3^T \tilde{X}_2 + \alpha_3 d_3 \tilde{X}_3^T \tilde{X}_3 + \alpha_4 d_4 \tilde{X}_3^T \tilde{X}_4 = d_3 \\ \alpha_2 d_2 \tilde{X}_4^T \tilde{X}_2 + \alpha_3 d_3 \tilde{X}_4^T \tilde{X}_3 + \alpha_4 d_4 \tilde{X}_4^T \tilde{X}_4 = d_4 \end{cases}$$

Substituindo e calculando os valores no sistema de equações, virá:

$$\begin{cases} \alpha_2(-1)(3) + \alpha_3(-1)(-1) + \alpha_4(1)(1) = -1 \\ \alpha_2(-1)(-1) + \alpha_3(-1)(3) + \alpha_4(1)(1) = -1 \\ \alpha_2(-1)(1) + \alpha_3(-1)(1) + \alpha_4(1)(3) = 1 \end{cases}$$

$$\begin{cases} -3\alpha_2 + \alpha_3 + \alpha_4 = -1 \\ \alpha_2 - 3\alpha_3 + \alpha_4 = -1 \\ -\alpha_2 - \alpha_3 + 3\alpha_4 = 1 \end{cases}$$

Mais técnicas de aprendizagem de máquina (1)

A solução é: $\alpha_2 = \alpha_3 = \alpha_4 = 1$. Levando esses valores para as fórmulas dos pesos ótimos, tem-se:

$$\tilde{W}_o = \begin{bmatrix} W_o \\ \cdots \\ b_o \end{bmatrix} = \sum_{\substack{i=vetor \\ de\ suporte}} \alpha_i d_i \tilde{X}_i = \alpha_2 d_2 \tilde{X}_2 + \alpha_3 d_3 \tilde{X}_3 + \alpha_4 d_4 \tilde{X}_4$$

$$= (1)(-1)\begin{bmatrix} -1 \\ 1 \\ \cdots \\ 1 \end{bmatrix} + (1)(-1)\begin{bmatrix} 1 \\ -1 \\ \cdots \\ 1 \end{bmatrix} + (1)(1)\begin{bmatrix} 1 \\ 1 \\ \cdots \\ 1 \end{bmatrix} = \begin{bmatrix} 1 \\ -1 \\ \cdots \\ -1 \end{bmatrix} + \begin{bmatrix} -1 \\ 1 \\ \cdots \\ -1 \end{bmatrix} + \begin{bmatrix} 1 \\ 1 \\ \cdots \\ 1 \end{bmatrix}$$

$$= \begin{bmatrix} 1 \\ 1 \\ \cdots \\ -1 \end{bmatrix}$$

Assim, interpretando corretamente os elementos do último vetor coluna em questão, obtém-se:

$$W_o = \begin{bmatrix} 1 \\ 1 \end{bmatrix} \qquad e \qquad b_o = -1$$

- Determinar o modelo de classificação bivalente conforme a Equação (7.41), ou seja, da Função Discriminante $g(X)$ dada por:

$$g(X) = W_o^T X + b_o$$

Substituindo virá:

$$g(X) = \begin{bmatrix} 1 & 1 \end{bmatrix} \begin{bmatrix} x_1 \\ x_2 \end{bmatrix} - 1$$

$$g(X) = x_1 + x_2 - 1 \qquad \text{(Função Discriminante)}$$

- Determinar a equação do hiperplano ótimo conforme a Equação (7.42), ou seja:

$$h_o(X) \quad \Rightarrow \quad g(X) = 0 \quad \Rightarrow \quad x_1 + x_2 - 1 = 0$$

$$x_1 + x_2 = 1 \qquad \text{(Hiperplano Ótimo)}$$

4º passo – Representar graficamente a região de separação e o hiperplano ótimo, para visualizar o espaço de entrada e a sua separação em classes bivalentes.

É importante ter uma visualização do resultado obtido com a aplicação do método dos vetores de suporte, caso seja viável, conforme mostrado na próxima figura.

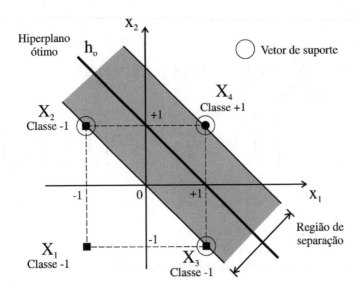

Figura 7.10 – Máquina de Vetor de Suporte: região de separação e hiperplano ótimo.

5º passo – Testar o modelo vetorial com os dados do treinamento.

Vamos testar o modelo para os pontos $X_1 = [-1 -1]^T$, $X_2 = [-1 +1]^T$, $X_3 = [+1 -1]^T$ e $X_4 = [+1 +1]^T$, quando se adota $i = 1, 2, 3$ e 4, e interpretar os resultados, visualizando-os de acordo com a Figura 7.10, ou seja:

$g(X_1) = -1 - 1 - 1 = -3 \Rightarrow$ tarifa baixa

$g(X_2) = -1 + 1 - 1 = -1 \Rightarrow$ tarifa baixa

$g(X_3) = +1 - 1 - 1 = -1 \Rightarrow$ tarifa baixa

$g(X_4) = +1 + 1 - 1 = +1 \Rightarrow$ tarifa alta

Esses resultados concordam plenamente com as classes originais dos pontos de treinamento, cabendo apenas um comentário referente ao ponto X_1, por ser o único ponto que não está posicionado sobre as margens da região de separação, isto é, dos 4 pontos é o único que não é um vetor de suporte.

6º passo – Efetuar generalizações, usando dados diferentes dos usados no treinamento.

Vamos agora usar o modelo $g(X) = x_1 + x_2 - 1$ para gerar alguns pontos diferentes dos usados no treinamento, para verificar a capacidade de acerto do modelo, interpretando o resultado de acordo com a Figura 7.10.

- Ponto $X_5 = [+0,2 \quad +0,2]^T$ $\Rightarrow$ $g(X) = x_1 + x_2 - 1 = 0,2 + 0,2 - 1 = -0,6$

  Comentário: tarifa baixa.

- Ponto $X_6 = [+1 \quad +1,5]^T$ $\Rightarrow$ $g(X) = x_1 + x_2 - 1 = 1 + 1,5 - 1 = +1,5$

  Comentário: tarifa alta.

- Ponto $X_7 = [-1 \quad -1,5]^T$ $\Rightarrow$ $g(X) = x_1 + x_2 - 1 = -1 - 1,5 - 1 = -3,5$

  Comentário: tarifa baixa.

Finalizando esse exemplo, pode-se concluir que se trata de um modelo de Máquina de Vetor Suporte (SVM), aplicado a conjuntos de dados linearmente separáveis, bastante confiável e de implementação computacional relativamente fácil.

7.3.2 ESPAÇO DE ENTRADA NÃO LINEARMENTE SEPARÁVEL

O reconhecimento de padrões em dados não linearmente separáveis é bem mais complexo do que o caso visto anteriormente de dados linearmente separáveis, pois os dados se misturam e não há como, num primeiro momento, determinar um hiperplano que separe os 2 subconjuntos de dados coletados no espaço de entrada bivalente.

Para resolver problemas complexos num determinado espaço de representação matemática, um procedimento muito comum na área da Engenharia, é sair do espaço original do problema de interesse para um outro espaço, no qual teoricamente se pode resolver o tal problema com mais facilidade, utilizando-se de transformações matemáticas algébricas. Existem vários tipos de transformações, cada uma delas com metodologia específica e recomendadas para situações semelhantes.

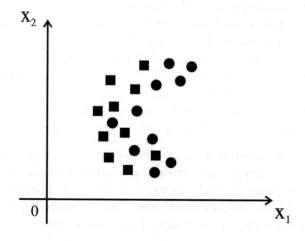

Figura 7.11 – Dados não linearmente separáveis.

A necessidade de usar transformações matemáticas, de um espaço de representação (origem) para outro (destino) não é diferente para o problema atual de classificação de dados não linearmente separáveis, como será visto a seguir.

7.3.2.1 Transformação matemática entre espaços vetoriais

Entre espaços n-dimensionais é possível realizar passagens de um para outro espaço, desde que existam vantagens para justificar esta mudança, notadamente se no espaço de destino, um determinado problema de interesse possa ser resolvido com relativa facilidade.

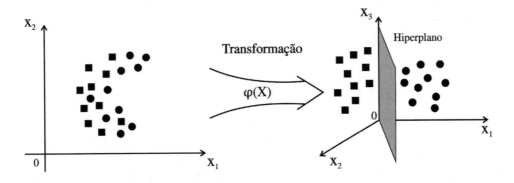

Figura 7.12 – Transformação entre espaços.

O que normalmente ocorre é sair de um espaço para outro com maior dimensionalidade, sendo que o espaço de destino é denominado de espaço de características, diferente do espaço de origem que é o espaço de entrada ou atributo. Para que isso ocorra, faz-se necessário descobrir uma função algébrica que sirva de ponte entre os 2 espaços, possibilitando que um dado existente num espaço de entrada tenha a sua representação no outro estado de características. Realizada a transformação matemática, a separação dos dados se dá no espaço de características. O respaldo científico para essa afirmação, reside no Teorema de Cover, que garante a separabilidade de padrões, desde que a transformação seja não linear e a dimensionalidade do espaço de destino seja suficientemente alta (Haykin, 2001). Estando os dados transformados já definidos no espaço de destino, a separação obedece aos mesmos critérios utilizados na separação de dados linearmente separáveis, apresentados na seção anterior.

Porém, é oportuno registrar que a construção da região de separação e do correspondente hiperplano ótimo, no espaço de destino, dependem de uma transformação denominada de nucleação do produto escalar existente na Equação (7.36), a qual deu origem à formulação do Problema Dual. Dessa forma, é muito importante compreender corretamente o que significa nucleação do produto escalar.

7.3.2.2 Nucleação do produto escalar

Não se deve perder de vista que, após definida a transformação matemática $\varphi(X)$ para outro espaço de maior dimensionalidade a ser usada, recai-se no Problema Dual da separação de dados linearmente separáveis, cuja função custo é transcrita a seguir:

$$Q(\alpha) = \sum_{i=1}^{NPTR} \alpha_i - \frac{1}{2} \sum_{i=1}^{NPTR} \sum_{j=1}^{NPTR} \alpha_i \alpha_j d_i d_j X_j^T X_i$$

a qual deve obedecer às restrições citadas na sua apresentação original (ver seção anterior). Observando atentamente, nota-se a presença do produto escalar definido por $X_j^T X_i$, sendo X um vetor de entrada, agora será substituído pelo produto escalar das respectivas funções de transformação $\varphi(X)$. Assim, a nova função custo do Problema Dual passa a ser escrita da seguinte forma:

$$Q(\alpha) = \sum_{i=1}^{NPTR} \alpha_i - \frac{1}{2} \sum_{i=1}^{NPTR} \sum_{j=1}^{NPTR} \alpha_i \alpha_j d_i d_j \varphi^T(X_j) \varphi(X_i) \tag{7.43}$$

desta feita sujeita à restrição $d_i \left(W^T \varphi(X_i) + b \right) \geq 1$ para $i = 1, 2, ..., NPTR$, em que $\varphi^T(X_j) \varphi(X_i)$ é o produto escalar da função vetorial de transformação entre os espaços de entrada (origem) e de características (destino).

Entretanto, esse produto escalar normalmente não precisa ser calculado diretamente, pelo fato de ser substituído por função tabeladas, denominadas de núcleo (em inglês, *kernel*) do produto escalar, reduzindo assim os cálculos envolvidos nessa operação, denotado por:

$$\mathcal{K}_{ji} = \varphi^T(X_j) \varphi(X_i) \tag{7.44}$$

As funções de núcleo obedecem às condições de convergência estabelecidas pelo Teorema de Mercer (Haykin, 2001), decorrente do fato de que estas funções resultam em matrizes simétricas e semidefinidas positivas.

Os núcleos (*kernels*) mais usados são:

Tabela 7.2 – Núcleos do produto escalar

Tipo de Núcleo	Núcleo $\mathcal{K}_{ji} = \varphi^T(X_j) \varphi(X_i)$	Parâmetros a definir pelo usuário
Polinomial	$a\left(X_j^T X_i + b\right)^c$	a, b
Gaussiano	$\exp\left(-a\|X_j - X_i\|\right)^2$	a
Sigmoidal	$\tanh\left(aX_j^T X_i + b\right)$	a, b

250   *Inteligência artificial e aprendizagem de máquina: aspectos teóricos e aplicações*

Cada núcleo tem as suas vantagens e desvantagens, as quais precisam ser ponderadas aplicação a aplicação, para se fazer a melhor escolha entre eles.

7.3.2.3 Procedimento para aplicação do método SVM a dados não linearmente separáveis

Sintetizando o que foi apresentado, a ideia agora é estabelecer um procedimento básico, visando aplicar corretamente o método da Máquina de Vetor de Suporte (SVM) a dados não linearmente separáveis, conforme descrito a seguir:

1º passo – Coletar e analisar preliminarmente os dados de entrada.

2º passo – Vetorizar e rotular os dados de entrada para realizar o treinamento.

3º passo – Obter o modelo da Máquina de Vetor de Suporte (SVM).

- Calcular os multiplicadores de Lagrange (Problema Dual adaptado)

Realizar a operação de maximização definida por

$$\max_{\alpha} Q(\alpha) = \sum_{i=1}^{NPTR} \alpha_i - \frac{1}{2} \sum_{i=1}^{NPTR} \sum_{j=1}^{NPTR} \alpha_i \alpha_j d_i \, d_j \varphi^T(X_j)\varphi(X_i) \qquad \text{(Equação do Problema Dual Adaptado)}$$

sujeita à restrição $d_i\,(W^T\,\varphi(X_i) + b) \geq 1$ para $i = 1, 2, ..., NPTR$", tendo em vista que o núcleo é fornecido por $K_{ji} = \varphi^T(X_j)\,\varphi(X_i)$, sendo que $\varphi(X_i)$ é a imagem no espaço de características (destino) do vetor de entrada X_i.

- Determinar o modelo vetorial, ou seja, a Função Discriminante $g(X)$

$$g(X) = W_o^T \varphi(X) + b_o \qquad \text{(adaptada da Equação (7.41))}$$

em que

$$W_o = \sum_{i=1}^{NPTR} \alpha_i d_i \varphi(X_i) \qquad \text{(adaptada da Equação (7.32))}$$

$$b_o = 1 - W_o^T \varphi(X_i), \text{ escolher } \varphi(X_i),$$
$$\text{tal que } d_i = +1 \qquad \text{(adaptada da Equação (7.26))}$$

- Determinar a equação do hiperplano ótimo $h_o(X)$

Fazer $g(X) = 0$, para determinar $h_o(X)$.

4º passo – Caso seja viável, representar graficamente a região de separação e o hiperplano ótimo, para visualizar o espaço de entrada e a sua separação.

5º passo – Testar o modelo vetorial com os dados do treinamento.

6º passo – Efetuar generalizações, usando dados diferentes dos usados no treinamento.

7.3.2.4 Um exemplo de aplicação do SVM, para o caso não linearmente separável

Vamos exemplificar uma aplicação do SVM para dados não linearmente separáveis, executando todos os passos do procedimento descrito na subseção 7.3.2.3, com a finalidade de sedimentar os conhecimentos adquiridos sobre a implementação do método SVM.

Exemplo: Suponha que uma seguradora deseja classificar alguns tipos de veículos, mais especificamente os que contém 2 e 4 rodas, para uso particular ou comercial, visando a aplicação de tarifas de seguro numa cidade 'B', com base no levantamento de acidentes ocorridos com veículos num determinado período. A regra adotada foi de quanto maior a quantidade de acidentes, maior será a tarifa para pelo segurado. Esse problema é similar às regras definidas para o operador lógico **OU Exclusivo**, em inglês *eXclusive* **OR** (**XOR**).

Isso posto, passamos à execução passo a passo do procedimento, visando obter a solução para atender a empresa de seguros.

Solução:

1º passo – Coletar e analisar preliminarmente os dados de entrada.

Com base na análise de risco, um especialista propôs a seguinte tarifação para veículos:

- 2 rodas, particular   tarifa baixa   (•)
- 2 rodas, comercial   tarifa alta   (■)
- 4 rodas, particular   tarifa alta   (■)
- 4 rodas, comercial   tarifa baixa   (•)

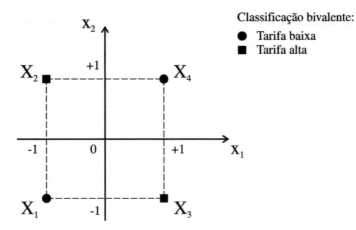

Aqui é interessante observar que se trata de dados não linearmente separáveis, isto é, não existe uma maneira imediata de separar os dados usando uma linha reta.

2º passo – Vetorizar e rotular os dados de entrada para realizar o treinamento.

De posse da análise preliminar de dados, um cientista de dados especializado em SVM, definiu o seguinte:

Tabela 7.3 – Vetorização e rotulação

Tipo/uso do veículo	Vetor de entrada, X	Rótulo, d
2 rodas/particular	$X_1 = [-1\ -1)]^T$	$d_1 = -1$ (Tarifa baixa)
2 rodas/comercial	$X_2 = [-1\ +1]^T$	$d_2 = +1$ (Tarifa alta)
4 rodas/particular	$X_3 = [+1\ -1]^T$	$d_3 = +1$ (Tarifa alta)
4 rodas/comercial	$X_4 = [+1\ +1]^T$	$d_4 = -1$ (Tarifa baixa)

3º passo – Obter o modelo da Máquina de Vetor de Suporte (SVM).

- Calcular os multiplicadores de Lagrange (Problema Dual adaptado)

Tomando por base a Equação do Problema Dual dada por:

Mais técnicas de aprendizagem de máquina (1)   253

$$\text{"}\max_{\alpha} Q(\alpha) = \sum_{i=1}^{NPTR} \alpha_i$$

(Equação do Problema

Dual Adaptado)

$$-\frac{1}{2} \sum_{i=1}^{NPTR} \sum_{j=1}^{NPTR} \alpha_i \alpha_j d_i \, d_j \varphi^T(X_j)\varphi(X_i)$$

sujeita à restrição $d_i \, (W^T \varphi(X_i) + b) \geq 1$ para $i = 1, 2, ..., NPTR$.

Chegou o momento de escolher o núcleo do produto escalar! Vamos fazer a opção pelo núcleo polinomial (Tabela 7.2), que é:

$$\mathcal{K}_{ji} = \varphi^T(X_j)\varphi(X_i) = \mathrm{a}\big(X_j^T X_i + \mathrm{b}\big)^{\mathrm{c}}$$

no qual serão adotados os coeficientes a = 1, b = 1 e c = 2, resultando em:

$$\mathcal{K}_{ji} = \big(X_j^T X_i + 1\big)^2$$

Desenvolvendo os termos do núcleo polinomial, virá:

$$\mathcal{K}_{ji} = \big(X_j^T X_i\big)^2 + 2\big(X_j^T X_i\big) + 1 = \left(\begin{bmatrix} x_{j1} & x_{j2} \end{bmatrix}\begin{bmatrix} x_{i1} \\ x_{i2} \end{bmatrix}\right)^2 + 2\begin{bmatrix} x_{j1} & x_{j2} \end{bmatrix}\begin{bmatrix} x_{i1} \\ x_{i2} \end{bmatrix} + 1$$

$$= \big(x_{j1}x_{i1} + x_{j2}x_{i2}\big)^2 + 2\big(x_{j1}x_{i1} + x_{j2}x_{i2}\big) + 1$$

$$= \big(x_{j1}{}^2 x_{i1}{}^2 + 2x_{j1}x_{i1}x_{j2}x_{i2} + x_{j2}{}^2 x_{i2}{}^2\big) + 2\big(x_{j1}x_{i1} + x_{j2}x_{i2}\big) + 1$$

$$= 1 + x_{j1}{}^2 x_{i1}{}^2 + 2x_{j1}x_{i1}x_{j2}x_{i2} + x_{j2}{}^2 x_{i2}{}^2 + 2x_{j1}x_{i1} + 2x_{j2}x_{i2}$$

Sabendo que $\mathcal{K}_{ji} = \varphi^T(X_j)\varphi(X_i) = \big(X_j^T X_i + 1\big)^2$, deduz-se que $\varphi^T(X_j)$ é o vetor imagem da entrada X_j e que $\varphi(X_i)$ é o vetor imagem de X_i, os quais são dados por:

$$\varphi(X_j) = \big[1, x_{j1}{}^2, \sqrt{2}x_{j1}x_{j2}, x_{j2}{}^2, \sqrt{2}x_{j1}, \sqrt{2}x_{j2}\big]^T$$

$$\varphi(X_i) = \big[1, x_{i1}{}^2, \sqrt{2}x_{i1}x_{i2}, x_{i2}{}^2, \sqrt{2}x_{i1}, \sqrt{2}x_{i2}\big]^T$$

Substituindo os valores dos componentes dos vetores X_1, X_2, X_3 e X_4 e das classes d_1, d_2, d_3 e d_4 (rótulos) mostradas na Tabela 7.4, e em seguida calculando os produtos escalares indicados por $\varphi^T(X_j)(X_i)$, fazendo $i, j = 1, 2, 3$ e 4, obtém a matriz do núcleo

$$\mathcal{K}_{ji} = \begin{bmatrix} \mathcal{K}_{11} & \mathcal{K}_{12} & \mathcal{K}_{13} & \mathcal{K}_{14} \\ \mathcal{K}_{21} & \mathcal{K}_{22} & \mathcal{K}_{23} & \mathcal{K}_{24} \\ \mathcal{K}_{31} & \mathcal{K}_{32} & \mathcal{K}_{33} & \mathcal{K}_{34} \\ \mathcal{K}_{41} & \mathcal{K}_{42} & \mathcal{K}_{43} & \mathcal{K}_{44} \end{bmatrix} = \begin{bmatrix} 9 & 1 & 1 & 1 \\ 1 & 9 & 1 & 1 \\ 1 & 1 & 9 & 1 \\ 1 & 1 & 1 & 9 \end{bmatrix}$$

Desenvolvendo a função custo e substituindo esses valores, obtém-se a função custo expressa em função dos multiplicadores de Lagrange, qual seja:

$$Q(\alpha) = (\alpha_1 + \alpha_2 + \alpha_3 + \alpha_4)$$

$$-\frac{1}{2}(9\alpha_1^2 - 2\alpha_1\alpha_2 - 2\alpha_1\alpha_3 + 2\alpha_1\alpha_4 + 9\alpha_2^2 + 2\alpha_2\alpha_3 - 2\alpha_2\alpha_4 + 9\alpha_3^2$$

$$- 2\alpha_3\alpha_4 + 9\alpha_4^2)$$

Derivando a função custo $Q(\alpha)$ e igualando a zero para obtenção do máximo, virá:

$$\frac{\partial Q(\alpha)}{\partial \alpha_1} = 1 - \frac{1}{2}(18\alpha_1 - 2\alpha_2 - 2\alpha_3 + 2\alpha_4) = 1 - 9\alpha_1 + \alpha_2 + \alpha_3 - \alpha_4 = 0$$

$$\frac{\partial Q(\alpha)}{\partial \alpha_2} = 1 - \frac{1}{2}(-2\alpha_1 + 18\alpha_2 + 2\alpha_3 - 2\alpha_4) = 1 + \alpha_1 - 9\alpha_2 - \alpha_3 + \alpha_4 = 0$$

$$\frac{\partial Q(\alpha)}{\partial \alpha_3} = 1 - \frac{1}{2}(-2\alpha_1 + 2\alpha_2 + 18\alpha_3 - 2\alpha_4) = 1 + \alpha_1 - \alpha_2 - 9\alpha_3 + \alpha_4 = 0$$

$$\frac{\partial Q(\alpha)}{\partial \alpha_4} = 1 - \frac{1}{2}(2\alpha_1 - 2\alpha_2 - 2\alpha_3 + 18\alpha_4) = 1 - \alpha_1 + \alpha_2 + \alpha_3 - 9\alpha_4 = 0$$

Para encontrar os valores dos multiplicadores de Lagrange será necessário resolver o seguinte sistema de equações lineares:

$$\begin{cases} 9\alpha_1 - \alpha_2 - \alpha_3 + \alpha_4 = 1 \\ -\alpha_1 + 9\alpha_2 + \alpha_3 - \alpha_4 = 1 \\ -\alpha_1 + \alpha_2 + 9\alpha_3 - \alpha_4 = 1 \\ \alpha_1 - \alpha_2 - \alpha_3 + 9\alpha_4 = 1 \end{cases}$$

cuja solução é: $\alpha_1 = \alpha_2 = \alpha_3 = \alpha_4 = \frac{1}{8}$.

Essa solução indica que os 4 vetores de entrada se encontram sobre as margens da região de separação, isto é, os 4 vetores são vetores de suporte no espaço de características (destino).

Mais técnicas de aprendizagem de máquina (1)

- Determinar o modelo vetorial, ou seja, a Função Discriminante $g(X)$

$$g(X) = W_o^T \varphi(X) + b_o \qquad \text{(adaptada da Equação (7.41))}$$

em que

$$W_o = \sum_{i=1}^{NPTR} \alpha_i d_i \varphi(X_i) \qquad \text{(adaptada da Equação (7.32))}$$

$$b_o = 1 - W_o^T \varphi(X_i), \text{ escolher } \varphi(X_i),$$
$$\text{tal que } d_i = +1 \qquad \text{(adaptada da Equação (7.26))}$$

Assim, primeiro é necessário calcular o vetor de pesos ótimo W_o, desenvolvendo o somatório para $NPTR = 4$:

$$W_o = \alpha_1 d_1 \varphi(X_1) + \alpha_2 d_2 \varphi(X_2) + \alpha_3 d_3 \varphi(X_3) + \alpha_4 d_4 \varphi(X_4)$$

$$= \frac{1}{8}(-1)\left[1, x_{11}{}^2, \sqrt{2}x_{11}x_{12}, x_{12}{}^2, \sqrt{2}x_{11}, \sqrt{2}x_{12}\right]^T$$

$$+ \frac{1}{8}(1)\left[1, x_{21}{}^2, \sqrt{2}x_{21}x_{22}, x_{22}{}^2, \sqrt{2}x_{21}, \sqrt{2}x_{22}\right]^T$$

$$+ \frac{1}{8}(1)\left[1, x_{31}{}^2, \sqrt{2}x_{31}x_{32}, x_{32}{}^2, \sqrt{2}x_{31}, \sqrt{2}x_{32}\right]^T$$

$$+ \frac{1}{8}(-1)\left[1, x_{41}{}^2, \sqrt{2}x_{41}x_{42}, x_{42}{}^2, \sqrt{2}x_{41}, \sqrt{2}x_{42}\right]^T$$

$$= \frac{1}{8}(-1)\left[1, 1, \sqrt{2}, 1, -\sqrt{2}, -\sqrt{2}\right]^T + \frac{1}{8}(1)\left[1, 1, -\sqrt{2}, 1, -\sqrt{2}, \sqrt{2}\right]^T$$

$$+ \frac{1}{8}(1)\left[1, 1, -\sqrt{2}, 1, \sqrt{2}, -\sqrt{2}\right]^T + \frac{1}{8}(-1)\left[1, 1, \sqrt{2}, 1, \sqrt{2}, \sqrt{2}\right]^T$$

$$= \frac{1}{8}\left(\begin{bmatrix} -1 \\ -1 \\ -\sqrt{2} \\ -1 \\ \sqrt{2} \\ \sqrt{2} \end{bmatrix} + \begin{bmatrix} 1 \\ 1 \\ -\sqrt{2} \\ 1 \\ -\sqrt{2} \\ \sqrt{2} \end{bmatrix} + \begin{bmatrix} 1 \\ 1 \\ -\sqrt{2} \\ 1 \\ \sqrt{2} \\ -\sqrt{2} \end{bmatrix} + \begin{bmatrix} -1 \\ -1 \\ -\sqrt{2} \\ -1 \\ -\sqrt{2} \\ \sqrt{2} \end{bmatrix}\right) = \frac{1}{8}\begin{bmatrix} 0 \\ 0 \\ -4\sqrt{2} \\ 0 \\ 0 \\ 0 \end{bmatrix} = -\begin{bmatrix} 0 \\ 0 \\ \frac{\sqrt{2}}{2} \\ 0 \\ 0 \\ 0 \end{bmatrix}$$

Agora, vamos calcular b_o, com a escolha do vetor de características $\varphi(X_2)$, pelo fato de que $d_2 = +1$, o que resulta em:

$$b_o = 1 - \begin{bmatrix} 0 & 0 & -\dfrac{\sqrt{2}}{2} & 0 & 0 & 0 \end{bmatrix} \begin{bmatrix} 1 \\ 1 \\ -\sqrt{2} \\ 1 \\ -\sqrt{2} \\ \sqrt{2} \end{bmatrix} = 1 - 1 = 0$$

A Função Discriminante $g(X)$, que corresponde ao modelo matemático da Máquina de Vetor de Suporte (SVM), é dada por:

$$(X) = \begin{bmatrix} 0 & 0 & -\dfrac{\sqrt{2}}{2} & 0 & 0 & 0 \end{bmatrix} \begin{bmatrix} 1 \\ x_1^2 \\ \sqrt{2}x_1x_2 \\ x_2^2 \\ \sqrt{2}x_1 \\ \sqrt{2}x_2 \end{bmatrix} + 0$$

que resulta em:

$$g(X) = -x_1 x_2$$

- Determinar a equação do hiperplano ótimo $h_o(X)$

Fazendo $g(X) = 0$, deduz-se que a equação do hiperplano ótimo $Q(\alpha)$ deverá atender à condição $x_1 x_2 = 0$. Entretanto, considerando que b_o, que corresponde ao ponto no qual a reta do hiperplano intercepta o eixo vertical x_2, conclui-se que a equação do referido hiperplano é dada por:

$$x_2 = 0, \text{ para todo } x_1 \in \mathbb{R} \qquad \text{(Hiperplano Ótimo)}$$

4º passo – Representar graficamente a região de separação e do hiperplano ótimo, para visualizar o espaço de entrada e a sua separação. A Figura 7.13 mostra a região de separação entre os pontos (dados), no novo plano transformado por meio do núcleo $\mathcal{K}_{ji} = \left(X_j^T X_i + 1\right)^2$, assim como o hiperplano ótimo h_o, sendo este último uma linha reta coincidente com o eixo-x_1. É fácil constatar que os 4 pontos X_1, X_2, X_3 e X_4 do operador lógico **XOR** situam-se nas fronteiras da região de separação, todos constituindo-se em pontos dos vetores de suporte.

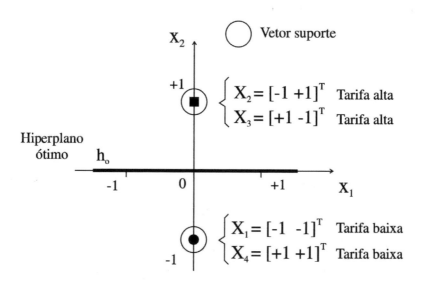

Figura 7.13 – Máquina de Vetor de Suporte: hiperplano ótimo.

5º passo – Testar o modelo vetorial com os dados do treinamento

Vamos testar o modelo $g(X) = -x_1 x_2$ para os pontos $X_1 = [-1 \ -1]^T$, $X_2 = [-1 \ +1]^T$, $X_3 = [+1 \ -1]^T$ e $X_4 = [+1 \ +1]^T$, quando se adota $i = 1, 2, 3$ e 4, e interpretar os resultados, visualizando-os na de acordo com a Figura 7.13, ou seja:

$g(X_1) = -(-1)(-1) = -1 \quad \Rightarrow \quad$ tarifa baixa

$g(X_2) = -(-1)(+1) = +1 \quad \Rightarrow \quad$ tarifa alta

$g(X_3) = -(+1)(-1) = +1 \quad \Rightarrow \quad$ tarifa alta

$g(X_4) = -(+1)(+1) = -1 \quad \Rightarrow \quad$ tarifa baixa

Esses resultados concordam plenamente com as classes originais dos pontos de treinamento, sendo que os 4 pontos se encontram posicionados sobre as margens da região de separação, isto é, todos os vetores de treinamento são vetores de suporte.

6º passo – Efetuar generalizações, usando dados diferentes dos usados no treinamento

Vamos agora usar o modelo para alguns pontos diferentes dos usados no treinamento, para verificar a capacidade de acerto do modelo, interpretando o resultado de acordo com a Figura 7.13.

• Ponto $X_5 = [+1,2 \ +1,2]^1 \implies g(X) = -x_1 x_2 = -1,44$

Comentário: tarifa baixa.

• Ponto $X_6 = [+1 \ -1,5]^T \implies g(X) = -x_1 x_2 = +1,5$

Comentário: tarifa alta.

Finalizando esse exemplo, pode-se concluir que se trata de um modelo de Máquina de Vetor Suporte (SVM) aplicado a conjuntos de dados não linearmente separáveis, é bastante confiável e de fácil implementação computacional.

A aplicação do método SVM pode ser estendida para diversos casos do mundo real, mesmo para casos multivalentes (mais de 2 rótulos), bastando usar um critério de comparação e eliminação combinatória, claro, até um certo limite de classes competidoras entre si, sob pena de se ter um aumento explosivo de operações a executar.

7.3.3 ARMAZENAMENTO DO CONHECIMENTO NAS SVM

A Aprendizagem de Máquina (*Machine Learning*) é todo processo de aquisição de conhecimento, que tem como objetivo determinar um modelo capaz de aplicar o conhecimento armazenado.

Em se tratando do método da Máquina de Vetor de Suporte (SVM), o conhecimento fica armazenado na Função Discriminante, detentora que é da capacidade de classificar os dados de maneira correta, exibindo a propriedade da generalização, de modo a fornecer uma das condições mais importantes para uma decisão com alta probabilidade de acerto.

Resumindo, o papel da Função Discriminante é classificar dados bivalentes, em relação a um hiperplano ótimo, quer seja para dados linearmente separáveis, quer para dados não linearmente separáveis.

O método SVM vem apresentando desempenho eficiente em problemas de processamento da linguagem natural (em inglês, *Natural Language Processing* – NLP), utilizando-se a técnica de vetorização de palavras do texto, com aplicações em leitura e tradução de idiomas.

7.4 CONCLUSÕES

Este capítulo trouxe à tona alguns métodos importantes para a Aprendizagem de Máquina (*Machine Learning*) – *Perceptron* de Rosenblatt, Máquina Linear de Distância Mínima e a Máquina de Vetor de Suporte, contribuindo assim para ampliar o olhar sobre as técnicas mais usadas, além das ferramentas estudadas em capítulos anteriores.

Dentre as técnicas apresentadas, vale destacar que a Máquina de Vetor de Suporte, que após uma temporada de pouca aplicação, ressurgiu com intensidade nos últimos tempos, principalmente pela sua utilização em problemas relacionados com a linguagem natural (interpretação, comunicação e tradução de textos), e vem utilizando a vetorização dos dados como recurso eficiente para identificação de palavras, classificação e reconhecimento de contexto.

Existem vários outros métodos que podem ser aplicados em tarefas de aquisição e processamento do conhecimento, alguns deles se constituindo de uma combinação entre os métodos vistos neste livro, todos com o objetivo de fornecer elementos para a predição eficiente de eventos, nas mais diversas áreas de atuação da sociedade.

Maiores detalhes sobre os métodos vistos aqui, podem ser obtidos em literatura especializada, como artigos de revistas indexadas, trabalhos acadêmicos revisados e livros disponíveis no mercado

CAPÍTULO 8
Mais técnicas de aprendizagem de máquina (2)

8.1 INTRODUÇÃO

Existem algumas técnicas convencionais frequentemente empregadas no contexto dos problemas tratados pela Inteligência Artificial, que, embora não se enquadrem diretamente nas abordagens tratadas nos capítulos anteriores, não há como deixar de fora do escopo deste livro.

Essas técnicas conseguem dar uma boa resposta, por exemplo, para problemas de regressão e de classificação, que são aplicações de grande demanda na Aprendizagem de Máquina. A seguir, serão vistas algumas das técnicas mais aplicadas na atualidade.

8.2 MÉTODOS DE REGRESSÃO

Qual é o fundamento da regressão matemática? Literalmente falando, o termo regressão significa o "ato de regredir, voltar ou retornar", que matematicamente significa "basear-se em dados passados, com a finalidade de realizar predição". Assim, pode-se entender que regressão estaria relacionada a uma série de dados coletados, numéricos ou categóricos, não necessariamente ordenados pelo tempo. Esse é o entendimento sobre a regressão matemática, em que os dados de entrada, quer estejam no formato numérico, quer estejam no formato categórico, não guardam necessariamente uma ordenação temporal em suas ocorrências, embora devam estar ordenados para efeito de estruturação e controle das operações matemáticas a que eventualmente serão submetidos. Dessa maneira, a indexação é apenas uma forma de ordenação dos dados, que pode estar associada ou não a uma sequência de ocorrências no tempo, diferentemente dos fenômenos de recorrência e de recursão, que são obrigatoriamente caracterizados pela ordenação temporal de suas ocorrências. Desta forma, a regressão tem uma grande vantagem em relação à recorrência e à recursão, devido a possibilidade de utilização de recursos de processamento paralelo, principalmente na geração de modelos baseados em uma grande quantidade de dados.

Assim, denomina-se regressor uma estrutura de dados dispostos de forma ordenada, por exemplo, um conjunto de dados X_i, com uma ordenação definida pelo índice $i = 1,2,...,NPTR$, sendo $NPTR$ a quantidade de dados (ou pontos) de treinamento, que pode estar associada ou não à ordem de ocorrência temporal. Quando o dado é caracterizado por mais de um valor numérico (atributo), ele é chamado de vetor, qual seja, $X_i = [x_{i1}\ x_{i2}...x_{iN}]^T$, em que N é a quantidade de atributos (características) e T significa vetor transposto, neste caso, a transposição resulta num vetor coluna.

Nesta seção será apresentada a regressão numérica, podendo ser estendida para a regressão categórica (classificação), fazendo o uso de uma codificação numérica dos dados de entrada. Sendo assim, pode-se dizer que regressão numérica abrange os métodos que utilizam dados numéricos experimentalmente obtidos, com o objetivo de realizar predições, que é a ação de calcular o valor de uma variável de saída ou resposta de um sistema, para um conjunto de dados de entrada disponíveis, usando alguma técnica de otimização do erro de predição.

Nesse ponto, é importante classificar as técnicas em: 1) regressão numérica ou categórica; 2) regressão linear ou logística (categórica ou não linear); 3) natureza da regressão: estatística, vetorial ou usando Redes Neurais Artificiais; e 4) regressão baseada no erro de predição (resíduo) ou em padrões de semelhança (verossimilhança).

No que se refere às maneiras de se calcular o erro de predição, as fórmulas são:

- Erro absoluto $\qquad\qquad EA = \|Y - Y_{calculado}\|$ $\qquad\qquad$ (8.1)

- Erro quadrático $\qquad\quad EQ = k(\|Y - Y_{calculado}\|)^2$ $\qquad$ (8.2)

em que Y é a saída medida ou corrente, $Y_{calculado}$ é a saída calculada ou estimada, e k é uma constante a ser arbitrada. A maneira mais usada para o cálculo do erro de predição é a quadrática, aplicando o Método dos Mínimos Quadrados (MMQ), enquanto as técnicas baseadas em padrões de semelhança utilizam o Princípio da Máxima Verossimilhança.

8.2.1 MÉTODOS DE REGRESSÃO LINEAR

São técnicas numéricas, que mapeiam entradas definidas no $\mathfrak{R}^N$ para as saídas no $\mathfrak{R}$, ou seja, $\mathfrak{R}^N \rightarrow \mathfrak{R}$, sendo N a quantidade de componentes do vetor X de entrada, e que se baseiam na minimização do erro de predição, também denominado de resíduo, pela aplicação do Método dos Mínimos Quadrados (MMQ).

É interessante lembrar que o conceito de linearmente separável está associado à figura simples de uma reta no espaço de 2 dimensões, separando 2 ou mais subconjuntos de dados contendo rótulos ou classes distintas, embora, em espaços com dimensões maiores do que 2, a separação seja realizada por superfícies de separação. As entidades geométricas usadas para separar dados são denominadas de hiperplano.

O conceito de hiperplano é aplicável a todas as dimensões do espaço euclidiano, podendo-se afirmar que num espaço N-dimensional o hiperplano possui (N-1) dimensões, qual seja, no espaço 1-dimensional o hiperplano é um ponto; no espaço 2-dimensional o hiperplano é uma reta; no espaço 3-dimensional o hiperplano é um plano, e assim sucessivamente.

Geometricamente, no espaço do $\mathfrak{R}^N$, o hiperplano pertence ao subespaço do $\mathfrak{R}^{N-1}$.

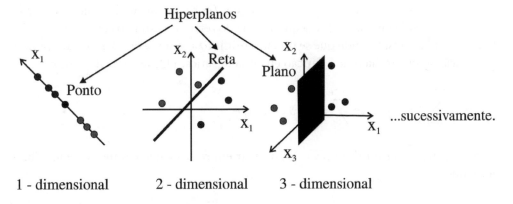

Figura 8.1 – Apresentação dos hiperplanos.

Algebricamente, os hiperplanos são definidos como:

Espaço euclidiano	Hiperplano
$Reta \equiv x_1$	$Ponto \equiv a_0$
$Plano \equiv x_1 x_2$	$Reta \equiv a_0 + a_1 x_1$
$Espaço \equiv x_1 x_2 x_3$	$Plano \equiv a_0 + a_1 x_1 + a_2 x_2$
$Espaço\ N \equiv x_1 x_2 ... x_N$	$Espaço\ (N-1) \equiv a_0 + a_1 x_1 + ... + a_{N-1} x_{N-1}$

8.2.1.1 Regressão Linear Versão Estatística

Essa técnica tem o objetivo de determinar os coeficientes ou parâmetros de uma reta, tal que a soma dos quadrados dos desvios dos pontos (dados) em relação à reta encontrada seja a menor possível. O método que resolve esse problema de otimização é denominado de Método dos Mínimos Quadrados (MMQ).

Desfruta da grande vantagem de ser um método puramente algébrico e de fácil interpretação, porém sofre da maldição da dimensionalidade, devido ao aumento explosivo de operações aritméticas, quando se aumenta alguns poucos atributos na sua variável independente X_i. Exatamente por esse motivo, é que a sua aplicação normalmente se restringe a problemas com 1 atributo, isto é, ao modelo linear bidimensional cuja equação é do tipo $X_i = a_0 + a_1 x_{i1}$, para $i = 1,2,\ldots, NPTR$.

Esse problema pode ser escrito da seguinte maneira: "Sejam os dados fornecidos pelos pares (x_i, y_i), em que $i = 1,2,\ldots, NPTR$. Determinar os valores dos coeficientes a_0 e a_1 e , da equação da reta $\hat{y}_i = a_0 + a_1 x_i$, em que $\hat{y}_i$ (lê-se $\hat{y}_i$ chapéu) é o valor calculado (estimado) da saída y_i, de tal forma que a soma dos erros quadráticos da forma $(y_i - \hat{y}_i)^2$ seja mínima". Considerando que se procura minimizar a soma dos desvios dos pontos em relação a uma linha reta, a função custo quadrática, EQ, será escrita como:

$$EQ = \sum_{i=1}^{NPTR} (y_i - \hat{y}_i)^2 = \sum_{i=1}^{NPTR} (y_i - a_0 - a_1 x_i)^2$$

Para determinar o mínimo vamos derivar em relação aos parâmetros e igualar a zero, que dá:

$$\frac{\partial EQ}{\partial a_0} = -2 \sum_{i=1}^{NPTR} (y_i - a_0 - a_1 x_i) = 0$$

$$\frac{\partial EQ}{\partial a_1} = -2 \sum_{i=1}^{NPTR} x_i(y_i - a_0 - a_1 x_i) = 0$$

resultando no sistema de equações a resolver:

$$\begin{cases} \sum_{i=1}^{NPTR} (y_i - a_0 - a_1 x_i) = 0 \\ \sum_{i=1}^{NPTR} x_i(y_i - a_0 - a_1 x_i) = 0 \end{cases}$$

Mais técnicas de aprendizagem de máquina (2)

A solução desse sistema fornecerá os valores dos parâmetros e da equação da reta que satisfaz o MMQ. Da primeira equação do sistema virá:

$$\sum_{i=1}^{NPTR} (y_i - a_0 - a_1 x_i) = 0 \quad \Rightarrow \quad a_0 = \frac{\sum_{i=1}^{NPTR} y_i}{NPTR} - a_1 \frac{\sum_{i=1}^{NPTR} x_i}{NPTR} = \bar{y}_i - a_1 \bar{x}_i$$

em que a barra significa média aritmética. Desenvolvendo e substituindo o valor de a_0 na segunda equação do sistema, virá:

$$\sum_{i=1}^{NPTR} x_i(y_i - a_0 - a_1 x_i) = 0 \quad \Rightarrow \quad \sum_{i=1}^{NPTR} x_i y_i = a_o \sum_{i=1}^{NPTR} x_i + a_1 \sum_{i=1}^{NPTR} x_i^2$$

$$\sum_{i=1}^{NPTR} x_i y_i = (\bar{y}_i - a_1 \bar{x}_i) \sum_{i=1}^{NPTR} x_i + a_1 \sum_{i=1}^{NPTR} x_i^2 = \bar{y}_i \sum_{i=1}^{NPTR} x_i - a_1 \bar{x}_{i2} \sum_{i=1}^{NPTR} x_i + a_1 \sum_{i=1}^{NPTR} x_i^2$$

Voltando com os valores de $\bar{y}_i$ e de $\bar{x}_i$ na última igualdade tem-se:

$$\sum_{i=1}^{NPTR} x_i y_i = \frac{\sum_{i=1}^{NPTR} y_i \sum_{i=1}^{NPTR} x_i}{NPTR} + a_1 \left(\sum_{i=1}^{NPTR} x_i^2 - \frac{(\sum_{i=1}^{NPTR} x_i)^2}{NPTR} \right)$$

Da última equação é possível isolar o valor de a_1, a ser calculado por:

$$a_1 = \frac{\sum_{i=1}^{NPTR} x_i y_i - \dfrac{\sum_{i=1}^{NPTR} y_i \sum_{i=1}^{NPTR} x_i}{NPTR}}{\sum_{i=1}^{NPTR} x_i^2 - \dfrac{(\sum_{i=1}^{NPTR} x_i)^2}{NPTR}}$$

que substituído na equação $a_0 = \bar{y}_i - a_i \bar{x}_i$, fornece o valor do coeficiente.

Exemplo: Considere os seguintes dados:

(0,5;2),(1;1,2),(2;0),(2,5;-1,5) e (4,5;-1,5) .

Determinar a equação do modelo matemático da reta que ajusta esses dados usando regressão linear.

Solução:

Tem-se que $NPTR = 5$; para praticidade na aplicação das fórmulas, vamos organizar os dados para efetuar os cálculos dos coeficientes (ou parâmetros) a_0 e a_1, de acordo com a seguinte tabela:

i	x_i	y_i	x_i^2	$x_i y_i$
1	0,5	2	0,25	1
2	1	1,2	1	1,2
3	2	0	4	0
4	2,5	−1,5	6,25	−3,75
5	4,5	−1,5	20,25	−6,75
Σ	10,5	0,2	31,75	−8,3

Substituindo e calculando virá:

$$a_1 = \frac{-8,3 - \frac{(0,2)(10,5)}{5}}{31,75 - \frac{10,5^2}{5}} = \frac{-8,3 - 0,42}{31,75 - 22,05} = -0,90$$

$$a_0 = \frac{0,2}{5} - (-0,90)\frac{10,5}{5} = 0,04 + 1,89 = 1,93$$

Finalmente, a equação da reta é:

$$y = a_0 + a_1 x = 1,93 - 0,90x$$

O gráfico correspondente é:

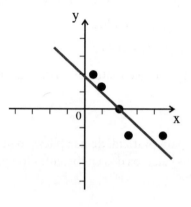

8.2.1.2 Regressão Linear Versão Matricial

Sejam os dados fornecidos pelos pares (X_{ij}, y_i), em que i é o índice da quantidade de dados, $i = 1,2,\ldots, NPTR$, e $j + 1$ é a dimensão do espaço de entrada, $j=1,2,\ldots, N$, em que X_{ij} representa o vetor dos dados de entrada e y_i os correspondentes valores medidos na saída, para cada uma das entradas. Vamos supor que a relação entre as entradas e as saídas esteja disposta na seguinte ordem:

Ordem 1: $\qquad\qquad y_1 = a_0 + a_1 x_{11} + a_2 x_{12} + \cdots + a_N x_{1N}$

Ordem 2: $\qquad\qquad y_2 = a_0 + a_1 x_{21} + a_2 x_{22} + \cdots + a_N x_{2N}$

$$\ldots$$

Ordem $NPTR$: $\qquad y_{NPTR} = a_0 + a_1 x_{NPTR,1} + a_2 x_{NPTR,2} + \cdots + a_N x_{NPTR,N}$

Chamando de Y o vetor coluna com todas as $NPTR$-saídas, X uma matriz de dimensão $(NPTR) \times (N + 1)$, contendo todas as $NPTR$-entradas, sendo cada entrada constituída de $(N + 1)$-componentes (deve ser acrescentado 1 como primeiro elemento de cada linha, para contemplar o coeficiente a_0) e θ um vetor coluna formado pelos coeficientes ou parâmetros dos polinômios, colocando na notação matricial virá:

$$\begin{bmatrix} y_1 \\ y_2 \\ \vdots \\ y_{NPTR} \end{bmatrix} = \begin{bmatrix} 1 & x_{11} & \cdots & x_{1N} \\ 1 & x_{21} & \cdots & x_{2N} \\ \vdots & \vdots & & \vdots \\ 1 & x_{NPTR,1} & \cdots & x_{NPTR,N} \end{bmatrix} \begin{bmatrix} a_0 \\ a_1 \\ \vdots \\ a_N \end{bmatrix}$$

$$Y = X\theta \qquad\qquad\qquad (8.3)$$

Lógico, como já foi dito anteriormente, as entradas e as respectivas saídas são conhecidas (disponíveis), desejando-se calcular os coeficientes, que são os parâmetros a determinar. Assim, de posse dos valores dos parâmetros será então possível predizer a saída para qualquer entrada, com a exigência de que tenha sido retirada do mesmo espaço de entrada usado para o cálculo dos parâmetros. Manipulando matematicamente a Equação (8.3), virá:

$$X^T Y = X^T X\theta$$

$$(X^T X)^{-1} X^T Y = (X^T X)^{-1} (X^T X)\theta$$

Finalmente, os valores calculados dos coeficientes serão fornecidos por:

$$\theta = (X^T X)^{-1} X^T Y \qquad\qquad\qquad (8.4)$$

- Teorema: A solução do sistema $Y = X\theta$ usando o Método dos Mínimos Quadrados é calculada por $\theta = (X^T X)^{-1} X^T Y$, desde que $(X^T X)^{-1}$ seja invertível.

Prova: Suponha que o erro de predição seja quadrático, conforme Equação (8.2), fazendo $k = 1$ e $Y_{calculado} = X\theta$. Dessa forma, tem-se:

$$EQ = \|Y - X\theta\|^2 = (Y - X\theta)^T (Y - X\theta)$$

Derivando a última igualdade em relação ao parâmetro θ e igualando a zero, tem-se:

$$\frac{\partial EQ}{\partial \theta} = -2X^T(Y - X\theta) = 0 \implies X^T(Y - X\theta) = 0$$

Manipulando matematicamente, finalmente obtém-se:

$$X^T Y - X^T X\theta = 0 \implies (X^T X)^{-1} X^T Y - (X^T X)^{-1} X^T X\theta = 0$$

$$\theta = (X^T X)^{-1} X^T Y$$

A única condição para convergência é que a matriz simétrica formada por $X^T X$ seja invertível, isto é, que suas linhas e colunas não sejam linearmente dependentes ou, dito de outra forma, que seu determinante seja diferente de zero. A qualidade dos dados de entrada X aqui é crucial, não pode ter 2 linhas ou colunas iguais ou muito próximas, no primeiro caso tornaria a matriz $X^T X$ não invertível e, no segundo caso, poderá causar instabilidade ao método, devido a uma excessiva sensibilidade da saída às variações nas entradas.

Exemplo: Suponha que os dados disponíveis são (ideais, sem ruído de medição): (2;0) e (3; - 1). Calcular os parâmetros de um modelo linear usando regressão linear vetorial.

Solução:

$$\text{matriz } X = \begin{bmatrix} 1 & 2 \\ 1 & 3 \end{bmatrix} \quad \text{e} \quad \text{vetor } Y = \begin{bmatrix} 0 \\ -1 \end{bmatrix}$$

Usando a Equação (8.4), tem-se:

$$\theta = (X^T X)^{-1} X^T Y = \left(\begin{bmatrix} 1 & 1 \\ 2 & 3 \end{bmatrix} \begin{bmatrix} 1 & 2 \\ 1 & 3 \end{bmatrix} \right)^{-1} \begin{bmatrix} 1 & 1 \\ 2 & 3 \end{bmatrix} \begin{bmatrix} 0 \\ -1 \end{bmatrix} = \begin{bmatrix} 13 & -5 \\ -5 & 2 \end{bmatrix} \begin{bmatrix} -1 \\ -3 \end{bmatrix} = \begin{bmatrix} 2 \\ -1 \end{bmatrix}$$

Isso significa que $a_0 = 2$ e $a_1 = -1$, o que resulta no seguinte modelo regressivo:

$$y = 2 - x$$

8.2.1.3 Regressão Linear Versão Neural

Uma alternativa bastante atrativa para determinar os coeficientes da regressão linear é utilizar uma rede neural artificial com 2 camadas (entrada + saída), sendo a camada de saída dotada de uma função de ativação do tipo linear, sendo a entrada dada por $X = [x_1\ x_2 \ldots x_N]^T$, em que N é a quantidade de atributos e T é o símbolo de transposto.

A atratividade desse método reside no cálculo iterativo dos coeficientes (parâmetros), aqui fazendo o papel dos pesos sinápticos da rede neural, sendo, portanto, um método aderente à aplicação natural do computador. É imediato constatar que, diferentemente das versões estatística e vetorial apresentadas anteriormente, o aumento na quantidade de atributos da variável independente X não acarreta um aumento explosivo de operações aritméticas, isso devido à troca de muitas operações diretas naqueles métodos, por operações repetitivas. A versão neural é mostrada na figura a seguir:

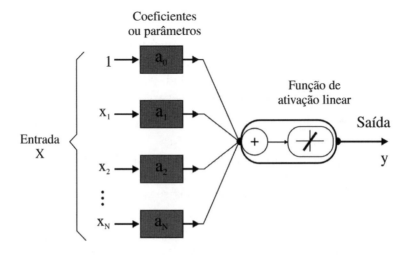

Figura 8.2 – Regressão Linear Neural.

Note que a função de ativação do neurônio é do tipo linear e os pares de treinamento (aprendizagem) são formados por (X_i, y_i), para $i = 1, 2, \ldots, NPTR$, em que $NPTR$ é número de pontos de treinamento.

8.2.2 MÉTODO DE REGRESSÃO LOGÍSTICA

A regressão linear tratada nas seções anteriores tem o objetivo de obter um modelo matemático para mapear um espaço de entrada numérico (variáveis independentes) para um espaço de saída também de natureza numérica, ou seja, determinar os valores de y, tais que $y_i = a_0 + a_1 x_{i1} + a_2 x_{i2} + \ldots + a_N x_{iN}$, para $i = 1, 2, \ldots, NPTR$, sendo $NPTR$ a quantidade total de dados X_{ij}, e para $j = 1, 2, \ldots N$, sendo N a quantidade total de atributos ou características de cada entrada X.

Aqui, vamos tratar do mapeamento de variáveis de entrada numéricas e/ou categóricas (independentes), para variáveis categóricas (dependentes), por meio da utilização o Princípio da Máxima Verossimilhança, de maneira diferente do que foi feito nos métodos de regressão linear apresentados nas últimas seções, os quais fizeram uso do Método dos Mínimos Quadrados (MMQ).

O Princípio da Máxima Verossimilhança é um método frequencial, baseado na análise das observações das maiores proximidades existentes nas relações de causalidade (causa e efeito), que ocorrem num cenário (fenômeno) específico. Note que, na regressão linear, a análise é feita com base no erro de predição (resíduo), calculado pela diferença entre o valor corrente da variável de saída (dependente) e o seu valor desejado. Portanto, em se tratando da regressão linear, o insumo para a aplicação do MMQ é o erro de predição. Por outro lado, a regressão logística se baseia no Princípio da Máxima Verossimilhança, que se baseia na quantificação (frequência) e agrupamento das saídas próximas, calculando-se a probabilidade de ocorrer a saída Y, conhecendo-se as entradas X, ou seja, a probabilidade condicional, visto que, neste caso, não há como se calcular o erro de predição para variáveis categóricas (rótulos).

A questão que surge agora é como mapear do domínio numérico das variáveis de entrada para um domínio categórico bivalente, isto é, que possui apenas duas classes ou rótulos, frequentemente definidos como 0 ou 1. Para exemplificar uma situação real, é o que ocorre quando uma peça é avaliada por medições específicas de algumas de suas características construtivas, e deseja-se saber se a peça é normal ou defeituosa.

Então, o problema se resume em como predizer o valor de uma variável categórica, a partir do conhecimento de um conjunto de valores pertencentes às variáveis independentes expressas por números. Toda vez que esse tipo de problema surge, a intuição leva a acreditar da necessidade de construir uma transformação matemática, que seja capaz de conciliar 2 domínios distintos.

8.2.2.1 Regressão Logística Versão Probabilística-Vetorial

Essa técnica trata do mapeamento de uma variável numérica, de natureza independente e contínua, em uma variável categórica, por sua vez, de natureza dependente e discreta. Para entender como é factível este tipo de mapeamento, a primeira tentativa foi fazer com que a variável dependente (preditiva) Y fosse colocada na forma de uma probabilidade, ou seja, ao invés do problema original $Y = X^T \theta$, que é uma expressão já conhecida da regressão linear, será proposto fazer:

$$P(Y|X) = X^T \theta$$

em que $P(Y|X)$, significa probabilidade de Y ocorrer, tendo em vista que ocorreu X, sendo X composta de eventos independentes entre si e associada a Y, por exemplo, a probabilidade de dar o número 5 na jogada de um dado honesto, sabendo-se que nesta jogada deu um número ímpar; outra indagação poderia ser qual é a probabilidade de

Mais técnicas de aprendizagem de máquina (2)

dar o número 5, sabendo que deu um número par. Claro, o valor dessas probabilidades pode variar de 0 a 1, incluindo os extremos, sendo o valor 0 interpretado como "Y não vai ocorrer" e o valor 1 como "Y vai ocorrer", ou um valor real compreendido entre 0 e 1, que neste método será aproximado por um dos extremos, de acordo com um ponto de corte a ser escolhido (é frequente escolher 0,5 como ponto de corte, equivalente a 50%).

Entretanto, o mapeamento então proposto sofre uma restrição, que é mapear de um conjunto infinito, próprio do domínio contínuo das variáveis de entrada X, para outro domínio adequado para ser discretizado (esta técnica de discretização, é conhecida por quantização), que embora seja formado por números reais, constitui-se num domínio finito, ou seja, no domínio fechado [0,1]. Para superar essa restrição, isto é, transformar o domínio da variável discreta de finito para infinito, foi então introduzido o logaritmo natural, da seguinte forma:

$$Ln\left[\frac{P(Y|X)}{1 - P(Y|X)}\right] = X^T\theta \tag{8.5}$$

observando que aqui vamos fazer $X^T\theta = a_0 + a_1 x$, e lembrando que Ln significa logaritmo na base $e = 2,7182...$ (logaritmo natural). A Equação (8.5) é a chave para a compreensão do que vem a ser a regressão logística, pois permite o mapeamento de numérica para categórica, na forma final de uma probabilidade de ocorrência.

Para comprovar o que acaba de ser afirmado, vamos aplicar a definição de logaritmo em (8.5), como se segue:

$$Ln\left[\frac{P(Y|X)}{1 - P(Y|X)}\right] = X^T\theta \quad \Rightarrow \quad \frac{P(Y|X)}{1 - P(Y|X)} = e^{X^T\theta}$$

Isolando $P(Y|X)$, virá:

$$P(Y|X) = \frac{e^{X^T\theta}}{1 + e^{X^T\theta}} \tag{8.6}$$

a qual mapeia um domínio numérico $e^{X^T\theta}$ para outro domínio também numérico, por intermédio da transformação representada pela Equação (8.5). A Equação (8.6) normalmente é apresentada de outra forma equivalente mais compacta, que é:

$$P(Y|X) = \frac{1}{1 + e^{-X^T\theta}} \tag{8.7}$$

conhecida como função sigmoide unipolar, também denominada de função logística, daí derivando o nome de regressão logística (esta função foi mostrada no Capítulo 3, que apresentou as Redes Neurais Artificiais).

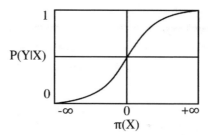

Figura 8.3 – Função sigmoide unipolar (formato de s) ou logística.

A Equação (8.5) desempenha um papel central para o mapeamento de numérico ou categórico para categórico, dela resultando algumas propriedades importantes, sendo que a mais diretamente visível, está relacionada com o argumento da operação logarítmica, que é a razão dada por:

$$\frac{P(Y|X)}{1 - P(Y|X)} \qquad (8.8)$$

Note que o numerador fornece a probabilidade do evento Y ocorrer, sabendo que o evento X, associado a Y, ocorreu, ou seja, fornece a probabilidade condicionada do sucesso de Y, enquanto o denominador fornece o complemento desta probabilidade de sucesso, isto é, o denominador fornece a probabilidade do fracasso de Y. Essa razão é denominada de razão da chance (em inglês, *odds ratio*). Suponha que, para um determinado evento, P(Y|X) = 0,80, consequentemente 1 - P(Y|X) = 0,20, e neste caso a razão da chance vale 4, o que significa que a chance de sucesso é 4 vezes a chance de fracasso. É importante também registrar que, da Equação (8.5), derivou uma nova função, chamada de função Logit, representada por $\pi(X)$ e definida a seguir:

$$\pi(X) = Ln\left[\frac{P(Y|X)}{1 - P(Y|X)}\right] \qquad (8.9)$$

provavelmente um acrônimo de **LOG**aritmic probabil**IT**y. Observe que, conhecendo o valor da função Logit, que nada mais é do que o valor de $X^T\theta$, é possível avaliar a probabilidade P(Y|X), bastando substituir $X^T\theta$ por $\pi(X)$ na Equação (8.7), resultando em:

$$P(Y|X) = \frac{1}{1 + e^{-\pi(X)}} \qquad (8.10)$$

Exemplo: Um fabricante de vacina contra um vírus 'A', informou que um indivíduo que tenha tomado 1 dose tem a probabilidade de 40% de não contrair a doença; com a aplicação da 2ª dose da mesma vacina, no prazo indicado pelo fabricante, a imunidade passa a ser de 70%. Pergunta-se: de quanto será o grau de imunização após tomar a 3ª dose, supondo que tenha ocorrido dentro do prazo estabelecido pelo fabricante?

Mais técnicas de aprendizagem de máquina (2) 273

Solução:

Vamos usar a Equação (8.5), encarregada de realizar a transformação de linear para categórico (não linear), conforme transcrita a seguir:

$$Ln\left[\frac{P(Y|X)}{1-P(Y|X)}\right] = X^T\theta$$

em que $X^T\theta = a_0 + a_1 x$. Vê-se, portanto, que a solução do problema consiste em descobrir os valores dos parâmetros a_0 e a_1. Para isso, serão usados os dados fornecidos pelo fabricante, da seguinte maneira:

– Evento Y = ser contaminado com o vírus 'A'; evento X = ser vacinado

– Para 1ª dose: $X = 1$ e a $P(Y|X) = 0,40$. Substituindo na equação e calculando, tem-se:

$$Ln\left[\frac{P(Y|X)}{1-P(Y|X)}\right] = X^T\theta \quad \Rightarrow \quad Ln\left[\frac{0,40}{0,60}\right] = a_0 + a_1.1$$

$$Ln(0,6667) = a_0 + a_1 \quad \Rightarrow \quad a_0 + a_1 = -0,4054$$

• Para 2ª dose: $X = 2$ e a $P(Y|X) = 0,70$. Substituindo na equação e calculando, tem-se:

$$Ln\left[\frac{P(Y|X)}{1-P(Y|X)}\right] = X^T\theta \quad \Rightarrow \quad Ln\left[\frac{0,70}{0,30}\right] = a_0 + a_1.2$$

$$Ln(2,3333) = a_0 + 2a_1 \quad \Rightarrow \quad a_0 + a2_1 = 0,8473$$

• Resolvendo o sistema de equações a seguir, virá:

$$\begin{cases} a_0 + a_1 = -0,4054 \\ a_0 + a2_1 = 0,8473 \end{cases} \quad \Rightarrow \quad a_0 = -1,6583 \text{ e } a_1 = 1,2528$$

• Voltando para a equação, finalmente é possível escrever:

$$Ln\left[\frac{P(Y|X)}{1-P(Y|X)}\right] = -1,6583 + 1,2528x$$

• Aplicando a última equação para o caso da 3ª dose, virá:

$$Ln\left[\frac{P(Y|X)}{1-P(Y|X)}\right] = -1,6583 + (1,2528).3 = 2,1001$$

$$\frac{P(Y|X)}{1-P(Y|X)} = e^{2,1001} \quad \Rightarrow \quad P(Y|X) = 0,8908$$

A resposta predita é que a vacinação com a 3ª dose acarreta uma probabilidade de não ser contaminado de 89,08%, o que permite interpretar, de maneira categórica, que o indivíduo não será contaminado, isso para um ponto de corte correspondente a 50%. A figura a seguir mostra a curva logística (sigmoide unipolar), com a marcação das probabilidades de não contrair a doença, correspondentes às doses tomadas da vacina.

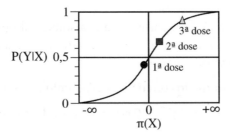

8.2.2.2 Regressão Logística Versão Neural

A finalidade agora é encontrar uma Rede Neural Artificial – RNA capaz de realizar o mapeamento entrada-saída, do tipo $X^T \theta \to P(Y|X)$, usando a função logística ou sigmoide unipolar. Primeiro, é preciso adequar as variáveis regressoras X e θ adotando a equivalência $X = W$ e $\theta = X$, que resulta em $X^T \theta = W^T X$, adequando assim à nomenclatura utilizada nas redes neurais.

- Teorema: Uma rede neural artificial de duas camadas (entrada + saída) formada por único neurônio com a função de ativação logística (sigmoide unipolar), na camada de saída, é suficiente para realizar o mapeamento $W^T X \to P(Y|X)$, equivalente a $X^T \theta \to Y$.

Prova: Seja $\pi(X) = w_0 + w_1 x_1 + ... + w_m x_m$. Aplicando $\pi(X)$ na entrada da função de ativação do neurônio, tipo logística, obtém-se uma saída Y, expressa por:

$$Y = \frac{1}{1 + e^{-\pi(X)}} \tag{8.11}$$

Tomando-se por base a Equação (8.9), deduz-se que:

$$e^{\pi(x)} = \frac{P(Y|X)}{1 - P(Y|X)}$$

cuja inversa é dada por:

$$e^{-\pi(x)} = \frac{1 - P(Y|X)}{P(Y|X)}$$

Agora, substituindo esta última expressão na Equação (8.11), obtém-se:

$$Y = \frac{1}{1 + e^{-\pi(X)}} = \frac{1}{1 + \frac{1 - P(Y|X)}{P(Y|X)}} = P(Y|X)$$

Comparando com o mapeamento $W^T X \to Y$, finalmente resulta em:

$$W^T X \to P(Y|X)$$

que corresponde à arquitetura neural mostrada na figura a seguir:

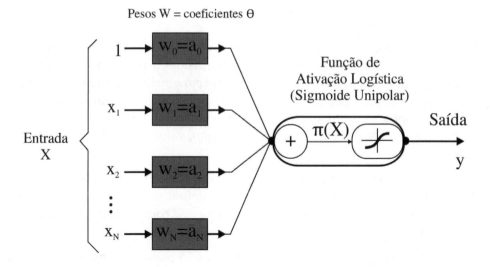

Figura 8.4 – Rede Logística Neural.

Conclui-se que uma RNA com um neurônio logístico é capaz de realizar o mapeamento $X^T \theta \to P(Y|X)$. É interessante ressaltar que essa capacidade da Regressão Logística Neural abrange a regressão simples (1 entrada, 1 saída), múltipla (várias entradas, 1 saída) e multivariada (várias entradas, várias saídas), nas quais a entrada da função de ativação é a função Logit $\pi(X)$ (Equação (8.9)) e a sua saída, que é a resposta da rede neural, é dada por $P(Y|X)$.

8.3 BAYES INGÊNUO

O método supervisionado denominado de Bayes Ingênuo, tradução literal do inglês *Naive Bayes*, é um classificador probabilístico considerado de fácil compreensão e aplicação, pela simplicidade dos cálculos efetuados no seu desenvolvimento, que requer apenas noções básicas de estatística e probabilidade. Interessante registrar que o adjetivo ingênuo é devido ao fato desse método bayesiano considerar que todas as características (*features*) envolvidas são consideradas variáveis independentes, ou seja, não guardam uma correlação entre si, entretanto, muitas vezes essa propriedade não é verdadeira, exigindo uma maior atenção por parte de quem irá usar esse método.

Ilustrando, nem sempre é verdade pensar que as características de tamanho (volume) e peso de um objeto sejam grandezas independentes; interpretações deste tipo é que deram o nome de ingênuo a esta técnica, bastante usada para resolver problemas de classificação devido principalmente à sua simplicidade.

8.3.1 DEFINIÇÃO DO PROBLEMA

Considere o seguinte contexto: existem diversas classes de um determinado objeto, sendo que estes objetos se diferenciam um dos outros pelas várias características inerentes ao objeto em questão; somente para melhor contextualizar o que foi dito, suponha que o objeto seja um veículo automotor para transporte de passageiros, do tipo compacto, mais especificamente os modelos hatch e sedã, cada um com suas características próprias, peso bruto, volume para bagagens e comprimento total.

Vamos chamar as possíveis classes de C_k, no caso em questão são C_1 = hatch e C_2 = sedã, sendo $k = 1, 2$, e as suas características de x_i, definidas como x_1 = peso bruto, em quilograma, x_2 = volume para bagagens, em litro e x_3 = comprimento total, em milímetro, sendo $i = 1, 2, 3$.

Diante desse contexto, o problema de classificação poderia ser posto da seguinte maneira: foram medidas as características dos modelos hatch e sedã de vários fabricantes, sendo que os dados coletados de cada um dos modelos, foram usados para calcular a média aritmética amostral (X) e a variância amostral (s^2) (ver Apêndice C), conforme mostrado na próxima tabela.

Mais técnicas de aprendizagem de máquina (2)

Tabela 8.1 – Modelos e características de veículos automotores para passageiros

		Peso (kg)	Bagageiro (L)	Comprimento (mm)
Hatch	Média (X)	1.322	316	4.000
	Variância (s²)	6.650	2.887,5	21.250
Sedã	Média (X))	1.556	457	4.400
	Variância (s²)	2.325	1.200	28.750

Após utilizar os dados da Tabela 8.1 no Método Bayes Ingênuo, foi apresentado um veículo compacto, diferente dos usados na elaboração da tabela, com as seguintes características: peso = 1.400 kg, bagageiro = 450 L e comprimento = 4.200 mm, pergunta-se: o veículo é um hatch ou um sedã?

8.3.2 FORMULAÇÃO MATEMÁTICA

Supondo C_k as diversas classes de um objeto, $k = 1, 2, ...,$ contendo x_i características independentes, $i = 1, 2, ..., I$, então baseado no Teorema de Bayes é possível afirmar que:

$$P(C_k | x_1, x_2, ..., x_I) = \frac{P(x_1, x_2, ..., x_I | C_k) \cdot P(C_k)}{P(x_1, x_2, ..., x_I)} \quad \text{, para } k = 1, 2, ..., K \qquad (8.12)$$

em que: $P(C_k | x_1, x_2, ..., x_I)$ é a probabilidade a posteriori de uma classe k ocorrer, dado todas as características ocorreram simultaneamente, $P(x_1, x_2, ..., x_I | C_k)$ é a probabilidade a posteriori todas as características ocorrerem simultaneamente, dado que uma determinada classe C_k ocorreu, $P(C_k)$ é a probabilidade a priori de uma classe C_k ocorrer e finalmente $P(x_1, x_2, ..., x_I)$ é a probabilidade a priori de todas as características x_i ocorrerem simultaneamente (probabilidade conjunta).

Para fins de classificação, não é necessário o cálculo exato da equação bayesiana (8.12), considerando que não se está interessado na probabilidade de ocorrência das classes abrangidas por C_k, e sim ordená-las segundo a probabilidade relativa de ocorrência, por exemplo, se existirem 3 classes, o que se pretende determinar qual é a primeira, a segunda e a terceira mais prováveis. O problema sendo colocado dessa maneira, torna possível adotar algumas simplificações, sem prejuízo na classificação dos objetos segundo as suas características:

1º) A probabilidade do denominador da Equação (8.12) descrita por $P(x_1, x_2, ..., x_I)$, por ter um valor constante e assim influenciar igualmente o cálculo para todas as classes existentes, será feita igual a 1, para efeito de simplificação matemática. Por conseguinte, a referida equação pode ser reescrita como:

$$P(C_k|x_1, x_2, \ldots, x_I) \propto P(x_1, x_2, \ldots, x_I|C_k).P(C_k) \qquad \text{, para } k = 1, 2, \ldots, K \qquad (8.13)$$

em que o símbolo $\propto$ significa "é proporcional a".

2º) De acordo com o Teorema da Probabilidade Conjunta verifica-se que o lado direito da Expressão (8.13) equivale a $P(x_1, x_2, \ldots |C_k)$, qual seja:

$$P(C_k|x_1, x_2, \ldots, x_I) \propto P(C_k, x_1, x_2, \ldots, x_I) \qquad \text{, para } k = 1, 2, \ldots, K \qquad (8.14)$$

Caso os valores para as várias classes englobadas por C_k sejam calculados fazendo-se o uso de uma proporcionalidade, então as suas respectivas probabilidades condicionais guardam entre si uma posição relativa bem definida, sendo assim possível, de uma forma simples, comparar indiretamente a probabilidade de ocorrência de uma classe em relação às demais classes restantes. Esse procedimento de usar a proporcionalidade, é o responsável por adjetivar o termo Bayes Ingênuo como um método simples de ser implementado na prática.

O lado direito da Expressão (8.13) equivale a $P(x_1, x_2, \ldots, x_I|C_k)$, qual seja:

$$P(C_k, x_1, x_2, \ldots, x_I)$$

$$= P(C_k).P(x_1, x_2, \ldots, x_I|C_k)$$

$$= P(C_k).P(x_1|C_k).P(x_2, \ldots, x_I|C_k)$$

$$= P(C_k).P(x_1|C_k).P(x_2|C_k), \ldots, P(x_I|C_k)$$

Substituindo a última igualdade citada na Expressão (8.14), finalmente virá:

$$\begin{aligned} &P(C_k|x_i) \\ &\propto P(C_k).P(x_1|C_k).P(x_2|C_k) \ldots P(x_I|C_k) \end{aligned} \qquad \text{, para } i = 1, 2, \ldots, I \qquad (8.15)$$

em que C_k representa as classes, x_i representa as características, sendo que I é a quantidade total de características do objeto em consideração. As simplificações efetuadas resultaram na Expressão (8.15), a qual é usada pelo Método Bayes Ingênuo para classificar as k-classes abrangidas por C_k, de acordo com o seguinte raciocínio: suponha que C representa a classe vencedora entre todas as classes abrangidas por C_k quando se faz $k = 1, 2, \ldots, K$, entendendo-se por vencedora a classe que obtiver o maior índice de probabilidade calculado proporcionalmente pela Expressão (8.15), ou seja:

$$C = \max(P(C_k).P(x_1|C_k).P(x_2|C_k) \ldots P(x_I|C_k)), \text{ para } k = 1, 2, \ldots, K \qquad (8.16)$$

Evidentemente, aplicando a Expressão (8.16), também é possível ordenar da classe mais provável para a menos provável.

8.3.3 RESOLUÇÃO DE UM PROBLEMA DE CLASSIFICAÇÃO USANDO BAYES

A finalidade agora é exemplificar a aplicação da Expressão (8.16) para resolver o problema formulado no último parágrafo do subitem 8.3.2, que é:

"Após utilizar os dados da Tabela 8.1 no Método Bayes Ingênuo, foi apresentado um veículo compacto, diferente dos usados na elaboração da referida tabela, com as seguintes características: peso = 1.400 kg, bagageiro = 450 L e comprimento = 4.200 mm.

Pergunta-se: o veículo apresentado é um modelo hatch ou um modelo sedã?".

Solução:

Neste caso, as classes são: C_1 = hatch, C_2 = sedã; x_1 = peso bruto, x_2 = volume do bagageiro e x_3 = comprimento total. Sendo assim, a Expressão (8.15) fica da seguinte forma:

$$P(C_k|peso, bagageiro, comprimento)$$
$$\propto P(C_k).P(peso|C_k).P(bagageiro|C_k).P(comprimento|C_k)$$

a qual será aplicada para 2 classes do objeto, que redunda em fazer k = 1, 2, ou seja, C_1 = hatch e C_2 = sedã. Inicialmente, é suposto que as probabilidades de ocorrer os veículos modelo hatch e modelo sedã são iguais, isto é, $P(hatch) = P(sedã) = 0,5$.

Agora, supondo-se uma distribuição gaussiana ou distribuição normal (ver Apêndice C), tem-se os seguintes valores de probabilidade:

$$P(peso|hatch) = \frac{1}{\sqrt{2\pi s^2}} . \exp\left(-\frac{(peso - \bar{X})^2}{2s^2}\right)$$

$$= \frac{1}{\sqrt{2\pi(6650)}} . \exp\left(-\frac{(1400 - 1322)^2}{2(6650)}\right)$$

$$= 0,003096$$

$$P(peso|sedã) = \frac{1}{\sqrt{2\pi s^2}} . \exp\left(-\frac{(peso - \bar{X})^2}{2s^2}\right)$$

$$= \frac{1}{\sqrt{2\pi(2325)}} . \exp\left(-\frac{(1400 - 1556)^2}{2(2325)}\right)$$

$$= 0,000044$$

$$P(bagageiro|hatch) = \frac{1}{\sqrt{2\pi s^2}} \cdot \exp\left(-\frac{(bagageiro - \bar{X})^2}{2s^2}\right)$$

$$= \frac{1}{\sqrt{2\pi(2887,5)}} \cdot \exp\left(-\frac{(450 - 316)^2}{2(2887,5)}\right)$$

$$= 0,000331$$

$$P(bagageiro|sed\tilde{a}) = \frac{1}{\sqrt{2\pi s^2}} \cdot \exp\left(-\frac{(bagageiro - \bar{X})^2}{2s^2}\right)$$

$$= \frac{1}{\sqrt{2\pi(1200)}} \cdot \exp\left(-\frac{(450 - 457)^2}{2(1200)}\right)$$

$$= 0,011284$$

$$P(comprimento|hatch) = \frac{1}{\sqrt{2\pi s^2}} \cdot \exp\left(-\frac{(comprimento - \bar{X})^2}{2s^2}\right)$$

$$= \frac{1}{\sqrt{2\pi(21250)}} \cdot \exp\left(-\frac{(4200 - 4000)^2}{2(21250)}\right)$$

$$= 0,001068$$

$$P(comprimento|sed\tilde{a}) = \frac{1}{\sqrt{2\pi s^2}} \cdot \exp\left(-\frac{(comprimento - \bar{X})^2}{2s^2}\right)$$

$$= \frac{1}{\sqrt{2\pi(28750)}} \cdot \exp\left(-\frac{(4200 - 4400)^2}{2(28750)}\right)$$

$$= 0,001174$$

De posse das probabilidades citadas calculadas, é possível calcular a probabilidade do veículo ser um modelo hatch ou um modelo sedã, dadas as características de peso, bagageiro e comprimento, que será:

$P(hatch|peso, bagageiro, comprimento)$

$\propto (0,5)(0,003096)(0,000331(0,001068)$

$= 5,472304. \, 10^{-10}$

$P(sedã|peso, bagageiro, comprimento)$

$\propto (0,5)(0,000044)(0,011284)(0,001174)$

$= 2,914432. \, 10^{-10}$

Finalmente, obtém-se a classe C vencedora, qual seja:

$C = \max(5,472304x10^{-10}, 2,914432x10^{-10})$

$$C = 5,472304. \, 10^{-10}$$

que corresponde à P(hatch|peso,bagageiro,comprimento) , conclui-se que o veículo apresentado é um modelo hatch.

8.3.4 COMENTÁRIOS

Uma das vantagens do método supervisionado Bayes Ingênuo, além de sua simplicidade, reside no fato de oferecer bons resultados para amostras com pequena quantidade de dados. Vem sendo muito utilizado para classificação de documentos, como a identificação de *spam* entre as mensagens recebidas pelos usuários.

8.4 ÁRVORE DE DECISÃO

A Árvore de Decisão (em inglês, *Decision Tree* – DT) é um método baseado no princípio da divisão e conquista, muito usado para resolver problemas de predição, quer seja de regressão (variáveis numéricas ou quantitativas) ou de classificação (variáveis não numéricas, qualitativas ou categóricas), normalmente voltados para a tomada de decisão. É importante iniciar revendo a diferença entre variáveis numéricas e categóricas, definindo-as da seguinte maneira:

Variáveis numéricas: pertencem ao conjunto dos números reais, portanto, são expressas por valores que podem funcionar como operando de qualquer operação matemática, por exemplo, como parcelas de uma adição. Claro, devido serem valoradas por números, possuem a propriedade de poderem ser colocadas segundo uma determinada ordem (variáveis ordenadas).

Variáveis categóricas: são expressas por valores não numéricos que não podem funcionar como operando de uma operação matemática, nem tampouco serem ordenadas, por exemplo, os tipos de veículos automotores, como, carro, ônibus e caminhão; outro exemplo: o peso de uma pessoa, conforme o Índice de Massa Corporal (IMC) – baixo, normal, sobrepeso e obesidades de graus 1, 2 e 3.

8.4.1 REPRESENTAÇÃO E TERMINOLOGIA

É um método de predição, normalmente representado graficamente por instâncias e valores de seus atributos, distribuídos em uma sequência hierárquica, de acordo com as possíveis decisões ou ações que podem ser tomadas durante todo o processo.

É formada por nós, que são as instâncias (por exemplo: vento), e ramos, que são os atributos de cada instância (por exemplo: forte e fraco). Existem 3 tipos de nós: raiz, interno e folha, definidos da seguinte maneira:

- Nó raiz: é a primeira instância de uma árvore, normalmente representativa da decisão principal que está em discussão. A partir do nó raiz é que a árvore será expandida, acrescentando-se as instâncias secundárias (decisões e/ou probabilidades), até chegar ao término da árvore.

Símbolo gráfico: circunferência (O).

- Nó interno: corresponde a todos os nós ou instâncias intermediárias, que foram sendo acrescentados a partir do nó raiz até chegar ao último nó; pode ser um nó de decisão propriamente dito, ou um nó de probabilidade.

Símbolo gráfico: retângulo (□)

- Nó folha: representa o término de uma ramificação da árvore, simbolizando que uma determinada ramificação chegou ao seu final.

Símbolo gráfico: triângulo cheio (▲)

As possíveis instâncias (decisões e/ou probabilidades) definem as ramificações ou quais os caminhos existentes a partir do nó raiz, até chegar a um dos nós folha, que constitui o fim de uma determinada ramificação da árvore de decisão, conforme é possível visualizar na figura a seguir.

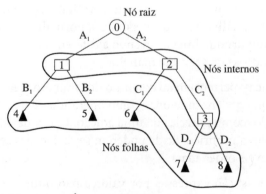

Figura 8.5 – Estrutura básica de uma Árvore de Decisão.

A Figura 8.5 mostra a estrutura básica de uma Árvore de Decisão, na qual se pode facilmente identificar:

- Nó raiz (decisão ou instância principal): 0
- Nós internos (decisões ou instâncias secundárias): 1, 2 e 3
- Nós folhas (instância final ou resposta): 4, 5, 6, 7 e 8
- Ramos (atributos de cada instância anterior): A_1 e A_2, B_1 e B_2, C_1 e C_2, D_1 e D_2

Exemplo: Um atleta deseja estabelecer critérios meteorológicos, para decidir se vai jogar tênis ou não, com base na definição de cada atributo climático envolvido durante o jogo, por exemplo (adaptado de Mitchell, 1997):

- Instância principal (Nó raiz): Aspecto climático

Atributos: = {ensolarado, nublado, chuvoso}

Valores dos atributos: ensolarado = céu parcialmente encoberto (≤ 30%), com nuvens baixas e claras; nublado = céu parcialmente encoberto (> 30%), com nuvens baixas e claras; chuvoso = existência de nuvens escuras e/ou chuva.

- Instâncias secundárias (Nós internos e folhas): Umidade e Vento

Atributos: Umidade = {alta, baixa}; Vento = {forte, fraco}

Cada atributo deve ser definido com a máxima exatidão possível, por exemplo, qual a faixa de velocidade que realmente caracteriza o vento forte – acima de 50, 80 ou quantos km/h?

De posse dos dados apresentados, foi desenhada uma árvore de decisão, conforme mostra a figura a seguir.

Figura 8.6 – Árvore de Decisão das condições climáticas para "Jogar Tênis".

284 · *Inteligência artificial e aprendizagem de máquina: aspectos teóricos e aplicações*

Claro, é necessário possuir as especificações de cada atributo ou característica das instâncias, por exemplo, o que significa umidade alta, umidade baixa etc.

Nesse ponto, é importante perguntar: como fazer para definir um nó raiz e a distribuição dos nós internos e folhas, diante das várias instâncias levantadas para o problema a resolver? Para responder a essa pergunta, faz-se necessário apresentar alguns critérios para avaliar a importância relativa das instâncias entre si. Para isso, vamos apresentar duas métricas da informação: a Entropia e o Ganho de Informação.

8.4.2 MÉTRICAS DE INFORMAÇÃO

Uma boa decisão não comporta surpresas após ser tomada. Mas, como medir as "surpresas"? Para isso vamos usar as métricas de informação.

Inicialmente, é necessário definir o que vem a ser uma métrica. É qualquer critério de medição válido que possa servir para comparação dos valores corretos de uma grandeza. Por exemplo, suponha que a grandeza seja a altura de uma pessoa; a métrica recomendada é a medida de comprimento entre a parte superior da cabeça e a parte inferior dos pés, com a pessoa na posição vertical ereta. Evidente, existem várias unidades de comprimento que poderiam ser usadas (metro, centímetro ou outra especificada).

8.4.2.1 Entropia

Considere uma variável aleatória X={$x_1, x_2, ..., x_K$ }, em que , para k = 1, 2, ..., K são seus valores discretos possíveis de ocorrer, com uma certa probabilidade p_k, qual seja:

$$p_k = P(X = x_k) \tag{8.17}$$

obedecendo a restrição de que $0 \leq p_k \leq 1$ e e $\sum_{(para\ todos\ os\ k)} p_k = 1$. Evidentemente, se um evento tem a probabilidade de ocorrência igual a 1 ($p_k = 1$), por exemplo, probabilidade de "chover no dia seguinte", significa que esta informação não traz, em si, surpresa se realmente ocorrer. Entretanto, caso a probabilidade de "chover no dia seguinte" seja menor do que 1, e caso venha a chover, haverá uma surpresa tanto maior quanto meno,r for a s,ua probabilidade de ocorrência, e, assim, a ocorrência de chuva estará associada a uma quantidade de informação. Suponha que alguém lhe diz: "amanhã não vai chover", e, baseado nesta previsão você age como se amanhã realmente não fosse chover; o amanhã chega e, se não choveu, nenhuma informação nova ocorreu; entretanto, se choveu, uma nova informação chegou com a chuva. Vê-se que informação, surpresa e incerteza são conceitos intrinsecamente relacionados. Em outras palavras: quanto menor a probabilidade de ocorrência, maior a possibilidade de um dado fornecer a informação.

O conceito genérico de entropia, S, diz respeito ao grau de aleatoriedade verificado na ocorrência de um determinado fenômeno. Quanto mais incerto for a ocorrência de um fenômeno, maior é a sua medida de entropia. No caso específico da Aprendizagem de Máquina, que é fortemente voltada para os dados, pode-se afirmar que a entropia mede a quantidade de variações ou impurezas existentes nos dados coletados, as quais podem revelar uma informação significativa para a solução de um problema de interesse.

A sua medida discreta é dada por (Haykin, 2001):

$$Entropia = S = -\sum_k p_k log_b p_k \tag{8.18}$$

em que b á a base adotada para o logaritmo (pode ser qualquer base; no caso de eventos representados por sequências de bits '0' e '1', recomenda-se usar a base 2);

Exemplo: Cálculo da entropia S. Suponha a tabela a seguir, relacionando a possibilidade de chuva e de vento, avaliadas em 7 dias seguidos.

Dia	Chuva	Vento
1	sim	não
2	sim	sim
3	não	sim
4	não	sim
5	não	sim
6	sim	não
7	não	mão

I) Cálculo da entropia para o evento "chuva" (3 sim, 4 não)

$$S_{chuva} = -\left(\frac{3}{7}\right) log_2 \left(\frac{3}{7}\right) = -(0,428571)(-1,222393)$$

$$= 0,523882$$

II) Cálculo da entropia para o evento "vento" (4 sim, 3 não)

$$S_{vento} = -\left(\frac{4}{7}\right) log_2 \left(\frac{4}{7}\right) = -(0,571429)(-807355) = 0,461346$$

Conclui-se que o evento "chuva", por possuir um valor de entropia maior, é o evento que trará maior quantidade de informação, já que é o menos provável, isto é, 3 sim para um total de 7 ocorrências, enquanto o evento "vento" tem maior certeza de ocorrer, com 4 sim para o mesmo total de 7 ocorrências.

É interessante mostrar como a entropia varia para eventos binários, cuja variação é dada pela curva:

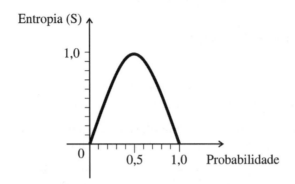

Figura 8.7 – Entropia de um sistema ou processo.

Exemplo: A decisão a ser tomada é "estudar um idioma estrangeiro, entre o inglês, francês ou espanhol", levando em conta a sua utilidade (profissão ou cultura) e o modo de assistir o curso (presencial ou internet). A primeira providência é desenhar um gráfico hierárquico, obedecendo uma sequência sujeita às seguintes condicionantes obtidas junto à pessoa interessada em aprender um segundo idioma: 1) necessidade comercial de se relacionar com empresas de países da língua inglesa, com a possibilidade de frequentar presencialmente o curso; e 2) interesse cultural em aprender outros idiomas.

Pede-se:

1) Desenhar a Árvore de Decisão;

2) Calcular a entropia do sistema e dos atributos de cada instância da árvore.

Solução:

1) Desenho (projeto) da Árvore de Decisão

Para auxiliar na tomada de decisão de aprender um idioma estrangeiro, foi desenhada uma sequência de instâncias contemplando o idioma (inglês, francês ou espanhol), a utilidade (profissional ou cultural) e a modalidade (presencial ou por internet), que a princípio pareceu ser a mais apropriada, resultando assim na seguinte árvore de decisão, qual seja:

Mais técnicas de aprendizagem de máquina (2)

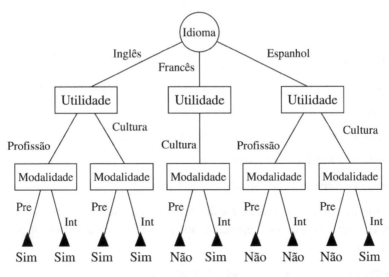

Figura 8.8 – Árvore de Decisão: Cursar um idioma.

Tomando por base a figura apresentada, vamos agora construir uma tabela de valores dos atributos, qual seja:

Tabela 8.2 – Valores dos atributos de "cursar um idioma"

Curso	Idioma	Utilidade	Modalidade	Cursar?
C1	Inglês	Profissão	Presencial	Sim
C2	Inglês	Profissão	Internet	Sim
C3	Inglês	Cultura	Presencial	Sim
C4	Inglês	Cultura	Internet	Sim
C5	Francês	Cultura	Presencial	Não
C6	Francês	Cultura	Internet	Sim
C7	Espanhol	Profissão	Presencial	Não
C8	Espanhol	Profissão	Internet	Não
C9	Espanhol	Cultura	Presencial	Não
C10	Espanhol	Cultura	Internet	Sim

Resumidamente, as classificações do sistema "Cursar?" e dos atributos, fornecidos por um especialista (sistema supervisionado), são:

- Sistema "Cursar?" (Nó folha) (6sim;4não)

- Instância Idioma (Nó raiz)

Atributos: Inglês (4sim; 0 não); Francês (1sim;1não); Espanhol (1sim; 3não)

- Instância Utilidade (Nó interno)

Atributos: Profissão (2sim; 2não); Cultura (4sim;2não)

- Instância Modalidade (Nó interno)

Atributos: Presencial (2sim;3não); Internet (4sim;1não)

2) Cálculo da entropia do sistema e dos atributos de cada instância da árvore, considerando que seus títulos são representados por números binários (logaritmo com base igual a 2).

É conhecido que a entropia do sistema é dada por:

$$Entropia = S = -\sum_k p_k log_2 p_k$$

2.1) Entropia do sistema "Cursar?" (6sim;4não):

$$S = -\left[\frac{6}{10}.log_2\left(\frac{6}{10}\right) + \frac{4}{10}.log_2\left(\frac{4}{10}\right)\right]$$

$$= -[0,6(-0,7370) + 0,4(-1,3219)]$$

$$= 0,9710$$

2.2) Entropia do atributo Inglês (4sim;0não):

$$S = -\left[\frac{4}{4}.log_2\left(\frac{4}{4}\right) + \frac{0}{4}.log_2\left(\frac{0}{4}\right)\right]$$

$$= -[1,0(0) + 0(-\infty)]$$

$$= 0$$

2.2) Entropia do atributo Francês (1sim;1não):

$$S = -\left[\frac{1}{2}.log_2\left(\frac{1}{2}\right) + \frac{1}{2}.log_2\left(\frac{1}{2}\right)\right]$$

$$= -[0,5(-1) + 0,5(-1)]$$

$$= 1$$

Mais técnicas de aprendizagem de máquina (2)

2.2) Entropia do atributo Espanhol (1sim;3não):

$$S = -\left[\frac{1}{4}.log_2\left(\frac{1}{4}\right) + \frac{3}{4}.log_2\left(\frac{3}{4}\right)\right]$$

$$= -[0{,}25(-2) + 0{,}75(-0{,}4150)]$$

$$= 0{,}8113$$

2.2) Entropia do atributo Profissão (2sim;2não):

$$S = -\left[\frac{2}{4}.log_2\left(\frac{2}{4}\right) + \frac{2}{4}.log_2\left(\frac{2}{4}\right)\right]$$

$$= -[0{,}5(-1) + 0{,}5(-1)]$$

$$= 1$$

2.2) Entropia do atributo Cultura (4sim;2não):

$$S = -\left[\frac{4}{6}.log_2\left(\frac{4}{6}\right) + \frac{2}{6}.log_2\left(\frac{2}{6}\right)\right]$$

$$= -[0{,}6667(-0{,}5850) + 0{,}3333(-1{,}5850)]$$

$$= 0{,}9183$$

2.2) Entropia do atributo Presencial (2sim;3não):

$$S = -\left[\frac{2}{5}.log_2\left(\frac{2}{5}\right) + \frac{3}{5}.log_2\left(\frac{3}{5}\right)\right]$$

$$= -[0{,}4(-1{,}3219) + 0{,}6(-0{,}7370)]$$

$$= 0{,}9710$$

2.2) Entropia do atributo Internet (4sim;1não):

$$S = -\left[\frac{4}{5}.log_2\left(\frac{4}{5}\right) + \frac{1}{5}.log_2\left(\frac{1}{5}\right)\right]$$

$$= -[0{,}8(-0{,}3219) + 0{,}2(-2{,}3219)]$$

$$= 0{,}7219$$

8.4.2.2 Ganho de Informação

Denomina-se Ganho de Informação de uma instância a entropia residual do sistema ou processo em relação à instância em consideração. Pode-se afirmar que, quanto maior for o Ganho de Informação Dessa forma, conclui-se a Parte I deste livro, na qual foram apresentadas as abordagens e uma parte dos métodos mais importantes utilizados da Inteligência Artificial (IA). Os exemplos apontados têm como intuito facilitar o entendimento do leitor e suas aplicações na Aprendizagem de Máquinas, sem, entretanto, ter a pretensão de esgotar o assunto., maior será a aleatoriedade da instância, isto é, maior é a quantidade de informação embutida na referida instância.

É aplicado para escolher qual é a ordem ideal para as instâncias do problema, desde o nó raiz de uma Árvore de Decisão, devendo ocupar esta posição a instância com o maior Ganho de Informação, isto é, a árvore deve iniciar com o nó com maior informação, decrescendo ou mantendo-se constante até chegar o nó folha de cada ramificação. Além disso, a árvore assim desenhada, deve contemplar todas as possíveis hipóteses, isto é, deve abranger todas as suas possíveis ramificações. Sua fórmula é dada por:

$$Ganho(S, I) = S - \sum_{i=1,2,\ldots} \left[\frac{\#A_i}{\#S} . Entropia(A_i) \right] \tag{8.19}$$

em que S é a entropia do sistema, A_i são os atributos de uma determinada instância I e o símbolo $\#$ é a quantidade de ocorrências (cardinalidade).

Exemplo: Calcular o Ganho de Informação para cada instância do exemplo anterior.

Solução:

Do exemplo anterior, vamos inicialmente definir:

- Instância I = Idioma.

Atributos: A_1 = Inglês (4sim; 0 não); A_2 = Francês (1sim;1não); A_3 = Espanhol (1 sim; 3não)

- Instância I = Utilidade

Atributos: A_1 = Profissão (2sim; 2não); A_2 = Cultura (4sim;2não)

- Instância I = Modalidade

Atributos: A_1 = Presencial (2sim; 3 não); A_2 = Internet (4sim;1não)

- Cálculo do Ganho de Informação para a instância Idioma (I = Idioma):

$$Ganho(S, Idioma) = S - \sum_{i=1,2,\dots} \left[\frac{\#A_i}{\#S} . Entropia(A_i) \right]$$

$$= S - \left[\frac{\#Inglês}{\#Cursar?} . Entropia\ (Inglês) + \frac{\#Francês}{\#Cursar?} . Entropia\ (Francês) \right.$$
$$\left. + \frac{\#Espanhol}{\#Cursar?} . Entropia\ (Espanhol) \right]$$

$$= 0,9710 - \left[\frac{4}{10} . 0 + \frac{2}{10} . 1 + \frac{4}{10} . 0,8113 \right]$$

$$= 0,9710 - 0,5245$$

$$= 0,4465$$

- Cálculo do Ganho de Informação para a instância Utilidade (I = Utilidade):

$$Ganho(S, Utilidade) = S - \sum_{i=1,2,\dots} \left[\frac{\#A_i}{\#S} . Entropia(A_i) \right]$$

$$= S - \left[\frac{\#Profissão}{\#Cursar?} . Entropia\ (Profissão) + \frac{\#Cultura}{\#Cursar?} . Entropia\ (Cultura) \right]$$

$$= 0,9710 - \left[\frac{4}{10} . 1 + \frac{6}{10} . 0,9183 \right]$$

$$= 0,9710 - 0,9510$$

$$= 0,02$$

- Cálculo do Ganho de Informação para a instância Modalidade (I = Modalidade):

$$Ganho(S, Modalidade) = S - \sum_{i=1,2,\dots} \left[\frac{\#A_i}{\#S} . Entropia(A_i) \right]$$

$$= S - \left[\frac{\#Presencial}{\#Cursar?} . Entropia\ (Presencial) + \frac{\#Internet}{\#Cursar?} . Entropia\ (Internet) \right]$$

$$= 0,9710 - \left[\frac{5}{10} . 0,9710 + \frac{5}{10} . 0,7219 \right]$$

$$= 0,9710 - 0,8465$$

$$= 0,1245$$

- Os Ganhos de Informação das instâncias Idioma, Modalidade e Utilidade são:

    Ganho(S,Idioma)   = 0,4465

    Ganho(S,Modalidade)   = 0,1245

    Ganho(S,Utilidade)   = 0,02

Será que essa é a hierarquia ideal recomendada para as instâncias do problema "Cursar um idioma"? Com a sua adoção, pretende-se otimizar o processo de decisão, partindo de uma situação cheia de incertezas (alta entropia) e chegando a um elenco de alternativas capazes de cobrir todas as hipóteses possíveis, dando ao tomador da decisão um leque de opções que não deixa ou deixa pouca incerteza de quais os caminhos a seguir, ou seja, aqueles que reduzem a entropia, de preferência, zerando-a em sua instância final.

A nova árvore hierarquizada cobre todas as hipóteses possíveis para a escolha da melhor escolha da decisão a ser tomada:

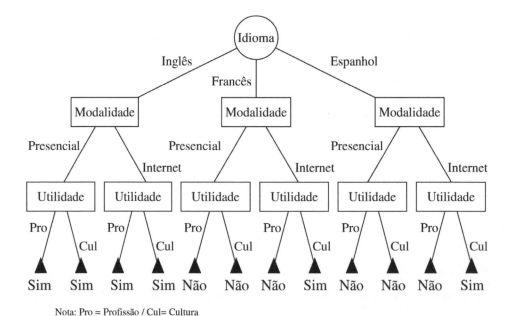

Nota: Pro = Profissão / Cul= Cultura

Figura 8.9 – Árvore de Decisão ideal: Cursar um idioma (hierarquizada).

A correspondente tabela de valores dos atributos da árvore de decisão ideal, denominada de "cursar um idioma", dessa vez organizada de maneira hierárquica, é:

Mais técnicas de aprendizagem de máquina (2)   293

Tabela 8.3 – Valores dos atributos de "cursar um idioma" (hierarquizada)

Curso	Idioma	Modalidade	Utilidade	Cursar?
C1	Inglês	Presencial	Profissão	Sim
C2	Inglês	Presencial	Cultura	Sim
C3	Inglês	Internet	Profissão	Sim
C4	Inglês	Internet	Cultura	Sim
C5	Francês	Presencial	Profissão	Não
C6	Francês	Presencial	Cultura	Não
C7	Francês	Internet	Profissão	Não
C8	Francês	Internet	Cultura	Sim
C9	Espanhol	Presencial	Profissão	Não
C10	Espanhol	Presencial	Cultura	Não
C11	Espanhol	Internet	Profissão	Não
C12	Espanhol	Internet	Cultura	Sim

Refazendo todos os cálculos de Entropia e dos Ganhos de informação, chega-se aos seguintes valores:

$Ganho(S,Idioma)$ $\qquad$ = 0,4591

$Ganho(S,Modalidade)$ $\qquad$ = 0,0817

$Ganho(S,Utilidade)$ $\qquad$ = 0,0817

Comparando os Ganhos de Informação das estruturas mostradas nas Figuras 8.8 e 8.9, reproduzidas nas Tabelas 8.2 e 8.3, respectivamente, constata-se na nova árvore hierarquizada, que a instância Idioma aumentou o ganho, enquanto nas demais instâncias o ganho reduziu e se manteve constante, isto é, saiu-se de uma situação inicial de muitas incertezas e chegou-se no final com as incertezas uniformemente reduzidas (sem oscilações de valores) durante o processo de decisão.

Dessa forma, a ordenação das instâncias de uma árvore de decisão segundo seus ganhos de informação tem um significado especial, que é hierarquizar as suas instâncias, começando pelo nó raiz até cada uma das folhas, obedecendo o critério do maior para o menor ganho de informação contido nas respectivas instâncias. Essa é, certamente, uma maneira inteligente de decidir, utilizando-se inicialmente da maior quantidade de informação disponível, movendo-se na direção da menor quantidade de informação disponível, quando então é esperado que se chegue a uma decisão mais adequada para dar uma resposta ao problema de interesse. Como sempre deve acontecer, a Ciência indica qual é a melhor prática...

Agora, surge uma questão: como fazer para programar computacionalmente uma árvore de decisão?

A resposta é simples, pelo fato de as árvores de decisão poderem ser representadas pela instrução condicional do tipo **SE** <estado> **ENTÃO** <ação>, em que o estado é formado pela operação de interseção (operador lógico 'e'; em inglês *and*) entre os ramos de um determinado caminho, que vai do nó raiz até um nó folha, e a ação é a decisão final rotulada pelo especialista. Exemplificando, a seguir é mostrada a codificação da primeira linha da Tabela 8.3, qual seja:

SE <(Idioma=Inglês) **E** (Modalidade=Presencial) **E** (Utilidade=Profissão)>

ENTÃO <sim>;

Dessa forma, todas as linhas seriam codificadas e, ao ser executado para um estado específico representado na árvore, o programa daria a resposta correta.

Finalmente, é importante ressaltar que as Árvores de Decisão podem ser usadas para efetuar cálculos envolvendo probabilidades (regressão), sendo nesta aplicação denominada de Árvore de Probabilidade, diferentemente do que apresentamos até aqui (classificação), em que foram usadas apenas variáveis categóricas (não numéricas ou rótulos). Nessa outra abordagem, as árvores servem para avaliar as possibilidades com base no cálculo de probabilidades, dando um respaldo matemático para se tomar a melhor decisão.

Para maiores detalhes, o leitor poderá encontrar em literatura especializada (Costa Neto & Cymbalista, 1974).

8.4.3 VARIAÇÕES DO ALGORITMO DA ÁRVORE DE DECISÃO

A Árvore de Decisão, por ser um algoritmo de Aprendizagem de Máquina (*Machine Learning*) de fácil compreensão e aplicação, tem despertado um grande interesse da comunidade de cientistas de dados e desenvolvedores de programas, acarretando assim o surgimento de uma gama de variações do algoritmo original, cada um deles procurando associar uma técnica de tratamento de dados diferente (por exemplo, segmentação) ou adicionar uma ferramenta matemática para melhorar a sua eficiência (por exemplo, descida do gradiente).

São derivações da Árvore de Decisão: *Bagging*, Floresta Randômica, *Boosting*, *Boosting* Gradiente e *Boosting* Gradiente Extremo (XG*Boost*); as 3 últimas fazem parte das técnicas de reforço (*boosting*) (Hastie et al., 2009), certamente cada uma delas voltada para superar alguma deficiência da concepção original.

Mais técnicas de aprendizagem de máquina (2)

8.5 K-VIZINHOS MAIS PRÓXIMOS

O método dos K-Vizinhos Mais Próximos (K-*Nearest Neigbors*, KNN) é um método supervisionado, baseado no Princípio da Máxima Verossimilhança, cuja principal aplicação é em problemas de reconhecimento de padrões (classificação), podendo ser também aplicado em problemas de regressão, e que têm na sua simplicidade de implementação o seu grande atrativo. Por se tratar de um método que não obedece a uma determinada estrutura, não existe um modelo para ser ajustado, mas isso não diminui a sua eficiência nas aplicações do mundo real.

Os seus hiperparâmetros são definidos antecipadamente pelo usuário, os quais consistem na escolha da quantidade K dos vizinhos a serem identificados, como os mais próximos, e de qual o critério a ser adotado para a medida da distância entre a instância a ser testada (dado), para descobrir qual é a sua classe, e os demais dados que formam o espaço total de entrada ou de busca.

Os valores de K devem ser ímpares (1, 3, 5....), para evitar empate na determinação da classe majoritária (vencedora), caso venha a ocorrer, porém a literatura também recomenda não ultrapassar de 15, devido basicamente, à possibilidade de gerar instabilidades, que são caracterizadas pela variação dos resultado a pequenas alterações ocorridas no espaço de busca, como a surgida pela inclusão de uma nova entrada.

Embora possam ser escolhidas outras medidas de distância entre os dados, por exemplo, a Distância de Mahalanobis (invariância à escala), a Distância de Minkowsky ou a Distância de Chebyshev, a medida mais usada é a Distância Euclidiana, dada por:

$$d_E(X_tX_i) = \sqrt{(x_1 - x_{i1})^2 + \cdots + (x_N - x_{iN})^2} \tag{8.20}$$

em que $X_t = [x_1 \; x_2 ... x_N]^T$ é o vetor de N-atributos (características) do dado a ser testado e $X_t = [x_{i1} \; x_{i2} ... x_{iN}]^T$ são os M vetores de dados, para $i = 1,2,...,M$, também contendo N atributos, existentes no espaço de busca da menor distância.

Exemplo: Considere os 14 dados relacionados na tabela mostrada a seguir. Qual é a classe do dado $X_t = [9 \; 10]^T$?

Instância	Classe	Atributos	
		x_1	x_2
Teste	?	9	10
1	1	4	9
2	1	4	3
3	2	5	12
4	2	14	7
5	2	11	3
6	1	8	6
7	2	9	8
8	1	6	8
9	1	8	3
10	1	2	8
11	1	2	6
13	2	12	8
12	2	10	8
14	2	11	12

Solução:

Vamos iniciar calculando a Distância Euclidiana do ponto de teste X_t, em relação aos 14 dados tabelados, e, a seguir, ordená-los de acordo com a proximidade destes dados com o dado que está sendo testado.

Isso feito, a tabela é refeita, agora incluindo os valores das distâncias e a ordem de proximidade em relação ao dado de teste, ou seja:

Mais técnicas de aprendizagem de máquina (2)

Instância	Classe	Atributos		Distância	Proximidade
		x_1	x_2		
Teste	?	9	10	–	–
1	1	4	9	5,10	8º
2	1	4	3	8,60	14º
3	2	5	12	4,47	7º
4	2	14	7	5,83	9º
5	2	11	3	7,28	11º
6	1	8	6	4,12	6º
7	2	9	8	2,00	1º
8	1	6	8	3,61	5º
9	1	8	3	7,07	10º
10	1	2	8	7,28	12º
11	1	2	6	8,06	13º
13	2	12	8	3,61	4º
12	2	10	8	2,24	2º
14	2	11	12	2,83	3º

Para o caso de se escolher K = 3, verifica-se na tabela que os dados mais próximos são: 1º) instância 7, 2º) instância 12, e 3º) instância 14; nota-se que todos os dados mais próximos, para K = 3, pertencem à classe '2'. Em decorrência, o dado testado é da classe '2'. Caso K seja escolhido igual a 5, mesmo assim o dado testado continuaria a pertencer à classe '2' porque os mais próximos (classe 2) são majoritários pelo placar de 4 a 1. Para melhor visualizar a resposta desse exemplo, veja o gráfico a seguir:

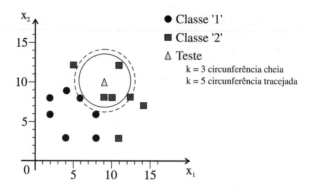

Figura 8.10 – K-Vizinhos Mais Próximos – Teste com .

Exemplo: Considere os 14 dados do exemplo anterior. Qual é a classe do dado $X_t = [9\ 5]^T$?

Solução:

Vamos copiar a tabela do exemplo anterior e calcular a Distância Euclidiana do ponto de teste , em relação aos 14 dados tabelados, e, a seguir, ordená-los de acordo com a proximidade de cada dado com o dado de teste. Assim, a tabela é refeita, agora incluindo os valores das distâncias e a ordem de proximidade em relação ao dado de teste, ou seja:

Instância	Classe	Atributos x_1	Atributos x_2	Distância	Proximidade
Teste	?	9	5	-	-
1	1	4	9	6,40	10º
2	1	4	3	5,39	8º
3	2	5	12	8,06	14º
4	2	14	7	5,39	9º
5	2	11	3	2,83	3º
6	1	8	6	1,41	1º
7	2	9	8	3,00	4º
8	1	6	8	4,24	6º
9	1	8	3	2,24	2º
10	1	2	8	7,62	13º
11	1	2	6	7,07	11º
12	2	10	8	3,16	5º
13	2	12	8	4,24	7º
14	2	11	12	7,28	12º

Para o caso de se escolher K = 3, verifica-se na tabela que os dados mais próximos são: 1º) instância 6, 2º) instância 9, e 3º) instância 5; nota-se que os dados mais próximos, para K = 3, são compostos por 2 dados da classe '1' e 1 dado da classe '2', portanto, vencem os dados da classe '1' por 2 a 1; em decorrência, o dado testado pertence à classe '1'. Por outro lado, caso K = 5 seja escolhido, o placar inverte, passando a ser 3 dados da classe '2' contra 2 dados da classe '1', e neste caso o dado testado passa a pertencer à classe '2'. Para melhor visualizar a resposta desse exemplo, veja o gráfico a seguir:

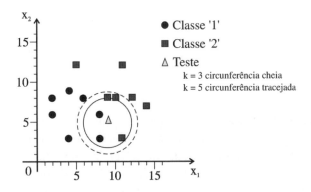

Figura 8.11 – K-Vizinhos Mais Próximos – Teste com $[9\ 5]^T$.

O último exemplo serviu para exemplificar o problema da instabilidade do método KNN, ao fazer o dado testado mudar de classe quando se aumentou o valor de K, de 3 para 5. Lógico, o valor de K mais estável é quando se escolhe K = 1, ainda mais quando o dado a ser testado se encontra muito próximo de um determinado dado, relativamente a todos os demais dados localizados no espaço de busca da menor distância.

8.6 CONCLUSÕES

Este capítulo se ocupou de alguns dos métodos mais utilizados na Aprendizagem de Máquina – Regressão Linear e Logística, Bayes Ingênuo, Árvore de Decisão e o K-Vizinhos Mais Próximos (K-*Nearest Neighbors* – KNN), como uma primeira leitura acessível, de maneira a facilitar o estudo mais aprofundado sobre estes assuntos, os quais têm despertado grande interesse nos últimos tempos, desde os leitores impactados pelas recentes inovações no relacionamento com o mundo, até cientistas motivados a dar uma contribuição maior para a sociedade.

Os métodos de regressão apresentados (linear e logística) trataram da obtenção de modelos de predição, que têm como entrada um domínio de variáveis independentes (preditoras) de natureza numérica, para outro domínio de variáveis dependentes (preditivas), podendo estas serem também numéricas (regressão linear) ou para um outro domínio de variáveis dependentes categóricas (regressão logística).

Já o método supervisionado denominado de Bayes Ingênuo (*Naive Bayes*), é um classificador probabilístico considerado de fácil compreensão e aplicação. É um método que oferece bons resultados para amostras com pequena quantidade de dados. Vem sendo muito utilizado para classificação de documentos, como a identificação de *spam* entre as mensagens recebidas pelos usuários.

Por sua vez, o método da Árvore de Decisão é muito intuitivo e de fácil interpretação, constituindo-se de uma importante ferramenta para tomada de decisão. Desse método derivam-se outros métodos, como a Floresta Aleatória (*Randon Forest*) e Impulsionamento do Gradiente Extremo (*XGBoosting*), ambos criados para superar as desvantagens do método original da Árvore de Decisão, relacionadas com a sua instabilidade e imprecisão.

Para finalizar, foi apresentado o método dos K-Vizinhos Mais Próximos, considerado o mais simples e também de fácil implementação, mas nem por isso deixa de ser eficiente, principalmente para aplicações em problemas de classificação, que foi a ênfase dada neste livro. Uma das aplicações do KNN, que tem despertado grande interesse na atualidade, é no desenvolvimento de *algoritmos de recomendação*, os quais efetuam o cruzamento dos dados gerados por potenciais clientes usuários da internet, procurando identificar suas necessidades e preferências, permitindo assim a oferta de produtos e serviços personalizados.

Dessa forma, conclui-se a Parte I deste livro, na qual foram apresentadas as abordagens e uma parte dos métodos mais importantes utilizados da Inteligência Artificial (IA). Os exemplos apontados têm como intuito facilitar o entendimento do leitor e suas aplicações na Aprendizagem de Máquina, sem, entretanto, ter a pretensão de esgotar o assunto.

PARTE II
APLICAÇÕES

CAPÍTULO 9
Controle *fuzzy*

9.1 INTRODUÇÃO

Neste capítulo, apresentaremos um exemplo de aplicação da Lógica *Fuzzy* (Nebulosa, Difusa ou Imprecisa) na área de Controle de Processos, doravante denominada de Controle *Fuzzy*. A técnica de Controle *Fuzzy* dá-se de acordo com o seguinte esquema:

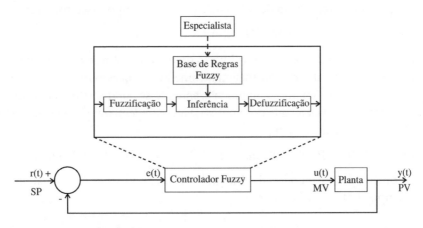

Figura 9.1 – Esquema de um Controlador *Fuzzy*.

Observa-se que, diferentemente do Controle Clássico, a ideia aqui é modelar o controlador, com a participação importante de um especialista, e não o sistema físico que está sendo controlado, denominado de processo ou planta.

O papel do Especialista é fornecer o conhecimento a respeito do funcionamento da planta, de modo a possibilitar a elaboração das regras de inferência para construir a Base de Regras *Fuzzy*. Essa base deverá ser capaz de determinar qual o valor do sinal de controle, $u(t)$ ou MV (*Manipulated Variable* que significa Variável Manipulada), a ser aplicado na planta, de maneira a fazer com que a sua saída $y(t)$ ou PV (*Process Variable*, que significa Variável do Processo), convirja para o valor previamente especificado pelo projetista para a referência $r(t)$ ou SP (*Setpoint*), que significa ponto de ajuste ou ponto de operação.

9.2 CONTROLADOR INDUSTRIAL TIPO PID

Um dos controladores mais usados na indústria é o controlador PID (Proporcional-Integral-Derivativo) clássico, que sabidamente é um controlador linear.

O controlador PID *fuzzy* surge com a vantagem de ser um controlador não linear, caracterizado pela sua capacidade de manipular variáveis linguísticas, que são imprecisas pela sua natureza intrínseca.

A seguir, apresentaremos as regras de inferência para os diversos tipos de controlador PID, porém na sua versão *fuzzy*, que são:

- Controlador Proporcional (P) *fuzzy*: O seu modelo matemático no tempo contínuo t é dado por:

$$u(t) = k_p\, e(t) \tag{9.1}$$

em que k_p é a constante positiva de proporcionalidade e $e(t)$ é o erro medido na saída da planta, calculado por $e(t) = r(t) - y(t)$.

Consequentemente, a regra de inferência *fuzzy* no tempo discreto, será:

SE $< e(k) =$ valor *fuzzy* $>$ **ENTÃO** $<u(k) =$ valor *fuzzy*$>$.

em que k é o tempo discreto. A substituição do tempo contínuo t pelo tempo discreto k apenas tem o objetivo de adequar matematicamente o processo *fuzzy*, já que todo processo *fuzzy* é discreto no tempo. Sucintamente, entende-se por discreto todo processo cuja saída (resposta) é medida somente nos pontos de amostragem, ou seja, a evolução temporal da saída é intermitente no tempo.

Exemplo: **SE** $e(k) =$ Positivo Pequeno **ENTÃO** $u(k) =$ Negativo Pequeno.

- Controlador Proporcional – Integral (PI) *fuzzy*: O seu modelo matemático no tempo contínuo t é dado por:

$$u(t) = k_p e(t) + k_i \int e(t) dt \tag{9.2}$$

em que k_p e k_i são as constantes positivas de proporcionalidade e de integração, respectivamente. Derivando todos os termos da Equação (9.2), tem-se:

$$\frac{du(t)}{dt} = k_p \frac{de(t)}{dt} + k_i e(t) \tag{9.3}$$

Agora, aproximando a derivada contínua pela diferença discreta, finalmente virá·

$$\Delta u(k) = k_p \Delta e(k) + k_i e(k) \tag{9.4}$$

em que $\Delta e(k) = e(k) - e(k\text{-}1)$. Em consequência, a regra de inferência será:

SE < ($e(k)$ = valor *fuzzy* **E** $\Delta e(k)$ = valor *fuzzy*)> **ENTÃO** <$\Delta u(k)$ = valor *fuzzy*>.

Exemplo: **SE** ($e(k)$ = Positivo Grande **E** $\Delta e(k)$=Zero) **ENTÃO** $\Delta u(k)$ = Negativo Grande.

Observa-se que o sinal de saída defuzzificado ainda não é o sinal que deverá ser aplicado na planta, porque o que se está calculando é a variação do sinal de controle $\Delta u(k)$. O sinal de controle a ser aplicado na planta será dado por:

$$u(k) = u(k - 1) + \Delta u(k) \tag{9.5}$$

em que $u(k\text{-}1)$ é o sinal de controle anterior armazenado na memória.

- Controlador Proporcional-Derivativo (PD) *fuzzy*: O seu modelo matemático no tempo contínuo t é dado por:

$$u(t) = k_p e(t) + k_d \frac{de(t)}{dt} \tag{9.6}$$

em que k_p e k_d são as constantes positivas de proporcionalidade e de derivação, respectivamente. Aproximando a derivada contínua pela diferença discreta, virá:

$$u(t) = k_p e(t) + k_d \Delta e(k) \tag{9.7}$$

Assim, a regra de inferência será:

SE < ($e(k)$ = valor *fuzzy* **E** $\Delta e(k)$ = valor *fuzzy*)> **ENTÃO** <$u(k)$ = valor *fuzzy*>.

Exemplo: **SE** ($e(k)$ = Zero **E** $\Delta e(k)$ = Negativo Pequeno) **ENTÃO** $u(k)$ = Positivo Pequeno.

Observa-se que o PI *fuzzy* calcula a variação do sinal de controle, $\Delta u(k)$, enquanto o PD *fuzzy* calcula diretamente o sinal de controle, $u(k)$.

- Controlador Proporcional-Integral-Derivativo (PID) *fuzzy*: O seu modelo matemático no tempo contínuo t é dado por:

$$u(t) = k_p e(t) + k_i \int e(t)dt + k_d \frac{de(t)}{dt} \tag{9.8}$$

em que $k_p > 0$ e $k_i, k_d \geq 0$ são as constantes de proporcionalidade, de integração e de derivação, respectivamente. Derivando todos os termos da Equação (9.8), tem-se:

$$\frac{du(t)}{dt} = k_p \frac{de(t)}{dt} + k_i e(t) + k_d \frac{d^2 e(t)}{dt^2} \tag{9.9}$$

Aproximando as derivadas contínuas pelas diferenças discretas, finalmente virá:

$$\Delta u(k) = k_p \Delta e(k) + k_i e(k) + k_d \Delta(\Delta e(k)) \tag{9.10}$$

em que $\Delta(\Delta e(k))$ representa a variação da variação do erro. Assim, a regra de inferência será:

SE $< (e(k) =$ valor *fuzzy* **E** $\Delta e(k) =$ valor *fuzzy* **E** $\Delta(\Delta e(k)) =$ valor *fuzzy*)>

ENTÃO $<\Delta u(k) =$ valor *fuzzy*>.

Exemplo: **SE** $(e(k) =$ Zero **E** $\Delta e(k) =$ Negativo Pequeno **E** $\Delta(\Delta e(k)) =$ Positivo Grande **ENTÃO** $\Delta u(k) =$ Zero.

Observa-se que o sinal de saída defuzzificado ainda não é o sinal que deverá ser aplicado na planta, porque será feito o cálculo da a variação do sinal de controle, $\Delta u(k)$. Dessa forma, o sinal de controle a ser aplicado na planta será dado por:

$$u(k) = u(k-1) + \Delta u(k) \tag{9.11}$$

em que $u(k$-$1)$ é o valor do sinal de controle anterior armazenado na memória. A dificuldade de implementar o PID *fuzzy* está no cálculo da variação do erro, que afeta diretamente o valor da parcela de correção derivativa.

Até esse momento, vimos apenas a base teórica que dá sustentação ao projeto de Controladores PID *fuzzy*. Assim, para dar uma aplicação aos conhecimentos apresentados, vamos desenvolver o projeto de um controlador *fuzzy* para controlar o movimento do braço de um disco rígido (*Hard Disk* – HD), dispositivo eletromecânico usado em computação como memória de massa.

Figura 9.2 – Disco Rígido (*Hard Disk*).

9.3 CONTROLADOR *FUZZY* APLICADO NO BRAÇO DE UM DISCO RÍGIDO (HD)

9.3.1 ANÁLISE DO FUNCIONAMENTO DA PLANTA (HD)

Embora uma das principais vantagens em utilizar técnicas de Controle Inteligente seja não necessitar do modelo matemático da planta, ou seja, não precisar conhecer as leis da Física que regem seu comportamento, para projetar um Controlador *Fuzzy* é necessário fazer uma análise preliminar de seu funcionamento, mesmo que seja superficial, a fim de obter um conhecimento mínimo que seja suficiente apenas para direcionar o projeto do controlador. Com esse propósito, analisaremos os seguintes aspectos:

- Atuador do braço do HD: é constituído de uma bobina magnética, cujo comportamento eletromecânico assemelha-se ao de um motor de corrente contínua (motor CC). Isso significa que a sua resposta em malha aberta é sempre crescente, pelo fato de possuir um integrador puro no seu modelo matemático. Conclui-se, portanto, que o controlador ideal é do tipo PD (Proporcional-Derivativo).

- Exemplo de regra de inferência para o Controlador PD *fuzzy*:

    SE < ($e(k)$ = valor *fuzzy* **E** $\Delta e(k)$ = valor *fuzzy*)> **ENTÃO** <$u(k)$ = valor *fuzzy*>.

Nesse caso, as variáveis físicas de entrada do controlador *fuzzy* são o ângulo do braço $\theta(k) = e(k)$ e a sua variação $\Delta\theta(k) = \Delta e(k)$, e a variável física de saída é a corrente elétrica enviada para a bobina $i_m(k) = u(k)$.

9.3.2 ESQUEMA SIMPLIFICADO DE UM HD

Com a finalidade de analisarmos o funcionamento do braço do HD, representaremos os componentes físicos de um HD conforme figura a seguir:

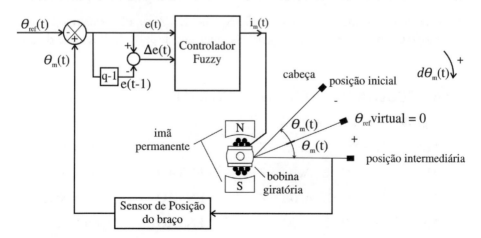

Figura 9.3 – Esquema simplificado do funcionamento de um HD (tempo contínuo).

Na figura apresentada, chamamos a atenção do leitor para a convenção que foi adotada para a medição do ângulo e da variação do ângulo do braço do HD, na qual a origem de medição do ângulo foi deslocada para a referência (SP – *Setpoint*), isto é, por meio de um artifício matemático, o ângulo de referência real passa a ser a origem de marcação de ângulo ($\theta_m(t) = \theta(t) - \theta_{ref}(t)$), sendo o ângulo negativo se o braço estiver posicionado antes da origem virtual e positivo se o braço estiver posicionado depois da origem virtual. A convenção adotada para a variação do ângulo é positiva caso o deslocamento do braço estiver ocorrendo no mesmo sentido dos ponteiros do relógio. Isso posto, o problema é:

Dado o ângulo de referência, $\theta_{ref}(t)$, pede-se calcular uma sucessão de sinais de controle $u(t)$, que neste caso corresponde à corrente elétrica $i_m(t)$ a ser aplicada na bobina imersa num campo magnético constante, produzido por imãs permanentes, sucessão essa que deve ser capaz de levar o braço do HD para a posição dada pelo ângulo de referência escolhido.

9.3.3 ESCOLHA DO UNIVERSO DE DISCURSO PARA CADA VARIÁVEL *FUZZY* (VAMOS USAR O TEMPO DISCRETO *k*)

- Para a variável $e(k) = \theta_m(k)$: [−40, −20, 0, 20, 40], em graus
- Para a variável $\Delta e(k) = \Delta\theta_m(k)$: [−10, −5, 0, 5, 10], em graus
- Para a variável $u(k) = i_m(k)$: [−200, −100, 0, 100, 200], em mA

9.3.4 ESCOLHA DAS FUNÇÕES DE PERTINÊNCIA

Triangular, para todos os subconjuntos de pertinência.

9.3.5 ESCOLHA DOS RÓTULOS DOS SUBCONJUNTOS DE PERTINÊNCIA

NG = Negativo Grande, NP = Negativo Pequeno, Z = Zero, PP = Positivo Pequeno e PG = Positivo Grande, para todas as variáveis, quer seja de entrada, quer seja de saída.

9.3.6 ESCOLHA DAS REGRAS DE INFERÊNCIA

(A cargo do Especialista em HD):

SE	$e(k) = Z$ **E** $\Delta e(k) = Z$	**ENTÃO**	$i_m(k) = Z$
SE	$e(k) = PP$ **E** $\Delta e(k) = Z$	**ENTÃO**	$i_m(k) = NG$
SE	$e(k) = PG$ **E** $\Delta e(k) = Z$	**ENTÃO**	$i_m(k) = NG$
SE	$e(k) = NP$ **E** $\Delta e(k) = Z$	**ENTÃO**	$i_m(k) = PP$
SE	$e(k) = NG$ **E** $\Delta e(k) = Z$	**ENTÃO**	$i_m(k) = PG$

Quando a cabeça de leitura/gravação se aproxima da posição correspondente ao ângulo de referência, é necessário amortecer sua velocidade. Para isso, o Especialista recomendaria outras 4 regras que são:

| SE | $e(k) = Z$ | **E** $\Delta e(k) = NP$ | **ENTÃO** | $i_m(k) = PP$ |

SE $\quad e(k) = Z$ **E** $\Delta e(k) = NP$ $\qquad$ **ENTÃO** $\qquad i_m(k) = PP$

SE $\quad e(k) = Z$ **E** $\Delta e(k) = NG$ $\qquad$ **ENTÃO** $\qquad i_m(k) = PG$

SE $\quad e(k) = Z$ **E** $\Delta e(k) = PP$ $\qquad$ **ENTÃO** $\qquad i_m(k) = NP$

SE $\quad e(k) = Z$ **E** $\Delta e(k) = PG$ $\qquad$ **ENTÃO** $\qquad i_m(k) = NG$

Ainda são necessárias mais 2 regras para ajudar a estabilizar o sistema, que são:

SE $\quad e(k) = PP$ **E** $\Delta e(k) = NP$ $\qquad$ **ENTÃO** $\qquad i_m(k) = Z$

SE $\quad e(k) = NP$ **E** $\Delta e(k) = PP$ $\qquad$ **ENTÃO** $\qquad i_m(k) = Z$

Quando a cabeça de leitura/gravação estiver na posição inicial (posição mais externa junto à borda do disco-trilha número 0), a primeira regra a disparar é **SE** $e(k) =$ NG **E** $\Delta e(k) = Z$ **ENTÃO** $i_m(k) = PG$.

9.3.7 OBTENÇÃO DA MATRIZ ASSOCIATIVA *FUZZY* (*FUZZY ASSOCIATION MATRIX* – FAM)

Com base nas regras de inferência definidas no item anterior, podemos construir a FAM, que é:

Tabela 9.1 – Matriz Associativa *Fuzzy* (com rótulos)

		$e(k)$				
		NG	NP	Z	PP	PG
	NG	PG	PG	PG	PP	Z
	NP	PG	PG	PP	Z	NP
$\Delta e(k)$	Z	PG	PP	Z	NP	NG
	PP	PP	Z	NP	NG	NG
	PG	Z	NP	NG	NG	NG

Nota: Para implementação computacional, fica mais fácil se convertermos os rótulos *fuzzy* (NG, NP, Z, PP e PG) para números inteiros, de acordo, por exemplo, com a seguinte convenção: NG = 0, NP = 1, Z = 2, PP = 3 e PG = 4. Dessa maneira, a FAM correspondente ficará:

Tabela 9.2 – Matriz Associativa *Fuzzy* (com rótulos codificados)

		\multicolumn{5}{c}{e(k)}
		0	1	2	3	4
Δe(k)	0	4	4	4	3	2
	1	4	4	3	2	1
	2	4	3	2	1	0
	3	3	2	1	0	0
	4	2	1	0	0	0

9.3.8 CÁLCULO DA ÁREA GLOBAL E ESCOLHA DO MÉTODO DE DEFUZZIFICAÇÃO

Utilizando-se o método Mín de Mamdani, cada regra de inferência ativada produz uma região parcial de pertinência, que constitui um subconjunto da variável de saída do sistema *fuzzy*.

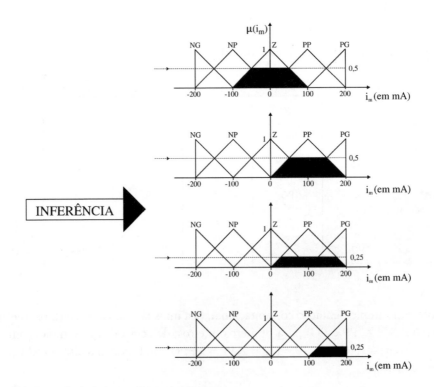

Figura 9.4 – Geração de áreas parciais pela inferência.

Essas áreas parciais são combinadas por intermédio do operador máximo, de modo a formar a área global, de acordo com o método Máx-Mín de Mamdani, resultando em:

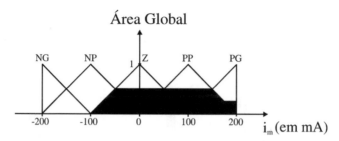

Figura 9.5 – Área global máxima resultante da composição das áreas parciais.

Após definida a área global de saída, foi aplicado o método de defuzzificação denominado de Centro dos Máximos, cuja fórmula é dada pela Equação (2.8), transcrita a seguir:

$$x_{CM} = \frac{\sum_{i=1}^{M} x_{máx.}(i) \cdot \mu_{x_{máx.}}(i)}{\sum_{i=1}^{M} \mu_{x_{máx.}}(i)}$$

em que cada ponto de máximo é definido por ($\mu_{x_{máx.}}, x_{máx.}$); na próxima figura, os 4 pontos de máximo estão indicados por setas:

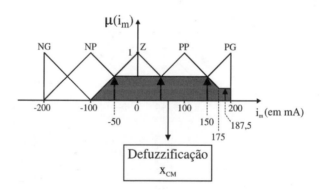

Figura 9.6 – Defuzzificação pelo método do Centro dos Máximos.

9.3.9 ESQUEMA DE FUNCIONAMENTO DO CONTROLADOR PD *FUZZY*

Baseado nas premissas já apresentadas, foi construído um esquema que mostra uma visão completa do funcionamento do processo implementado pelo Controlador PD *fuzzy*, aplicado no controle do braço de leitura/escrita de um disco rígido (HD) (veja a próxima figura).

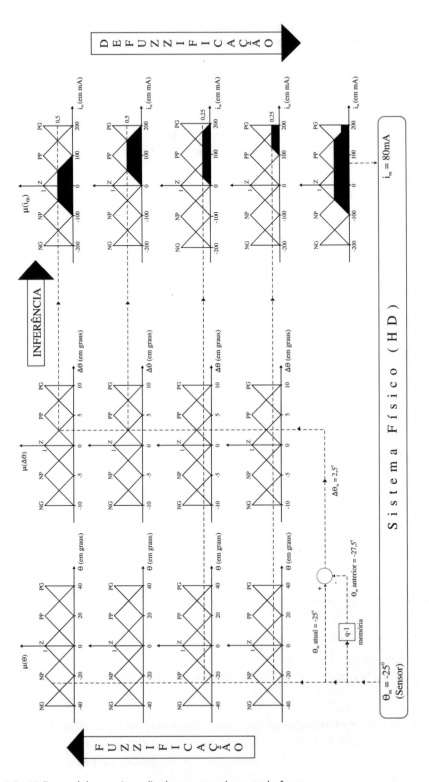

Figura 9.7 – Visão geral de uma iteração do processo de controle *fuzzy*.

Na Figura 9.7, o bloco q^{-1} representa um atraso unitário, o qual serve para indicar a utilização de um valor passado da variável de entrada, armazenado num dispositivo qualquer de memorização. Essa figura mostra o processo *fuzzy* de controle, desde a leitura inicial do sinal de entrada, passando pela sua fuzzificação, inferência e defuzzificação, até a aplicação do sinal de saída defuzzificado ou sinal de controle ($u(k)$ = $i_m(k)$) no sistema físico em questão (HD). A sequência de etapas mostrada na figura em questão correspondente apenas a uma iteração k de todo o processo de controle *fuzzy*. Provavelmente todo o processo de controle exigirá a execução de várias iterações, até culminar na convergência do sistema sob controle (braço do HD). Certamente, isso só ocorrerá quando o Sistema de Controle *Fuzzy* estiver heuristicamente ajustado pelo projetista.

9.4 CONCLUSÕES

A Teoria de Controle *Fuzzy* tem-se se expandido muito nos últimos anos, não só ampliando as possibilidades de aplicação na solução de problemas na área industrial, como nos aspectos acadêmicos de pesquisa e inovação.

A principal vantagem desse tipo de sistema é a possibilidade de incorporar o raciocínio humano às máquinas, isto é, traduzir para as máquinas a maneira inexata e imprecisa do pensamento humano, de forma a obter modelos não lineares mais eficientes, para resolver problemas do mundo real.

Esse capítulo se restringiu basicamente a apresentar a estratégia de controle *fuzzy* usando funções de pertinência exatas, características da Lógica *Fuzzy* tipo 1, e a inferência baseada na Regra "Mín de Mamdani".

Entretanto, não se pode deixar de mencionar que existe outro tipo de lógica *fuzzy* denominada de intervalar ou Lógica *Fuzzy* do tipo 2, sendo esta apropriada para lidar com incertezas existentes na definição do grau de pertinência de uma variável de entrada, assim como existem outras técnicas de inferência, como a técnica de Takagi-Sugeno-Kang (TSK), cuja característica principal é ponderar algebricamente as saídas dos blocos de inferência, de modo a fornecer uma resposta única do sistema *fuzzy*.

Finalmente, como exemplo de aplicação da teoria de Controle *Fuzzy*, foi desenvolvida a teoria para a construção de um controlador PID *Fuzzy*, analisando matematicamente o funcionamento de cada um de seus componentes, assim como foi apresentado um exemplo prático de aplicação para controlar os movimentos do braço de um *Hard Disk* (HD), que é um dispositivo eletrônico para armazenamento de dados.

CAPÍTULO 10
Piloto automático *fuzzy*

10.1 INTRODUÇÃO

Será apresentado um exemplo básico de aplicação de um piloto automático *fuzzy*, projetado com base nos métodos de defuzzificação de Mamdani e de Takagi-Sugeno--Kang (TSK).

10.2 PROJETO DE UM PILOTO AUTOMÁTICO *FUZZY*

O objetivo é construir um piloto automático *fuzzy* baseado nos métodos de Mamdani (método gráfico) e de Takagi-Sugeno-Kang (TSK) (método algébrico) para avaliar o risco de acidente rodoviário, levando-se em conta o ângulo da curva e a velocidade do veículo. Inicialmente, serão desenvolvidas as etapas de fuzzificação e de inferência, devido serem comuns aos 2 citados métodos, porém, depois o projeto prosseguirá por intermédio da etapa final de defuzzificação, apresentando primeiro o Método de Mamdani, para em seguida apresentar o Método TSK.

10.2.1 ESCOLHA DAS VARIÁVEIS DE ENTRADA E DE SAÍDA

Para dar início ao projeto do piloto automático, cujo objetivo é alertar ao motorista do risco de acidente, indicando qual a probabilidade de sua ocorrência, foi consultado um especialista em tráfego de veículos, que forneceu as expressões linguísticas (classes) para as duas variáveis de entrada (tipo de curva e velocidade do veículo) e para a variável de saída (risco de acidente), assim como os seus intervalos numéricos (valores) dentro do universo de discurso das variáveis de entrada e de saída, conforme tabela a seguir:

Tabela 10.1 – Classificação das variáveis de entrada e de saída

Entrada		Saída
Tipo de curva	Velocidade do veículo	Risco de acidente (0 a 1)
Aberta (≤ 30º)	Baixa (≤ 50 km/h)	Pequeno (≤ 0,3)
Normal (= 45º)	Média (= 80 km/h)	Médio (= 0,5)
Fechada (≥ 60º)	Alta (≥ 110 km/h)	Grande (≥ 0,7)

Nota: Os valores intermediários aos valores mencionados na tabela, correspondem aos intervalos de transição entre as classes (rótulos) atribuídas às variáveis de entrada e de saída.

10.2.2 DEFINIÇÃO DAS REGRAS DE INFERÊNCIA

As Regras de Inferência foram definidas pelo Especialista em tráfego de veículos, considerando uma via asfaltada, plana e em boas condições de uso, de acordo com a Matriz Associativa *Fuzzy* (*Fuzzy Association Matrix* – FAM), mostrada na tabela a seguir:

Tabela 10.2 – Matriz Associativa para Risco de Acidente

		Tipo de curva		
		Aberta	Normal	Fechada
Velocidade	Baixa	Pequeno	Pequeno	Médio
	Média	Pequeno	Médio	Grande
	Alta	Médio	Grande	Grande

10.2.3 DEFINIÇÃO DAS FUNÇÕES DE PERTINÊNCIA

Serão todas triangulares, desenhadas para cobrir os universos de discurso (valores) das respectivas variáveis.

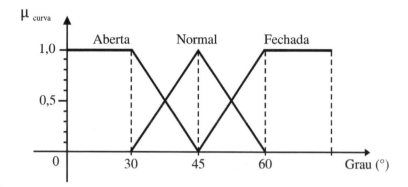

Figura 10.1 – Função de Pertinência da Curva.

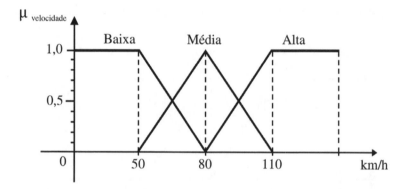

Figura 10.2 – Função de Pertinência da Velocidade.

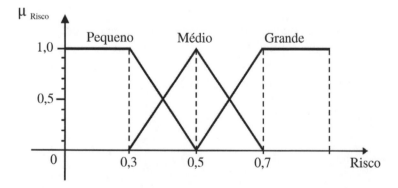

Figura 10.3 – Função de Pertinência do Risco de Acidente.

10.2.4 AFINAL, PARA QUE SERVE ESSE PILOTO AUTOMÁTICO?

Objetivamente, o piloto automático a ser projetado deve realizar a seguinte tarefa: "Conhecendo o tipo de curva e a velocidade do veículo imediatamente antes de entrar na referida curva, avaliar o risco de acidente caso a velocidade seja mantida na curva".

Atendidos os requisitos preliminares apresentados até aqui e definida a finalidade do sistema *fuzzy* a ser desenvolvido, vamos prosseguir com as etapas de fuzzificação, inferência e cálculo da saída, de modo a fornecer uma resposta para essa tarefa especificada.

10.3 ETAPA DE FUZZIFICAÇÃO

Suponha que o veículo está em movimento, prestes a entrar numa curva com um ângulo de 33°, a uma velocidade de 62 km/h. De posse desses dados de entrada – o tipo da curva e o valor da velocidade do veículo, a fuzzificação consiste em marcar esses valores nos gráficos das correspondentes funções de pertinência, para assim determinar quais os rótulos das variáveis linguísticas (*fuzzy*) que foram cortados no gráfico.

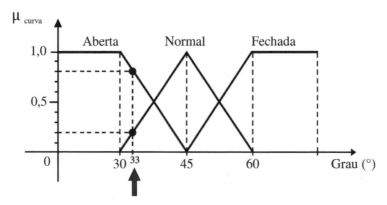

Figura 10.4 – Fuzzificação da curva.

Na Figura 10.4 vê-se que a curva de 33°, utilizando-se o processo de fuzzificação cortou 2 rótulos *fuzzy*, o rótulo "Aberta", com um grau de pertinência de 0,8, e o rótulo "Normal", com um grau de pertinência de 0,2. O mesmo procedimento também se repetirá para a variável de entrada de velocidade.

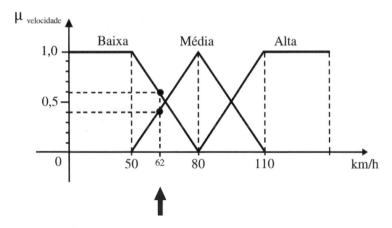

Figura 10.5 – Fuzzificação da velocidade.

No caso da fuzzificação da velocidade, a velocidade de 62 km/h cortou 2 rótulos *fuzzy*, o rótulo "Baixa", com um grau de pertinência de 0,6, e o rótulo "Média", com um grau de pertinência de 0,4.

10.4 ETAPA DE INFERÊNCIA

Todas as Regras de Inferência podem ser extraídas da Matriz Associativa, neste caso num total de 9 regras, porém somente algumas serão ativadas de acordo com o resultado da fuzzificação.

Observe a Figura 10.6, que mostra como se deve proceder para descobrir uma Regra de Inferência que foi ativada, conforme a indicação de cada uma das setas.

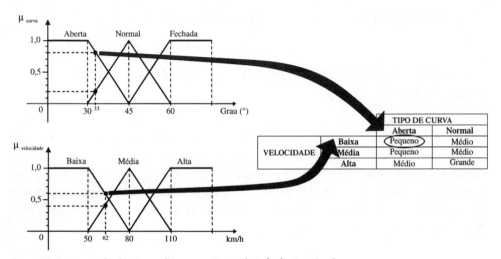

Figura 10.6 – Exemplo de como obter uma Regra de Inferência ativada.

Observando a Figura 10.6, é possível retirar a seguinte regra ativada:

SE (Curva = Aberta) **E** (Velocidade = Baixa) **ENTÃO** Risco = Pequeno

Claro, a regra mencionada não é a única regra de inferência ativada do piloto automático, pois, combinando entre si todas as expressões linguísticas (classes) *fuzzy* cortadas, obtém-se as 4 regras que foram ativadas, que são as seguintes:

1) **SE** (Curva = Aberta) **E** (Velocidade = Baixa) **ENTÃO** Risco = Pequeno

2) **SE** (Curva = Aberta) **E** (Velocidade = Média) **ENTÃO** Risco = Médio

3) **SE** (Curva = Normal) **E** (Velocidade = Baixa) **ENTÃO** Risco = Pequeno

4) **SE** (Curva = Normal) **E** (Velocidade = Média) **ENTÃO** Risco = Médio

Conhecendo-se as regras de inferência ativadas, o próximo passo é realizar a inferência propriamente dita, usando um dos critérios de inferência, como: Mín de Mamdani, Critério *Variant of the System Standard Sequence* (VSSS), Critério do Produto de Monblad e Östergaard ou o Critério de Lukasiewicz, sendo estes os mais citados na literatura. Para não fugir à regra, será usado o critério de inferência denominado de Mín de Mamdani, por ser o mais usado devido à sua praticidade. Esse critério implica em tomar o menor valor entre os graus de pertinência correspondentes às expressões linguísticas cortadas durante a etapa da fuzzificação, por exemplo, tomando-se a primeira regra de inferência mencionada, virá:

$$A \textbf{ E } B = \text{mínimo}\{\mu_A(x), \mu_B(x)\} = \text{mínimo}\{0{,}8,\ 0{,}6\} = 0{,}6$$

Consequentemente, o valor inferido por cada uma das regras de inferência ativada é:

- Valor inferido pela Regra 1 = mínimo {0,8, 0,6} = 0,6
- Valor inferido pela Regra 2 = mínimo {0,8, 0,4} = 0,4
- Valor inferido pela Regra 3 = mínimo {0,2, 0,6} = 0,2
- Valor inferido pela Regra 4 = mínimo {0,2, 0,4} = 0,2

10.5 ETAPA DE DEFUZZIFICAÇÃO: MAMDANI E TAKAGI-SUGENO-KANG

É nessa etapa da defuzzificação, que será efetivamente calculado o valor numérico da saída, ou seja, o risco de acidente em fazer a curva mantendo a velocidade atual do veículo, que o método de Mamdani, a partir de agora renomeado de Máx-Mín de Mamdani (método gráfico), e o método Takagi-Sugeno-Kang (TSK) (método algébrico) passam a apresentar suas diferenças. Para contemplar essas diferenças, vamos prosseguir usando primeiro o Máx-Mín de Mamdani, e posteriormente, o TSK, para então comparar os respectivos resultados.

10.5.1 MÉTODO DE COMPOSIÇÃO MÁX-MÍN DE MAMDANI

A primeira etapa da composição da área da saída consiste em proceder com a inferência aplicando o método Mín de Mamdani nas regras de inferências ativadas, o qual consiste em escolher o menor valor entre as funções de pertinência da curva e da velocidade (pontos sobre as retas), prolongando para a direita até encontrar a função de pertinência do gráfico do risco situado mais à direita, cortando a linha reta (ou linhas retas) da variável linguística correspondente à saída (área hachurada), conforme mostrado a seguir:

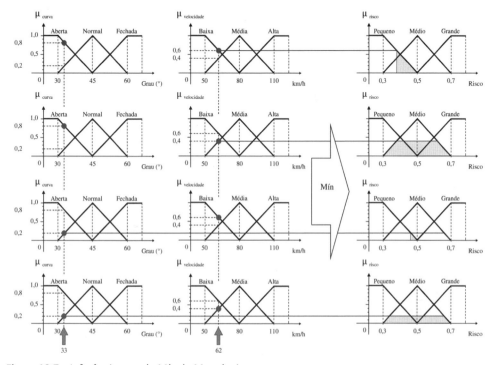

Figura 10.7 – Inferência usando Mín de Mamdani.

A próxima etapa será compor geometricamente as áreas surgidas nos gráficos da saída situados à direita (áreas hachuradas), de modo a obter a maior área resultante desta composição, denominada de área global. A conjunção da inferência denominada de Mín de Mamdani, com a obtenção da área global máxima produzida pelas ingerências (Figuras 10.7 e 10.8), é que dá o nome a este método de composição de áreas chamado método Máx-Mín de Mamdani. Em sequência, o próximo desafio será defuzzificar a área global (Figura 10.8), para calcular o valor da saída final, que indicará qual o risco de acidente nas circunstância de tráfego suposta para o veículo, isto é, movimentando-se com a velocidade de 62 km/h numa curva de 33º.

No método gráfico (Capítulo 2), existem várias opções de cálculo, que são: Centro de Gravidade (Centro de Massa ou Centroide), Média dos Máximos e Centro dos Máximos. Vamos usar o método do Centro de Gravidade contínuo, cuja fórmula é:

$$x_{CG} = \frac{\int x\mu(x)dx}{\int \mu(x)dx} \tag{10.1}$$

em que x representa o valor de saída defuzzificado (risco de acidente) e μ é o grau de pertinência. Assim, o cálculo exige a integração analítica, nos intervalos que constituem a área global, conforme definidos na figura a seguir:

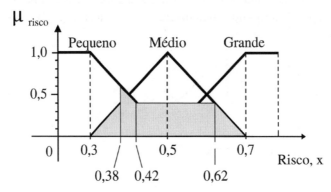

Figura 10.8 – Defuzzificação usando o método do Centro de Gravidade contínuo.

Aplicando a Equação (10.1) nos intervalos envolvidos pela área global, tem-se:

$$x_{CG} =$$

$$= \frac{\int_{0,3}^{0,38}(5x-1,5)xdx + \int_{0,38}^{0,42}(-5x+2,5)xdx + \int_{0,42}^{0,62}(0,4)xdx + \int_{0,62}^{0,7}(-5x+3,5)xdx}{\int_{0,3}^{0,38}(5x-1,5)dx + \int_{0,38}^{0,42}(-5x+2,5)dx + \int_{0,42}^{0,62}(0,4)dx + \int_{0,62}^{0,7}(-5x+3,5)dx}$$

$$= \frac{0,005 + 0,008 + 0,042 + 0,010}{0,017 + 0,02 + 0,08 + 0,017} = \frac{0,065}{0,134} = 0,49$$

As equações nas integrais dentro dos parênteses correspondem às equações da reta que delimitam as áreas parciais na Figura 10.8. Finalmente, conclui-se que o risco de acidente ao fazer uma curva de 33° a 62 km/h é de 49%.

10.5.2 MÉTODO DE DEFUZZIFICAÇÃO TAKAGI-SUGENO-KANG (TSK)

Como foi visto anteriormente, trata-se de um método algébrico baseado em Regras de Inferência, da seguinte forma:

SE $(y_1 \in Y_1)$ **E** $(y_2 \in Y_2)$ ... **E** $(y_n \in Y_n)$ **ENTÃO** $x_i = f_i(y_1 \text{ E } y_2 ... \text{ E } y_n)$ (10.2)

lembrando que o operador lógico **E** equivale ao menor valor das variáveis y_j que compõem as premissas das regras de inferências ativadas, para $j = 1, ..., n$, fornecidas pelo seu respectivo grau de pertinência, e é a saída de uma regra de inferência ativada, definida pela função algébrica $f_i: \Re^n \to \Re$, de grau $p \in Z$, calculada por:

$$x_i = a_i y_{inferido}^p + b_i, \text{ para } i = 1, 2, ..., n \tag{10.3}$$

em que p é a ordem do defuzzificador tipo TSK, a_i e b_i e são os coeficientes da expressão algébrica dada pela Equação (10.3), tendo-se em conta que, se $p = 0$ então todos os b_i também serão iguais a zero, sendo que $y_{inferido}$ é o valor mínimo entre as variáveis provenientes do processo de inferência, calculado para cada regra de inferência ativada. Dessa forma, o valor da saída global é calculado pela seguinte fórmula:

$$x = \frac{\sum_{i=1}^n w_i x_i}{\sum_{i=1}^n w_i} \tag{10.4}$$

em que os pesos w_i são obtidos com base na inferência, normalmente adotando-se o menor valor (mínimo) da regra ativada, os quais têm o objetivo de ponderar a influência de cada saída individual x_i, na obtenção da saída global x a ser inferida pelo método TSK.

O valor do expoente p na Equação (10.3) define a ordem do método, qual seja: para $p = 0$, tem-se o Método TSK de Ordem Zero, para $p = 1$, tem-se o Método de TSK de Primeira Ordem, e assim por diante.

10.5.2.1 Método de TSK de Ordem Zero ($p = 0$)

Quando se faz $p = 0$, a Equação (10.2) se torna $x_i = a_i$ (neste caso, por definição, $b_i = 0$) ou melhor, reduz-se a uma constante, o que equivale a fixar as saídas parciais nos respectivos valores estabelecidos pela função de pertinência ativada, no gráfico da variável de saída. Por se tratar de valores pontuais discretos valendo 0,3, 0,5 e 0,7, isto é, que só existem em determinados pontos do gráfico, estes valores são denominados de *crisp*. Assim, o gráfico correspondente é:

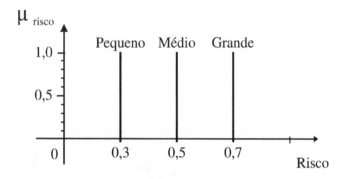

Figura 10.9 – Funções de Pertinência da saída (*singletons*).

Cada valor de w_i, sendo o peso para ponderação de cada uma das saídas parciais, é igual ao resultado da respectiva regra de inferência ativada, que no caso desse exemplo, corresponde ao valor mínimo entre as pertinências (Critério de Inferência Mín de Mamdani).

Assim, cada regra de inferência ativada fornece:

- Regra de Inferência 1   → $w_1 = 0{,}6$ e $x_1 = 0{,}3$ (Pequeno)
- Regra de Inferência 2   → $w_2 = 0{,}4$ e $x_2 = 0{,}5$ (Médio)
- Regra de Inferência 3   → $w_3 = 0{,}2$ e $x_3 = 0{,}3$ (Pequeno)
- Regra de Inferência 4   → $w_4 = 0{,}2$ e $x_4 = 0{,}5$ (Médio)

Aplicando a Equação (10.3), virá:

$$x = \frac{0{,}6 \times 0{,}3 + 0{,}4 \times 0{,}5 + 0{,}2 \times 0{,}3 + 0{,}2 \times 0{,}5}{0{,}6 + 0{,}4 + 0{,}2 + 0{,}2} = \frac{0{,}54}{1{,}4} = 0{,}39$$

Finalmente, conclui-se que o Método TSK de Ordem Zero indica um risco de acidente de 39%.

10.5.2.2 Método de TSK de Primeira Ordem (*p* = 1)

Dessa vez *p* é feito igual a 1 e a Equação (10.2) assume a expressão $f_i = a_i x_i + b_i$, ou melhor, reduz-se à equação de uma reta, cujos coeficientes a_i e b_i devem ser determinados, de tal forma que representem as funções de pertinência escolhidas para modelar a variável de saída, que neste caso é o risco de acidente automobilístico.

Nesse exemplo, vamos escolher como modelo matemático, para as equações algébricas representadas por f_i, os gráficos das retas da função de pertinência usados anteriormente no método Máx-Mín de Mamdani:

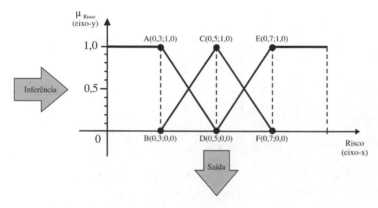

Figura 10.10 – Retas das funções de pertinência da saída.

Piloto automático fuzzy

As funções f_i serão modeladas matematicamente, de acordo com cada segmento de reta da função de pertinência de da variável de saída (Atenção: os eixos x e y estão trocados de posição em relação ao tradicional):

- Segmento de reta AD: $x_1 = -0,2y_{inferido} + 0,5$ (pequeno)
- Segmento de reta BC: $x_2 = -0,2y_{inferido} + 0,3$ (médio)
- Segmento de reta CF: $x_3 = -0,2y_{inferido} + 0,7$ (médio)
- Segmento de reta DE: $x_4 = -0,2y_{inferido} + 0,5$ (pequeno)

Vê-se que os segmentos de reta BC e CF, que correspondem ao risco médio, são simétricos e possuem a média aritmética igual a 0,5.

O valor de w_i, definido como o peso de ponderação da saída parcial é igual ao resultado de cada regra de inferência, que no caso desse exemplo, é o valor mínimo entre as pertinências, de acordo com o critério de Inferência Mín de Mamdani.

Será considerado que é a pertinência da primeira variável da regra de inferência e é a pertinência da segunda variável da regra de inferência, como definidas por ocasião do processo de inferência. Baseado no procedimento descrito, obtém-se:

• Da Regra de Inferência 1:

$$y_1 = 0,8 \text{ e } y_2 = 0,6 \rightarrow y_{inferido} = 0,6, \text{ consequentemente } w_1 = 0,6$$

$$x_1 = -0,2(0,6) + 0,5 = 0,38 \qquad \text{(risco pequeno)}$$

• Da Regra de Inferência 2:

$$y_1 = 0,8 \text{ e } y_2 = 0,4 \rightarrow y_{inferido} = 0,4, \text{ consequentemente } w_2 = 0,4$$

$$x_2 = 0,5 \qquad \text{(risco médio)}$$

• Da Regra de Inferência 3:

$$y_1 = 0,2 \text{ e } y_2 = 0,6 \rightarrow y_{inferido} = 0,2, \text{ consequentemente } w_3 = 0,2$$

$$x_3 = -0,2(0,2) + 0,5 = 0,46 \qquad \text{(risco pequeno)}$$

• Da Regra de Inferência 4:

$$y_1 = 0,2 \text{ e } y_2 = 0,4 \rightarrow y_{inferido} = 0,2, \text{ consequentemente } w_4 = 0,2$$

$$x_4 = 0,5 \qquad \text{(risco médio)}$$

Finalmente, aplicando os dados referidos na Equação (10.4), virá:

$$x = \frac{0,6 \ x \ 0,38 + 0,4 \ x \ 0,5 + 0,2 \ x \ 0,46 + 0,2 \ x \ 0,5}{0,6 + 0,4 + 0,2 + 0,2} = \frac{0,62}{1,4} = 0,44$$

Conclui-se que o Método TSK de Primeira Ordem (44%) apresenta um resultado intermediário entre o método Máx-Mín de Mamdani (49%) e o TSK de Ordem Zero (38%), o que indica um valor mais próximo daquele que certamente possui uma precisão melhor, que é o método Máx-Mín de Mamdani, já que todos os métodos aqui mostrados somente diferem na etapa da defuzzificação.

Assim, entende-se que não há dúvida de que a técnica gráfica de Mamdani, calculada pelo método do Centro de Gravidade contínuo, embora mais trabalhoso, apresenta um resultado mais confiável e mais conservador, o que é um comportamento bastante adotado em se tratando de segurança.

10.6 CONCLUSÕES

A finalidade principal foi apresentar um projeto completo para um sistema *fuzzy*, desde as etapas iniciais de fuzzificação e inferência, as quais são comuns a todos os projetos *fuzzy*, e pela etapa final de defuzzificação, com a opção de ser executada quer usando o método gráfico do Máx-Mín de Mamdani, quer usando o método algébrico de Takagi-Sugeno-Kang (TSK).

No desenvolvimento e execução desse projeto de um exemplo simples de piloto automático, foram obtidos resultados interessantes, que permitem concluir o seguinte:

1) Todos os métodos usados têm em comum a parte inicial até a inferência, diferindo apenas na parte da defuzzificação;

2) A resposta do método Máx-Mín de Mamdani apresentou o maior resultado, certamente pelo fato de adotar a área máxima para definição da área global ao fato de de defuzzificação;

3) Tendo como referência o Máx-Mín de Mamdani, o TSK de Primeira Ordem apresenta um melhor resultado em relação ao TSK de Ordem zero, o que é corroborado pelo fato de abranger uma maior quantidade de pontos de defuzzificação, ao contrário do TSK de Ordem Zero que utiliza funções de pertinência do tipo *singletons*, entendendo por *singleton* uma função de pertinência vertical com um único valor de suporte, ou seja, a saída x é uma constante (*crisp*), com grau de pertinência igual a 1.

CAPÍTULO 11
Modelos polinomiais discretos:
simulação e predição

11.1 INTRODUÇÃO

Amodelagem experimental ou identificação de sistemas tem como objetivo construir modelos matemáticos de sistemas dinâmicos, usando os valores medidos de um sistema real (Lyung, 2007). Os polinômios discretos constituem-se na representação matemática mais recomendada para a identificação de sistemas, devido serem da mesma natureza discreta que funcionam as máquinas digitais.

Quando os termos de um polinômio discreto estão organizados obedecendo uma sequência temporal, esta estrutura é conhecida como *equação de diferenças*, a qual é composta pelos valores medidos da entrada e da saída do sistema real, incluindo-se o erro de modelagem decorrente das medições, quer seja devido à imprecisão dos instrumentos de medição, resultando assim nos erros que afetam somente a saída (chamados de erro na saída), quer seja devido à ocorrência de perturbações externas, injetadas no sistema por meio de filtragem, resultando em erros que afetam a todos os sinais existentes no modelo experimental (chamados de erro na equação).

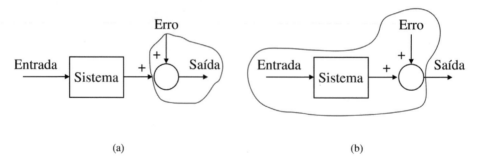

Figura 11.1 – Modelo tipo: (a) erro na saída; (b) erro na equação.

Em outras palavras: o erro na saída afeta somente a saída atual do sistema e o erro na equação afeta todas as entradas e saídas existentes no modelo do sistema. na verdade, o que se denominou de filtro na Figura 11.1 tem a finalidade de alterar a natureza do erro proveniente de uma perturbação, por intermédio da ponderação (multiplicação) por atrasadores no tempo discreto, da forma, que possuem a função de distribuir, para cada termo de mesma temporalidade, uma parcela respectiva do erro naquele mesmo instante, conforme será mostrado mais à frente nos modelos pertinentes, daí o nome de erro na equação.

Os valores medidos da entrada e da saída, atuais e passados, são denominados de regressores, os quais são dispostos de maneira ordenada, segundo uma sequência indexada pelo tempo discreto k, $k \in Z$, sendo o conjunto de todos os números inteiros, incluindo o zero. Conforme mencionado anteriormente, os coeficientes do polinômio discreto servem para ponderar, respectivamente, a contribuição de cada um dos valores medidos do sistema real, e são denominados de parâmetros do modelo do sistema.

Lyung (2007) e Aguirre (2007), dentre outros, apresentam diversos algoritmos que podem ser usados para a estimação dos parâmetros de modelos polinomiais discretos, denominados de equação de diferenças.

11.2 ESTRUTURAS E ESTABILIDADE

Existem várias estruturas de modelagem experimental (identificação) de sistemas que pertencem à classe dos modelos polinomiais discretos, como FIR, ARX, ARMAX, OE e BJ, dentre as mais usadas, sendo que todas elas podem ser descritas por:

$$A(q^{-1})y(k+d) = \frac{B(q^{-1})}{F(q^{-1})}u(k) + \frac{C(q^{-1})}{D(q^{-1})}e(k+d) \qquad \text{(Forma Geral)} \qquad (11.1)$$

em que u e y representam a entrada e a saída, respectivamente, d é o atraso da entrada em relação à saída, sendo A, B, C, D e F os polinômios dos coeficientes dos regressores, e é o erro de modelagem, frequentemente suposto ser um ruído branco de média zero e

Modelos polinomiais discretos: simulação e predição 329

variância σ^2, e q^{-1} é o operador de atraso unitário no tempo discreto. Os polinômios dos coeficientes dos regressores, na forma geral da Equação (11.1), são definidos como:

$$A(q^{-1}) = 1 - a_1 q^{-1} - \cdots - a_{n_y} q^{-n_y} \tag{11.2}$$

$$B(q^{-1}) = b_0 + b_1 q^{-1} + \cdots + b_{n_u} q^{-n_u} \tag{11.3}$$

$$C(q^{-1}) = 1 + c_1 q^{-1} + \cdots + c_{n_e} q^{-n_e} \tag{11.4}$$

$$D(q^{-1}) = 1 + d_1 q^{-1} + \cdots + d_{n_d} q^{-n_d} \tag{11.5}$$

$$F(q^{-1}) = 1 + f_1 q^{-1} + \cdots + f_{n_f} q^{-n_f} \tag{11.6}$$

Os *modelos de sistemas* servem para fazer simulação do comportamento dinâmico de sistemas reais ou também para, a partir deles, se obter os *modelos de predição*, chamados de preditores, usados para prever a resposta que o sistema daria, caso lhe seja aplicada uma determinada entrada. É importante ressaltar a diferença entre simulação e predição (Lyung, 2007), entendendo-se por simulação a experimentação virtual por meio de um modelo que representa algum aspecto funcional de um sistema real, sem considerar a influência de perturbações, que possam acarretar erros na resposta ou saída do sistema de interesse, durante o seu funcionamento normal, e, entendendo por predição o ato de antecipar ou prever a resposta do sistema, quando for aplicada uma determinada entrada. Pode-se ainda afirmar que:

- Simulação: realizada por intermédio de um modelo matemático, sem considerar a influência de perturbações, as quais dão origem aos erros de modelagem. Com base na influência dos erros, os modelos de sistemas podem ser classificados como modelo com *erro na equação* ou com ruído interno (FIR, ARX, ARMAX) e modelo com *erro na saída* ou com ruído externo (FIR, OE e BJ); note que o modelo de estrutura FIR pertence às duas classes de modelos (Aguirre, 2007). Entretanto, é importante que o projetista analise também a influência de certas perturbações na simulação do sistema, e para isto basta acrescentar um ruído previamente selecionado na estrutura do modelo do sistema.

- Predição: realizada com base no preditor obtido a partir do modelo definido e identificado, ao se fazer a substituição do erro de modelagem, previsto na equação do modelo do sistema, pelo erro de predição, dado por $e = y - \hat{y}$, em seguida isolando-se a variável a ser predita $\hat{y}$ no lado esquerdo da equação correspondente, como será visto mais à frente. Note que a predição leva em consideração a influência das perturbações no comportamento dinâmico do sistema, o qual pode ser traduzido pelo *erro na saída*, de natureza externa e causado pela imprecisão da medição, ou pelo *erro na equação*, de natureza interna e causado para variações nos parâmetros físicos do sistema, frequentemente devido às condições ambientais e ao envelhecimento do sistema, e que são incorporados no preditor, conforme o tipo do modelo escolhido pelo projetista.

11.2.1 MODELO POLINOMIAL RESPOSTA FINITA AO IMPULSO – FIR (EM INGLÊS *FINITE IMPULSE RESPONSE*)

A estrutura do modelo de sistema FIR é obtida fazendo $A(q^{-1}) = C(q^{-1}) = D(q^{-1}) = F(q^{-1}) = 1$ na Equação (11.1), que é a forma geral dos modelos polinomiais discretos, o que resulta em:

$$y(k + d) = B(q^{-1})u(k) + e(k + d) \tag{11.7}$$

em que d é o atraso da entrada u em relação à saída y, em múltiplos inteiros do período de amostragem. Pelo fato do erro afetar somente a saída atual, trata-se de um modelo classificado como erro na saída, conforme pode ser constatado no esquema a seguir.

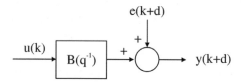

Figura 11.2 – Modelo FIR.

Exemplo: Considerando que $y(k) = 0{,}4u(k) + 1{,}5u(k-1) + e(k)$, então tem-se que $d = 0$ e $B(q^{-1}) = 0{,}4 + 1{,}5q^{-1}$.

O modelo da Equação (11.7) é usado para fazer simulação, pois possibilita escolher os valores para a entrada e para o erro de modelagem, o mais próximo da situação real prevista para a operação normal do sistema. Entretanto, para fazer predição do sistema é necessário obter o modelo matemático do preditor FIR, o qual é obtido a partir da Equação (11.7), ao se interpretar o erro de modelagem $e(k + d)$ como igual ao erro de predição, ou seja $e(k+d) = y(k+d) - \hat{y}(k+d)$, observando-se que, neste tipo de modelo, os parâmetros θ são calculados com base nas entradas experimentais aplicadas até o instante k. Assim, o preditor FIR obtido da Equação (11.7) é dado por:

$$y(k + d) = B(q^{-1})u(k) + e(k + d)$$

$$y(k + d) = B(q^{-1})u(k) + y(k + d) - \hat{y}(k + d)$$

$$\hat{y}(k + d) = B(q^{-1})u(k) \tag{11.8}$$

sendo esquematicamente representado por:

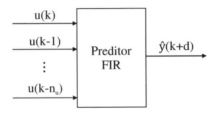

Figura 11.3 – Preditor FIR.

Constata-se que a diferença entre simulação e predição, como já foi mencionado anteriormente, é que a simulação separa o erro de modelagem dos demais sinais presentes no modelo do sistema, enquanto na predição o erro integra o sinal de saída predito, pelo fato do erro de modelagem ter sido substituído pelo erro de predição, isto é, por $e(k + d) = y(k + d) - \hat{y}(k + d)$. Colocando a Equação (11.8) na forma matricial, tem-se:

$$\hat{y}(k + d) = \varphi^T(k)\hat{\theta} \qquad (11.9)$$

O vetor de regressores φ e o vetor de parâmetros estimados $\hat{\theta}$ são dados por:

$$\varphi^T(k) = [u(k), ..., u(k - n_u)] \qquad (11.10)$$

$$\hat{\theta} = [\hat{b}_0, ..., \hat{b}_{n_u}]^T \qquad (11.11)$$

em que n_u corresponde à quantidade de regressores da entrada menos um, que foram escolhidos para realizar a modelagem experimental do sistema. Exemplificando: caso a quantidade de regressores da entrada seja definida como 3, então n_u é igual a 2. Lembrando que regressores são uma sequência de sinais atuais e passados, no caso específico a entrada, ordenados no tempo discreto k.

No tocante à estabilidade do preditor FIR, ele tem a vantagem de sempre ser estável, devido à ausência de realimentação direta de $\hat{y}(k + d)$ ou indireta pela realimentação do erro de predição $e(k + d) = y(k + d) - \hat{y}(k + d)$, o que equivale à ausência de polos no modelo de predição (preditor), conforme é possível constatar em:

$$y(k + d) = B(q^{-1})u(k) + e(k + d) \qquad \text{(modelo FIR)}$$

$$\hat{y}(k + d) = B(q^{-1})u(k) \qquad \text{(preditor FIR)}$$

Por outro lado, caso o sistema real contenha polos, o mesmo não poderá ser bem descrito por um modelo de estrutura do tipo FIR, exceto nas situações em que o sistema, além de ser estável, tenha uma resposta finita ao impulso rapidamente decrescente; neste caso, os coeficientes do modelo serão iguais aos n_u coeficientes da resposta finita ao impulso (Nfrgaard et al., 2001).

11.2.2 MODELO POLINOMIAL AUTORREGRESSIVO COM ENTRADAS EXÓGENAS – ARX (EM INGLÊS _AUTOREGRESSIVE WITH EXOGENOUS INPUTS_)

A estrutura do modelo de sistema ARX é obtida fazendo $C(q^{-1}) = D(q^{-1}) = F(q^{-1}) = 1$ na Equação (11.1), forma geral dos modelos polinomiais discretos, o que resulta em:

$$A(q^{-1})y(k+d) = B(q^{-1})u(k) + e(k+d) \tag{11.12}$$

Devido ao erro não afetar somente a saída atual do modelo, diferentemente do modelo FIR apresentado anteriormente, trata-se de um modelo classificado como erro na equação, pois o erro afeta a todos os termos de mesma temporalidade existentes na equação do modelo, o que pode ser visualizado no esquema a seguir:

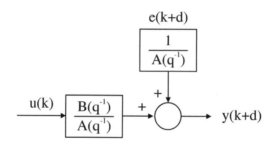

Figura 11.4 – Modelo ARX.

Exemplo: Considerando que $y(k+1) = 0{,}3y(k) + 1{,}5u(k) + e(k+1)$, então tem-se que $d = 1$, $A(q^{-1}) = 1 - 0{,}3q^{-1}$ e $B(q^{-1}) = 1{,}5q^{-1}$.

Para fazer predição do sistema é necessário obter o modelo matemático do preditor ARX, o qual é obtido a partir da Equação (11.12), ao se fazer com que o erro $e(k+d)$ seja igual ao erro de predição dado por $e(k+d) = y(k+d) - \hat{y}(k+d)$, observando-se que os parâmetros $\theta^\wedge$ são calculados com base nas entradas aplicadas até o instante k. Assim, o preditor ARX obtido é dado por:

$$\hat{y}(k+d) = B(q^{-1})u(k) + [1 - A(q^{-1})]y(k+d) \tag{11.13}$$

sendo esquematicamente representado por:

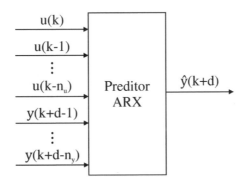

Figura 11.5 – Preditor ARX.

Colocando a Equação (11.13) na forma matricial, tem-se:

$$\hat{y}(k + d) = \varphi^T(k)\hat{\theta} \qquad (11.14)$$

O vetor de regressores φ e o vetor de parâmetros estimados $\hat{\theta}$ são dados por:

$$\varphi^T(k) = [u(k), ..., u(k - n_u), y(k + d - 1), ..., y(k + d - n_y)] \qquad (11.15)$$

$$\hat{\theta} = \left[\hat{b}_0, ..., \hat{b}_{n_u}, -\hat{a}_1, ..., -\hat{a}_{n_y}\right]^T \qquad (11.16)$$

em que d é o atraso da entrada u em relação à saída y, em múltiplos inteiros do período de amostragem.

No tocante à estabilidade, observe que o preditor ARX, similarmente ao preditor FIR, também não possui realimentação da saída predita ou do erro de predição, lembrando que o erro de predição é dado por $e(k + d) = y(k + d) - \hat{y}(k + d)$, porém neste caso a estrutura do modelo possui polos devido ao polinômio $A(q^{-1})$, conforme é possível constatar em:

$$y(k + d) = \frac{B(q^{-1})}{A(q^{-1})}u(k) + \frac{1}{A(q^{-1})}e(k + d) \qquad \text{(modelo ARX)}$$

$$\hat{y}(k + d) = B(q^{-1})u(k) + [1 - A(q^{-1})]y(k + d) \qquad \text{(preditor ARX)}$$

Entretanto, nota-se que o preditor não tem realimentação de sua saída, nem diretamente por $\hat{y}$, nem indiretamente pelo erro e, portanto, o preditor não possui polinômio no seu denominador, o que significa que não existem raízes que podem causar instabilidades; estas raízes são chamadas de polos na Teoria de Controle Linear (consultar literatura especializada).

Dessa maneira, pode-se afirmar que o preditor de saída fornecido pelo modelo ARX segue o comportamento dinâmico do sistema real, isto é, o preditor é estável ou instável conforme o sistema seja estável ou instável, respectivamente. Essa é uma característica muito importante (Nørgaard et al., 2001), que faz desse tipo de preditor o mais usado.

11.2.3 MODELO POLINOMIAL AUTORREGRESSIVO COM MÉDIA MÓVEL E ENTRADAS EXÓGENAS – ARMAX (EM INGLÊS *AUTOREGRESSIVE WITH MOVING AVERAGE* AND *EXOGENOUS INPUTS*)

O modelo ARMAX possui média variável no tempo (média móvel), devido ao fato de suas saídas serem afetadas por erros passados representados pelo polinômio $C(q^{-1})$, conforme se depreende de sua estrutura dada por:

$$A(q^{-1})y(k+d) = B(q^{-1})u(k) + C(q^{-1})e(k+d) \qquad (11.17)$$

que é obtido fazendo $D(q^{-1}) = F(q^{-1}) = 1$ na Equação (11.1), que é a forma geral dos modelos polinomiais discretos. De maneira similar ao modelo ARX apresentado anteriormente, trata-se de um modelo com erro na equação, pois o erro afeta todos os termos de mesma temporalidade existentes na equação do modelo, conforme pode ser visualizado no esquema a seguir.

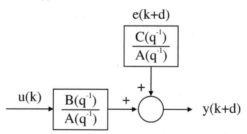

Figura 11.6 – Modelo ARMAX.

Exemplo: Considerando que $y(k+1) = 0{,}6y(k) + 2{,}0u(k) + 0{,}4u(k-1) + 0{,}3u(k-2) + e(k+1) + 0{,}1$, então tem-se que $d = 1$, sendo que neste caso $A(q^{-1}) = 1 - 0{,}6q^{-1}$, $B(q^{-1}) = 2{,}0q^{-1} + 0{,}4q^{-2} + 0{,}3q^{-3}$ e $C(q^{-1}) = 1 + 0{,}1q^{-1}$.

O valor da saída do preditor será obtida manipulando-se matematicamente o modelo ARMAX da Equação (11.17), conforme a seguir:

$$A(q^{-1})y(k+d) = B(q^{-1})u(k) + C(q^{-1})e(k+d) + [e(k+d) - e(k+d)]$$

$$A(q^{-1})y(k+d) = B(q^{-1})u(k) + [C(q^{-1}) - 1]e(k+d) + e(k+d)$$

$$A(q^{-1})y(k+d) = B(q^{-1})u(k) + [C(q^{-1}) - 1]e(k+d) + [y(k+d) - \hat{y}(k+d)]$$

$$\hat{y}(k+d) = B(q^{-1})u(k) + [1 - A(q^{-1})]y(k+d) + [C(q^{-1}) - 1]e(k+d) \qquad (11.18)$$

sendo esquematicamente representado por:

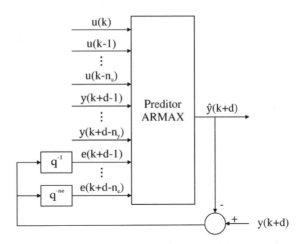

Figura 11.7 – Preditor ARMAX.

Colocando a Equação (11.18) na forma matricial, tem-se:

$$\hat{y}(k + d) = \varphi^T(k, \hat{\theta})\hat{\theta} \qquad (11.19)$$

O vetor de regressores φ e o vetor de parâmetros estimados $\hat{\theta}$ são dados por:

$$\varphi^T(k, \hat{\theta}) = [u(k-d), ..., u(k-d-n_u), y(k-1), ..., y(k-n_y), e(k, \hat{\theta}), ..., e(k-n_e, \hat{\theta})] \qquad (11.20)$$

$$\hat{\theta} = \left[\hat{b}_0, ..., \hat{b}_{n_u}, -\hat{a}_1, ..., -\hat{a}_{n_y}, \hat{c}_1, ..., \hat{c}_{n_e}\right]^T \qquad (11.21)$$

em que d é o atraso da entrada u em relação à saída y, em múltiplos inteiros do período de amostragem.

No modelo ARMAX, o valor da saída atual $\hat{y}$ ($k+d$) do preditor também depende de seus valores atuais e passados embutidos na expressão do erro de predição, $e(k+d) = y(k+d) - \hat{y}(k+d)$, caracterizando assim a existência de realimentação da saída do preditor, o que significa que a saída do preditor possui um polinômio no denominador, implicando assim na existência de raízes, que são denominadas de polos, terminologia usada na Teoria de Controle Linear (consultar literatura especializada). A condição de estabilidade do preditor é que o valor absoluto de todos os polos seja menor do que a unidade; caso isso ocorra, o modelo do preditor é estável, isto é, a sua saída convergirá para a saída do sistema real, que corresponde ao comportamento desejado para um modelo de predição. O preditor ARMAX, como também as próximas estruturas polinomiais a serem apresentadas em seguida, pode apresentar problemas de convergência (estabilidade), devido à existência de realimentação da saída do preditor, direta ou indiretamente. Resumidamente, tem-se:

$$y(k+d) = \frac{B(q^{-1})}{A(q^{-1})}u(k) + \frac{C(q^{-1})}{A(q^{-1})}e(k+d) \qquad \text{(modelo ARMAX)}$$

$$\hat{y}(k+d) = B(q^{-1})u(k) + [1 - A(q^{-1})]y(k+d) - [C(q^{-1}) - 1]e(k+d)$$

(preditor ARMAX)

De uma maneira prática, o preditor somente será estável se: 1º) o módulo das raízes do polinômio $C(q^{-1})$ estiverem localizados no interior do círculo de raio unitário, e 2º) o sistema real for estável, isto devido à existência de polos no modelo ARMAX. Evidente, caso o sistema real for instável, o seu preditor também será instável.

11.2.4 MODELO POLINOMIAL ERRO NA SAÍDA – OE (EM INGLÊS *OUTPUT ERROR*)

A estrutura do modelo OE é dada por:

$$y(k+d) = \frac{B(q^{-1})}{F(q^{-1})}u(k) + e(k+d) \qquad (11.22)$$

que se obtém fazendo $A(q^{-1}) = C(q^{-1}) = D(q^{-1}) = 1$ na Equação (11.1), que é a forma geral dos modelos polinomiais discretos. O fato do erro de modelagem influenciar somente a saída atual, justifica a classificação de erro na saída atribuída a esse tipo de modelo.

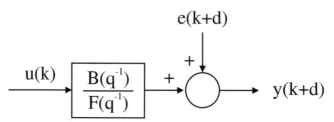

Figura 11.8 – Modelo OE.

Exemplo: Considerando que $y(k+2) = -0,5y(k+1) + 1,5u(k) + 0,4u(k-1) + 0,3u(k-2) + e(k+2) + 0,5$, então tem-se que $d = 2$, e neste caso $B(q^{-1}) = 1,5\,q^{-2} + 0,4q^{-3} + 0,3q^{-4}$ e $F(q^{-1}) = 1 + 0,5q^{-1}$.

O valor da saída do preditor pode ser obtido manipulando-se matematicamente o modelo OE (11.22), conforme a seguir:

$$y(k+d) = \frac{B(q^{-1})}{F(q^{-1})}u(k) + [y(k+d) - \hat{y}(k+d)]$$

$$\hat{y}(k+d) = \frac{B(q^{-1})}{F(q^{-1})}u(k)$$

$$F(q^{-1})\hat{y}(k+d) = B(q^{-1})u(k) + [\hat{y}(k+d) - \hat{y}(k+d)]$$

$$\hat{y}(k+d) = B(q^{-1})u(k) + [1 - F(q^{-1})]\hat{y}(k+d) \qquad (11.23)$$

sendo esquematicamente representado por:

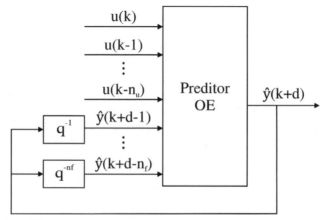

Figura 11.9 – Preditor OE.

Colocando a Equação (11.23) na forma matricial, tem-se:

$$\hat{y}(k+d) = \varphi^T(k,\hat{\theta})\hat{\theta} \qquad (11.24)$$

O vetor de regressores φ e o vetor de parâmetros estimados $\hat{\theta}$ são dados por:

$$\varphi^T(k,\hat{\theta}) = [u(k), ..., u(k-n_u), \hat{y}(k+d-1), ..., \hat{y}(k+d-n_f)] \qquad (11.25)$$

$$\hat{\theta} = [\hat{b}_0, ..., \hat{b}_{n_u}, -\hat{f}_1, ..., -\hat{f}_{n_f}]^T \qquad (11.26)$$

em que d é o atraso da entrada u em relação à saída y, em múltiplos inteiros do período de amostragem.

No modelo do preditor pode-se notar claramente a existência de realimentação e, desta forma, o modelo de estrutura OE possui polos devido ao polinômio $F(q^{-1})$. Desse modo, pode apresentar problemas de convergência (estabilidade), devido à existência de realimentação direta da saída do preditor, conforme é possível constatar em:

$$y(k+d) = \frac{B(q^{-1})}{F(q^{-1})}u(k) + e(k+d) \qquad \text{(modelo OE)}$$

$$\hat{y}(k+d) = B(q^{-1})u(k) + [1 - F(q^{-1})]\hat{y}(k+d) \qquad \text{(preditor OE)}$$

Assim, a única condição para que o referido preditor seja estável é que as raízes do polinômio $F(q^{-1})$ estejam localizadas no interior do círculo de raio unitário.

11.2.5 MODELO POLINOMIAL BOX-JENKINS – BJ

O modelo BJ é mais complexo comparativamente ao modelo OE, sendo que sua forma geral é dada por:

$$y(k+d) = \frac{B(q^{-1})}{F(q^{-1})}u(k) + \frac{C(q^{-1})}{D(q^{-1})}e(k+d) \qquad (11.27)$$

que se obtém fazendo $A(q^{-1}) = 1$ na Equação (11.1), que é a forma geral dos modelos polinomiais discretos. De maneira similar aos modelos ARX e ARMAX apresentados anteriormente, trata-se de um modelo com erro na equação, conforme pode ser visualizado no esquema a seguir.

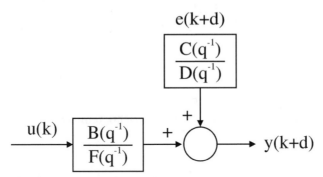

Figura 11.10 – Modelo BJ.

Exemplo: Considerando que

$y(k+2) = -2{,}0y(k+1) - y(k) + u(k+1) + 1{,}2u(k) + 0{,}2u(k-1) + e(k+2) + 1{,}5e(k+1) + 0{,}5e(k)$,

então tem-se que $d = 1$, $F(q^{-1})D(q^{-1}) = 1 + 2{,}0q^{-1} + q^{-2}$, $B(q^{-1})D(q^{-1}) = q^{-1} + 1{,}2q^{-2} + 2{,}5q^{-1} + 0{,}2q^{-2}$, $C(q^{-1}) F(q^{-1}) = 1 + 1{,}5q^{-1} + 0{,}5\ q^{-2}$

O valor do preditor da saída será obtido manipulando-se matematicamente o modelo (11.27), conforme a seguir:

$$y(k+d) = \frac{B(q^{-1})}{F(q^{-1})}u(k) + \frac{C(q^{-1})}{D(q^{-1})}[y(k+d) - \hat{y}(k+d)]$$

$$F(q^{-1})D(q^{-1})y(k+d) = B(q^{-1})D(q^{-1})u(k) + C(q^{-1})F(q^{-1})[y(k+d) - \hat{y}(k+d)$$

$$\hat{y}(k+d) = B(q^{-1})D(q^{-1})u(k) + [C(q^{-1})F(q^{-1}) - F(q^{-1})D(q^{-1})]y(k+d) + [1 - C(q^{-1})F(q^{-1})]\hat{y}(k+d) \tag{11.28}$$

sendo esquematicamente representado por:

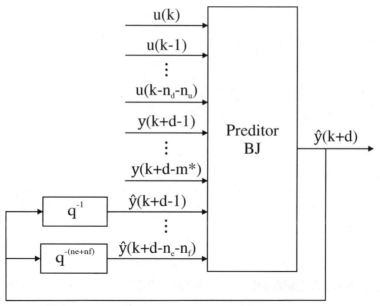

(*)Se $n_e \geq n_d$, então $m = n_e + n_f$; caso contrário, $m = n_d + n_f$.

Figura 11.11 – Preditor BJ.

Vale ressaltar que d é o atraso da entrada u do sistema real (planta) em relação à sua saída y, dado por $d = n_y - n_u$, e o significado dos atrasos polinomiais mostrados na Figura 11.11 pelas constantes indicadas pelas letras n_u, n_y, n_e, n_d, n_f e m, é fornecido individualmente pelas Equações (11.2) até a (11.6).

Colocando a Equação (11.28) na forma matricial, tem-se:

$$\hat{y}(k+d) = \varphi^T(k,\hat{\theta})\hat{\theta} \tag{11.29}$$

O vetor de regressores φ e o vetor de parâmetros estimados $\hat{\theta}$ são dados por:

$$\varphi^T(k, \hat{\theta}) = [u(k), \ldots, u(k - n_d - n_u), y(k + d - 1), \ldots, y(k + d - m), \hat{y}(k + d),$$
$$\ldots, \hat{y}(k + d - n_e - n_f, \hat{\theta})]$$
(11.30)

$$\hat{\theta} = \left[\hat{b}'_0, \ldots, \hat{b}'_{n_d, n_u}, -\hat{a}'_1, \ldots, -\hat{a}'_m, \hat{c}'_1, \ldots, \hat{c}'_{n_{e,n_f}}\right]^T$$
(11.31)

em que d é o atraso da entrada u em relação à saída y, em múltiplos inteiros do período de amostragem; note que foram usadas as notações b', a' e c' para indicar que estes coeficientes resultam da expressão BD, $(CF - FD)$ e $(1 - CF)$, respectivamente.

No preditor BJ, pode-se notar a existência de realimentação e que o modelo de estrutura BJ possui polos devido aos polinômios $F(q^{-1})$ e $D(q^{-1})$, conforme é possível constatar em:

$$y(k + d) = \frac{B(q^{-1})}{F(q^{-1})} u(k) + \frac{C(q^{-1})}{D(q^{-1})} e(k + d)$$
(modelo BJ)

$$\hat{y}(k + d) = B(q^{-1})D(q^{-1})u(k) + [C(q^{-1})F(q^{-1}) - F(q^{-1})D(q^{-1})]y(k + d) +$$
$$[1 - C(q^{-1})F(q^{-1})]\hat{y}(k + d)$$

(preditor BJ)

Entretanto, a única condição para que o preditor seja estável é que as raízes do polinômio resultante do produto $C(q^{-1})F(q^{-1})$ estejam localizadas no interior do círculo unitário; notar que, se $C(q^{-1})F(q^{-1})$ for estável, $C(q^{-1})$ e $F(q^{-1})$ separadamente também serão.

11.3 OUTRA FORMA DE OBTER OS PREDITORES DE SAÍDA

Partindo da Equação (11.1), que fornece

$$y(k + d) = \frac{B(q^{-1})}{A(q^{-1})F(q^{-1})} u(k) + \frac{C(q^{-1})}{A(q^{-1})D(q^{-1})} e(k + d)$$
(11.32)

Agora, fazendo

$$G(q^{-1}) = \frac{B(q^{-1})}{A(q^{-1})F(q^{-1})} \qquad \text{e} \qquad H(q^{-1}) = \frac{C(q^{-1})}{A(q^{-1})D(q^{-1})}$$

Modelos polinomiais discretos: simulação e predição

obtém-se uma nova forma parametrizada pela introdução dos polinômios de G e H (Lyung, 2007), que é:

$$y(k + d) = G(q^{-1})u(k) + H(q^{-1})e(k + d) \tag{11.33}$$

em que u e y representam a entrada e a saída, respectivamente, d é o atraso da entrada em relação à saída, os polinômios G e H representam os regressores, e é o erro de identificação, frequentemente suposto ser um ruído branco de média zero e variância , e q^{-1} é o operador de atraso unitário no tempo discreto.

Substituindo-se e $e(k+d)=y(k+d)-y^\wedge(k+d)$, m (11.33) virá:

$$y(k + d) = G(q^{-1})u(k) + H(q^{-1})(y(k + d) - \hat{y}(k + d))$$

Manipulando matematicamente obtém-se a equação geral para saída do preditor , que é dada por:

$$\hat{y}(k + d) = H^{-1}(q^{-1}) \, G(q^{-1})u(k) + \left(1 - H^{-1}(q^{-1})\right)y(k + d) \tag{11.34}$$

Exemplo: Obter o preditor de saída para a estrutura tipo FIR.

Sabe-se que o modelo FIR, conforme a Equação (11.7), é dado por $y(k+d)=B(q^{-1})$ $u(k)+e(k+d)$, em que $G(q^{-1})=B(q^{-1})$ e . Substituindo em (11.34) e manipulando, virá:

$$\hat{y}(k + d) = B(q^{-1})u(k)$$

cuja expressão está de acordo com a Equação (11.8).

Exemplo: Idem, para o modelo ARMAX.

Sabe-se que o modelo ARMAX (Equação (11.17)) é dado por $A(q^{-1})y(k+d)=B(q^{-1})$ $u(k)+C(q^{-1})e(k+d)$, em que $G(q^{-1})=B(q^{-1})/A(q^{-1})$ e $H(q^{-1})=C(q^{-1})/(q^{-1})$. Substituindo em (11.34) e manipulando (para simplicidade do desenvolvimento, o operador de atraso q^{-1} será omitido), virá:

$$\hat{y}(k+d) = \left(\frac{C}{A}\right)^{-1}\left(\frac{B}{A}\right)u(k) + \left(1 - \left(\frac{C}{A}\right)^{-1}\right)y(k+d)$$

$$= \frac{B}{C}u(k) + \left(\frac{C-A}{C}\right)y(k+d)$$

$$C\hat{y}(k+d) = Bu(k) + Cy(k+d) - Ay(k+d)$$

$$C\hat{y}(k+d) - Cy(k+d) = Bu(k) - Ay(k+d)$$

$$C\big(\hat{y}(k+d) - y(k+d)\big) = Bu(k) - Ay(k+d)$$

$$-Ce(k+d) = Bu(k) - Ay(k+d)$$

Agora, para fazer o preditor $\hat{y}(k+d)$ aparecer de volta nessa última equação, será necessário usar o artifício matemático de somar e subtrair $e(k+d)$ no lado direito da citada equação, qual seja:

$$-Ce(k+d) + e(k+d) - e(k+d) = Bu(k) - Ay(k+d)$$

$$-(C-1)e(k+d) = Bu(k) - Ay(k+d) + e(k+d)$$

$$-(C-1)e(k+d) = Bu(k) - Ay(k+d) + y(k+d) - \hat{y}(k+d)$$

Rearrumando e retornando com o operador de atraso q^{-1}, finalmente tem-se:

$$\hat{y}(k+d) = B(q^{-1})u(k) + [1 - A(q^{-1})]y(k+d) + [C(q^{-1}) - 1]e(k+d)$$

cuja expressão está de acordo com a Equação (11.18).

11.4 EXEMPLO: MODELAGEM EXPERIMENTAL, SIMULAÇÃO E PREDIÇÃO

O objetivo é mostrar o passo a passo para obter um modelo do tipo ARX, e posteriormente, o seu preditor, conforme definido pelo modelo matemático fornecido pela Equação (11.12), qual seja:

$$A(q^{-1})y(k+d) = B(q^{-1})u(k) + e(k+d)$$

em que será fixado $A(q^{-1}) = 1 - a_1q^{-1}$ e $B(q^{-1}) = 1 - b_0q^{-1}$, com $C(q^{-1}) = 1$ e $d = 0$, isto é, sem atraso de transporte, significando que os efeitos provocados pela entrada serão instantaneamente sentidos na saída. Aplicando os polinômios A, B, C e o atraso d já definidos no modelo ARX, tem-se:

Modelos polinomiais discretos: simulação e predição   343

$$(1 - a_1 q^{-1})y(k) = (b_0 + C q^{-1})u(k) + e(k)$$

$$y(k) - a_1 y(k-1) = b_0 u(k) + b_1 y(k-1) + e(k)$$

$$y(k) = a_1 y(k-1) + b_0 u(k) + b_1 u(k-1) + e(k) \qquad (11.35)$$

Para possibilitar o desenvolvimento desse exemplo, serão arbitrados os valore.s dos coefic,ientes do modelo ARX proposto (suponha que. este seja o sistema real), como:

$$y(k) = -0{,}5y(k-1) + u(k) + 0{,}5u(k-1) + e(k) \qquad (11.36)$$

Assim, o primeiro passo será gerar os dados experimentais por intermédio de simulação da Equação (11.36), supondo que este modelo representa o sistema real. Ressalta-se que essa simulação tem o propósito de substituir a medição de variáveis do sistema real, exclusivamente com o objetivo de explicitar os passos para que se obtenha um modelo sistema e, com base no modelo, também obter o seu preditor, isso devido não se dispor dos dados experimentais.

- Cálculo do modelo experimental e do preditor

Para se obter experimentalmente o modelo da Equação (11.35), é necessário dispor dos regressores formados pelos dados experimentais das variáveis $y(k-1)$, $u(k)$, $u(k-1)$ e do erro de modelagem $e(k)$, que serão obtidos arbitrando as condições iniciais, os sinais de entrada e o erro em cada iteração, o que permite calcular o valor da saída $y(k)$ por simulação da Equação (11.36), o que resultou nos valores tabulados a seguir:

Pontos de treinamento	Saída simulada	Regressores			
	$y(k)$	$y(k-1)$	$u(k)$	$u(k-1)$	$e(k)$
1	1,525	0,01 [*]	1	1	0,03
2	0,2475	1,525	0,5	1	0,01
3	1,10625	0,2475	1	0,5	−0,02
4	0,456875	1,10625	0,5	1	0,01
5	0,9915625	0,456875	1	0,5	−0,03

(*) Arbitrado como condição inicial, contemplando apenas um erro $e(k)$ supostamente ocorrido na iteração anterior.

A técnica a ser usada, para calcular os valores dos coeficientes do modelo ARX proposto, é o Método dos Mínimos Quadrados (MMQ), dado pela seguinte equação matricial:

$$\theta = (X^T X)^{-1} X^T Y$$

em que:

$$\theta_{3x1} = \begin{bmatrix} a_1 \\ b_0 \\ b_1 \end{bmatrix} \qquad X_{5x3} = \begin{bmatrix} 0,01 & 1 & 1 \\ 1,525 & 0,5 & 1 \\ 0,2475 & 1 & 0,5 \\ 1,10625 & 0,5 & 1 \\ 0,456875 & 1 & 0,5 \end{bmatrix} \qquad Y_{5x1} = \begin{bmatrix} 1,525 \\ 0,2475 \\ 1,10625 \\ 0,456875 \\ 0,9915625 \end{bmatrix}$$

Substituindo e calculando, virá:

$$\theta = \left(\begin{bmatrix} 0,01 & 1,525 & 0,2475 & 1,10625 & 0,456875 \\ 1 & 0,5 & 1 & 0,5 & 1 \\ 1 & 1 & 0,5 & 1 & 05 \end{bmatrix} \begin{bmatrix} 0,01 & 1 & 1 \\ 1,525 & 0,5 & 1 \\ 0,2475 & 1 & 0,5 \\ 1,10625 & 0,5 & 1 \\ 0,456875 & 1 & 0,5 \end{bmatrix} \right)^{-1}$$

$$\begin{bmatrix} 0,01 & 1,525 & 0,2475 & 1,10625 & 0,456875 \\ 1 & 0,5 & 1 & 0,5 & 1 \\ 1 & 1 & 0,5 & 1 & 05 \end{bmatrix} \begin{bmatrix} 1,525 \\ 0,2475 \\ 1,10625 \\ 0,456875 \\ 0,9915625 \end{bmatrix}$$

$$= \begin{bmatrix} -0,533216 \\ 0,946985 \\ 0,580989 \end{bmatrix}$$

$$y(k) = a_1 y(k-1) + b_0 u(k) + b_1 u(k-1) + e(k)$$

$$y(k) = -0,533216 y(k-1) + 0,946985 u(k) + 0,580989 u(k-1) + e(k)$$

A equação do preditor ARX correspondente é conseguida manipulando matematicamente o esse último modelo, fazendo $e(k) = y(k) - \hat{y}(k)$, ou seja:

$$y(k) = -0,533216 y(k-1) + 0,946985 u(k) + 0,580989 u(k-1) +$$

$$y(k) - \hat{y}(k)$$

Finalmente, virá:

$$\hat{y}(k) = -0,533216 y(k-1) + 0,946985 u(k) + 0,580989 u(k-1) \qquad (11.37)$$

Modelos polinomiais discretos: simulação e predição   345

- Cálculo do erro de treinamento (ajuste dos parâmetros) e do erro de generalização

Um exercício interessante é comparar os valores obtidos pela simulação (para suprir os dados experimentais) com os valores preditos, conforme tabela a seguir:

Pontos de treinamento	Saída simulada	Saída preditda	Regressores			Erro de Treinamento
	$y(k)$	$\hat{y}(k)$	$y(k-1)$	$u(k)$	$u(k-1)$	$y(k)-\hat{y}(k)$
1	1,525	1,533	0,01	1	1	−0,0080
2	0,2475	0,238	1,533	0,5	1	0,0095
3	1,10625	1,115	0,238	1	0,5	−0,0088
4	0,456875	0,460	1,115	0,5	1	−0,0035
5	0,9915625	0,992	0,460	1	0,5	−0,0004

Observa-se que todos os valores absolutos dos erros de treinamento são menores do que 0,01, o que traduz um bom desempenho do preditor ARX escolhido.

Para determinar o erro de generalização, vamos comparar os valores fornecidos pelo modelo do sistema supostamente real (Equação (11.36)) e do preditor calculado (Equação (11.37)), para um ponto diferente daqueles que foram usados no treinamento. Com esse objetivo, foi escolhido o seguinte ponto para efetuar a generalização: [0,8 0,6 0,7 0,02], que corresponde à sequência [$y(k-1)$ $u(k)$ $u(k-1)$ $e(k)$]. Agindo dessa forma, virá:

- Valor obtido usando o modelo ARX da Equação (11.36) (suposto ser o sistema real):

$$y(k) = -0{,}5y(k-1) + u(k) + 0{,}5u(k-1) + e(k)$$

$$= -0{,}5(0{,}8) + 0{,}6 + 0{,}5(0{,}7) + 0{,}02$$

$$= 0{,}57$$

- Valor obtido usando o preditor ARX calculado:

$$\hat{y}(k) = -0{,}5332y(k-1) + 0{,}9470u(k) + 0{,}5810u(k-1)$$

$$= -0{,}5332(0{,}8) + 0{,}9470(0{,}6) + 0{,}5810(0{,}7)$$

$$= 0{,}54834$$

Tem-se, então, que:

Erro de generalização = 0,57 − 0,54834 = 0,02166

Embora o erro de generalização seja aproximadamente o dobro do maior erro cometido no treinamento, em valor absoluto, assim, pode-se considerar uma boa predição para um novo ponto que não foi usado no treinamento.

A rigor, o erro de generalização que foi calculado para um ponto arbitrário, é compatível com a estatística escolhida para modelar o erro do modelo ARX, equivalente a um nível de ruído branco com média zero e variância 0,002 (corresponde a uma relação sinal/ruído de aproximadamente 50), que pode ser considerado um ruído de medição relativamente baixo. Provavelmente, se o nível de ruído fosse alto, traduzindo-se numa baixa relação sinal/ruído, a estrutura do modelo ARX não seria adequada, havendo a necessidade de usar um modelo com realimentação do preditor (ou indiretamente do erro de modelagem), por exemplo, a estrutura ARMAX.

Ainda no que se diz respeito à qualidade da predição, o grau de exatidão do resultado também depende da quantidade de pontos usados no treinamento, segundo a regra básica de que, quanto maior a quantidade de pontos de treinamento (regressores), maior é a exatidão do valor predito. Claro, essa decisão deve levar em consideração qual será a aplicação da predição, isto é, para que servirão os valores preditos.

11.5 RESUMO: ESTRUTURAS E ESTABILIDADE

11.5.1 MODELOS DE SISTEMA (ESTRUTURAS)

O quadro a seguir atribui o valor para cada polinômio da forma geral, de acordo com o modelo de estrutura, qual seja:

$$A(q^{-1})y(k + d) = \frac{B(q^{-1})}{F(q^{-1})}u(k) + \frac{C(q^{-1})}{D(q^{-1})}e(k + d)$$

(Forma Geral)

		Polinômios regressores				
		A	B	C	D	F
	FIR	1	B	1	1	1
	ARX	A	B	1	1	1
Modelo (estrutura)	ARMAX	A	B	C	1	1
	OE	1	B	1	1	F
	BJ	1	B	C	D	F

11.5.2 ESTABILIDADE

O quadro a seguir classifica cada um dos modelos de preditor,es, quanto à sua estabilidade. Evidentemente, caso o sistema real seja instável, o preditor também será instável, já que mesmo o preditor sendo estável, ele buscará a convergência com o sistema real.

		Sistema real
		Estável
	FIR	Estável
	ARX	Estável
Tipo de preditor	ARMAX	(1)
	OE	(2)
	BJ	(3)

1) É estável somente se o módulo das raízes do polinômio C for menor que 1.

2) É estável somente se o módulo das raízes do polinômio F for menor que 1.

3) É estável somente se o módulo das raízes do polinômio CF for menor que 1.

11.6 CONCLUSÕES

Um dos objetivos deste trabalho foi apresentar as estruturas dos modelos polinomiais discretos, distinguindo-as de acordo com as aplicações de simulação e de predição. Ressaltou-se que a diferença entre simulação e predição é que a primeira separa o erro de modelagem dos demais sinais existentes na equação, do modelo, enquanto na predição o erro faz parte do sinal de saída predito, pelo fato de o erro de modelagem ter sido substituído pelo erro de predição, isto é, por $e(k + d) = y(k + d) - \hat{y}(k + d)$, com a finalidade de explicitar a saída estimada $\hat{y}(k + d)$.

Operacionalmente, também pode-se afirmar que outra diferença entre simulação e predição, é que a primeira utiliza os valores conhecidos até o instante k, para algum propósito de interesse, por exemplo, para conseguir dados que seriam difíceis ou impossíveis de se obter experimentalmente, enquanto a segunda, utiliza os valores conhecidos até $k - 1$, já que na predição, o que se deseja é estimar o valor da saída para o próximo instante k, para uma entrada especificada a priori. Outro objetivo deste trabalho, também foi analisar a estabilidade dos modelos de preditores, fornecendo aos projetistas subsídios importantes para uma escolha acertada.

Finalmente, é muito importante registrar que todos os preditores apresentados podem ser facilmente aplicáveis utilizando-se também das arquiteturas das Redes Neurais Artificiais – RNA e seus algoritmos de treinamento, conforme será mostrado no próximo capítulo.

CAPÍTULO 12
Identificação e controle de processos industriais

12.1 INTRODUÇÃO

Uma propriedade muito importante exibida por algumas arquiteturas de redes neurais é a capacidade de aproximar qualquer função matemática contínua, definida para um conjunto fechado, atendendo a uma tolerância arbitrariamente preestabelecida pelo projetista. Esta característica atualmente vem sendo bastante explorada por pesquisadores no projeto de sistemas de controle usando redes neurais artificiais.

Uma classe de redes neurais que possui a propriedade de mapear funções matemáticas contínuas, com um grau de aproximação previamente arbitrado, são as redes neurais, com várias camadas justapostas também conhecidas por Rede Neural Multicamadas – RNM (*Multlayers Neural Network*), que contêm uma ou mais camadas intermediárias ou escondidas, sendo que a função de ativação destas camadas intermediárias normalmente são funções sigmoides – logística (unipolar) ou tangente hiperbólica (bipolar), e da camada de saída é uma função linear.

Suponha uma rede neural com arquitetura RNM, tendo, portanto, a propriedade de *aproximador universal* de funções matemáticas, e que a tolerância arbitrada para sua convergência seja dada por uma constante positiva *tol*, ou seja:

$$E = \frac{1}{2} \sum_{p=1}^{NPTR} \sum_{k=1}^{K} \left(d_{p,k} - z_{p,k} \right)^2 \leq tol \tag{12.1}$$

em que E é o erro total acumulado nas K saídas da rede neural após cada etapa (ciclo ou época) do treinamento, $NPTR$ é a quantidade total de pares de entrada-saída ou pontos usados no treinamento, d é o valor desejado para cada saída, e z é o valor da saída corrente. Após a convergência da rede neural artificial, é possível demonstrar que o valor absoluto do erro de aproximação, para cada par de treinamento entrada-saída, será limitado por (Gabriel Filho, 2004):

$$|d_p - z_p| \leq \sqrt{2(tol)} \qquad (12.2)$$

ou seja, que o erro de aproximação cometido pela rede neural, no espaço de treinamento formado por todos os p pontos de treinamento, está situado dentro de uma faixa de valores limitada por $\pm\sqrt{2.tol}$, em que tol é o valor da tolerância arbitrado para o erro global de treinamento. Vale ressaltar que o limite do erro de aproximação somente é garantido nos pontos de treinamento e dentro dos intervalos compreendidos por estes pontos de treinamento (interpolação), nada se podendo afirmar para outros pontos situados fora destas regiões (extrapolação). Em outras palavras, os limites estabelecidos pela Expressão (12.2), somente se aplicam para os pontos situados dentro do espaço de treinamento, ou seja, nos pontos e nos intervalos entre os pontos de treinamento. Isso posto, cabe fazer a seguinte distinção: quando o erro de aproximação acontece num determinado ponto de treinamento, denomina-se erro de treinamento, e, quando o erro de aproximação acontece num ponto dentro do intervalo entre os pontos de treinamento, chama-se erro de generalização.

Destaca-se, entretanto, que os erros cometidos para novas entradas dentro do espaço de treinamento (fase de generalização), cujas entradas são diferentes dos padrões usados no treinamento, estão condicionados fortemente ao fato de poder ter ocorrido um sobreajuste (*overfitting*) ou um subajuste (*underfitting*). No primeiro caso, a RNA aprendeu muito com um modelo específico, porém não consegue generalizar para outras novas entradas, isto é, possui um erro de treinamento pequeno e um erro de generalização grande, o que significa que só consegue dar boas respostas nos pontos de treinamento aprendido. Enquanto no segundo caso, a RNA aprendeu pouco, gerando um modelo mais simples do que seria necessário, apresentando erro de treinamento e de generalização elevados, incapaz de predizer boas respostas para todos os pontos no interior do espaço de treinamento. Assim, caso ocorra um erro grande de generalização, uma característica determinante que irá distinguir se ocorreu um caso ou outro é o tamanho do erro de treinamento – se o seu valor for pequeno, é muito provável que esteja ocorrendo sobreajuste (*overfitting*) e, se o seu valor for grande, a maior probabilidade é que esteja ocorrendo subajuste (*underfitting*). Mais detalhes sobre esse assunto podem ser vistos no Capítulo 6 – Aprendizagem de Máquina.

12.2 MODELAGEM DE SISTEMAS

Modelagem matemática é a área do conhecimento que estuda maneiras de desenvolver e implementar modelos matemáticos de sistemas reais (Aguirre, 2007). Existem várias

Identificação e controle de processos industriais　　　　　　　　　　　　　　351

técnicas para se obter modelos matemáticos, com o objetivo de identificar e controlar o comportamento dinâmico de sistemas físicos (ou plantas), as quais são classificadas em modelagem caixa branca (*white box*), modelagem caixa preta (*black box*) e modelagem caixa cinza (*grey box*), sendo esta última uma mistura das técnicas de caixa branca com a caixa preta.

A modelagem caixa branca, também conhecida por modelagem pela física, fenomenológica ou conceitual, consiste em se obter um modelo matemático exato do sistema real, aplicando-se as leis da natureza que regem o comportamento de cada componente do sistema. Nesse tipo de modelagem ocorrem dificuldades ainda hoje não superadas pela academia, principalmente no que diz respeito à descrição de alguns fenômenos não lineares. Normalmente, os modelos assim obtidos são linearizados num determinado ponto de operação, sendo, portanto, somente confiáveis dentro de uma faixa limitada em torno do ponto de operação.

Por outro lado, a modelagem caixa preta, também conhecida por modelagem experimental ou empírica, pouco ou nenhum conhecimento exige das leis da natureza que regem o comportamento dos sistemas reais a serem modelados. Na literatura. esse tipo de modelagem também é denominado de identificação de sistemas (Narendra & Parthasarathy, 1990; Aguirre, 2007).

Dessa forma, a identificação de sistemas é uma área do conhecimento que estuda maneiras de modelar o comportamento dinâmico dos sistemas físicos reais, a partir de medições realizadas na entrada e na saída da planta, ou seja, a partir de pares de valores entrada-saída. Um ponto importante é a necessidade de conhecer previamente a ordem e o atraso de transporte da planta (ou simplesmente atraso), antes de executar o processo de identificação propriamente dito. Esses dados podem ser estimados preliminarmente usando métodos apropriados de análise dos resultados experimentais.

Nos modelos contínuos dinâmicos do tipo entrada-saída, as entradas e as saídas da planta são representadas por suas respectivas derivadas, sendo que a ordem destas derivadas é que determinará o comportamento dinâmico da planta. Nos modelos discretos apresentados neste capítulo, a dinâmica da planta será caracterizada pelos índices relacionados com a quantidade de termos da entrada (n_u) e da saída (n_y), que indiretamente define o atraso de transporte da planta d, cujo valor é calculado por:

$$d = n_y - n_u \qquad (12.3)$$

sendo que o atraso de transporte d é o tempo transcorrido até que a saída seja sensibilizada por uma nova entrada aplicada no sistema ou planta; na prática, todos os sistemas reais possuem atraso de transporte, uns possuem um valor elevado (sistema térmico) e outros possuem um valor baixo (sistema elétrico).

Os sistemas físicos a serem modelados serão considerados causais, isto é, sistemas em que a ordem de saída é maior ou, no mínimo, igual à de entrada da planta, ou seja,

$n_y \geq n_u$. Quanto ao tipo do modelo, poderá ser: 1) linear ou não linear, o que dependerá exclusivamente do tipo da função de ativação usada nos neurônios artificiais; 2) determinístico ou estocástico; e 3) contínuo ou discreto.

O restante deste capítulo mostrará como projetar e implementar computacionalmente, os modelos matemáticos empregando a técnica das Redes Neurais Artificiais – RNA. Para isso, será utilizada uma extensão da terminologia dos modelos polinomiais discretos lineares (ver Capítulo 11), precedida da denominação de rede neural (*neural network*) (Nφrgaard et al., 2001).

12.2.1 IDENTIFICAÇÃO DE SISTEMAS USANDO AS REDES NEURAIS ARTIFICIAIS

Até esse ponto, foi visto que as RNAs, em particular as Redes Neurais Multicamadas – RNM, são boas para aprender as relações matemáticas existentes entre um conjunto de dados de entrada e suas respectivas saídas desejadas, sendo, por isso, consideradas aproximadoras universais de funções matemáticas. Com essa finalidade, uma técnica consiste em estender a estrutura dos modelos polinomiais discretos lineares, que normalmente se apresentam na forma de uma equação de diferença, fornecida pela Equação (11.3), para daí obter uma estrutura de modelos neurais correspondente (Equação (11.5)), que seja mais vantajosa. A extensão do modelo linear para o modelo neural é realizada simplesmente substituindo-se o termo linear parametrizado em $\hat{\theta}$, por uma outra estrutura matemática da RNM. Essa técnica possui algumas vantagens que a torna atrativa, conforme a seguir relacionadas:

- é uma extensão natural do modelo polinomial discreto linear, o qual é expresso matematicamente pelas respectivas equações de diferença;

- a arquitetura neural pode ser projetada adequadamente, para atender a necessidade de modelar relações não lineares mais complexas;

- os dados iniciais exigidos para treinamento supervisionado são facilmente obtidos, pois estão dentro do contexto do problema de interesse;

- é apropriada para o projeto de sistemas de controle de processos industriais.

No caso linear discreto, a relação entre as variáveis de entrada-saída do sistema físico (ou planta) e o seu modelo linear é dada por:

$$y(k + d) = \varphi^T(k).\hat{\theta} + e(k + d) \tag{12.4}$$

em que y é a saída da planta, d é o atraso entre a saída e a entrada da planta, φ é o vetor regressor do modelo linear constituído das entradas e saídas atuais e passadas, $\hat{\theta}$ é o vetor de parâmetros estimados da planta a ser identificada, sendo e o erro de estimação definido por $e(k + d) = y(k + d) - \hat{y}(k + d)$, que substituído diretamente na Equação (12.4), após serem feitas as devidas simplificações, fornece a saída estimada da planta $\hat{y}$ (predição), cujo valor é dado por:

Identificação e controle de processos industriais 353

$$\hat{y}(k + d) = \varphi^{l}(k).\theta \tag{12.5}$$

Agora, estendendo o modelo linear mostrado na Equação (12.4) para o modelo de redes neurais, tem-se que a relação entre o sistema físico (ou planta) e o seu modelo neural passa a ser descrita, de uma forma geral, por:

$$y(k + d) = g[\varphi(k), W] + e(k + d) \tag{12.6}$$

em que y é a saída da planta, g é a função de ativação escolhida para modelar o comportamento dinâmico da planta, podendo esta função ser linear ou não linear, φ é o vetor de regressores da entrada e da saída do modelo, W é uma matriz contendo os pesos sinápticos da rede neural, sendo e o erro de estimação (predição) definido como $e(k + d) = y(k + d) - \hat{y}(k + d)$, que substituído diretamente na Equação (12.6), fornece a saída estimada da planta (predição), cujo valor é dado por:

$$\hat{y}(k + d) = g[\varphi(k), W] \tag{12.7}$$

É natural pensar na existência de uma relação entre os parâmetros estimados $\hat{\theta}$ do preditor linear (Equação (12.4)), o qual serve de inspiração para a criação do preditor neural, com os pesos sinápticos W da RNA do preditor neural (Equação (12.7)). Infelizmente, a relação entre $\hat{\theta}$ e W não é simples (provavelmente impossível) de ser explicitada, tendo em vista que no modelo linear, que serviu de inspiração, os parâmetros são concentrados e no seu equivalente neural os pesos sinápticos são distribuídos entre as camadas de neurônios artificiais da rede neural, e que depende da arquitetura de rede escolhida. Além desse aspecto levantado, essa relação também dependerá do tipo das funções de ativação da RNA, se todas são lineares ou não. De fato, o que se pode realmente afirmar, é que os pesos sinápticos são os novos parâmetros distribuídos entre as camadas do preditor neural, proporcionando a este tipo de preditor uma maior robustez.

Em síntese: identificar uma planta usando uma RNA significa simplesmente ajustar os pesos sinápticos da rede neural, de tal forma que, aplicando-se uma mesma entrada na planta e no modelo neural, os 2 apresentem valores de saída o mais próximo possível entre si, dentro de uma tolerância previamente estabelecida pelo projetista.

A identificação de sistemas físicos usando as RNA, obedecendo aos modelos descritos matematicamente pelas equações de diferença, representadas na forma de polinômios discretos (ver Capítulo 11), pode ser feita utilizando-se de um dos preditores neurais a seguir.

12.2.1.1 Rede Neural com Resposta Finita ao Impulso (*Neural Network with Finite Impulse Response* – NNFIR)

O preditor baseado no modelo linear denominado Resposta Finita ao Impulso (*Finite Impulse Response* – FIR) é dado pela Equação (12.4), na qual o vetor de regressores e de parâmetros $\hat{\theta}$ são dados, respectivamente por:

$$\varphi^T(k) = [u(k), u(k-1), \ldots, u(k-n_u)]$$

$$\hat{\theta} = [\hat{b}_o, \hat{b}_1, \ldots, \hat{b}_{n_u}]^T \qquad (12.8)$$

em que u é a entrada da planta e $\hat{b}_i$ representa os parâmetros da planta a serem estimados, sendo $i = 1, 2, \ldots, n_u$".

Esse tipo de preditor é recomendado para os casos em que a resposta da planta ao impulso é uma sequência finita de valores que decrescem rapidamente e, quanto mais rápido se extinguir a resposta, melhor será o desempenho do preditor FIR.

Em consequência, a expressão matemática correspondente ao preditor neural estendido do preditor FIR, que será denominado de Rede Neural com Resposta Finita ao Impulso (*Neural Network Finite Impulse Response* – NNFIR), tem a sua origem na Equação (12.7), cujo vetor regressor φ passa a ser dado por:

$$\varphi^T(k) = [u(k), u(k-1), \ldots, u(k-n_u), -1] \qquad (12.9)$$

na qual foi acrescida uma entrada extra de valor fixo igual a –1 correspondente à entrada do peso extra (*bias*). Esse artifício matemático, além de reduzir a estrutura de dados do programa de implementação computacional, por incluir o limiar de operação dentro da estrutura matricial dos pesos sinápticos, também atribui ao algoritmo de treinamento da rede neural a tarefa de ajustar o limiar de operação como se fosse um peso sináptico.

O esquema correspondente ao preditor NNFIR é:

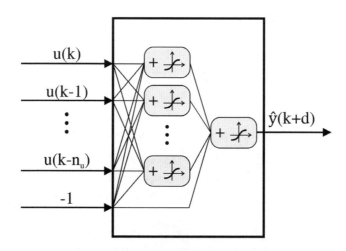

Figura 12.1 – Estrutura do preditor NNFIR.

Pelo fato de não haver realimentação da saída para a entrada da RNA, é um preditor estável no sentido BIBO (*Bounded Input, Bounded Output,* em português, Entrada Limitada, Saída Limitada), considerando que o vetor regressor e os pesos sinápticos têm valores finitos, ou seja, desde que as normas euclidianas de $\|\varphi\|$ e $\|W\|$ sejam finitas para qualquer instante k. A inexistência de realimentação é uma característica vantajosa para a garantia de estabilidade de sistemas não lineares, devido a estes sistemas terem um comportamento mais complexo do que os sistemas lineares.

12.2.1.2 Rede Neural Autorregressiva com Entradas Exógenas (*Neural Network AutoRegressive with eXogeneous inputs* – NNARX)

O preditor baseado no modelo linear denominado Autorregressivo com Entradas Exógenas (*AutoRegressive with eXogeneous inputs* – ARX) é dado pela Equação (12.5), na qual:

$$\varphi^T(k) = [u(k), u(k-1), \dots, u(k-n_u), y(k+d-1), \dots, y(k+d-n_y)]$$

$$\hat{\theta} = \left[\hat{b}_0, \hat{b}_1, \dots, \hat{b}_{n_u}, -\hat{a}_1, \dots, -\hat{a}_{n_y}\right]^T \tag{12.10}$$

em que u e y são a entrada e a saída da planta, respectivamente, sendo que $\hat{a}_i$ e $\hat{b}_j$ são os componentes do vetor de parâmetros estimados da planta, para $i = 1, \dots, n$ e $j = 0, 1, \dots, n$.

A expressão matemática correspondente ao preditor neural estendido, denominado Rede Neural Autorregressiva com Entradas Exógenas (*Neural Network AutoRegressive with eXogeneous inputs* – NNARX), tem a sua origem na Equação (12.7), cujo vetor regressor φ passa a ser dado por:

$$\varphi^T(k) = [u(k), u(k-1), \dots, u(k-n_u), y(k+d-1), \dots, y(k+d-n_y), -1] \tag{12.11}$$

em que a entrada extra (último algarismo à direita, dentro dos colchetes), com valor fixo –1, corresponde à entrada do peso extra (*bias*) da rede neural.

O esquema correspondente ao modelo NNARX é:

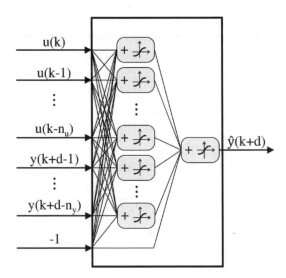

Figura 12.2 – Estrutura do preditor NNARX.

Pelas mesmas razões apontadas anteriormente no preditor NNFIR, trata-se também de um preditor estável no sentido BIBO, isto é, a consideração de que $\|\varphi\|$ e $\|W\|$ são finitas implica que o preditor NNARX é BIBO estável. A inexistência de problemas relativos à estabilidade faz dessa estrutura a escolha preferida, nos casos em que o sistema a ser modelado é determinístico ou o nível de ruído não é significativo (Nørgaard et al., 2001). O preditor NNARX possui um equivalente derivado do modelo Série-Paralelo (Narendra & Parthasarathy, 1990), no qual os sinais de entrada e de saída corrente são separados em duas redes neurais, de tal modo que a Equação (12.7) é desmembrada entre a entrada e a saída corrente, sendo então reescrita da seguinte forma:

$$\hat{y}(k+d) = g_u(\varphi_u(k), W_u) + g_y(\varphi_y(k), W_y) \tag{12.12}$$

em que g_u e g_y são funções que representam a entrada e a saída corrente do modelo Série-Paralelo, respectivamente, n_u é a ordem da entrada e n_y é a ordem da saída corrente, sendo que $n_y \geq n_u$ devido à propriedade da causalidade característica dos sistemas reais.

12.2.1.3 Rede Neural Autorregressiva com Média Móvel e Entradas Exógenas (*Neural Network AutoRegressive with Moving Average and eXogeneous inputs* – NNARMAX)

O preditor baseado no modelo linear denominado Autorregressivo com Média Móvel e Entradas Exógenas (*AutoRegressive with Moving Average and eXogeneous inputs* – ARMAX) é dado pela Equação (12.5), sendo

Identificação e controle de processos industriais 357

$$\varphi^T(k, \hat{\theta}) = [u(k), u(k-1), \ldots, u(k-n_u), y(k+d-1), \ldots, y(k+d-n_y), e(k+d$$
$$-1), \ldots, e(k+d-n_e)]$$

$$\hat{\theta} = \left[\hat{b}_0, \hat{b}_1, \ldots, \hat{b}_{n_u}, -\hat{a}_1, \ldots, -\hat{a}_{n_y}, \hat{c}_1, \ldots, \hat{c}_{n_e}\right]^T \qquad (12.13)$$

em que u e y são a entrada e a saída da planta, respectivamente, e é o erro de estimação calculado por $e(k+d) = y(k+d) - \hat{y}(k+d)$, em que $\hat{a}_i, \hat{b}_j, \hat{c}_k$ são os componentes do vetor de parâmetros estimados da planta, para $i = 1,2,\ldots,n_y, j = 1,2,\ldots,n_u$ e $k = 1,2,\ldots,n_e$.

A característica principal do preditor ARMAX é a realimentação da saída estimada que está implícita no erro de estimação e, o que faz este preditor ser susceptível a problemas de estabilidade, devido à existência de raízes algébricas, chamadas de polos no denominador (ver a Teoria de Controle Linear em livro especializado), proveniente do polinômio dos coeficientes que afetam o erro e (este assunto pode ser visto no Capítulo 11 sobre os modelos polinomiais discretos, em que este polinômio é denominado de $A(q^{-1})$). Por essa razão, no preditor ARMAX a análise de estabilidade é um problema mais complexo. Em algumas situações, torna-se mais interessante considerar a estabilidade como uma propriedade local, o que significa afirmar que o modelo ARMAX somente terá a sua estabilidade garantida quando operar dentro de uma determinada região ao redor do ponto de convergência, podendo ficar instável fora desta região de operação (Nφrgaard et al., 2001). Uma sugestão prática aproveitando a propriedade de estabilidade local exibida por alguns preditores, com o objetivo de viabilizar o emprego da estrutura ARMAX, é executar um treinamento inicial, por exemplo, utilizando uma estrutura ARX que possui estabilidade garantida, ajustando os parâmetros na região de estabilidade local, e então reutilizar estes parâmetros para inicializar o treinamento dos parâmetros definitivos do preditor ARMAX.

A expressão matemática correspondente ao preditor neural estendido, denominado Rede Neural Autorregressiva com Média Móvel e Entradas Exógenas (*Neural Network AutoRegressive with Moving Average and eXogeneous inputs* – NNARMAX), tem a sua origem na Equação (12.7), cujo vetor regressor passa a ser dado por:

$$\varphi^T(k, \hat{\theta}) = [u(k), u(k-1), \ldots, u(k-n_u), y(k+d-1), \ldots, y(k+d-n_y),$$
$$e(k+d-1), \ldots, e(k+d-n_e), -1] \qquad (12.14)$$

em que e é o erro de estimação calculado por $e(k+d) = y(k+d) - \hat{y}(k+d)$, sendo que novamente a entrada extra, com valor fixo -1, corresponde à entrada do peso extra (*bias*) da rede neural, com o objetivo exclusivo de facilitar a implementação computacional do modelo, conforme já foi explicado anteriormente.

O esquema correspondente ao modelo NNARMAX é:

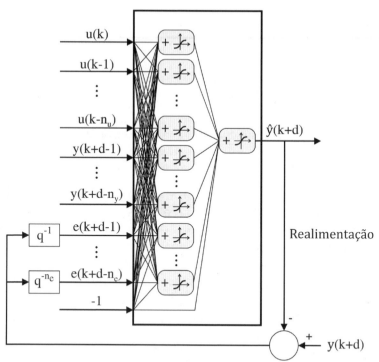

Figura 12.3 – Estrutura do preditor NNARMAX.

As estruturas que possuem realimentação de suas próprias saídas são denominadas de recorrentes ou dinâmicas. Esse preditor é recomendado quando o nível de ruído é muito significativo, ou seja, o sistema possui uma relação sinal/ruído muito baixa.

12.2.1.4 Rede Neural com Erro na Saída (*Neural Network with Output Error* – NNOE)

O preditor baseado no modelo linear denominado Erro na Saída (*Output Error* – OE) é também um preditor recorrente, cuja expressão matemática é dada pela Equação (12.5), sendo

$$\varphi^T(k,\hat{\theta}) = [\,u(k), u(k-1), \ldots, u(k-n_u), \hat{y}(k+d-1), \ldots, \hat{y}(k+d-n_f)]$$

$$\hat{\theta} = \left[\hat{b}_0, \hat{b}_1, \ldots, \hat{b}_{n_u}, \hat{c'}_1, \ldots, \hat{c'}_{n_f}\right]^T \tag{12.15}$$

em que u e $\hat{y}$ são a entrada e a saída estimada da planta, respectivamente, sendo que $\hat{b}_j$ e $\hat{c}_k$ são os componentes do vetor de parâmetros da saída estimada e da entrada, para $j = 1, 2, \ldots, n_u$ e $k = 1, 2, \ldots, n_f$; foi usado $\hat{c}'$ como coeficiente de $\hat{y}$ para diferenciar do coeficiente c usado para o erro.

Trata-se também de um preditor que possui realimentação direta da sua saída, o que faz este preditor ser susceptível a problemas de estabilidade, devido à existência de raízes algébricas, chamadas de polos no denominador (ver a Teoria de Controle Linear em livro especializado), proveniente do polinômio dos coeficientes que afetam a saída predita (este assunto pode ser visto com mais detalhes no capítulo anterior sobre os modelos polinomiais discretos, no qual este polinômio é denominado de $F(q^{-1})$.

A expressão matemática correspondente ao preditor neural estendido, denominado Rede Neural Erro na Saída (*Neural Network Output Error* – NNOE), tem a sua origem na Equação (12.7), cujo vetor regressor φ passa a ser dado por:

$$\varphi^T(k,\hat{\theta}) = [u(k), u(k-1), \ldots, u(k-n_u), \hat{y}(k+d-1), \ldots, \hat{y}(k+d-n_f), -1] \quad (12.16)$$

em que novamente a entrada extra, com valor fixo –1, corresponde à entrada do peso extra (*bias*) da rede neural, conforme explicado anteriormente.

O esquema correspondente ao modelo NNOE é:

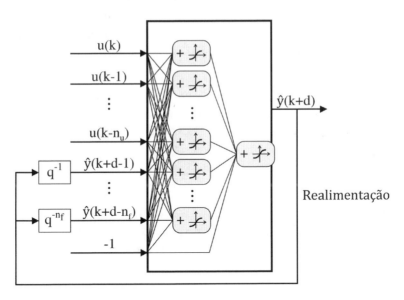

Figura 12.4 – Estrutura do preditor NNOE.

O preditor NNOE possui um equivalente derivado do modelo Paralelo (Narendra & Parthasarathy, 1990), no qual as contribuições da entrada e da saída preditas são matematicamente separadas em duas redes neurais, de tal modo que a Equação (12.7) é desmembrada e passa então a ser escrita da seguinte forma

$$\hat{y}(k+d) = g_u[\varphi_u(k), W_u] + g_{\hat{y}}[\varphi_{\hat{y}}(k), W_{\hat{y}}] \quad (12.17)$$

em que e são funções que representam a saída estimada e a entrada do modelo Paralelo, respectivamente.

12.2.1.5 Rede Neural Box-Jenkins (*Neural Network Box-Jenkins* – NNBJ)

O preditor baseado no modelo linear denominado Box-Jenkins (BJ) é também um preditor recorrente, porém mais complexo do que o preditor derivado do modelo Erro na Saída (OE), cuja expressão matemática é dada pela Equação (12.5), sendo

$$\varphi^T(k, \theta) = \left[u(k), u(k-1) \dots, u(k-n_u), y(k+d-1), \dots, y(k+d-m), \hat{y}(k+d-1), \dots, \hat{y}(k+d-n_e-n_f) \right]$$

$$\hat{\theta} = [\hat{b}_0, \dots, \hat{b}_{n_u}, -\hat{a}_1, \dots, -\hat{a}_m, \widehat{c'}_1, \dots, \widehat{c'}_{n_e, n_f}]^T \tag{12.18}$$

em que u e y são as entradas e as saídas da planta, respectivamente, $\hat{y}$ é a saída estimada da planta, $\hat{a}_i$, $\hat{b}_j$ e $\hat{c'}_k$ são os componentes do vetor de parâmetros da planta a serem estimados, para i, $k = 1, \dots, n$ e $j = 0, 1, \dots, n$, sendo que foi usado $\hat{c'}$ como coeficiente de $\hat{y}$ para diferenciar do coeficiente $\hat{c}$ usado para o erro e que aparece em outros modelos.

A expressão matemática correspondente ao modelo neural estendido, denominado Rede Neural Box-Jenkins (*Neural Network Box-Jenkins* – NNBJ), tem a sua origem na Equação (12.7), cujo vetor regressor passa a ser dado por:

$$\varphi^T(k) = \left[u(k), u(k-1) \dots, u(k-n_u), y(k+d-1), \dots, y(k+d-m), \right.$$
$$\left. \hat{y}(k+d-1), \dots, \hat{y}(k+d-n_e-n_f), -1 \right] \tag{12.19}$$

em que novamente a entrada extra, com valor fixo –1, corresponde à entrada do peso extra (*bias*) da rede neural, conforme explicado anteriormente.

O esquema correspondente ao modelo NNBJ é:

Identificação e controle de processos industriais

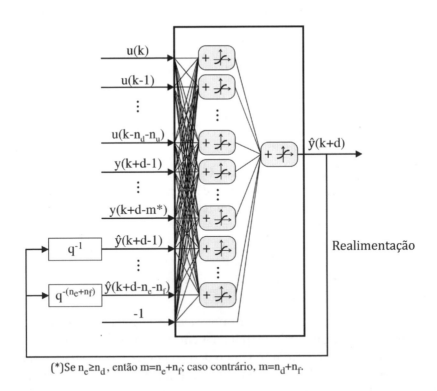

(*)Se $n_e \geq n_d$, então $m=n_e+n_f$; caso contrário, $m=n_d+n_f$.

Figura 12.5 – Estrutura do preditor NNBJ.

Trata-se também de um preditor que possui realimentação direta da sua saída, o que faz este preditor ser susceptível a problemas de estabilidade, devido à existência de raízes algébricas, chamadas de polos no denominador (ver a Teoria de Controle Linear em livro especializado), proveniente de polinômios dos coeficientes $C(q^{-1})$ e $F(q^{-1})$, que afetam a saída predita $\hat{y}$ (este assunto pode ser visto com mais detalhes no Capítulo 11 sobre os modelos polinomiais discretos).

12.3 CONTROLE DE SISTEMAS INDUSTRIAIS

Até aqui, pretendeu-se apenas apresentar os modelos discretos e as respectivas estruturas usando Redes Neurais Artificiais – RNA, com a finalidade de identificar sistemas não lineares de dinâmica desconhecida. O próximo passo será aplicar esses modelos de identificação em conjunto com controladores de processos, configurando assim os Esquemas de Controle Indireto a serem apresentados nesta seção. Ressalta-se que existem outras técnicas de controle que utilizam as RNA; o leitor interessado é aconselhado procurar a literatura técnica especializada, por exemplo, Nørgaard et al. (2001). A denominação de indireto decorre do fato de que os parâmetros do controlador são ajustados com base na saída estimada da planta $\hat{y}(k + d)$, e não na saída real da planta, $y(k + d)$, isto motivado pelas seguintes razões:

- impossibilidade do controlador em acessar diretamente a saída da planta, já que entre esta saída e o controlador existe a própria planta;

- necessidade de possuir um valor para a saída da planta, logo após a aplicação do sinal de controle $u(k)$, para possibilitar o treinamento do controlador, caso também seja neural, dentro do intervalo de tempo correspondente ao período de amostragem da planta.

São propostas 2 estratégias de controle: 1ª) Controle Híbrido Indireto, em que somente o identificador é neural; e 2ª) Controle Neural Indireto, em que ambos, identificador e controlador, são neurais. A arquitetura de redes neurais que será usada é baseada nas Redes Neurais Multicamadas – RNM, com lei de adaptação fornecida pela metodologia de Propagação Retroativa do Erro – PRE, em que são utilizadas algumas técnicas auxiliares, já descritas anteriormente, para reduzir o tempo gasto no treinamento das redes neurais, de modo a viabilizar seu emprego no controle de processos em tempo real.

O objetivo agora é desenvolver algoritmos capazes de implementar os esquemas de controle neural indireto, totalmente treinados em tempo real e com um mínimo atraso computacional, o qual significa o tempo despendido pelo computador para calcular o novo valor do sinal de controle $u(k)$, a ser aplicado na entrada da planta, imediatamente após a última amostragem do valor de saída da planta (Åström & Wittenmark, 1990). Depreende-se, portanto, que o atraso computacional não inclui o tempo de treinamento das redes neurais, devendo estes intervalos de tempo ficarem embutidos dentro o período de amostragem da planta T_s, ou seja, enquanto o computador espera para fazer a próxima amostragem (tempo morto). É importante ressaltar que o tempo total gasto pelas ações necessárias ao controle não deve exceder o período de amostragem da planta, sob pena de ter que abortá-las e aplicar novamente o sinal de controle anterior, o que pode trazer problemas de estabilidade.

12.3.1 FORMULAÇÃO DO PROBLEMA

Seja uma planta contínua, discretizada com um período de amostragem T_s, de única entrada-e única saída (*Single Input, Single Output* – SISO), com condições iniciais conhecidas e descritas pela equação de diferenças a seguir:

$$y(k + d) = g\left(u(k), u(k - 1), ..., u(k + d - n_u), y(k + d - 1), ..., y(k + d - n_y)\right)$$

(12.20)

e que admite uma inversa da forma

$$u(k) = g^{-1}\left(u(k-1), ..., u(k+d-n_u), y(k+d), y(k+d-1), ..., y\left(k+d-n_y\right)\right)$$

$$(12.21)$$

em que u é o sinal de controle, y é a saída da planta, d é o atraso de transporte da planta, sendo $d=n_y$-n_u (Levin e Narendra, 1996).

O problema consiste então em selecionar uma sequência de sinais de controle $u(k)$, de tal modo a manter as correspondentes saídas da planta $y(k+d)$, o mais próximo possível das referências $y\_Ref(k+d)$, previamente estabelecidas para $k = 0, 1, ..., M - 1$, sendo M o final do horizonte de controle. Em situações práticas, a entrada da planta é limitada pela capacidade do atuador, ou seja, $u_m \leq u (k) \leq u_m$, em que u_m é o valor mínimo e u_M é o valor máximo da entrada.

Para solucionar esse problema foram desenvolvidas duas estratégias de controle neural indireto que utilizam dispositivos baseados no princípio de funcionamento das RNM, com metodologia de aprendizagem da Propagação Retroativa do Erro (*Error Backpropagation*), e que devem obedecer às seguintes premissas básicas de projeto: 1ª) todo o treinamento deve ser feito em tempo real; e 2ª) o atraso computacional deve ser o mínimo possível, devendo ser menor do que o atraso da planta.

As soluções propostas são para o caso SISO, mas podem ser estendidas facilmente para o caso de plantas com múltiplas entradas e múltiplas saídas (*Multiple Inputs, Multiple Outputs* – MIMO).

12.3.2 ESQUEMAS DE CONTROLE USANDO REDES NEURAIS ARTIFICIAIS (RNA)

São apresentadas 2 estratégias de controle em tempo real, denominadas de Controle Híbrido Indireto e Controle Neural Indireto (Gabriel Filho, 2004)]. Ambas as estratégias possuem um identificador neural, sendo que a diferença entre elas reside somente na maneira em que o controlador é projetado. Na primeira estratégia, somente o identificador é neural e o controlador consiste numa lei de controle implementada por uma fórmula matemática sem necessidade de treinamento e, na segunda, o identificador e o controlador são ambos neurais e necessitam de treinamento.

12.3.2.1 Controle Híbrido Indireto

O sistema de controle híbrido consiste basicamente em um identificador neural e em um controlador convencional (lei de controle), que são utilizados para calcular recursivamente o sinal de controle $u(k)$ a ser aplicado na planta, conforme esquema a seguir:

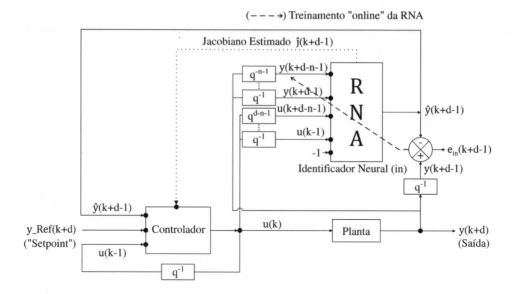

Figura 12.6 – Esquema de Controle Híbrido Indireto.

em que q^{-1} é o operador de atraso unitário, n é a ordem conhecida da planta ($n = n_y$) e $e_{in}(k + d)$ é o erro no treinamento do identificador neural em tempo real.

O cálculo do sinal de controle $u(k)$ a ser aplicado na planta, de modo a se obter uma saída $y(k+d)$ o mais próximo possível da referência $y\_Ref(k+d)$, será feito com base no Jacobiano estimado da planta, obedecendo a seguinte sequência de passos:

1º passo: No intervalo de tempo entre $k - 1$ e k o identificador neural é treinado com os dados obtidos até o instante $k - 1$, para possibilitar o cálculo do Jacobiano estimado da planta $\hat{J}(k + d - 1)$, que é dado pela seguinte expressão matemática

$$\hat{J}(k + d - 1) = \frac{\partial \hat{y}(k + d - 1)}{\partial u(k - 1)} \tag{12.22}$$

2º passo: Tomando-se uma aproximação por diferença avançada (*forward*) de 1ª ordem, para a derivada parcial, tem-se

$$\hat{J}(k + d - 1) = \frac{\Delta \hat{y}(k + d - 1)}{\Delta u(k - 1)} = \frac{\hat{y}(k + d - 1) - \hat{y}(k + d - 2)}{u(k - 1) - u(k - 2)}$$

$$u(k - 1)\hat{J}(k + d - 1) - u(k - 2)\hat{J}(k + d - 1) = \hat{y}(k + d - 1) - \hat{y}(k + d - 2)$$

$$\tag{12.23}$$

Identificação e controle de processos industriais   365

3º passo: Como a Equação (12.23) foi obtida a partir da premissa de que o identifica-dor neural já está treinado até o instante $k - 1$, a ideia agora é usá-la para estimar o valor do próximo sinal de controle $u(k)$ a ser aplicado na planta, na hipótese de que $\hat{y}(k + d - 1)$ tenda para $y\_\text{Ref}(k + d)$, sendo que este último é conhecido. Portanto, par-tindo da Equação (11.23), pela simples substituição do último sinal de controle disponí-vel, $u(k - 1)$ por $u(k)$ a ser calculado, e de $\hat{y}(k + d - 1)$ por $y\_\text{Ref}(k + d)$, tem-se:

$$u(k)\hat{J}(k + d - 1) - u(k - 2)\hat{J}(k + d - 1) = y\_\text{Ref}(k + d) - \hat{y}(k + d - 2) \qquad (12.24)$$

Subtraindo as Equações (11.24) de (11.23) e manipulando algebricamente, com o ob-jetivo de eliminar o par de entrada-saída estimada mais distante, $[u(k - 2), \hat{y}(k + d - 2)]$, virá:

$$u(k)\hat{J}(k + d - 1) - u(k - 1)\hat{J}(k + d - 1) = y\_\text{Ref}(k + d) - \hat{y}(k + d - 1)$$

$$[u(k) - u(k - 1)]\hat{J}(k + d - 1) = y\_\text{Ref}(k + d) - \hat{y}(k + d - 1)$$

$$u(k) = u(k - 1) + \frac{y\_\text{Ref}(k + d) - \hat{y}(k + d - 1)}{\hat{J}(k + d - 1)} \qquad (12.25)$$

A Equação (12.25) é similar à expressão desenvolvida por Adetona et al. (2001). A diferença básica é que aqueles autores usaram um modelo matemático baseado na li-nearização da planta por série de Taylor, enquanto o desenvolvimento usado neste li-vro tem como ponto de partida uma aproximação de 1ª ordem da derivada parcial que fornece o Jacobiano estimado da planta.

Foi visto anteriormente que a finalidade do identificador neural é obter um valor estimado para a saída e para o Jacobiano da planta. A título de exemplo, neste traba-lho será usada uma rede neural contendo 3 camadas – entrada, escondida e saída, com função de ativação não linear (por exemplo, sigmoide bipolar ou tangente hiper-bólica) na camada escondida e função de ativação linear na camada de saída, por sua característica de aproximador universal (Haykin, 1999) e também por razões relacio-nadas com o tempo de treinamento, para a qual será desenvolvida uma expressão para o cálculo de $\hat{J}(k + d - 1)$ baseada nos valores dos parâmetros do identificador neural após o seu treinamento. Obviamente, se for usada também uma função linear para a camada escondida da rede citada, recai-se no caso de linearização da planta.

Iniciando-se o processo de cálculo do Jacobiano estimado para uma rede neural contendo 3 camadas, entrada, escondida e saída, tem-se:

$$\hat{y}(k + d - 1) = f(NET_{o,1}) \qquad (12.26)$$

em que $f(.)$ é a função de ativação da camada de saída (output) e o subscrito $o,1$ que aparece em NET é devido ao identificador possuir apenas uma saída, por se tratar de uma planta SISO (Single Input, Single Output). Aplicando a Regra da Cadeia para introduzir o sinal de entrada $NET_{o,1}$, tem-se

$$\frac{\partial \hat{y}(k+d-1)}{\partial u(k-1)} = \frac{\partial \hat{y}(k+d-1)}{\partial NET_{o,1}} \frac{\partial NET_{o,1}}{\partial u(k-1)}$$

(12.27)

A primeira derivada que surge no membro direito da Equação (12.27), pode ser escrita como

$$\frac{\partial \hat{y}(k+d-1)}{\partial NET_{o,1}} = \frac{\partial f(NET_{o,1})}{\partial NET_{o,1}} = f'(NET_{o,1})$$

(12.28)

e a segunda derivada do membro direito da Equação (12.27), também utilizando a Regra da Cadeia, pode ser deduzida conforme se segue:

$$NET_{o,1} = f(NET_{h,1})w_{o,1,1} + f(NET_{h,2})w_{o,1,2} + \cdots + f(NET_{h,J})w_{o,1,J} - w_{o,1,J+1}$$

$$\frac{\partial NET_{o,1}}{\partial u(k-1)} = \frac{\partial f(NET_{h,1})}{\partial NET_{h,1}} \frac{\partial NET_{h,1}}{\partial u(k-1)} w_{o,1,1} + \frac{\partial f(NET_{h,2})}{\partial NET_{h,2}} \frac{\partial NET_{h,2}}{\partial u(k-1)} w_{o,1,2} + \cdots$$

$$+ \frac{\partial f(NET_{h,J})}{\partial NET_{h,J}} \frac{\partial NET_{h,J}}{\partial u(k-1)} w_{o,1,J} - \frac{\partial w_{o,1,J+1}}{\partial u(k-1)}$$

$$\frac{\partial NET_{o,1}}{\partial u(k-1)} = f'(NET_{h,1}) \frac{\partial NET_{h,1}}{\partial u(k-1)} w_{o,1,1} + f'(NET_{h,2}) \frac{\partial NET_{h,2}}{\partial u(k-1)} w_{o,1,2} + \cdots$$

$$+ f'(NET_{h,J}) \frac{\partial NET_{h,J}}{\partial u(k-1)} w_{o,1,J} - 0$$

em que $f(.)$ é a função de ativação da camada escondida (o primeiro subscrito de NET é a letra h de hidden, que significa escondida) e J é o número de neurônios da camada escondida. Agrupando os termos sob um somatório, tem-se:

$$\frac{\partial NET_{o,1}}{\partial u(k-1)} = \sum_{j=1}^{J} f'(NET_{h,j}) \frac{\partial NET_{h,j}}{\partial u(k-1)} w_{o,1,j}$$

(12.29)

Desenvolvendo $NET_{h,j}$ e calculando a sua derivada parcial em relação à $u(k-1)$, obtém-se:

Identificação e controle de processos industriais

$$NET_{h,j} = \sum_{i=1}^{n} w_{h,j,i} \cdot y(k + d - n + i - 2) + \sum_{i=n+1}^{2n-d} w_{h,j,i} \cdot u(k + d - 2n + i - 2)$$

$$+ w_{h,j,2n-d+1} \cdot u(k - 1) - w_{h,j,2n-d+2}$$

$$\frac{\partial NET_{h,j}}{\partial u(k - 1)} = w_{h,j,2n-d+1} \tag{12.30}$$

em que $2n - d + 1$ é o número de entradas, excluindo a entrada do limiar de operação (*threshold*). Substituindo a Equação (12.30) em (12.29), tem-se:

$$\frac{\partial NET_{o,1}}{\partial u(k - 1)} = \sum_{j=1}^{J} f'(NET_{h,j}) w_{h,j,2n-d+1} w_{o,1,j} \tag{12.31}$$

Finalmente, substituindo as expressões (12.31) e (12.28) em (12.27), obtém-se a expressão para o cálculo do Jacobiano estimado da planta em função dos parâmetros do identificador, após o treinamento da rede neural, qual seja

$$\frac{\partial \hat{y}(k + d - 1)}{\partial u(k - 1)} = \frac{\partial \hat{y}(k + d - 1)}{\partial NET_{o,1}} \frac{\partial NET_{o,1}}{\partial u(k - 1)}$$

$$\hat{J}(k + d - 1)$$

$$= \sum_{j=1}^{J} f'_o(NET_{o,1}) \cdot f'_h(NET_{h,j}) \cdot w_{h,j,2n-d+1} \cdot w_{o,1,j} \tag{12.32}$$

em que as derivadas das funções de ativação da camada de saída (*output*) e escondida (*hidden*) foram escritas com os subscritos o e h, respectivamente, para maior clareza da equação. Apenas por questão de coerência com a Figura 12.6, ressalta-se que os pesos sinápticos referenciados por $w_{h,j,2n-d+1}$ correspondem à conexão da entrada $u(k–1)$, de posição $2n - d + 1$ contada de cima para baixo (penúltima entrada), com os neurônios j da camada escondida.

Finalizando, para o caso mais simples de uma rede neural com apenas 2 camadas, entrada e saída, o valor do jacobiano estimado é dado por:

$$\hat{J}(k + d - 1) = f'_o(NET_{o1}) w_{o,1,i} \tag{12.33}$$

em que $w_{o,1,i}$ corresponde ao peso sináptico que liga a única saída do identificador neural, $\hat{y}(k + d - 1)$ com o sinal de controle mais recente, $u(k - 1)$, do regressor de entrada da rede neural (vide Figura 12.6 – Esquema de Controle Híbrido Neural). A título de exemplo, se a função de ativação do neurônio de saída for do tipo Linear, o valor do jacobiano será igual à $\beta w_{o,1,i}$, sendo que β é o coeficiente angular da reta que representa a função Linear.

É muito importante registrar que a aplicação do Controlador Híbrido Indireto somente apresenta um bom desempenho para planta cuja saída atual possui uma prevalência em valor absoluto em relação às demais saídas passadas (Lucena, 2005).

12.3.2.2 Controle Neural Indireto

Também foi desenvolvido um esquema de Controle Neural Indireto, constituído basicamente de um Controlador Neural (cn) e de um Identificador Neural (in), que foram dispostos conforme figura a seguir (Tanomaru & Omatu, 1992; Gabriel Filho, 1996):

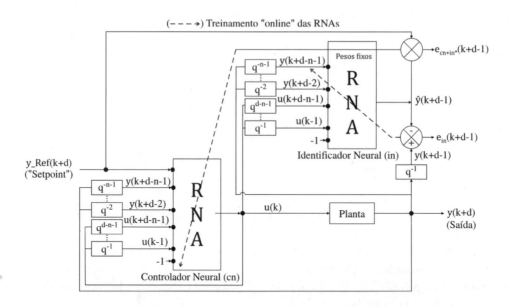

Figura 12.7 – Esquema de Controle Neural Indireto.

O asterisco em $e_{cn+in*}(k+d)$ significa que os pesos sinápticos do identificador neural foram mantidos fixos durante toda a etapa de treinamento do controlador neural. O treinamento dos dispositivos neurais é executado usando-se o Método da Descida do Gradiente, tratado no Capítulo 3 deste trabalho. A técnica para o treinamento do controlador neural consiste em treinar inicialmente o identificador neural, usando para isso o erro e_{lu}. Logo em seguida, treina-se o conjunto controlador neural + identificador neural, desta vez usando o erro e_{cn+in}, mantendo-se os pesos sinápticos do identificador neural fixos durante o treinamento, isto é, deixando variar apenas os pesos sinápticos do controlador neural.

12.3.3 UM EXEMPLO DE APLICAÇÃO DE CONTROLE NEURAL

A seguir, vamos aplicar as RNA para controlar o nível y de um reservatório de seção transversal variável (Slotine & Li, 1991). A vazão de entrada q_e é a variável manipulada (MV), de maneira a manter o nível constante em um valor y_Ref, sendo que a válvula de saída é mantida com uma abertura fixa durante toda a etapa de controle.

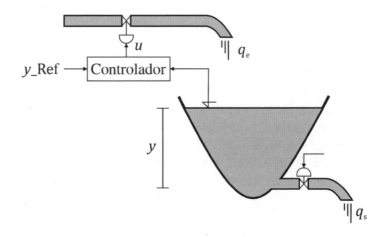

Figura 12.8 – Controle do nível de um reservatório com seção variável.

A dinâmica do reservatório é modelada pela seguinte equação diferencial de 1ª ordem, dada por:

$$\frac{dy(t)}{dt} = \frac{q_e(t)}{A[y(t)]} - \frac{A_s\sqrt{2gy(t)}}{A[y(t)]} \qquad (12.34)$$

em que $y(t)$ é o nível a ser controlado, $q_e(t)$ e $q_S(t) = A_S\sqrt{2gy(t)}$ são as vazões de entrada e de saída do reservatório, $A[y(t)]$ é a área da seção transversal do reservatório em função do nível, A_s é a área da seção transversal de saída do reservatório e g é a aceleração da gravidade. Será considerado $A[y(t)] = A_0 + y(t)^2$, em que A_0 é a área da seção transversal nivelada com a geratriz superior do orifício de saída do reservatório. Para efeito de cálculo, serão atribuídos os seguintes valores: $A_0 = 1$ m², $A_s = 0,1$ A_0 e período de amostragem $T_s = 1$ s. Foi usado o Método de Runge-Kutta de 4ª ordem,

370   *Inteligência artificial e aprendizagem de máquina: aspectos teóricos e aplicações*

para simular e gerar os dados da planta em tempo real. Trata-se de uma planta de 1ª ordem ($n_y = n = 1$), sem atraso de transporte ($d = 0$).

Dessa forma, o objetivo é, partindo-se de um nível inicial, atingir e manter o nível de referência desejado, durante um determinado intervalo de tempo definido, que são:

Nível inicial

= 1 m

Níveis desejados

= 2 m (0 s ≤ t ≤ 200 s)

= 3 m (200 s < t ≤ 400 s)

= 2 m (400 s < t ≤ 600 s)

= 3 m (600 s < t ≤ 800 s)

Um atuador mantém o sinal de controle limitado, de tal forma que a vazão de entrada fique restrita ao intervalo 0 ≤ q_e (t) ≤ 1 m³/s.

Em ambas as estratégias de controle foram utilizadas as Redes Neurais Artificiais – RNA, como preditores do tipo Rede Neural Autorregressiva com Entradas Exógenas (*Neural Networks AutoRegressive with eXogeneous inputs* – NNARX), contendo 3 camadas, ou seja, camada de entrada, camada intermediária (escondida) e camada de saída, devido ao fato desta estrutura de preditor não apresentar problema de estabilidade.

12.3.3.1 Aplicando um Controlador Híbrido Indireto

A simulação computacional foi realizada inicialmente aplicando o esquema de Controle Híbrido Indireto, treinado pelo Método da Propagação Retroativa do Erro (*Error Backpropagation*), conforme descrita a seguir.

- Características do Identificador Neural (in)Número de camadas = 3 (entrada, escondida e saída)

- Número de nós por camada = 2, 5 e 1

- Função de ativação sigmoide bipolar para a camada escondida e linear para a camada de saída

- Tolerância para convergência da RNA (e_{in}) = 0,001

- A simulação do controle do nível do reservatório usando um Controlador Híbrido Indireto apresentou o seguinte resultado:

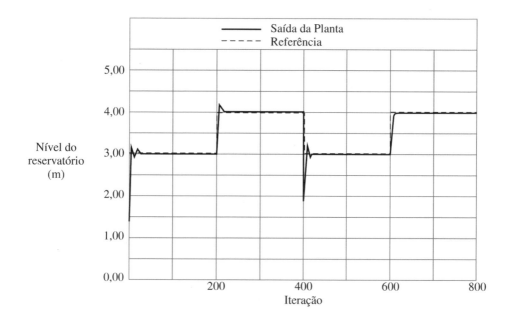

Figura 12.9 – Gráfico do controle de nível usando Controle Híbrido Indireto.

O limite do erro de controle em regime permanente pode ser avaliado da seguinte forma (Gabriel Filho, 2004):

$$\text{Limite do erro de controle} = \left|\sqrt{2e_{in}}\right| \tag{12.35}$$

em que e_{in} é a tolerância especificada para convergência do treinamento do identificador neural. Substituindo $e_{in} = 0{,}001$ e calculando, virá:

$$\text{Limite do erro de controle} = \left|\sqrt{2 \times 0{,}001}\right| = 0{,}045\text{m}$$

Tabela 12.1 – Erros de Controle de Nível (Controle Híbrido Indireto)

k (iteração)	e_{in} (tolerância)	Limite de erro de controle (m)	Erro de controle m	Erro de controle %
200	0,001	0,045	0,031	1,03
400	0,001	0,045	0,017	0,42
600	0,001	0,045	0,006	0,20
800	0,001	0,045	0,024	0,60

Foi constatado que os erros de controle, de acordo com os intervalos de tempo mostrados no gráfico da figura anterior, foram todos menores do que o limite do erro de controle previsto.

O esquema de controle híbrido indireto, no qual somente o identificador é uma rede neural artificial, é indicado para o controle de sistemas de menor complexidade (ordem baixa), devido ao Jacobiano estimado ser a única informação usada no projeto do controlador convencional. Para o controle de plantas de maior complexidade (ordem elevada), recomenda-se usar um esquema de controle neural indireto, ou seja, totalmente neural, isto é, o controlador e o identificador são ambos neurais (Gabriel Filho, 2004).

Uma observação interessante é que o sistema de controle neural, embora seja recomendado para realizar controle não linear, pode ser usado para implementar um controlador linear, bastando para isso usar somente a função de ativação linear em todas as camadas de processamento da rede neural (RNA).

Claro, o uso como um controlador linear seria um exagero, visto existirem disponíveis controladores deste tipo mais simples e práticos, por exemplo, o controlador Proporcional-Integrativo-Derivativo (PID).

12.3.3.2 Aplicando um Controlador Neural Indireto

A simulação computacional do controle de nível do reservatório modelado pela Equação (11.34), desta vez aplicando o sistema de Controle Neural Indireto, foi realizada usando 2 neurodispositivos, sendo um identificador neural (in) e um controlador neural (cn), treinados pelo Método de Propagação Retroativa do Erro (*Error Backpropagation*), conforme descrito a seguir:

- Características do Identificador Neural (in)

  ▷ Número de camadas = 2

  ▷ Número de nós por camada = 2 e 1

  ▷ Função de ativação linear para a camada de saída (única camada com neurônio)

  ▷ Tolerância para convergência da RNA ($e_{in} = 0,001$)

- Características do Controlador Neural (cn)
  ▷ Número de camadas = 3
  ▷ Número de nós por camada = 2, 5 e 1
  ▷ Funções de ativação sigmoide bipolar para a camada escondida e linear para a camada de saída
  ▷ Tolerância para convergência da RNA ($e_{cn+in^*} = 0{,}001$)

Foram usadas as técnicas de Randomização e η-Adaptativo para melhoria de desempenho do algoritmo *Backpropagation*. A simulação do controle do nível do reservatório usando um Controlador Neural Indireto apresentou o seguinte resultado:

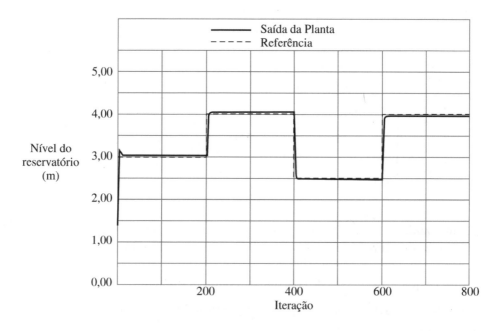

Figura 12.10 – Gráfico do controle de nível usando Controle Neural Indireto.

O limite do erro de controle em regime permanente pode ser avaliado da seguinte forma (Gabriel Filho, 2004):

$$\text{Erro de controle} \leq \left|\sqrt{2e_{in}}\right| + \left|\sqrt{2e_{cn+in^*}}\right| \tag{12.36}$$

em que e_{in} é a tolerância especificada para convergência do identificador neural e e_{cn+in^*} é a tolerância para convergência do conjunto formado pela justaposição do controlador neural com o identificador neural; cono já foi mencionado anteriormente, o asterisco em e_{cn+in^*} significa que os pesos sinápticos do identificador neural foram mantidos fixos durante toda a etapa de treinamento do controlador neural. Substituindo $e_{in} = e_{cn+in^*} = 0,001$ e calculando, virá:

$$\text{Limite do erro de controle} = \left| \sqrt{2(0,001)} \right| + \left| \sqrt{2(0,001)} \right|$$

$$= 0,090m$$

Os erros de controle cometidos pelo sistema de *Controle Neural Indireto* também se encontram rigorosamente dentro do limite, cujos resultados foram transcritos na tabela a seguir.

Tabela 12.2 – Erros de Controle de Nível (Controle Neural Indireto)

k (iteração)	e_{in}, e_{cn+in^*} (tolerância)	Limite de erro de controle (m)	Erro de controle	
			m	%
200	0,001	0,090	0,034	1,13
400	0,001	0,090	0,038	0,95
600	0,001	0,090	0,003	0,10
800	0,001	0,090	0,031	0,78

Comparando-se os resultados apresentados pelos 2 esquemas de controle, constata-se que o Neural Indireto apresenta um desempenho melhor do que o Híbrido Indireto, tanto no que se refere à dinâmica da resposta (sobressinais e oscilações transitórias) quanto aos erros de controle de estado permanente.

- Diagrama da evolução temporal do Controle Neural Indireto

Para melhor compreensão do funcionamento da técnica de Controle Neural Indireto, será apresentado na forma gráfica, sem escala, a evolução deste sistema de controle no decorrer do tempo, com a finalidade de permitir uma visualização das ações que são executadas durante o período de amostragem da planta.

Mais detalhes quanto ao treinamento do Sistema de Controle Neural Indireto podem ser vistos em Gabriel Filho (1996).

Identificação e controle de processos industriais

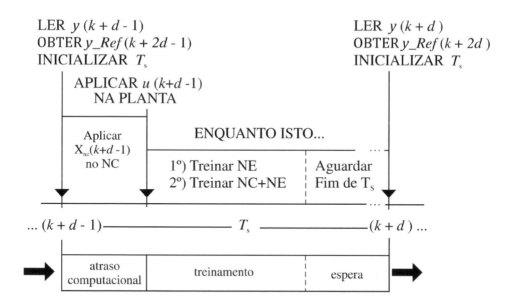

Figura 12.11 – Diagrama temporal dos eventos de controle.

O atraso computacional deve ser o menor possível, enquanto a espera é apenas o complemento do treinamento para fechar o tempo morto em que a planta aguarda até que seja feita a próxima amostragem. Como já foi mencionado anteriormente, caso o treinamento ultrapasse o limite do intervalo de amostragem, o programa deve dispor de mecanismos para abortar o treinamento, de acordo com uma estratégia adequada e de modo a garantir a continuidade do controle da planta. Nesse trabalho, isso é conseguido pelo armazenamento da última matriz de pesos sinápticos, que será usada na inicialização da próxima tentativa de treinamento dos neurodispositivos de controle. Esse procedimento é repetido até que seja conseguido concluir o treinamento satisfatoriamente ou até esgotar o limite máximo de tentativas, após o que o controle é abortado definitivamente.

Embora seja prudente prever esse tipo de ocorrência, um bom projeto de controle deve evitar que isso aconteça, por intermédio de exaustivas simulações usando programas de computador, para somente depois aplicar em controle físico em tempo real.

Vale ressaltar que algumas ações que foram mencionadas no diagrama temporal da Figura 12.10 podem ser realizadas previamente, não sendo preciso, portanto, que se espere iniciar um novo período de amostragem para que sejam executadas. Essas ações são potencialmente indicadas para serem implementadas em processamento paralelo.

12.4 CONCLUSÕES

A identificação e controle de processos industriais é uma área da Engenharia muito importante, uma vez que tem o mérito de garantir a eficiência e a segurança pessoal e patrimonial. Uma das formas de realizar essas tarefas é utilizando as Redes Neurais Artificiais – RNA, tanto para efetuar a identificação de sistemas, quanto para efetuar o controle propriamente dito.

A identificação consiste na modelagem experimental de sistemas, na qual as RNAs, mais especificamente as Redes Neurais Multicamadas – RNMs, exploram a sua capacidade de aproximar as funções matemáticas contínuas, usando a propriedade de serem um aproximador universal de funções, definidas para um conjunto fechado, dentro de uma tolerância arbitrariamente preestabelecida. Para identificar um sistema pode ser escolhida uma entre as várias estruturas discretas existentes na literatura – NNFIR, NNARX, NNARMAX, NNOE e NNBJ, levando-se principalmente em consideração as características dinâmicas do sistema a ser identificado.

Escolhida a estrutura do modelo de identificação, passa-se para a definição de qual estratégia de controle indireto a ser usada: o Controlador Híbrido Indireto ou o Controlador Neural Indireto. A estratégia que usa o esquema híbrido indireto é composta pelos blocos do identificador neural e de um controlador convencional, que implementa uma lei de controle baseada no jacobiano estimado da planta, enquanto a estratégia do esquema neural indiretmaior será a o é composta pelos blocos do identificador neural, que é comum às duas estratégias, e pelo controlador neural, tratando-se, portanto, de um esquema de controle totalmente neural.

Ambas as estratégias de controle têm garantia de robustez e de estabilidade, conforme pode ser comprovado em Gabriel Filho (2004, 2020).

Infelizmente, não se tem observado avanços significativos na área de controle neural nos últimos anos, provavelmente devido à existência de controladores convencionais mais simples de serem implantados e operados, e que oferecem uma resposta aceitável a custos mais baixos. Recentemente, algumas aplicações das redes neurais têm ocorrido na área de controle avançado, sendo mais frequente a sua utilização para desempenhar o papel auxiliar de identificação de sistemas *offline*, por meio de aplicativos que atuam nas camadas de supervisão e de otimização, largamente usados nos processos da indústria petroquímica.

CAPÍTULO 13
Alocação dinâmica de tarefas independentes

13.1 INTRODUÇÃO

O Algoritmo Genético – AG será usado para resolver o problema de Alocação Dinâmica de Tarefas Independentes (*Scheduling Independent Tasks*), em que um conjunto de n tarefas independentes, com durações $t_1, t_2, ..., t_n$ e m-processadores, que funcionam em paralelo, estão inicialmente ociosos. Os processadores poderão ser idênticos ou com velocidades de processamento diferentes.

13.2 FORMULAÇÃO DO PROBLEMA

"Distribuir as n tarefas independentes pelos m processadores disponíveis, de tal maneira a minimizar o tempo de término do último processador a concluir suas tarefas."

A solução do problema consiste basicamente em encontrar uma distribuição de tarefas, tal que o tempo de término do último processador a ser liberado seja mínimo. O ideal seria se todos os processadores concluíssem suas atividades ao mesmo tempo. Isso somente poderá ocorrer se existir uma distribuição na qual a soma dos tempos de cada tarefa seja múltipla da quantidade de processadores disponíveis, já considerando, se houver, a diferença de velocidades entre eles. Seja, por exemplo, o problema dado por:

$m = 2$ processadores idênticos

$n = 6$ tarefas

duração das tarefas = $\{t_1, t_2, t_3, t_4, t_5, t_6\}$ = $\{8, 6, 5, 4, 4, 1\}$

13.3 A SOLUÇÃO USANDO ALGORITMO GENÉTICO

Para solucionar esse tipo de problema vamos aplicar os Algoritmos Genéticos – AG, nos quais procuraremos inicialmente usar os dados genéricos para depois particularizá-los para o exemplo específico citado que se deseja resolver.

13.3.1 REPRESENTAÇÃO CROMOSSÔMICA

Será adotado o subconjunto do alfabeto decimal formado pelos elementos {1, 2, ..., n}, para representar as n tarefas a serem executadas. Por sua vez, as tarefas serão aleatoriamente agrupadas, com uma quantidade de grupos equivalenttambém possuem uma grande quantidade de processadores. Um cromossomo típico teria, por exemplo, o seguinte formato

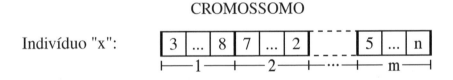

Figura 13.1 – Cromossomo representativo das tarefas.

que representa n tarefas distribuídas aleatoriamente entre os m processadores.

No caso desse exemplo, faremos $n = 6$ e $m = 2$.

13.3.2 INICIALIZAÇÃO DA POPULAÇÃO

Para inicializar a população, podemos usar o algoritmo listado na página, em que a quantidade de indivíduos (r) será feita igual a 200. Observe que as tarefas são os genes que constituem cada cromossomo, ou melhor, nesse algoritmo a variável s poderá receber as atribuições 1, 2, 3, 4, 5 e 6. Nesse caso, os genes serão agrupados randomicamente entre os 2 processadores. Essa alocação será implementada computacionalmente pela divisão randômica de cada cromossomo em duas partes, em que a primeira parte pertencerá ao processador número 1 e, a segunda parte, ao processador número 2.

Alocação dinâmica de tarefas independentes 379

13.3.3 AVALIAÇÃO

A função de avaliação deverá ser capaz de avaliar a carga (ou tempo total de ocupação) de cada processador e compará-las entre si, buscando a minimização das diferenças encontradas. Um cromossomo será tanto melhor quanto menor for a diferença entre as cargas de seus diversos processadores, qual seja

$$F_{av} = carga_{máxima} - carga_{mínima}$$

em que carga é a soma dos tempos das tarefas atribuídas a cada processador. Entretanto, devemos transformar esse problema de minimização em maximização, como é conveniente para o trato com AG, ou seja

$$F_{av} = piso - (carga_{máxima} - carga_{mínima})$$

em que *piso* é uma constante positiva arbitrada pelo usuário. Em suma, maximizar F_{av} é equivalente à minimizar a diferença entre as cargas máxima e mínima de cada cromossomo. A título de demonstração, serão mostrados os parâmetros *Função de Avaliação* (F_{av}), *Adaptabilidade* (*AD*), *Número de Cópias Esperadas* (*NCE*), e a *Adaptabilidade Relativa* (*ADR*), para uma pequena amostra da população correspondente ao exemplo em questão, conforme tabela a seguir (considerar *piso* = 30 e ΣAD = 500).

Tabela 13.1 – Exemplos de alocação de tarefas e seus respectivos parâmetros

Tarefas Processador 1: Processador 2	F_{av}	AD	ADR	NCE
364 : 152	20	20	0,040	8
4365 : 12	30	30	0,060	12
265 : 14	24	24	0,048	9,6
1 : 23456	18	18	0,036	7,2

Nota: O símbolo dois pontos (:) foi usado para separar os processadores.

O primeiro indivíduo (primeira linha da tabela) que aparece na Tabela 13.1 indica que as tarefas 3, 6 e 4 foram alocadas ao processador número 1 e as tarefas 1, 5 e 2, ao processador número 2. Certamente teremos ΣADR = 1,000, se considerarmos todos os 200 indivíduos da população de cada geração.

13.3.4 SELEÇÃO

Será utilizado o método da roleta para a seleção dos indivíduos mais aptos para formar as novas populações.

13.3.5 REPRODUÇÃO

O método de reprodução utilizado foi o de inversão total com 2 pontos de corte.

13.3.6 RESULTADO

Após 17 gerações o AG estagnou pela média, apresentando como indivíduo ótimo o cromossomo codificado pela sequência 524 : 631, que significa que o processador número 1 executará as tarefas 5, 2 e 4, enquanto o processador número 2 executará as tarefas 6, 3 e 1. Pode-se constatar que cada processador trabalhará 14 unidades de tempo.

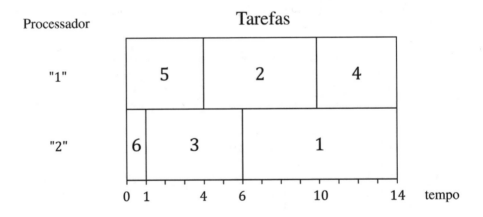

Figura 13.2 – Resultado da alocação de tarefas.

Essa é apenas uma das possíveis soluções ótimas desse problema, que admite outras, por exemplo, 12 : 3456. Para o caso de processadores com velocidades diferentes, basta aplicar a cada tarefa alocada um divisor de tempo, por exemplo, para o processador mais lento é feito igual a 1 e, os demais, igual ao quociente da divisão da velocidade do processador em consideração pela velocidade do processador mais lento. Exemplificando, digamos que as velocidades dos processadores 1 e 2 sejam 40 MHz e 100 MHz, respectivamente. Nesse caso, o divisor das tarefas alocadas ao processador 1 será 1, e o divisor das tarefas alocadas ao processador 2 será 2,5. Para os dados do exemplo em questão, teremos uma possível distribuição ótima que é 45 : 6213.

13.4 CONCLUSÕES

O Algoritmo Genético – AG é classificado como um método de otimização, isto é, serve para descobrir qual é o indivíduo ótimo (ou subótimo) de uma população; aqui, o termo indivíduo não se restringe somente aos seres humanos, mas a qualquer objeto.

Cada problema tem a sua função de avaliação ou função custo, a qual deve ser cuidadosamente definida, de modo a representar a solução do problema de interesse. Outro aspecto importante, é a escolha do método de reprodução, normalmente feito por tentativa e erro, responsável por garantir uma grande diversificação dos indivíduos na formação das novas populações de busca.

A experiência tem mostrado que a busca pelo indivíduo ótimo produz melhor resultado e se processa mais rápida, quanto mais heterogêneo for o espaço de varredura, isto é, quanto mais misturado os indivíduos estiverem na população inicial; a existência de grupos homogêneos (aparentemente iguais), pode produzir um ótimo local, apesar da existência de um ótimo global no restante da população.

CAPÍTULO 14
Modelagem em grande escala

14.1 INTRODUÇÃO

O que é um Modelo Grande (*Large Model* – LM)? Parece estranho chamar um modelo de "modelo grande", porém esta é a tradução literal da expressão, em inglês, *large model*. Atribui-se essa denominação aos modelos matemáticos que possuem uma grande quantidade de parâmetros a serem ajustados, por meio de um processo de aprendizagem (treinamento) usando alguma técnica de Inteligência Artificial (IA).

O surgimento desse tipo de modelo é justificado pela necessidade de processar uma grande quantidade de dados, para fazer algum tipo de predição, podendo ser uma regressão (variáveis numéricas) ou uma classificação (variáveis categóricas), que seja capaz de solucionar um determinado problema de interesse.

Uma maneira intuitiva de tratar essa questão é procurar imitar o funcionamento do cérebro humano, a partir do conhecimento de que ele utiliza uma rede de processamento formada por bilhões de processadores biológicos elementares – os neurônios do córtex cerebral, fornecendo inspiração para a criação das Redes Neurais Profundas (*Deep Neural Networks* – DNNs) (ver Capítulo 4). São assim denominadas por conter uma grande quantidade de camadas escondidas (*hidden layers*) e, consequentemente, também possuem uma grande quantidade de neurônios artificiais e suas ligações sinápticas representadas pelos seus respectivos pesos (*weights*), sendo estes últimos os parâmetros a serem ajustados durante o treinamento da rede neural.

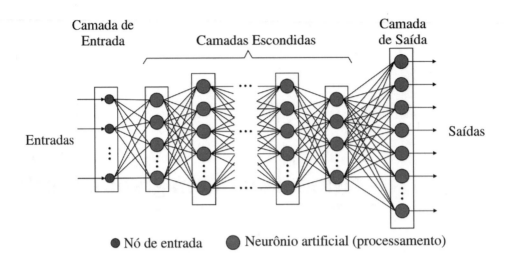

Figura 14.1 – Rede Neural Profunda (grande quantidade de camadas escondidas).

Na figura evidenciada, o círculo maior representa o modelo matemático do neurônio artificial criado por McCulloch e Pitts (MCP) em 1943 (ver Capítulo 3), que desempenha o papel de uma unidade de processamento elementar, por executar somente a soma das entradas que chegam até ao neurônio e aplicar o valor desta soma na Função de Ativação do Neurônio (FAN), que constitui a função matemática escolhida para mapear a soma assim obtida em um sinal de saída, sendo frequentemente uma simples função linear ou uma função exponencial segmentada. Conclui-se que a saída da FAN corresponde à resposta ou saída do neurônio artificial, a qual se propaga alimentando sucessivamente outros neurônios, até resultar no valor da saída final da rede.

As Redes Neurais Profundas (DNNs) normalmente evoluem no sentido da entrada (*input*) para a saída (*output*), e por isso são chamadas de redes alimentadas para frente (*feedforward*). Como se sabe, as ligações sinápticas entre os neurônios artificiais são representadas pelos seus respectivos pesos sinápticos (*weights*), os quais também são denominados de parâmetros e que devem ser ajustados durante o treinamento da rede neural, utilizando por exemplo, o método da Propagação Retroativa do Erro (*backpropagation*) (ver Apêndice A).

Estando o modelo escolhido devidamente treinado, ele poderá ser usado para realizar tarefas de predição, em alguma aplicação de interesse, constituindo-se na atualidade uma importante ferramenta na área do Processamento da Linguagem Natural (*Natural Language Processing* – NLP). Quando um modelo grande é usado em tarefas de NLP, é denominado de Modelo Grande de Linguagem (*Large Language Model* – LLM), por conter uma grande quantidade de parâmetros a serem ajustados (pesos), como o ChatGPT (OpenAI), LLaMA (Meta) e LaMDA (Google), entre outros.

14.2 PARTES DE UM MODELO GRANDE

Tendo em vista que as partes de um Modelo Grande contemplam praticamente as mesmas etapas da Aprendizagem de Máquinas definidas anteriormente (ver Capítulo 6), aqui somente será dado ênfase às etapas do tratamento dos dados brutos de entrada, as quais apresentam desafios a serem superados para o sucesso no emprego desse tipo de modelo, u,ais sejam: o particionamdos dados de entrada, conhecido na literatura por *tokenização* (*tokenization*), a vetorização, incluindo a incorporação (*embedding*), e alguns aspectos do processamento propriamente dito, sendo que este último será abordado apenas para registrar as variadas arquiteturas que têm surgido ultimamente, com especial destaque para os Transformadores (*Transformers*) (Vaswani et al., 2017). Os Transformadores implementam a técnica da Atenção (*Attention*), assim denominada devido à sua capacidade de conseguir captar e processar o ambiente ao redor de um determinado objeto de interesse (parte de uma figura, palavra de uma sentença ou a sentença de um documento), ou seja, as características relevantes do contexto em que o objeto se insere, necessárias para atingir o resultado desejado de maneira satisfatória, podendo ser um reconhecimento de padrões (classificação) ou a tradução do texto de um idioma para outro idioma.

Afinal, o que significa atenção? É a atividade realizada pela mente humana, resultante do exercício de seu poder de concentração em um ou mais detalhes específicos dos objetos sob observação, através da utilização dos órgãos sensoriais da visão, audição, olfato e tato, com o objetivo de detectar algum padrão de interesse. Mecanismos sensoriais também podem ser implementados artificialmente nas máquinas, usando sensores de propriedades físicas, por exemplo, temperatura, cor, forma geométrica etc. Entretanto, em se tratando do processamento da linguagem natural, são usadas as propriedades gramaticais das palavras, juntamente com a pontuação e os caracteres especiais.

O desenvolvimento dos modelos , grandes engloba as atividades de tratamento dos dados brutos de entrada, o processamento computacional e, finalmente, a apresentação da saída, visando atender à aplicação específica do modelo que se pretende criar. Como as atividades de processamento podem ser estudadas com um certo grau de aprofundamento em outros capítulos deste livro, notadamente nos Capítulos 3, 4, 6, 7 e 8 sobre as Redes Neurais Artificiais e a Aprendizagem de Máquina, vamos dar mais ênfase focar apenas no que se refere às duas primeiras atividades mencionadas, quais sejam, o particionamento (*tokenization*) e a vetorização, incluindo a incorporação (*embedding*), necessárias para realizar as tarefas inerentes ao processamento da linguagem natural (NLP).

14.2.1 PARTICIONAMENTO DOS DADOS BRUTOS DE ENTRADA (*TOKEN*IZAÇÃO)

É o procedimento utilizado para separar um objeto bruto, por exemplo sequência de palavras (sentença), texto e imagem, em partes menores, visando sua aplicação no sistema de processamento escolhido (modelo) para atingir um o resultado desejado, como a interação da máquina com humanos (conversação), a tradução de idiomas e o reconhecimento facial. Cada uma das partes obtidas pela separação é chamada de *token*, que pode ser uma parte de uma sequência de caracteres (palavras), uma sentença retirada de um documento, um pedaço de uma imagem (*patch*) ou qualquer parte retirada de um contexto original de maior tamanho. Resumidamente, *tokens* são pedaços significativos retirados de um objeto maior ou de um contexto maior.

No caso do Processamento da Linguagem Natural (NLP), o particionamento (*tokenização*) é definido como a separação de uma sentença em palavras ou subconjuntos de caracteres, incluindo os caracteres especiais e pontuação, de acordo com um dicionário usado como referência, no qual as palavras provenientes do processo de separação se encontram relacionadas no dicionário escolhido.

Existem vários dicionários que podem ser utilizados como plataforma para a separação dos dados brutos (*tokenização*), facilitando a incorporação dos dados de entrada no modelo, inclusive oferecendo padrões de avaliação (*benchmark*) para aplicativos desenvolvidos com base no dicionário usado.

Embora sejam intuitivas as vantagens de se utilizar dicionários para separar uma sentença em palavras (*tokens*), estes métodos podem enfrentar problemas para grandes corpos ou conjuntos, formados pelas palavras, caracteres especiais e pontuação, podendo gerar um dicionário bastante extenso, na ordem de milhões de *tokens*, apesar dos idiomas convencionais não superarem a casa de centenas de milhares de palavras.

Para facilitar o entendimento, vamos apresentar uma ilustração simplificada e hipotética do processo de particionamento (*tokenização*). Suponha o Dicionário formado pelas palavras (*tokens*), mostrado a seguir:

Dicionário	e	é	o	mar	céu	azul	verde	.	espaço

Suponha agora que se pretende particionar (*tokenizar*) a seguinte sentença: "o céu é azul.", que assume o formato:

Sentença	o céu é azul.

⇓ Particionamento (*tokenização*)

Tokenização	'o'	espaço	'céu'	espaço	'é'	espaço	'azul'	'.'

14.2.2 VETORIZAÇÃO DAS PALAVRAS

A rotulagem numérica das palavras (*tokens*) é um artifício matemático que serve para alimentar os sistemas de processamento (modelos) com as palavras como se, fossem números, normalmente na forma de vetores, possibilitando assim a alimentação do objeto particionado numericamente codificado, pelo fato das redes neurais somente manipularem dados numéricos. O procedimento é similar quando se trata de imagens (*patches*), diferindo somente na forma de organizar os números representativos das imagens, normalmente segmentados e dispostos numericamente em uma matriz. É interessante registrar que alguns autores usam a terminologia tensor, ao invés de vetor, por considerarem rigorosamente que um vetor é definido pelo seu valor, direção, sentido e um ponto de aplicação (isso vem da Mecânica Clássica) e, como se trata de figuras e palavras, entre outros objetos, é impossível definir um ponto de aplicação, por isso esses autores preferem usar o termo tensor.

Claro, essas técnicas de vetorização são usadas para tornar os algoritmos de máquina mais práticos e eficientes, não somente quanto à qualidade, mas principalmente buscando rapidez do treinamento. Essas estruturas matemáticas procuram captar e registrar uma ou mais características dos *tokens*, possibilitando a realização de normalização, comparação e ordenação, para cumprir alguma tarefa intermediária necessária para satisfazer o objetivo do modelo proposto.

Dessa maneira, utilizando-se uma codificação adequada é possível alimentar um Modelo Grande de Linguagem (LLM) com as correspondentes entradas, utilizando-se apenas de valores numéricos, devido às redes neurais operar somente com esse tipo de representação dos dados. É interessante registrar que foram usados os números inteiros, mas poderiam ser números reais (com ponto decimal ou notação de ponto flutuante), números binários ou código Gray (ver Apêndice B).

Token	"o"	espaço	"céu"	espaço	"é"	espaço	"azul"	"."
Valor	3	9	5	9	2	9	6	8

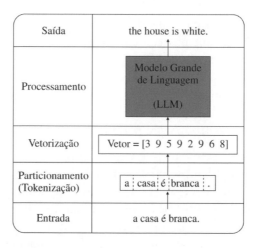

Figura 14.2 – Particionamento (*token*ização).

Verifica-se, portanto, que nesse caso hipotético, o vetor [3 9 5 9 2 9 6 8] poderá ser facilmente alimentado na entrada de um modelo de linguagem. Por fugir do escopo deste livro, para maiores detalhes, sugere-se consultar as publicações disponíveis sobre as diversas técnicas de vetorização existentes na literatura especializada, sendo que a mais simples delas é denominada de *one-hot* (um-ligado), na qual todas as posições do vetor são preenchidas com 0 (desligado), exceto uma posição específica que é preenchida com 1 (ligado), posição esta escolhida para identificar univocamente determinada palavra da sentença. Exemplificando, suponha a seguinte sentença "o computador é uma máquina". Uma possível vetorização do tipo *one-hot* seria (para alguns termos técnicos estrangeiros são preferíveis manter no idioma original, como é o caso de *one-hot*):

Tabela 14.1 – Vetorização *one-hot*

"o computador é uma máquina"	
Palavra (*token*)	Vetor
"o"	[**1** 0 0 0 0]
"computador"	[0 **1** 0 0 0]
"é"	[0 0 **1** 0 0]
"uma"	[0 0 0 **1** 0]
"máquina"	[0 0 0 0 **1**]

14.2.2.1 Incorporação (*Embedding*)

A técnica de incorporação, em inglês denominada de *embedding* (em português, significa incorporar, embutir ou embarcar, entre outras), está sendo inserida propositalmente como um subitem da vetorização, por entender que, neste caso, além de codificar os objetos na forma numérica, também pretende-se incorporar na estrutura do vetor, componentes que sejam capazes de capturar, de forma eficiente, possíveis relações de afinidade, similaridade ou proximidade semântica, que porventura existam entre o objeto sendo codificado e os outros objetos pertencentes ao contexto de interesse.

Em termos do processamento da linguagem natural (NLP), incorporação (*embedding*) significa trazer para dentro do vetor de uma palavra as relações de afinidade, similaridade ou proximidade semântica, existentes com as outras palavras da mesma sentença. Apenas a título de ilustração, será apresentado um exemplo simplificado, passo a passo, de como funciona numa técnica para incorporação das relações de afinidade semântica, de uma palavra (*token*) em relação às demais palavras da sentença. Para isso, será escolhida uma sentença conforme os passos a seguir:

Modelagem em grande escala

- Passo 1: Tomar como exemplo a sentença "o computador é uma máquina".
- Passo 2: Fazer a *token*ização da sentença (não serão considerados os espaços e o ponto final, para fins de simplificação).

Tokens	"o"	"computador"	"é"	"uma"	"máquina"

- Passo 3: Fazer a vetorização da sentença (será usado o método *one-hot*) (Tabela 14.1).

"o computador é uma máquina"	
Palavra (*token*)	**Vetor**
"o"	[**1** 0 0 0 0]
"computador"	[0 **1** 0 0 0]
"é"	[0 0 **1** 0 0]
"uma"	[0 0 0 **1** 0]
"máquina"	[0 0 0 0 **1**]

- Passo 4: Criar uma matriz de afinidade.

Nesse exemplo, os *tokens* serão dispostos em linhas e colunas de uma matriz 5x5, em que cada elemento da matriz representa uma pontuação (*score*) valorativa da afinidade semântica entre eles. Normalmente, essa pontuação corresponde aos pesos de uma rede neural pré-treinada, suficiente para cobrir sentenças contendo muitos *tokens*, inclusive os sinais especiais do dicionário. No caso desse exemplo, por questão de simplicidade, os pesos serão atribuídos com base numa avaliação grosseira das afinidades semânticas entre os *tokens*, servindo somente para ilustração.

Tabela 14.2 – Matriz de afinidades semânticas entre os *tokens*

	"o"	"computador"	"é"	"uma"	"máquina"
"o"	1,0	0,6	0,1	0,1	0,1
"computador"	0,6	1,0	0,4	0,1	0,8
"é"	0,1	0,4	1,0	0,4	0,1
"uma"	0,1	0,1	0,4	1,0	0,6
"máquina"	0,1	0,8	0,1	0,6	1,0

Observe que a matriz numérica 5x5 da tabela anterior contém valores entre 0,1 (afinidade fraca) até 1,0 (afinidade forte), inclusive.

- Passo 5: Fazer a incorporação (*embedding*) das afinidades semânticas para dentro do vetor do *token*.

Foi escolhido o *token* "computador", cujo vetor é [0 1 0 0 0] (ver o Passo 3), para realizar a operação de incorporação (*embedding*), o que importa em determinar o vetor correspondente que contém as afinidades do *token* "computador" em relação aos demais *tokens* da sentença. Para conseguir este propósito, basta multiplicar o vetor *one-hot* do *token* "computador" pela matriz de afinidade, conforme mostrado a seguir:

[0 1 0 0 0] x

1,0	0,6	0,1	0,1	0,1
0,6	1,0	0,4	0,1	0,8
0,1	0,4	1,0	0,4	0,1
0,1	0,1	0,4	1,0	0,6
0,1	0,8	0,1	0,6	1,0

 = [0,6 1,0 0,4 0,1 0,8]

Finalmente, verifica-se que o vetor de incorporação posicionado no lado direito da última igualdade revela as seguintes afinidades semânticas do *token* "computador", em porcentagem (%):

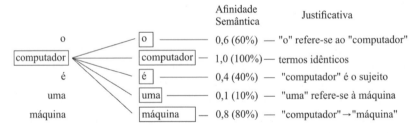

Figura 14.3 – Afinidades semânticas do *token* "computador".

A técnica da incorporação (*embedding*) está presente em muitas aplicações práticas, como na tradução automática de idiomas e na classificação de entidades categóricas multivalentes. A literatura disponibiliza várias tecnologias usadas para essa finalidade, como *Bag of Words* (BOW), *Word2Vec*, *Global Vector* (GloVe), *Bidirectional Encoder Representation from Transformers* (BERT) etc.

14.2.3 PROCESSAMENTO

Frequentemente é utilizada uma rede neural profunda (DNN), associada a mecanismos de posição e de contexto, com o pré-treinamento da rede feito usando-se o

Modelagem em grande escala   391

método supervisionado da Propagação Retroativa do Erro (*Backpropagation*), que resumidamente consiste na evolução da entrada para a saída (*feedforward*), a fim de calcular o erro local (individual) em cada uma das saídas da rede, por meio da comparação do seu valor corrente (atual) com o valor desejado.

O total dos erros ocorridos devido à alimentação de todas as entradas é então calculado e comparado com o erro total tolerável pela rede em questão (pode ser um valor previamente arbitrado pelo usuário ou fixado internamente no programa ou aplicativo). E, caso seja maior que essa tolerância, então é gerado um sinal de erro, que será propagado da saída para a entrada (*backward*), visando ajustar os pesos sinápticos da rede, com o objetivo de reduzir gradativamente o próximo erro total a ser calculado, isso após cada nova aplicação das entradas de treinamento (*feedforward*), até a convergência final da rede neural. Vê-se, portanto que se trata de um processo iterativo de convergência, até que se consiga fazer que o erro total na saída da rede seja menor ou igual à tolerância escolhida previamente (hiperparâmetro). É importante ressaltar que, dependendo da quantidade de dados (entradas) e de pesos a serem ajustados, o treinamento de uma rede neural pode se tornar um processo muito demorado, o que exige que sejam pré-treinadas separadamente, usando a técnica de processamento paralelo.

Com a rede treinada (modelo), já é possível utilizá-la para fazer predições (fase de generalização), quando serão aplicadas novas entradas originando os sinais internos por meio de seus pesos, que evoluirão exclusivamente da entrada para a saída (*feedforward*), de tal forma que as respectivas saídas do modelo certamente fornecerão as respostas desejadas (predição), caso a rede tenha sido treinada corretamente.

14.3 O TRANSFORMADOR (*TRANSFORMER*)

O Transformador é uma arquitetura de modelo grande, criado pela equipe de especialistas da Google e outros cientistas (Vaswani et al., 2017), que vem tendo muita repercussão na atualidade como uma vanguarda da inteligência cognitiva, embora ainda restem algumas dificuldades a serem superadas (toxidade, inconsistência e enviesamento). Tem a finalidade de implementar um procedimento matemático da Autoatenção (*Self-Attention*), que consiste em atribuir uma pontuação (*score*) a determinada palavra por ocupar uma posição na sentença, como também pelo seu grau de afinidade em relação às demais palavras existentes na mesma sentença. Para o caso desse procedimento vir a ser aplicado em sentenças de um mesmo texto ou documento, ao invés de palavras de uma mesma sentença, ele é chamado simplesmente de Atenção (*Attention*).

De maneira objetiva, o mecanismo de Atenção, modelado na forma numérica, tornou-se a essência dos sistemas generativos, o qual tem a finalidade de extrair as características relevantes de um objeto ou de um conjunto de objetos sob observação, bem como as suas relações de afinidade ou de similaridade. Sua principal utilização é solucionar tarefas de predição, que se traduzem no preenchimento de uma lacuna (máscara) ou completar uma sequência (continuidade), em aplicações de geração de textos e de imagens. Vale ressaltar que, após a realização da tarefa de mascaramento ou de continuidade, o objeto na sua totalidade como também as suas partes constituintes devem atender a solução correta do problema que se propõe resolver.

Entretanto, tem sido observado atualmente a ocorrência de uma fragilidade com os sistemas generativos (por exemplo, o transformador), pois embora as suas ações possam estar aparentemente corretas, em algumas ocasiões o conteúdo gerado desvirtua do contexto real, produzindo assim problemas de viés e/ou de incongruência, sendo este último por vezes chamado de alucinação, como se fosse uma manifestação não aderente à realidade.

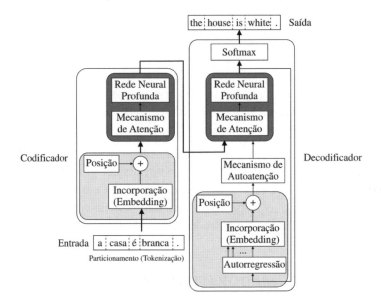

Figura 14.4 – Esquema do Transformador (adaptado de Vaswani et al.).

A arquitetura do Transformador é constituída de um codificador (*encoder*) e de um decodificador (*decoder*) com estruturas semelhantes, que têm a finalidade de captar e reproduzir o contexto, batizado pelos autores como um mecanismo de Atenção (*Attention*). Portanto, trata-se de uma arquitetura dedicada, construída com a finalidade de servir como uma ferramenta de NLP, com procedimentos matemáticos empíricos próprios, que prometem entregar um produto eficiente em tarefas da linguagem natural.

Esse modelo utiliza a técnica de autorregressão (AR), na qual a saída depende de um conjunto de entradas organizadas de alguma maneira, chamadas de regressores, lógico além da entrada principal. É importante ressaltar que as palavras (*tokens*), que formam a sequência de regressores da entrada (*input*), não guardam uma relação temporal ou de distância entre si, e tampouco com a saída (*output*), revelando-se uma propriedade muito vantajosa, pois permite o emprego da técnica de processamento paralelo.

A paralelização no processamento é bastante desejada porque reduz expressivamente o tempo de treinamento dos modelos grandes, vantagem exibida pelo Transformador (*Transformer*), conhecido por ser um modelo autorregressivo (*AutoRegressive - Large Language Model*, AR-LLM).

Para melhor compreensão sobre o funcionamento de cada bloco que compõe o Transformador, sugere-se consultar vários artigos disponíveis na internet, por exemplo, o artigo intitulado *The Illustrated Transformer*, de Jay Alammar, 2018.

14.4 OUTRAS TECNOLOGIAS DE MODELO GRANDE (LM)

Quanto à aplicação de redes neurais artificiais, além das Redes Neurais Profundas (*Deep Neural Networks* - DNN) usadas atualmente nos modelos grandes, também são utilizadas as Redes Neurais Recorrentes (*Recurrent Neural Networks* – RNN) (ver Capítulo 3) e as Redes Neurais Convolucionais (*Convolucional Neural Networks* – CNN) (ver Capítulo 4).

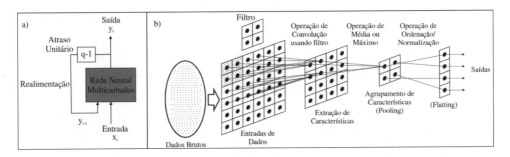

Figura 14.5 – Arquiteturas Avançadas: a) Rede Recorrente; b) Rede Convolucional.

Entretanto, as RNNs apresentam a desvantagem de possuir realimentação da saída indexada no tempo (recorrência), ou seja, um evento futuro depende de um evento passado imediatamente anterior, o que impede a paralelização do processamento, resultando num tempo de treinamento normalmente muito elevado. No que se refere às CNNs, embora seja possível a paralelização, aqui a dificuldade está relacionada com o aumento exagerado da quantidade de operações matemáticas realizadas durante a filtragem, que irão depender da dimensão da matriz dos dados de entrada e da matriz do filtro adotado para a realização da operação de convolução propriamente dita.

14.5 CONCLUSÕES

Atualmente existem vários modelos grandes sendo usados ou também em desenvolvimento por grandes empresas de tecnologia, com aplicação no processamento de imagens e da linguagem escrita e falada, como o reconhecimento de pessoas e tradutores de idiomas.

Este capítulo tem um foco especial na classe dos Modelos Grandes de Linguagem (LLMs), cada um deles com suas características próprias, sendo que alguns já se fazem presentes equipando alguns aplicativos de busca na internet, robôs de conversação, tradutores de idiomas etc.

Foi praticamente a partir do artigo intitulado *Attention is All You Need* (Vaswani et al., 2017), que os mecanismos de Atenção passaram a integrar os procedimentos de modelagem de sequências de objetos (palavras ou *tokens*, imagens etc.), possibilitando o mapeamento das relações de dependência e de afinidade (contexto) porventura existentes entre estes objetos, sem levar em consideração suas posições relativas nas sequências de entrada ou de saída. Em síntese: o mecanismo da Atenção visa focar nas características particulares dos dados de interesse, de modo a preservar a integridade da sequência original, de modo a manter a fidedignidade da informação nela contida.

Por outro lado, na atualidade muito se tem discutido sobre os aspectos éticos e legais envolvidos na utilização dessas tecnologias de Inteligência Artificial (IA), principalmente no que se refere à vulnerabilidade para ocorrências ainda incontroláveis de eventos indesejados (toxidade, enviesamento, conteúdos agressivos etc.), como também possíveis mudanças na demanda por carreiras profissionais do mercado de trabalho, que poderiam advir com o uso da Inteligência Artificial (IA), motivo de preocupação crescente por parte da sociedade e dos órgãos reguladores no mundo inteiro.

Finalizando, é interessante registrar que, por ocasião do fechamento deste livro, existiam no mundo cerca de 50 modelos grandes de linguagem (LLMs) mais conhecidos (Yang et al., 2023), desenvolvidos por diversas empresas e instituições, sendo alguns de código aberto e outros de código fechado. Com certeza, a sociedade global está prestes a vivenciar (se já não está vivenciando) mudanças provocadas pela utilização, cada vez maior, dessa nova tecnologia revolucionária.

PARTE III
APÊNDICES

APÊNDICE A
Método da propagação retroativa do erro (*Error Backpropagation*)

A.1 INTRODUÇÃO

Atualmente, as Redes Neurais Artificiais – RNA dispõem de um algoritmo de aprendizagem muito eficiente, baseado no Método da Propagação Retroativa do Erro, em inglês, *Error Backpropagation*, ou chamado simplesmente de *Backpropagation*. Mas, como surgiu esse método engenhoso, muito popular e o mais usado para o treinamento das redes neurais supervisionadas, contendo múltiplas camadas?

As raízes do *Backpropagation* remontam ao neurônio de McCulloch e Pitts, de 1943, evoluindo gradativamente por intermédio de várias regras de aprendizagem que surgiram até sua criação definitiva em 1986, não podendo deixar de mencionar o período em que as redes neurais praticamente ficaram estagnadas ("inverno" das RNA), devido às limitações do *Perceptron* descritas no livro de Minsky e Papert (1969 *apud* 1988). A Regra Delta (1959) teve o mérito de introduzir, pela primeira vez na história do conexionismo, as funções de ativação contínuas (deriváveis), que são verdadeiramente a base do *Backpropagation*. Até então, os trabalhos publicados só davam conta de aplicações com a função limiar (*threshold*), por exemplo, o *Perceptron* de Rosenblatt (1957) (para mais detalhes, ver o Capítulo 3).

Historicamente, a sequência de eventos que culminaram com o *Backpropagation*, a qual é mostrada na linha do tempo da figura a seguir:

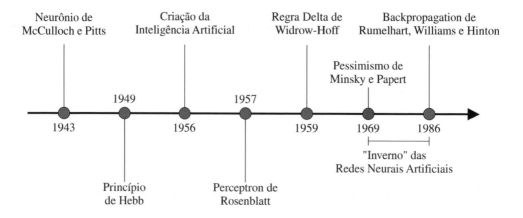

Figura A.1 – RNA: do neurônio de McCulloch e Pitts até o *Backpropagation*.

Em termos matemáticos, essa evolução ocorreu com inovações no cálculo do ajuste ou correção no valor dos pesos sinápticos, como é possível observar nas fórmulas a seguir (Nota: nesta seção, os índices das variáveis serão omitidos, em boa parte dos desenvolvimentos, para facilitar a leitura, porém sem perda de generalidade):

- Neurônio de McCulloch e Pitts (MCP)

Inicialmente será reapresentado o modelo estrutural do neurônio MCP, divulgado no artigo com o título *A Logical Calculus of the Ideas Immanent in Nervous Activity*, em 1943, que não seria absurdo denominá-lo como o Algoritmo Zero da abordagem conexionista. O modelo mostrado aqui ainda está na sua forma original, com a entrada do limiar de operação (*threshold*) sendo realizada diretamente dentro da estrutura do neurônio artificial.

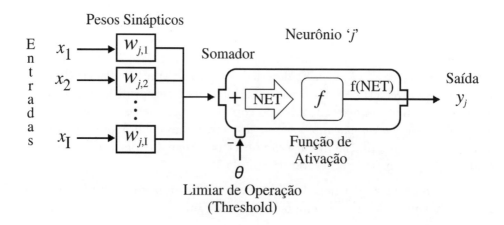

Figura A.2 – Modelo original do neurônio de MCP.

Assim, o neurônio MCP representado na forma matricial, é dado por:

$$y_j = f(\Sigma W^T X - \theta) \tag{A.1}$$

em que o símbolo Σ representa a soma de todos os produtos dos pesos sinápticos pelas respectivas entradas, $W^T X$, sendo que W^T é a transposta do vetor-coluna dos pesos sinápticos, X é o vetor-coluna dos sinais de entrada para o neurônio j, ou seja:

$$W = \begin{bmatrix} w_{j,1} \\ w_{j,2} \\ \vdots \\ w_{j,I} \end{bmatrix} \qquad X = \begin{bmatrix} x_1 \\ x_2 \\ \vdots \\ x_I \end{bmatrix}$$

em que θ é o *threshold* ou limiar de operação do neurônio. A expressão entre parênteses $\Sigma W^T X - \theta$ corresponde à entrada NET da função de ativação do neurônio, ou seja,

$$y_j = f(NET), \text{ sendo } NET = \Sigma W^T X - \theta$$

- Princípio de Hebb

Donald Hebb (1949) apresentou o primeiro algoritmo de aprendizagem das redes neurais artificiais, ao afirmar que o valor do peso sináptico varia de acordo com os sinais pré e pós-sinápticos (ver Capítulo 3), conforme figura a seguir:

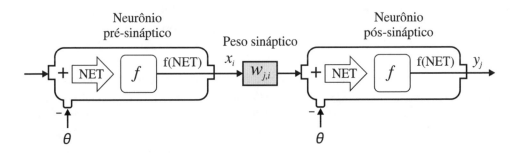

Figura A.3 – Esquema do Princípio de Hebb.

em que o peso sináptico é representado por $w_{j,i}$, segundo a convenção adotada de que 'i' é o neurônio de origem (pré-sináptico) e 'j' é o neurônio de destino (pós-sináptico).

O Princípio de Hebb pode ser descrito matematicamente, de acordo com a seguinte expressão (ver Equação (3.13):

$$\Delta w_{j,i}(t) = \eta y_j(t)x_i(t) \tag{A.2}$$

em que a constante η (letra grega, lê-se *Eta*) é chamada de constante ou taxa de aprendizagem (*learning rate*), responsável pela velocidade de convergência do algoritmo de aprendizagem. Essa equação simplista afirma que a variação ocorrida no peso sináptico é calculada apenas multiplicando-se a constante de aprendizagem pelos valores dos sinais de saída dos neurônios situados antes e depois da correspondente ligação sináptica.

- *Perceptron*

Frank Rosenblatt anunciou o *Perceptron* em 1957 (Minsky & Papert, 1988, reedição expandida de 1969). Trata-se da primeira regra de aprendizagem, sendo originária do Princípio de Hebb, ainda utilizando o neurônio tradicional de McCulloch e Pitts, isto é, um somador e uma função de ativação limiar, cuja derivada é nula ou não existe (ponto de descontinuidade). Essa regra de aprendizagem foi implementada inicialmente usando somente um neurônio e várias entradas, em um dispositivo eletrônico chamado Mark I, e testada na classificação de padrões bivalentes ou binários.

A regra de aprendizagem do *Perceptron* de Rosenblatt tem apenas valor histórico, sendo que, para uma rede com um neurônio e várias entradas, é dada por (Zurada, 1992):

$$\Delta w = \eta(d - y)X = \eta[d - sgn\,(W^T X)]X \tag{A.3}$$

em que Δw é o vetor de ajuste dos pesos sinápticos, d é o padrão da saída desejado, y é a saída corrente calculada por $sgn\,(W^T X)$, sendo $sgn(.)$ a função sinal cujo valor é −1 ou +1, e X é o vetor dos padrões de entrada usados no treinamento.

- Regra Delta

Criada por Widrow e Hoff, em Stanford no ano de 1959, pode ser considerada de fato como a origem do *Backpropagation* (1986), apesar de ter havido o enorme lapso de tempo de 27 anos entre eles! A Regra Delta, quando surgiu, propunha uma solução matematicamente mais elaborada e eficiente para o primeiro algoritmo de aprendizagem, usando função de ativação linear, com declividade unitária ($\beta = 1$), diferentemente do algoritmo de Hebb (1949) e do *Perceptron* de Rosenblatt (1958), que utilizavam a função limiar (*threshold*) como função de ativação do neurônio.

Para a sua proposição, Widrow e Hoff se inspiraram no desenvolvimento da série de Taylor, tomando até o termo de primeiro grau, combinando com a otimização de uma função custo quadrática, conforme é possível apreender pelo raciocínio evidenciado na passagem de uma fórmula para outra, e que será mostrado na sequência a seguir, porém não sem antes estabelecermos algumas premissas básicas:

- A rede neural possui várias entradas, nenhuma camada escondida e apenas 1 neurônio na camada de saída, sendo então chamada de Adaline;

Método da propagação retroativa do erro

- A soma das entradas no neurônio é chamada de *NET*, sendo calculada por

$$NET = \sum W^T X - \theta \tag{A.4}$$

em que o símbolo Σ significa somatório dos produtos da transposta do vetor dos pesos sinápticos pelas respectivas entradas, menos o limiar de operação θ (*threshold*);

- O valor de saída do neurônio é dado por

$$y = f(NET) \tag{A.5}$$

- O erro E na saída do neurônio é calculado pela função quadrática, dada por

$$E = \frac{1}{2}(d - y)^2 \tag{A.6}$$

em que d é o valor desejado (professor) para a saída do neurônio em consideração. Uma função custo serve para avaliar o erro cometido na aprendizagem, em relação a uma saída considerada pelo professor como correta, por isto, chamada de saída desejada. É a expressão que serve de base para o processo de otimização dos pesos sinápticos da rede neural, que aqui se trata de um processo de minimização do erro. Essa expressão também revela que a otimização a ser realizada é do tipo denominado de Método dos Mínimos Quadrados ou Menor Média Quadrática (*Least Mean Square* – LMS).

Após as premissas serem estabelecidas, vamos agora obter a Regra Delta, seguindo os seguintes passos:

1º) Desenvolver a função erro $E(w)$ em série de Taylor, tomando apenas até o termo de primeira ordem (linear), de modo a obter:

$$E(w + \Delta w) = E(w) + [\nabla_w E(w)]^T \Delta w$$

$$E(w + \Delta w) - E(w) = [\nabla_w E(w)]^T \Delta w$$

$$\Delta E(w) = [\nabla_w E(w)]^T \Delta w \tag{A.7}$$

em que a expressão entre os colchetes representa o gradiente da função erro E, calculado em relação aos pesos sinápticos w, e T significa a operação de transposição de matriz.

Observando atentamente a última equação, vê-se que é possível fazer com que a variação do erro dependa somente do peso sináptico, podendo assim ser feito tão pequeno quanto se deseja, a menos dos erros ocasionados pela aproximação da máquina, caso seja escolhido como:

$$\Delta w = -\eta \nabla_w E(w) = -\eta \frac{\partial E(w)}{\partial w} \tag{A.8}$$

exprimindo-se a variação do erro global dado pela Equação (A.7) como uma função da constante de aprendizagem. A Equação (A.8) nada mais é do que a expressão do Método da Descida do Gradiente (*Gradient Descent*), no qual o sinal negativo foi inserido para que o sentido de variação da derivada seja para baixo, isto é, no sentido decrescente, em direção a um valor mínimo da função erro E, fazendo com que método consiga atingir o seu objetivo, que é minimizar o erro de aprendizagem. Agora é preciso encontrar uma expressão que dê o valor de $\nabla_w E(w)$;

2º) Para calcular o valor do gradiente do erro E, isto é, de $\nabla_w E(w)$, vamos minimizar a função custo dada pela Equação (A.6), tendo em conta que o valor da saída corrente y é dado pela Equação (A.5), ou seja:

$$E = \frac{1}{2}(d - y)^2$$

$$\nabla_w E(w) = -(d - y)\frac{\partial y}{\partial w} = -(d - y)\frac{\partial f(NET)}{\partial w}$$

Aplicando a Regra da Cadeia (ver Anexo C), virá:

$$\nabla_w E(w) = -(d - y)\frac{\partial f(NET)}{\partial w} = -(d - y)\frac{\partial f(NET)}{\partial NET}\frac{\partial NET}{\partial w}$$

Como $NET = \sum W^T X - \theta$, tem-se que $\frac{\partial NET}{\partial w} = X$. Substituindo, virá (o índice da entrada x foi omitido por razão de simplicidade, sem prejuízo do resultado):

$$\nabla_w E(w) = -(d - y)f'(NET)X \tag{A.9}$$

Agora, substituindo a Equação (A.9) na Equação (A.8), obtém a expressão que permite corrigir o valor do peso sináptico, qual seja:

$$\Delta w = \eta(d - y)f'(NET)X \tag{A.10}$$

3º) Tendo em vista a Equação (A.10), convencionou-se denominar de sinal de erro delta (δ), a expressão que fornece o produto do erro local ($d-y$) pela derivada da função de ativação $f'(NET)$, qual seja:

$$\delta = (d - y)f'(NET) \tag{A.11}$$

Usando a Equação (A.11) na Equação (A.10), surge assim a Regra Delta, que é:

$$\Delta w = \eta \delta X \tag{A.12}$$

a qual permite corrigir o valor dos pesos sinápticos, sendo η a constante de aprendizagem, δ o sinal de erro local e X o vetor das entradas no peso sináptico.

Então, em 1959, a comunidade científica já tinha conhecimento da Regra Delta, aplicada às redes com funções de ativação contínuas (deriváveis), entretanto, não sabiam ainda como estender a Regra Delta para as redes com camadas ocultas, isto é, com mais de 2 camadas (entrada + saída). Somente em 1986, Rumelhart, Williams e Hinton, conseguiram um algoritmo para esse fim, que passou a ser conhecida como Regra Delta Generalizada, o qual foi denominado oficialmente de Propagação Retroativa do Erro, em inglês, *Error Backpropagation*, ou simplesmente *Backpropagation*.

Será visto à frente, que o que os três cientistas R-W-H fizeram, foi adaptar a Regra Delta de Widrow-Hoff para também corrigir os pesos da última camada de pesos, e retroativamente, também corrigir os pesos das camadas iniciais da rede neural, daí o nome de retropropagação do erro.

Por se tratar do algoritmo mais importante das Redes Neurais Artificiais, será dedicado a seguir, uma seção inteira para apresentar detalhadamente todo o seu desenvolvimento matemático, e como realmente ele atinge o objetivo de corrigir os pesos de uma rede neural multicamadas, processando de modo iterativo, portanto, apropriado para os computadores digitais que evoluíam rapidamente, não só na velocidade de processamento como em capacidade de memória de trabalho.

A.2 ALGORITMO DA PROPAGAÇÃO RETROATIVA DO ERRO (*ERROR BACKPROPAGATION*)

O objetivo é encontrar uma regra capaz de ajustar os pesos sinápticos da rede neural artificial, do tipo supervisionada, com base em um conjunto de pares de entrada-saída, denominados padrões de aprendizagem. A questão pode ser colocada da seguinte forma: se os pesos sinápticos forem considerados como elementos de uma matriz W, então o processo de aprendizagem consiste na determinação da matriz W^* que minimiza uma função erro total (ou função custo) E, escolhida previamente, e que de alguma forma deve levar em conta todos os erros locais ocorridos nas saídas da rede neural.

O método denominado de Propagação Retroativa do Erro – PRE (*Error Backpropagation*) é o método de aprendizagem mais difundido para ajustar os pesos sinápticos da rede neural artificial (Narendra & Parthasarathy, 1989), cujo desenvolvimento matemático em sua versão básica será apresentado a seguir. A expressão "versão básica" é usada para indicar que o mesmo pode ser enriquecido com técnicas auxiliares, que também serão vistas mais adiante, visando uma melhoria de desempenho.

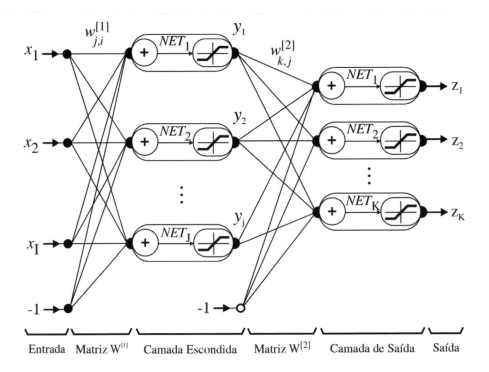

Figura A.4 – Rede Neural Multicamadas (RNM).

O método PRE básico executa a atualização (ou adaptação) dos pesos sinápticos de uma rede neural, de acordo com a seguinte expressão:

$$W^{[c+1]} = W^{[c]} + \Delta W^{[c]} \tag{A.13}$$

em que ΔW é a matriz de ajuste dos pesos sinápticos no ciclo ou época c, calculada por

$$\Delta W^{[c]} = -\eta \nabla E^{[c]} \tag{A.14}$$

em que η é a constante de aprendizagem e ∇E é o gradiente da função erro E. Essa última expressão é conhecida como Método da Descida do Gradiente (*Gradient Descent*), muito utilizado na solução de problemas de otimização irrestrita (Friedlander, 1994).

Para melhor clareza de exposição, é necessário definir inicialmente:

- Número de Pontos de Treinamento *NPTR*:

É a quantidade de pares de entrada/saída que servirão de padrão de aprendizagem para o treinamento da RNM.

Método da propagação retroativa do erro

- Sinal de Entrada do p-ésimo ponto de treinamento:

$$X_{p,i} = [\, x_{p,1} \quad x_{p,2} \ldots \ldots x_{p,I} \,]^{T} \tag{A.15}$$

para $p = 1, 2, \ldots, NPTR$ e $i = 1, 2, \ldots, I + 1$.

- Sinal Intermediário correspondente à p-ésima entrada:

$$Y_{p,j} = [\, y_{p,1} \quad y_{p,2} \quad y_{p,J} \,]^{T} \tag{A.16}$$

para $p = 1, 2, \ldots, NPTR$ e $j = 1, 2, \ldots, J + 1$

- Sinal de Saída correspondente à p-ésima entrada:

$$Z_{p,k} = [\, z_{p,1} \quad z_{p'2} \quad z_{p,K} \,]^{T} \tag{A.17}$$

para $p = 1, 2, \ldots, NPTR$ e $k = 1, 2, \ldots, K$.

- Matriz $W^{[1]}$ de pesos sinápticos:

$$W^{[1]} = \begin{bmatrix} w_{1,1}^{[1]} & \cdots & w_{1,I+1}^{[1]} \\ \vdots & \cdots & \vdots \\ w_{J,1}^{[1]} & \cdots & w_{J,I+1}^{[1]} \end{bmatrix} \tag{A.18}$$

- Matriz $W^{[2]}$ de pesos sinápticos:

$$W^{[1]} = \begin{bmatrix} w_{1,1}^{[2]} & \cdots & w_{1,J+1}^{[2]} \\ \vdots & \cdots & \vdots \\ w_{K,1}^{[2]} & \cdots & w_{K,J+1}^{[2]} \end{bmatrix} \tag{A.19}$$

- Sinal de Ativação do neurônio j correspondente à p-ésima entrada:

$$NET_{p,j} = [\, NET_{p,1} \quad NET_{p,2} \quad NET_{p,J} \,]^{T} \tag{A.20}$$

para $p = 1, 2, \ldots, NPTR$.

- Sinal de Saída Desejada para o neurônio k correspondente a p-ésima entrada:

$$d_{p,k} = [\, d_{p,1} \quad d_{p,2} \quad d_{p,K} \,]^{T} \tag{A.21}$$

para $p = 1, 2, \ldots, NPTR$.

- Tolerância

Tol $\tag{A.22}$

Finalmente é escolhida uma função quadrática para o erro E, de tal forma a garantir a convergência global dos pesos sinápticos (Friedlander, 1994), como o somatório do quadrado de todos os erros de saída da rede neural, calculados para cada padrão de treinamento (Cichocki & Unbehauem, 1993), dada por:

$$E = \frac{1}{2} \sum_{p=1}^{NPTR} \sum_{k=1}^{K} \left(d_{p,k} - z_{p,k} \right)^2 \tag{A.23}$$

em que $d_{p,k}$ *é a saída desejada e* $z_{p,k}$ é a saída atual da rede neural, para o ponto de treinamento *p e saída k*; somente a título de informação, no Capítulo 3 estas variáveis foram escritas simplesmente como d_k e z_k, respectivamente.

A seguir, é iniciado o desenvolvimento matemático da metodologia da Propagação Retroativa do Erro (*Backpropagation*) que, a *primeira fase*, consiste em ajustar (ou adaptar) os valores dos pesos sinápticos w de cada conexão existente entre os neurônios da camada de saída e os da camada precedente, de maneira que o erro total E seja igual ou menor que uma tolerância previamente estabelecida, isto é, tal que $E \leq Tol$. A *segunda fase*, ainda perseguindo o propósito de minimizar o erro global E, consiste em ajustar os pesos sinápticos w de cada conexão existente entre os neurônios da última camada intermediária (ou escondida) e os da camada precedente e assim sucessivamente, fazendo com que o sinal de erro se propague retroativamente até ajustar a primeira matriz $W^{[1]}$ da Rede Neural Multicamadas (RNM).

É oportuno registar que essa metodologia executa o ajuste dos pesos sinápticos no sentido da saída para a entrada (*backward*), enquanto a evolução da rede se dá no sentido da entrada para a saída (*forward*). Apenas para simplicidade expositiva, sem perda de generalidade, o raciocínio será conduzido para um ponto de treinamento ($p = 1$) e uma camada escondida, podendo, entretanto, ser estendido para configurações maiores.

A.3.1 PRIMEIRA FASE DA METODOLOGIA DE PROPAGAÇÃO RETROATIVA DO ERRO

Tem o objetivo de encontrar uma expressão matemática que possibilite executar o ajuste dos pesos sinápticos da matriz que conecta a camada de saída com a camada escondida precedente, neste caso representado por $W^{[2]}$, conforme mostrada na Figura A.4, e que atenda a tolerância estabelecida para o erro total da rede, ou seja, $E \leq Tol$. Visando também a simplicidade de exposição, será omitido o índice 2 da matriz $W^{[2]}$ e de seus respectivos elementos. O termo ΔW, que aparece na Equação (A.13), é uma matriz cujos elementos são calculados em cada ciclo c de treinamento pelo Método da Descida do Gradiente (*Gradient Descent*), dado por:

Método da propagação retroativa do erro

$$\Delta w_{k,j} = -\eta \left(\frac{\partial E}{\partial w_{k,j}} \right) \tag{A.24}$$

O objetivo é desenvolver a expressão contida dentro dos parênteses da Equação (A.24), de tal forma que a influência dos pesos sinápticos no erro total E possa ser calculada por variáveis acessíveis da rede neural.

Para isso, toma-se a derivada parcial de E em relação a $w_{k,j}$ e aplica-se a *Regra da Cadeia* para introduzir a variável intermediária NET_k, ou seja:

$$\frac{\partial E}{\partial w_{k,j}} = \frac{\partial E}{\partial NET_k} \frac{\partial NET_k}{\partial w_{k,j}} \tag{A.25}$$

Desenvolvendo matematicamente o termo $\partial NET_k \big/ \partial w_{k,j}$, virá:

$$\frac{\partial NET_k}{\partial w_{k,j}} = \frac{\partial \left(\sum_{k=1}^{K} w_{k,j} y_j \right)}{\partial w_{k,j}}$$

$$= \sum_{k=1}^{K} \frac{\partial \left(w_{k,j} y_j \right)}{\partial w_{k,j}}$$

$$= \frac{\partial \left(w_{1,j} y_j \right)}{\partial w_{k,j}} + \cdots + \frac{\partial \left(w_{k,j} y_j \right)}{\partial w_{k,j}} + \cdots \frac{\partial \left(w_{K,j} y_j \right)}{\partial w_{k,j}}$$

$$= y_j \tag{A.26}$$

Tomando por base a Equação (A.24) e denominando de δ_k a parte do erro total produzido pelo k-ésimo neurônio da camada de saída, devido à NET_k, tem-se que:

$$\delta_k = -\frac{\partial E}{\partial NET_k} \tag{A.27}$$

Substituindo (A.26) e (A.27) na Equação (A.25), virá:

$$\frac{\partial E}{\partial w_{k,j}} = -\delta_k y_j \tag{A.28}$$

Agora, substituindo (A.28) na Equação (A.24), finalmente virá:

$$\Delta w_{k,j} = \eta \delta_k y_j \tag{A.29}$$

para $j = 1, 2, ..., J$ e $k = 1, 2, ..., K$. Essa equação é conhecida como *Regra Delta* para atualização dos pesos sinápticos que interligam os neurônios da camada de saída com os da camada anterior. Substituindo (A.29) na Equação do PRE básico (A.14), tem-se:

$$w_{k,j}^{[c+1]} = w_{k,j}^{[c]} + \left(\eta \delta_k y_j\right)^{[c]} \tag{A.30}$$

Passando a Equação (A.30) para a forma matricial, tem-se:

$$\boldsymbol{W}^{[c+1]} = \boldsymbol{W}^{[c]} + (\eta \boldsymbol{\delta}_{saída} \boldsymbol{Y}^{\mathrm{T}})^{[c]} \tag{A.31}$$

A *Regra Delta* para a camada de saída apresentada pela Equação (A.29) deve ser reescrita usando somente variáveis diretamente acessíveis da rede neural, para facilitar o seu cálculo iterativo. Para atingir esse objetivo será desenvolvida uma relação entre as variáveis E, z_k e $NET_{k,}$ de acordo com o desenvolvimento matemático adotado a seguir. Aplicando a Regra da Cadeia na Equação (A.26) para introduzir a variável , tem-se:

$$\delta_k = -\frac{\partial E}{\partial z_k} \frac{\partial z_k}{\partial NET_k} \tag{A.32}$$

Considerando que

$$z_k = f(NET_k) \tag{A.33}$$

em que $f(.)$ é a função de ativação escolhida para os neurônios da última camada da RNM, podendo ser qualquer função contínua e derivável, virá imediatamente que:

Método da propagação retroativa do erro

$$\frac{\partial z_k}{\partial NET_k} = f'(NET_k) \tag{A.34}$$

e que

$$\frac{\partial E}{\partial z_k} = \frac{\partial \left[\frac{1}{2}\sum_{k=1}^{K}(d_k - z_k)^2\right]}{\partial z_k}$$

$$= \sum_{k=1}^{K}\left[\frac{1}{2}\frac{\partial(d_k - z_k)^2}{\partial z_k}\right]$$

$$= \sum_{k=1}^{K}\left[(d_k - z_k)\frac{\partial(d_k - z_k)}{\partial z_k}\right]$$

$$= (d_1 - z_1)\frac{\partial(d_1 - z_1)}{\partial z_k} + \cdots + (d_k - z_k)\frac{\partial(d_k - z_k)}{\partial z_k} + \cdots$$

$$+ (d_K - z_K)\frac{\partial(d_K - z_K)}{\partial z_k}$$

$$\frac{\partial E}{\partial z_k} = -(d_k - z_k) \tag{A.35}$$

Substituindo (A.34) e (A.35) em (A.32) tem-se uma expressão prática para o cálculo do erro δ_k, qual seja:

$$\delta_k = (d_k - z_k)f'(NET_k) \tag{A.36}$$

que aplicado em (A.29) dá:

$$\Delta w_{k,j} = \eta(d_k - z_k)f'(NET_k)y_j \tag{A.37}$$

Os pesos sinápticos que conectam a camada de saída com a camada precedente podem ser, então, atualizados por:

$$w_{k,j}^{[c+1]} = w_{k,j}^{[c]} + \left[\eta(d_k - z_k)f'(NET_k)y_j\right]^{[c]} \tag{A.38}$$

em que c é o sobrescrito que indica o ciclo ou época de atualização dos pesos sinápticos.

A Equação (A.38) serve somente para corrigir os pesos sinápticos que ligam a camada de saída com a camada escondida anterior de qualquer RNM, sendo que no caso da Figura A.4 esses pesos são representados pela matriz $W^{[2]}$ por questão de simplicidade, mas poderia ter sido $W^{[3]}$, $W^{[4]}$ ..., caso a arquitetura da rede escolhida tivesse mais do que uma camada escondida. Essa primeira fase é importante no processo de aprendizagem das RNM. Porém, para completar esse processo, ainda é necessário desenvolver uma expressão matemática que permita executar o ajuste dos demais pesos sinápticos que conectam os neurônios das camadas escondidas entre si, e da primeira destas com a camada de entrada. Esse é o objetivo da próxima fase da metodologia de aprendizagem da Propagação Retroativa do Erro (*Backpropagation*).

A.3.2 SEGUNDA FASE DA METODOLOGIA DE PROPAGAÇÃO RETROATIVA DO ERRO

Nessa fase a atenção está voltada para a matriz mostrada na Figura A.4, cujos elementos constituem-se dos pesos sinápticos que interligam os neurônios da camada escondida (ou camada intermediária) com a camada de entrada da rede neural. Vale adiantar que, caso a RNM possuísse mais do que 3 camadas, a metodologia que ora será desenvolvida para ajuste dos pesos da matriz , também se aplicaria às outras matrizes retroativamente, isto quer dizer, obedecendo o sentido que vai da última camada escondida para a entrada da rede neural.

O procedimento inicial é semelhante àquele descrito na primeira fase, exceto os subscritos k,j, que passam a ser substituídos por j,i, os quais, de acordo com a convenção adotada, significa que j é o neurônio de destino e i o neurônio de origem. Mais uma vez, visando também a simplicidade do desenvolvimento, será omitido o índice 1 da matriz e de seus respectivos elementos, pois, nesta fase somente esta matriz será objeto de manipulação matemática. O ajuste dos pesos sinápticos é obtido aplicando-se o *Método da Descida do Gradiente,* de acordo com a Equação (A.14), sendo que, desta vez, o termo ΔW é uma matriz, cujos elementos são calculados por:

$$\Delta w_{j,i} = -\eta\left(\frac{\partial E}{\partial w_{j,i}}\right) \tag{A.39}$$

Método da propagação retroativa do erro

Repetindo, o objetivo é desenvolver a expressão contida dentro dos parênteses da equação anterior, de tal forma que a influência dos pesos sinápticos no erro total E possa ser calculada por intermédio de variáveis disponíveis na rede neural. Para isso, toma-se a derivada parcial de E em relação a $w_{j,i}$ da Equação (A.39), e aplica-se a *Regra da Cadeia* para introduzir a variável intermediária NET_j, resultando em:

$$\frac{\partial E}{\partial w_{j,i}} = \frac{\partial E}{\partial NET_j}\frac{\partial NET_j}{\partial w_{j,i}} \tag{A.40}$$

Desenvovendo matematicamente ${\partial NET_j}\big/{\partial w_{j,i}}$, tem-se

$$\frac{\partial NET_j}{\partial w_{j,i}} = \frac{\partial}{\partial w_{j,i}}\left(\sum_{j=1}^{J} w_{j,i}x_i\right)$$

$$= \frac{\partial\left(w_{1,i}x_i\right)}{\partial w_{j,i}} + \cdots + \frac{\partial\left(w_{j,i}x_i\right)}{\partial w_{j,i}} + \cdots + \frac{\partial\left(w_{J,i}x_i\right)}{\partial w_{j,i}}$$

$$= x_i \tag{A.41}$$

Tomando por base a Equação (A.39) e denominando de δ_j a parte do erro total produzido pelo j-ésimo neurônio da camada escondida, devido à NET_j, tem-se que:

$$\delta_j = -\frac{\partial E}{\partial NET_j} \tag{A.42}$$

Aplicando (A.41) e (A.42) na Equação (A.40), obtém-se:

$$\frac{\partial E}{\partial w_{j,i}} = -\delta_j x_i \tag{A.43}$$

Substituindo (A.43) na Equação (A.39), finalmente virá:

$$\Delta w_{j,i} = \eta \delta_j x_i \tag{A.44}$$

para $i = 1, 2, ..., I$ e $j = 1, 2, ..., J$. Essa equação também corresponde à *Regra Delta*, similarmente à Equação (A.29), sendo que agora a equação se encontra adequada para uso na correção dos pesos sinápticos da camada escondida, os quais são atualizados da seguinte maneira:

$$w_{j,i}^{[c+1]} = w_{j,i}^{[c]} + \left(\eta \delta_j x_i\right)^{[c]} \tag{A.45}$$

Passando a Equação (A.45) para a forma matricial, virá:

$$\boldsymbol{W}^{[c+1]} = \boldsymbol{W}^{[c]} + (\eta \boldsymbol{\delta}_{\text{escondida}} \boldsymbol{X}^{\mathrm{T}})^{[c]} \tag{A.46}$$

A Equação (A.45) e sua equivalente matricial (A.46) têm um grande inconveniente que deve ser contornado, que é o cálculo do sinal de erro δ da camada escondida, que não é possível fazer diretamente, pois seus valores dependem de valores assumidos pelas variáveis internas da rede neural. Para resolver esse problema, usa-se variáveis de rede facilmente acessíveis, conforme demonstrado a seguir.

Partindo-se da definição de δ_j dado por (A.42), e aplicando a *Regra da Cadeia* para introduzir a variável intermediária y_j, tem-se:

$$\delta_j = -\frac{\partial E}{\partial NET_j} = -\frac{\partial E}{\partial y_j}\frac{\partial y_j}{\partial NET_j} \tag{A.47}$$

O objetivo é substituir os fatores que aparecem na expressão anterior, de maneira a possibilitar o cálculo do sinal de erro gerado por cada neurônio j escondido. Por intermédio da Figura A.4 decorre de imediato que:

$$y_j = f\left(NET_j\right) \tag{A.48}$$

em que $f(.)$ é a função de ativação escolhida para os neurônios da camada escondida da RNM, podendo ser qualquer função contínua, isto é, derivável. Derivando a Equação (A.48) em relação a NET_j, tem-se a expressão que substituirá o segundo fator que aparece na Equação (A.47), que é:

$$\frac{\partial y_j}{\partial NET_j} = f'\left(NET_j\right) \tag{A.49}$$

Agora, para desenvolver o primeiro fator que aparece na Equação (A.47), deriva-se o erro global E em relação à y_j, que dá:

$$\frac{\partial E}{\partial y_j} = \frac{\partial}{\partial y_j}\left[\frac{1}{2}\sum_{k=1}^{K}\left(d_k - f(NET_k)\right)^2\right]$$

$$= -\sum_{k=1}^{K}\left(d_k - f(NET_k)\right)\frac{\partial f(NET_k)}{\partial y_j}$$

Aplicando a Regra da Cadeia no fator $\frac{\partial f(NET_k)}{\partial y_j}$, para introduzir a variável NET_k, e sabendo-se que $\frac{\partial f(NET_k)}{\partial NET_k} = f'(NET_k)$, virá:

$$\frac{\partial E}{\partial y_j} = -\sum_{k=1}^{K}\left[(d_k - z_k)\frac{\partial f(NET_k)}{\partial NET_k}\frac{\partial NET_k}{\partial y_j}\right]$$

$$= -\sum_{k=1}^{K}\left[(d_k - z_k)f'(NET_k)\frac{\partial NET_k}{\partial y_j}\right] \tag{A.50}$$

Sabe-se que o valor de δ_k é dado pela Equação (A.36), qual seja:

$$\delta_k = (d_k - z_k)f'(NET_k) \tag{A.51}$$

e que

$$NET_k = \sum_{j=1}^{J} w_{k,j}y_j$$

$$\frac{\partial NET_k}{\partial y_j} = \frac{\partial}{\partial y_j}\left(\sum_{j=1}^{J} w_{k,j}y_j\right)$$

$$= \frac{\partial(w_{k,1}y_1)}{\partial y_j} + \cdots + \frac{\partial(w_{k,j}y_j)}{\partial y_j} + \cdots + \frac{\partial(w_{k,J}y_J)}{\partial y_j}$$

$$= w_{k,j} \tag{A.52}$$

414   *Inteligência artificial e aprendizagem de máquina: aspectos teóricos e aplicações*

Substituindo (A.51) e (A.52) em (A.50) virá:

$$\frac{\partial E}{\partial y_j} = -\sum_{k=1}^{K} \delta_k w_{k,j} \tag{A.53}$$

Agora, substituindo as Equações (A.49) e (A.53) na Equação (A.47) obtém-se a expressão procurada para o sinal de erro δ_j, que é:

$$\delta_j = f'(NET_j) \sum_{k=1}^{K} \delta_k w_{k,j} \tag{A.54}$$

para $j = 1, 2, ..., J$.

Levando o valor de δ_j para (A.44) obtém-se a expressão que dá o ajuste dos pesos sinápticos entre a camada escondida e a camada de entrada de uma RNM de 3 camadas (entrada + oculta + saída), de acordo com a arquitetura adotada para o desenvolvimento desta segunda fase, qual seja:

$$\Delta w_{j,i} = \eta \left(f'(NET_j) \sum_{k=1}^{K} \delta_k w_{k,j} \right) x_i \tag{A.55}$$

para $i = 1, 2, ..., I$ e $j = 1, 2, ..., J$.

Como $\Delta w_{j,i} = w_{j.i}^{[c+1]} - w_{j.i}^{[c]}$, deduz-se que os pesos sinápticos de conexão da camada escondida com a camada de entrada, podem ser atualizados por:

$$w_{j.i}^{[c+1]} = w_{j.i}^{[c]} + \left[\eta \left(f'(NET_j) \sum_{k=1}^{K} \delta_k w_{k,j} \right) x_i \right]^{[c]} \tag{A.56}$$

para $i = 1, 2, ..., I$ e $j = 1, 2, ..., J$.

em que c é o ciclo de atualização ou ajuste realizado no sentido inverso (*backward*).

Embora a Equação (A.56) tenha sido desenvolvida para atualizar os pesos sinápticos existentes entre a camada escondida e a camada de entrada de uma rede neural contendo 3 camadas (entrada + escondida + saída), esta equação pode ser usada caso a rede possua mais de uma camada escondida. Para isso, basta adequar as variáveis envolvidas na Equação (A.56) por intermédio da adequação de seus respectivos índices (subscritos), tomando-se o cuidado de propagar o sinal de erro δ no sentido inverso, isto é, da última camada escondida para a camada de entrada.

Método da propagação retroativa do erro

Sintetizando, as Equações (A.38) e (A.56), constituintes da Regra Delta Generalizada, são o coração do Método da Propagação Retroativa do Erro, por serem empregadas no treinamento das RNAs supervisionadas, contendo funções de ativação contínuas, portanto, deriváveis. O que impressiona é que demorou cerca de 27 anos para serem finalmente formuladas, considerando que a Regra Delta de Widrow-Hoff foi proposta em 1959, enquanto o Método da Propagação Retroativa do Erro, ou simplesmente *Backpropagation*, surgiu muito mais tarde, em 1986, pelas mãos de Rumelhart, Williams e Hinton.

O algoritmo *Backpropagation* ocupa um lugar muito importante na teoria das Redes Neurais Artificiais, pelo seu grande feito de ter devolvido o entusiasmo da comunidade científica à abordagem conexionista da Inteligência Artificial, a qual ficou severamente abalada a partir de 1969, ano em que Minsky e Papert com o seu livro *Perceptrons*, expuseram as deficiências das redes neurais existentes naquela época, as quais somente foram sanadas com o surgimento do admirável *Backpropagation*.

E, tendo passado poucas décadas após o seu ressurgimento em 1986, as redes neurais continuam sendo o centro das aplicações na atualidade, sendo que a cada dia que passa são acrescentadas novas funcionalidades, para atender uma demanda crescente por novas soluções tecnológicas da vida digital. Acreditem, vida digital não é um exagero, pois possuir uma segunda identidade está se tornando cada vez mais uma realidade dos tempos modernos...

APÊNDICE B
Código Gray

B.1 INTRODUÇÃO

O código Gray é um sistema binário não posicional e cíclico, que utiliza os dígitos 0 e 1 para formar uma sequência de números inteiros, na qual 2 números consecutivos diferem apenas em uma posição. Isso significa que a distância Hamming (Hamming, 1950), definida como uma medida de similaridade entre 2 dados binários, é sempre igual a 1 em 2 números adjacentes no código Gray. Por exemplo, tomando-se os números 1001 e 1101 verifica-se que a distância Hamming vale 1, pois os mesmos diferem apenas na posição correspondente ao terceiro bit da direita para a esquerda (bit é o acrônimo da expressão inglesa **bi**nary di**git**), ao passo que em 1001 e 1110, a distância Hamming é igual a 3.

Por outro lado, existe outro sistema binário posicional muito mais divulgado do que o código Gray, que também utiliza os mesmos dígitos para formar a sua sequência de números, o qual é normalmente conhecido como Sistema de Numeração Binário – SNB. Doravante esse último sistema será referido simplesmente por SNB ou convencional, enquanto o primeiro sistema será referido por código Gray ou código binário cíclico.

Então, qual é a diferença entre o código Gray e o SNB? A diferença entre esses 2 sistemas de numeração binário reside exclusivamente na lei de formação da sequência de números, que é específica para cada um deles.

Basicamente podemos dizer que o código Gray é cíclico e não posicional, enquanto o SNB é posicional. O termo *cíclico* quer dizer que o sistema possui características de formação que se repetem com uma determinada frequência. *Posicional* indica que o valor relativo de um bit depende de sua posição na cadeia de bits. Observe a tabela a seguir:

Tabela B.1 – Sistemas de numeração decimal, binário e Gray

DECIMAL	SNB	GRAY
0	000	000
1	001	001
2	010	011
3	011	010
4	100	110
5	101	111
6	110	101
7	111	100

A lei de formação do SNB já é amplamente conhecida pelos estudantes e/ou profissionais das áreas de Engenharia e Ciências Exatas, em que cada número é exatamente igual a seu antecedente somado mais 1. Ademais, o SNB obedece à notação posicional, ou melhor,

$$N_{Dec} = (bit_p)2^{p-1} + ... + (bit_2)2^1 + (bit_1)2^0 \text{, para } p = 1, 2, ..., \text{ quantidade de bits,}$$

em que N_{Dec} é o número decimal equivalente ao número binário constituído de p – bits, bit_p é o valor do bit (0 ou 1) existente na posição p e, finalmente, 2 é a base do sistema binário convencional.

Se observarmos detalhadamente o SNB, constataremos que a mudança de um número inteiro para outro adjacente, poderá implicar na alteração de valor em mais de um bit. Por exemplo, considere a mudança do número 011_2 para 100_2. Embora eles representem valores inteiros próximos, 3_{10} e 4_{10}, respectivamente, os mesmos são diferentes em todas as 3 posições de bits.

Dependendo da aplicação em que se esteja usando o SNB, isso pode representar uma desvantagem, considerando que a simples mudança para um número vizinho não significaria necessariamente o menor esforço numérico.

E quanto ao código Gray, qual é a sua lei de formação? A principal característica do código Gray é que cada número difere de seu vizinho em apenas uma posição de bit. Portanto, a mudança para um número adjacente corresponde também a dispender o menor esforço numérico ou computacional. Em decorrência, é imediato concluir que o código Gray acelera o processo de busca da solução de problemas e tende a melhorar a exatidão da resposta. A propósito, esses aspectos constituem-se grandes atrativos para utilizar o código Gray, por exemplo, na representação cromossômica dos Algoritmos Genéticos – AG.

Podemos também constatar que a variação no valor do bit para cada posição p é cíclica ou periódica, conforme mostrado na Tabela B.2 a seguir.

Tabela B.2 – Código Gray até $p = 4$

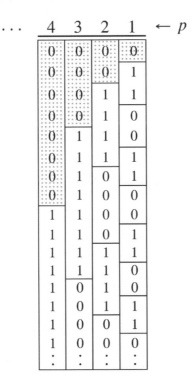

Com base na análise dos dados da Tabela B.2, foi constatado que cada coluna (posição p do bit) apresenta características peculiares, as quais serão exploradas para estabelecer uma lei de formação, com o objetivo de desenvolver algoritmos capazes de converter diretamente do sistema decimal para o código Gray e vice-versa.

Tabela B.3 – Características do código Gray

POSIÇÃO DO BIT[p]	DEFASAGEM	1/2 PERÍODO
1	1	2
2	2	4
3	4	8
4	8	16
5	16	32
6	32	64
⋮	⋮	⋮

Na Tabela B.3, o termo *defasagem* está sendo usado para indicar a quantidade de bits correspondente às primeiras posições não cíclicas (região hachurada na Tabela B.2) e o termo *período* para indicar a quantidade das demais posições que são cíclicas, isto é, que se repetem a cada intervalo.

Devido ao código Gray não admitir uma notação posicional, teremos que explorar as suas características cíclicas se quisermos encontrar um modo prático para converter um número do sistema decimal diretamente para o código Gray e vice-versa. É o que foi feito, tendo resultado nos algoritmos de conversão que serão apresentados a seguir.

B.2 MÉTODOS PARA CONVERSÃO

Com base nas características cíclicas do código Gray, propomos os seguintes métodos para conversão:

B.2.1 MÉTODO PARA CONVERSÃO DE NÚMERO DECIMAL PARA CÓDIGO GRAY

Seja N_{Dec} um número decimal inteiro que se deseja converter para código Gray. Um algoritmo em pseudocódigo capaz de realizar essa tarefa é:

Passo 1: **LER** o número decimal inteiro N_{Dec}

Passo 2: **SE** $N_{Dec} \neq 0$ **ENTÃO** Fazer

$p = 0$;

REPETIR

$p = p + 1$;

$Chave = \text{INTEIRO}((N_{Dec} - 2^{p-1}) / (2^p))$;

SE RESTO($Chave / 2$) $= 0$ **ENTÃO** Fazer Bit[p] $= 1$ **SENÃO** Fazer Bit[p]=0;

ATÉ QUE $N_{Dec} < 2^p$

SENÃO Fazer Bit[1] $= 0$;

Fim **SE**;

Passo 3: **APRESENTAR**

$N_{Gray} = \text{Bit}[p] \; \text{Bit}[p\text{-}1] \; ... \; \text{Bit}[1]$

Esse algoritmo irá fornecer o valor de N_{Gray} equivalente ao valor de entrada N_{Dec}. Ressalta-se que a posição p de cada bit do código Gray deve ser considerada da direita para a esquerda.

Exemplo: Converter 7_{10} para código Gray

Código Gray   421

$p = 1 \Rightarrow$ *Chave* = INTEIRO$((7\text{-}2^0)/2^1) = 3$

     RESTO$(3/2) = 1 \Rightarrow$ Bit$[1] = \mathbf{0}$ Teste : $7 < 2^1$ ... Falso (continuar)

$p = 2 \Rightarrow$ *Chave* = INTEIRO$((7\text{-}2^1)/2^2) = 1$

     RESTO$(1/2) = 1 \Rightarrow$ Bit$[2] = \mathbf{0}$ Teste : $7 < 2^2$ ...Falso (continuar)

$p = 3 \Rightarrow$ *Chave* = INTEIRO$((7\text{-}2^2)/2^3) = 0$

     RESTO$(0/2) = 0 \Rightarrow$ Bit$[3] = \mathbf{1}$ Teste : $7 < 2^3$ ...Verdadeiro (encerrar)

Resposta: $7_{10} = 100_{\text{Gray}}$

B.2.2 MÉTODO PARA CONVERSÃO DE CÓDIGO GRAY PARA NÚMERO DECIMAL

Seja N_{Gray} um número de Gray que se deseja converter para número decimal. Um algoritmo em pseudocódigo capaz de realizar esta tarefa é:

Passo 1: **LER** o número de Gray N_{Gray}.

Passo 2: **FAZER** $N\_Aux1_{\text{SNB}} = N_{\text{Gray}}$;

Passo 3: **REPETIR**

     Converter N_Aux1_{SNB} em N_{Dec} como se N_Aux1_{SNB} fosse um número binário convencional;

     Converter N_{Dec} para N_Aux2_{Gray} usando o Algoritmo B.2.1 acima;

     SE $N\_Aux2_{\text{Gray}} \neq N_{\text{Gray}}$ **ENTÃO** Fazer $N\_Aux1_{\text{SNB}} = N\_Aux2_{\text{Gray}}$;

     ATÉ QUE $N\_Aux2_{\text{Gray}} = N_{\text{Gray}}$;

Passo 4: **APRESENTAR** N_{Dec}.

Esse algoritmo irá fornecer o valor de N_{Dec} equivalente ao valor de entrada N_{Gray}.

Exemplo: Converter 110_{Gray} para decimal

$N\_Aux1_{\text{SNB}} = 110 \Rightarrow N_{\text{Dec}} = 6 \Rightarrow N\_Aux2_{\text{Gray}} = 101$ (comparar com 110...Falso)

$N\_Aux1_{\text{SNB}} = 101 \Rightarrow N_{\text{Dec}} = 5 \Rightarrow N\_Aux2_{\text{Gray}} = 111$ (comparar com 110...Falso)

$N\_Aux1_{\text{SNB}} = 111 \Rightarrow N_{\text{Dec}} = 7 \Rightarrow N\_Aux2_{\text{Gray}} = 100$ (comparar com 110...Falso)

$N\_Aux1_{\text{SNB}} = 100 \Rightarrow N_{\text{Dec}} = \mathbf{4} \Rightarrow N\_Aux2_{\text{Gray}} = \mathbf{110}$ (comparar com 110... Verdadeiro)

Resposta: $110_{\text{Gray}} = 4_{10}$

Analisando o algoritmo apresentado no subitem B.2.2, concluímos que, para converter um número de Gray com 3 dígitos, foram necessárias 4 comparações. Caso seja utilizado um *algoritmo enumerativo*, teríamos que fazer, no máximo, 8 comparações.

A seguir, apresentamos uma tabela com a quantidade de comparações executadas em cada um dos métodos mencionados.

Tabela B.4 – Quantidade de comparações executadas, em cada método mencionado

MÉTODO	QUANTIDADE DE BITS									
	1	2	3	4	5	6	7	8	16	32
Algorit. 2.2	1	2	4	4	8	8	8	8	16	32
Enumerativo[*]	1	4	8	16	32	64	128	256	65536	$4,3 \times 10^9$

[*] Quantidade máxima de comparações

Depreende-se na tabela apresentada, por exemplo, que a conversão de um número de Gray contendo 16 dígitos para o sistema decimal, na hipótese de se usar o algoritmo proposto no subitem B.2.2, seria necessário a realização de apenas 16 comparações, enquanto se for usado um método enumerativo, poderiam ser necessárias no máximo 65.536 comparações diretas, considerando o pior caso. A probabilidade de ocorrerem casos melhores ou igual ao algoritmo proposto é de somente 16/65.536 ≅ 0,00024, ou seja, 0,024%. Em outras palavras, a probabilidade desse método ser melhor do que o método de busca direta é de 99,976%, levando em consideração exclusivamente a quantidade de comparações efetuadas em cada método supramencionado.

Uma aplicação vantajosa do Código Gray é na implementação de Algoritmos Genéticos (AG), face à sua Distância Hamming ser sempre igual a 1, o que resulta num tempo de processamento computacional significativamente menor, comparativamente à implementação usando os números binários tradicionais.

Finalmente, é importante ressaltar que o código Gray somente se aplica às tarefas de numeração ou de contagem, não podendo ser usado em operações matemáticas elementares, como a adição e multiplicação, isto devido à sua característica não posicional.

APÊNDICE C
Fundamentos de Matemática

C.1 INTRODUÇÃO

O objetivo deste capítulo é fazer uma breve apresentação de alguns assuntos da Matemática, os quais foram utilizados no desenvolvimento e exemplos das técnicas de Inteligência Artificial, para que o leitor possa atingir a plena compreensão dos fundamentos que alicerçam os seus aspectos teóricos e aplicações.

C.2 EQUAÇÃO DA RETA PASSANDO POR 2 PONTOS

A equação de uma reta passando por 2 pontos dados foi utilizada em problemas de Lógica *Fuzzy*, na parte relativa à defuzzificação pelo método do Centro de Gravidade, quando se faz necessário dispor da equação da função de pertinência, para poder efetuar a integração numérica nos intervalos de pertinência indicados (ver Figura 2.19). Agora, considere o segmento de reta circundado na figura a seguir:

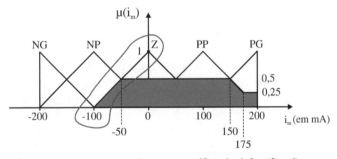

Figura C.1 – Identificação de um segmento de reta no gráfico de defuzzificação.

Vê-se que esse segmento de reta liga os pontos (–100; 0) e (0; 1), sendo que a primeira coordenada entre os parênteses representa a variável do eixo vertical (no caso, o grau de pertinência μ) e a segunda coordenada entre os parênteses representa a variável do eixo horizontal (no caso, a corrente elétrica i_m, que está fazendo o papel do x).

Destacando-se esse segmento de reta, tem-se:

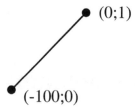

Figura C.2 – Coordenadas dos pontos extremos do segmento de reta.

Agora, vamos aplicar a fórmula que fornece a equação algébrica da reta passando pelos 2 pontos dados:

$$\mu - \mu_1 = \frac{\mu_2 - \mu_1}{x_2 - x_1}(x - x_1) \tag{C.1}$$

em que os pontos são identificados como $(x_1; \mu_1)$ e $(x_2; \mu_2)$, respectivamente. Substituindo e calculando, virá:

$$\mu - 1 = \frac{0 - 1}{-100 - 0}(x - 0)$$

$$\mu - 1 = 0{,}01x$$

Finalmente, a equação da reta é:

$$\mu = 0{,}01x + 1$$

C.3 CONCEITUANDO LINEARIDADE

O conceito de linearidade está associado à figura de uma linha reta passando pela origem, normalmente visualizada no espaço 2-dimensional, designado pelas coordenadas (x, y). Mas, conceitualmente, qual é o verdadeiro significado de linearidade

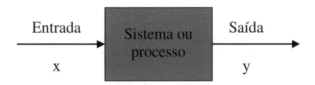

Figura C.3 – Representação de um sistema ou processo.

A propriedade de um sistema ou processo ser linear implica obrigatoriamente em atender o Princípio da Superposição, composto por duas regras: a Regra da Aditividade e a Regra da Homogeneidade.

- Regra da Aditividade: Imagine um sistema que, quando aplicada uma entrada x_1, ele responde com uma saída y_1, e, em seguida, aplicada outra entrada x_2, ele responde com a saída y_2. Então, o sistema é dito atender a Regra da Aditividade se, aplicando desta vez uma entrada que é a soma de $x_1 + x_2$, ele responderá com a saída $y_1 + y_2$. Entretanto, ter atendido essa regra, ainda não é suficiente para afirmar que o sistema é linear, pois ele deverá também atender a Regra da Homogeneidade.

- Regra da Homogeneidade: Um sistema é dito atender a Regra da Homogeneidade, quando aplicada uma entrada x, ele responde com uma saída y e, caso seja aplicada uma nova entrada de valor kx, ele deverá responder com uma nova saída ky.

Caso as duas regras sejam satisfeitas, as quais compõem o Princípio da Superposição, então é dito que o sistema realmente é linear.

Reunindo as duas regras numa única expressão matemática, a propriedade da linearidade existe se e somente se a condicional a seguir for verdade:

$$\textbf{SE } ((x_1 \to y_1) \textbf{ E } (x_2 \to y_2)) \textbf{ ENTÃO } ((kx_1 + kx_2) \to (ky_1 + ky_2)) \quad \text{(C.2)}$$

A Figura C.4 mostra o gráfico da reta A passando pela origem, que atende integralmente ao Princípio da Superposição, constituindo-se assim na representação de um sistema cujo comportamento é verdadeiramente linear. Por outro lado, os sistemas cujo comportamento é representado por uma reta similar à reta B, isto é, que não passa pela origem, embora seja uma reta, este não é um sistema linear rigorosamente falando, pois nem a Regra da Aditividade nem a Regra da Homogeneidade são atendidas pela reta B, sendo que os sistemas que têm este tipo de comportamento são denominados de linear afim, que significa quase linear ou próximo de linear.

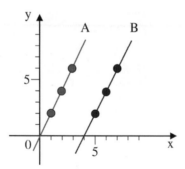

Figura C.4 – Representação de um sistema linear (A) e um sistema linear afim (B).

Esse rigor em dizer quando um sistema ou processo é verdadeiramente linear, muitas das vezes não é observado integralmente, e as pessoas acabam tratando de linear todos os sistemas que são representados por uma linha reta no espaço de 2 dimensões ou em outros espaços contendo mais dimensões, independentemente se a linha reta passa ou não pela origem dos eixos de coordenadas.

Deve-se notar que estamos exemplificando graficamente usando apenas o espaço 2-dimensional, mas esses conceitos podem ser estendidos para sistemas N-dimensional, que são sistemas representados matematicamente por mais de uma entrada, dados por:

$$a_N x_N + \cdots + a_2 x_2 + a_1 x_1 + a_0 = 0 \tag{C.3}$$

Vale a pena ressaltar que, caso o termo constante seja igual a zero ($\alpha_0 = 0$), a Equação (C.3) representará um sistema linear e, caso contrário, ela representará um sistema linear afim, embora muitas das vezes veremos equações deste tipo serem chamadas, de uma maneira geral, de linear, independentemente do valor de α_0.

C.4 FUNÇÕES DE ATIVAÇÃO SIGMOIDE UNIPOLAR (FUNÇÃO LOGÍSTICA) E SIGMOIDE BIPOLAR (FUNÇÃO TANGENTE HIPERBÓLICA) E SUA DERIVADAS

C.4.1 FUNÇÃO SIGMOIDE UNIPOLAR OU LOGÍSTICA

Possui a forma de 's', é uma função derivável e a sua resposta é sempre positiva, variando continuamente de 0 (zero) até 1 (um), incluindo os extremos, ou seja, no intervalo fechado [0,1] do conjunto dos números reais.

- **Equação**

$$f(NET) = \frac{1}{1 + e^{-4\beta NET}} \tag{C.4}$$

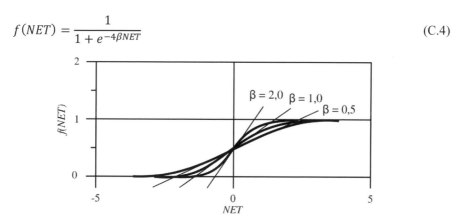

Figura C.5 – Função sigmoide unipolar (logística).

A constante 4, que aparece na exponencial da Equação (C.4), foi calculada com a única finalidade de fazer com que a também constante β represente a declividade da função sigmoide unipolar, no ponto $NET = 0$.

- **Derivada**

A fórmula da derivada de uma divisão de polinômios do tipo $f = {}^u\!/\!v$ é dada por:

$$f' = \frac{vu' - uv'}{v^2} \tag{C.5}$$

Neste caso, vamos fazer $u = 1 \Rightarrow u' = 0$ e $v = 1 + e^{-4\beta NET} \Rightarrow v' = -4\beta e^{-4\beta NET}$ em que a derivação foi feita em relação à NET. Substituindo em (C.5) e manubulando matematicamente, obtém-se:

$$f'(NET) = \frac{4\beta e^{-4\beta NET}}{[1 + e^{-4\beta NET}]^2} = 4\beta \left[\frac{1}{1 + e^{-4\beta NET}}\right]^2 \left(1 - 1 + e^{-4\beta NET}\right)$$

$$= 4\beta [f(NET)]^2 \left[\frac{1}{f(NET)} - 1\right] = 4\beta [f(NET)]^2 \left[\frac{1 - f(NET)}{f(NET)}\right]$$

$$= 4\beta f(NET)[1 - f(NET)]$$

Dessa forma, tem-se que:

$$f'(NET) = 4\beta f(NET)[1 - f(NET)] \tag{C.6}$$

C.4.2 FUNÇÃO SIGMOIDE BIPOLAR (TANGENTE HIPERBÓLICA)

Possui a forma de 's', é uma função derivável e a sua resposta pode ser positiva ou negativa, variando continuamente de –1 até +1, incluindo os extremos, ou seja, no intervalo fechado [–1,1] do conjunto dos números reais.

- **Equação**

$$f(NET) = \frac{1 - e^{-2\beta NET}}{1 + e^{-2\beta NET}} \tag{C.7}$$

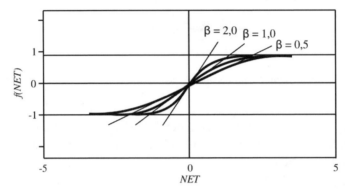

Figura C.6 – Função sigmoide bipolar (tangente hiperbólica).

A constante 2, que aparece nas exponenciais da Equação (C.7), foi calculada com a única finalidade de fazer com que a também constante β represente a declividade da função sigmoide bipolar, no ponto $NET = 0$.

- **Derivada**

Tomando-se por base as Equações (C.5) e (C.7), vamos fazer

$$u = 1 - e^{-2\beta NET} \Rightarrow u' = 2\beta e^{-2\beta NET}$$

e

$$v = 1 + e^{-2\beta NET} \Rightarrow v' = -2\beta e^{-2\beta NET}.$$

Substituindo as últimas expressões em (C.5), obtém-se:

$$f'(NET) = \frac{4\beta e^{-2\beta NET}}{[1 + e^{-2\beta NET}]^2} \tag{C.8}$$

Fundamentos de matemática   429

Por intermédio da manipulação matemática, a Equação (C.8) pode ser reescrita de uma forma bem mais simples e fácil de ser implementada computacionalmente. Para isso, vamos usar um artifício, fazendo $E = e^{-2\beta NET}$, com o objetivo de expressar a derivada $f'(NET)$ em função de $f(NET)$. Agindo com esse propósito, da Equação (C.8) virá:

$$f'(NET) = \frac{4\beta e^{-2\beta NET}}{[1 + e^{-2\beta NET}]^2} = \frac{4\beta E}{[1 + E]^2} \tag{C.9}$$

Agora, utilizando (C.7) para expressar E em função de f(NET), obtém-se:

$$f(NET) = \frac{1 - e^{-2\beta NET}}{1 + e^{-2\beta NET}} = \frac{1 - E}{1 + E}$$

da qual se deduz que:

$$E = \frac{1 - f(NET)}{1 + f(NET)} \tag{C.10}$$

Substituindo (C.10) em (C.9) e simplificando, tem-se:

$$f'(NET) = \frac{4\beta \left[\dfrac{1 - f(NET)}{1 + f(NET)}\right]}{\left[1 + \dfrac{1 - f(NET)}{1 + f(NET)}\right]^2} = \frac{4\beta \left[\dfrac{1 - f(NET)}{1 + f(NET)}\right]}{\left[\dfrac{2}{1 + f(NET)}\right]^2} = \frac{4\beta \left[\dfrac{1 - f(NET)}{1 + f(NET)}\right]}{\dfrac{4}{[1 + f(NET)]^2}}$$

$$= \beta[1 - f(NET)][1 + f(NET)]$$

Finalmente, a derivada da função sigmoide bipolar (Equação (C.8)), reescrita como função de $f(NET)$, é fornecida por:

$$f'(NET) = \beta \left[1 - (f(NET))^2\right] \tag{C.11}$$

C.5 REGRA DA CADEIA

É usada para introduzir uma variável intermediária de uma cadeia de variáveis. Suponha as variáveis encadeadas x, $y = f(x)$ e $z = g(y)$, em que se conhece dy/dx e dz/dy e que se deseja calcular dy/dx? A resposta vem por intermédio da aplicação da Regra da Cadeia, introduzindo entre z e x a derivada da variável intermediária y, qual seja:

$$\frac{dz}{dx} = \frac{dz}{dy}\frac{dy}{dx} \tag{C.12}$$

Como o nome sugere, a Regra da Cadeia é um encadeamento de derivadas envolvendo variáveis que possuem relações funcionais de dependência, interligando-as entre si. Vamos aplicar essa regra, usando um exemplo simples: suponha as funções matemáticas $z = 3y$ e $y = x^2 - 5$. Quanto vale dz/dx?

Solução:

Veja que, embora as variáveis sejam interligadas entre si, não se dispõe de uma relação direta entre z e x, que, neste caso, não seria tão difícil assim de se obter, pois $z = 3x^2 - 15$ e, consequentemente, o valor da derivada solicitada é muito fácil de calcular, que é $\dfrac{dz}{dx} = 6x$.

Será que, ao invés de derivar diretamente, aplicando a Regra da Cadeia o resultado seria igual? Para conferir, vamos resolver usando a Regra da Cadeia. Derivando inicialmente as funções dadas, tem-se:

$$\frac{dz}{dy} = 3 \qquad\qquad e \qquad\qquad \frac{dy}{dx} = 2x$$

Agora, aplicando a Equação (C.12), virá:

$$\frac{dz}{dx} = \frac{dz}{dy}\frac{dy}{dx} = (3)(2x) = 6x$$

Vê-se, portanto, que os resultados são iguais.

C.6 CÁLCULO DE INTEGRAL DEFINIDA

• **Integral de uma constante $k \neq 0$**

$$\int_a^b k\, dx = k(b-a) \tag{C.13}$$

• **Integral de funções do tipo kx^n, $k,n \neq 0$**

A integral definida, isto é, na qual se conhece os limites de integração, de uma função de potência $f(x) = kx^n$, sendo k, $n \neq 0$, é dada por:

$$\int_a^b kx^n\, dx = \left(\frac{k}{n+1}\right)(b^{n+1} - a^{n+1}) \tag{C.14}$$

Fundamentos de matemática

C.7 ELEMENTOS DE ESTATÍSTICA

Estatística é a ciência que tem a finalidade de analisar dados numéricos, para extrair a sua média, a dispersão, dos dados em relação à média e a função de distribuição de probabilidade (fdp).

A intenção deste subitem é rever alguns conceitos de Estatística, apenas o suficiente para o entendimento de alguns desenvolvimentos matemáticos utilizados no decorrer da escrita deste livro.

- **Média**

  Entende-se por média o valor usado para representar um conjunto de valores atribuídos a uma determinada grandeza. Nessa categoria tem-se: média aritmética, média geométrica e média harmônica. Aqui, será vista apenas a média aritmética; caso o leitor necessite de mais informações sobre o assunto, recomenda-se buscar um livro específico de estatística.

Média aritmética é o valor central dos desvios, isto é, o valor cuja soma algébrica dos desvios em relação aos demais valores é zero. A média aritmética de um conjunto finito de valores $X = \{x_1, x_2, ..., x_n\}$, denominada de média amostral, é obtida efetuando-se a divisão da soma dos valores x_i, para $i = 1, 2, ..., N$, pela quantidade total N de amostras (ou medidas), sendo calculada por:

$$\bar{X} = \frac{\sum_{i=1}^{N} Xi}{N} \tag{C.15}$$

Por exemplo, a média amostral de $X = \{1, 5, 8, 10\}$ é $= (1 + 5 + 8 + 10) / 4 = 6$, pois a soma algébrica dos desvios $(6 - 1) + (6 - 5) + (6 - 8) + (6 - 10)$ vale zero.

Em trabalhos experimentais, usa-se a média amostral (finita), enquanto em trabalhos científicos normalmente é usada a média aritmética de uma quantidade infinita de amostras (ou uma quantidade muito grande de amostras), denominada de média populacional e representada pela letra grega μ (lê-se Mi), sendo calculada por:

$$\mu = \lim_{N \to \infty} \frac{\sum_{i=1}^{N} Xi}{N} \tag{C.16}$$

- **Variância**

  Variância é uma medida de dispersão (ou espalhamento) dos valores amostrados de uma grandeza em torno de um valor de referência. Normalmente, adota-se como valor de referência a média aritmética simples (ou apenas média aritmética).

Existem 2 tipos de variância: a variância populacional, que assume uma quantidade infinita de amostras, e a variância amostral, mais realista por assumir uma quantidade finita de amostras. Entretanto, mesmo para uma quantidade finita de dados, o seu valor fornece uma estimativa bastante aproximada da dispersão dos dados em

432   *Inteligência artificial e aprendizagem de máquina: aspectos teóricos e aplicações*

relação à tão utilizada média aritmética. Levando em conta a variância que foi utilizada neste livro, somente será apresentada a variância amostral, cujo símbolo é s^2 (o símbolo σ^2 é reservado para a variância populacional).

Para o caso de uma amostra finita, a variância amostral s^2 é dada por:

$$s^2 = \frac{\sum_{i=1}^{N}(x_i - \overline{X})^2}{N-1}$$

(C.17)

em que $\overline{X}$ é a média aritmética do conjunto finito de valores.

Exemplo:

Dado o espaço amostral X = {3,0   3,2   3,4   3,4   3,5   3,6   3,8} extraído de uma população, calcular a sua variância.

Solução:

$$\overline{X} = \frac{3,0 + 3,2 + 3,2 + 3,5 + 3,8}{5} = 3,34$$

• Cálculo da variância:

$$s^2 = \frac{(3,0 - 3,34)^2 + (3,2 - 3,34)^2 + (3,2 - 3,34)^2 + (3,5 - 3,34)^2 + (3,8 - 3,34)^2}{5-1}$$

$$= \frac{0,1156 + 0,0196 + 0,0196 + 0,0256 + 0,2116}{4} = \frac{0,3920}{4} = 0,098$$

C.8 TEOREMA DE BAYES

Qual é a importância de falarmos do Teorema de Bayes neste livro? Um dos métodos de classificação probabilístico muito usado é o Método Ingênuo de Bayes (*Naive Bayes*), e por esta razão é interessante inserir o seu mecanismo matemático para facilitar o seu entendimento.

O Método Ingênuo de Bayes é um classificador probabilístico extremamente fácil de ser aplicado, que tem como objetivo calcular a probabilidade a posteriori de um evento (que ainda vai ocorrer), conhecendo-se a probabilidade a priori de um evento associado (que se supõe ou efetivamente já ocorreu), por exemplo, em um lançamento de um dado honesto, qual é a probabilidade de dar o número 4 sabendo que a jogada resultou num número par? E qual a probabilidade de dar o mesmo número 4, se a jogada resultou num número ímpar? O Teorema de Bayes é capaz de calcular a resposta para cada uma dessas perguntas. Então, vamos ver o que Bayes diz...

Fundamentos de matemática   433

- **Teorema de Bayes**

Considere as definições a seguir:

$P(A)$ = probabilidade de um evento A ocorrer;

$P(B)$ = probabilidade de um evento B ocorrer;

$P(A|B)$ = probabilidade de um evento A ocorrer dado que o evento B ocorreu;

$P(B|A)$ = probabilidade de um evento B ocorrer dado que o evento A ocorreu.

Isso posto, o Teorema de Bayes afirma que:

$$P(A|B) = \frac{P(B|A).P(A)}{P(B)} \tag{C.18}$$

em que $P(A)$ e $P(B)$ são chamadas de probabilidade a priori, e $P(A|B)$ e $P(B|A)$ são chamadas de probabilidade a posteriori ou probabilidade condicionada.

Exemplo: (corresponde às perguntas feitas anteriormente). Em um lançamento de um dado honesto, qual é a probabilidade de sair o número 4 sabendo que a jogada resultou num número par?

Solução:

Suponha: evento A = número 4 do dado; evento B = número par da face do dado. Assim, tem-se a priori que: $P(A) = 1/6$ e $P(B) = 3/6$, e a posteriori que $P(B|A) = 1$, pois a probabilidade de ser par sabendo que saiu o número 4 é 1 (100%). Substituindo e calculado, virá:

$$P(A|B) = \frac{P(B|A).P(A)}{P(B)} = \frac{1\left(^1/_6\right)}{\left(^3/_6\right)} = \frac{1}{3}$$

Portanto, a probabilidade de sair o número 4 sabendo-se que saiu um número par é de 1/3, ou seja, de 0,33 = 33%. Essa resposta obtida pela aplicação do Teorema de Bayes somente serviu para confirmar o que nos parece ser óbvio, não é mesmo!!! E a outra pergunta foi: qual é a probabilidade de dar o mesmo número 4, se a jogada resultou num número ímpar? Para resposta a essa última pergunta nem precisa fazer cálculos, pois é óbvia!!! Esse exemplo serviu apenas para demonstrar uma aplicação simples do teorema em questão.

Podemos estender o Teorema de Bayes, no sentido de englobar mais titularidades ou classes de eventos, por exemplo, admitindo que o evento B possa se apresentar de duas maneiras, podendo ser *Bsim* e *Bnão*. Assim procedendo, a fórmula de Bayes fica:

$$P(B|A) = \frac{P(B|A) \cdot P(A)}{P(B|sim) \cdot P(sim) + P(B|não) \cdot P(não)} \tag{C.19}$$

Os títulos *sim* e *não* podem ser substituídos por quaisquer outros títulos mais apropriados a cada tipo de problema; isto quer dizer que *sim* e *não* podem ser *positivo* e *negativo*, *alto* e *baixo* etc., quaisquer títulos bivalentes que *B* poderá admitir.

Exemplo: Suponha que ocorreu uma blitz no trânsito, durante a qual foi realizado um teste rápido para verificar se o motorista tinha ingerido ou não bebida alcoólica, totalizando 1.000 motoristas testados. Os motoristas também realizaram um exame laboratorial *in loco* para confrontar os resultados do grau de alcoolismo detectado pelo teste rápido. O resultado é mostrado na tabela a seguir (ver Capítulo 6, Tabela 6.1 – Matriz de Confusão):

Tabela C.1 – Matriz de Confusão (blitz no trânsito para detectar alcoolismo ao volante)

		TESTE (T)	
		Alcoólico (TA) (65)	Não Alcoólico (TNA) (935)
REAL	Alcoólico (RA) (50)	TP = 45	FN = 5
	Não Alcoólico (RNA) (950)	FP = 20	TN = 930

A finalidade aqui é analisar todos os dados apresentados, explorando as possíveis conclusões que se podem obter por intermédio da Matriz de Confusão. Inicialmente, vamos calcular as probabilidades a priori disponíveis:

- $P(RA)$ = Probabilidade do motorista realmente estar alcoolizado

    = 50/1.000 = 0,05 = 5%

- $P(RNA)$ = Probabilidade do motorista realmente não estar alcoolizado

    = 950/1.000 = 0,95 = 95%

- $P(TA)$ = Probabilidade do motorista testar alcoolizado

    = 65/1.000 = 0,065 = 6,5%

- $P(TNA)$ = Probabilidade do motorista testar não alcoolizado

    = 935/1.000 = 0,935 = 93,5%

A seguir, calcularemos as probabilidades a posteriori disponíveis:

Fundamentos de matemática

- $P(TA|RA)$ = Probabilidade do teste dar alcoolizado, para um motorista realmente alcoolizado

  = 45/50 = 0,9 = 90%; obtida a partir do valor de TP (*True Positive*)

- $P(TNA|RA)$ = Probabilidade do teste dar não alcoolizado, para um motorista realmente alcoolizado

  = 5/50 = 0,9 = 90%; obtida a partir do valor de FN (*False Negative*)

- $P(TA|RNA)$ = Probabilidade do teste dar alcoolizado, para um motorista realmente não alcoolizado

  = 20/950 = 0,0211 = 2,11%; obtida a partir do valor de FP (*False Positive*)

- $P(TNA|RNA)$ = Probabilidade do teste dar não alcoolizado, para um motorista realmente alcoolizado

  = 930/950 = 0,9789 = 97,89%; obtida a partir do valor de TN (*True Negative*)

Bom, parece que já conseguimos extrair as probabilidades mais imediatas de se obter da Matriz de Confusão. Isso não quer dizer que todos os textos científicos e comerciais (manual de teste do fabricante) irão disponibilizar os dados completos da testagem, fornecendo apenas algumas informações genéricas e valor de algumas métricas (índice de desempenho, como sensibilidade, especificidade, precisão ou outro obrigatório por regulamentação oficial).

Entretanto, ainda dentro do escopo desse exemplo, existem outras probabilidades a calcular, que não são tão imediatas assim, portanto necessitam a utilização do Teorema de Bayes.

Essas probabilidades vão expressar a crença que deve ser atribuída nesse exemplo aos resultados da testagem, ou seja, qual o grau de confiança no resultado do teste. Certamente, a análise que se segue pode ser aplicada a qualquer verificação da confiança que se pode ter num teste de qualidade de um produto.

Vejamos, então, que probabilidades são essas:

- $P(RA|TA)$ = Probabilidade de um motorista estar realmente alcoolizado, considerando que o teste deu alcoolizado.

Aplicando o Teorema de Bayes, tem-se:

$$P(RA|TA) = \frac{P(TA|RA).P(RA)}{P(TA)} = \frac{0,9 \; x \; 0,05}{0,065} = 0,6923 = 69,23\%$$

Essa probabilidade indica que, se o teste deu alcoolizado (positivo), é razoável acreditar que o motorista esteja realmente alcoolizado.

- $P(RNA|TA)$ = Probabilidade de um motorista realmente não estar alcoolizado, considerando que o teste deu alcoolizado.

Usando o Teorema de Bayes, tem-se:

$$P(RNA|TA) = \frac{P(TA|RNA) \cdot P(RNA)}{P(TA)} = \frac{0,0211 \times 0,95}{0,065} = 0,3084 = 30,84\%$$

Essa probabilidade indica que, se o teste deu alcoolizado (positivo), não é razoável acreditar que o motorista esteja realmente alcoolizado, pois o índice de confiabilidade neste caso é de apenas 31%, aproximadamente.

- $P(RA|TNA)$ = Probabilidade de um motorista realmente estar alcoolizado, considerando que o teste deu não alcoolizado. Usando o Teorema de Bayes, tem-se:

$$P(RA|TNA) = \frac{P(TNA|RA) \cdot P(RA)}{P(TNA)} = \frac{0,100 \times 0,05}{0,935} = 0,005 = 0,5\%$$

Essa probabilidade indica que, se o teste deu não alcoolizado (negativo), não há como acreditar que o motorista esteja realmente alcoolizado, pois a crença de que o motorista esteja realmente alcoolizado é muito baixa, de apenas 0,5%. Em outras palavras: se o teste deu que está não alcoolizado é bastante razoável crer que o motorista testado não está alcoolizado.

- $P(RNA|TNA)$ = Probabilidade de um motorista não estar realmente alcoolizado, considerando que o teste deu não alcoolizado.

Usando o Teorema de Bayes, tem-se:

$$P(RNA|TNA) = \frac{P(TNA|RNA) \cdot P(RNA)}{P(TNA)} = \frac{0,9789 \times 0,95}{0,935} = 0,9946 = 99,46\%$$

Essa probabilidade indica que, se o teste deu não alcoolizado (negativo), é quase certeza que o motorista esteja realmente não alcoolizado.

É fácil constatar que:

1) as probabilidades a posteriori $P(RA|TA)$ e $P(RNA|TA)$ são complementares, isto é, a sua soma vale 100%; assim, conhecendo uma delas, pode-se calcular a outra bastando subtraí-la de 100;

2) as probabilidades a posteriori $P(RA|TNA)$ e $P(RNA|TNA)$ são complementares, isto é, a sua soma vale 100%; assim, conhecendo uma delas, pode-se calcular a outra bastando subtraí-la de 100;

3) As probabilidades de cada par mencionado nos itens 1 e 2 dessa constatação, são inversamente proporcionais entre si, isto é, quando a crença de uma delas aumenta, a crença na outra probabilidade diminui;

4) para evitar conclusão errada, as probabilidades inversas não são complementares, por exemplo, não é válido afirmar que a soma $P(TA|RA)$ +

$P(RA|TA)$ seja igual a 100, o que significa dizer que conhecendo-se uma delas não é possível calcular diretamente a outra.

C.9 DISTRIBUIÇÃO GAUSSIANA (NORMAL)

A Distribuição Gaussiana, também chamada de Distribuição Normal, é a forma de distribuição de dados que ocorre com maior frequência nas ocorrências dos fenômenos da natureza. A sua Função Densidade de Probabilidade (FDP), aqui denominada de $f(x)$, é dada por:

$$f(x) = \frac{1}{\sqrt{2\pi s^2}} e^{-\frac{(x-\bar{X})^2}{2s^2}} \tag{C.20}$$

em que $\bar{X}$ é a média aritmética e s^2 é a variância amostral, sendo e = 2,7182... a constante natural ou neperiana. Frequentemente, a função normal ou gaussiana descrita em (C.20) é denotada por $N(\bar{X},s^2)$, cuja representação gráfica é:

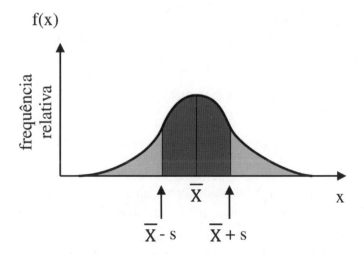

Figura C.7 – Função Densidade de Probabilidade Gaussiana ou Normal.

em que s é o desvio padrão dado pela raiz quadrada da variância. Apenas para efeito de ilustração, a figura a seguir mostra as 3 funções de densidade de probabilidade (FDP) mais usadas.

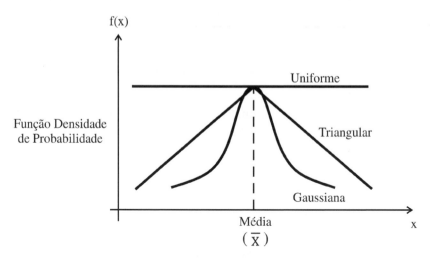

Figura C.8 – Funções de Distribuição de Probabilidade: Uniforme, Triangular e Gaussiana.

A Função de Densidade de Probabilidade tem uma variação constante na distribuição uniforme ou retangular, uma variação linear na distribuição triangular e uma variação exponencial na distribuição gaussiana ou normal (Equação C.20).

C.10 PRODUTO ESCALAR OU PRODUTO INTERNO

A operação de Produto Escalar ou Produto Interno entre vetores, em inglês denominada de *Dot Product* ou *Inner Product*, normalmente é estudada na disciplina de Vetores e Geometria Analítica, entre outras operações vetoriais não menos importantes. A razão de estar sendo tratada neste livro é devido a sua utilização na técnica referente à Máquina de Vetor de Suporte (SVM), quando foi abordada a nucleação do produto interno, que é uma estratégia para transformação entre espaços vetoriais.

O termo nucleação é derivado da palavra núcleo (em inglês, *kernel*), e consiste na utilização de uma função não linear, capaz de operar a transformação de um espaço vetorial para outro e vice-versa. Especificamente, caso de transformar dados linearmente não separáveis em linearmente separáveis, o gerador de funções não lineares envolve a operação d produto escalar entre 2 vetores.

Define-se produto escalar de 2 vetores $X_1 = [x_{11}\ x_{12}...x_{1N}]^T$ e $X_2 = [x_{21}\ x_{22}...x_{2N}]^T$, como sendo o valor resultante , dado por:

$$X_1^T X_2 = x_{11}x_{21} + x_{12}x_{22} + \cdots + x_{1N}x_{2N} \tag{C.21}$$

em que o símbolo T significa a operação vetorial de transposta, ou seja, um vetor linha transposto equivale ao mesmo vetor disposto na forma de um vetor coluna.

Exemplo: Calcular o produto escalar de $X_1=[1\ 4]^T$ e $X_1=[3\ 2]^T$

Solução:

$$X_1^T X_2 = \begin{bmatrix} 1 & 4 \end{bmatrix} \begin{bmatrix} 3 \\ 2 \end{bmatrix} = (1)(3) + (4)(2) = 3 + 8 = 11$$

Entretanto, existe outra maneira alternativa para definir o produto escalar, que é:

$$X_1 X_2 = |X_1||X_2|cos\beta$$

em que o símbolo $|.|$ é o módulo do vetor calculado por $\sqrt{x_1^2 + x_2^2 + \cdots + x_N^2}$ e β é o ângulo entre os vetores X_1 e X_2. Geometricamente, para o caso de vetores 2-dimensional, a interpretação geométrica do produto escalar é:

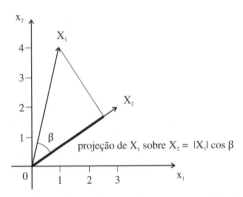

Figura C.9 – Interpretação geométrica do produto escalar dos vetores X_1 e X_2.

Olhando a figura anterior é imediato concluir que a projeção do vetor X_1 sobre o vetor X_2 vale:

$$proj_{X_2}^{X_1} = |X_1|cos\beta = \frac{X_1 X_2}{|X_2|} \tag{C.22}$$

Em outras palavras: a projeção de um vetor sobre outro vetor é proporcional ao produto escalar dos 2 vetores. Esses conceitos mencionados são necess.rios para o perfeito entendimento do que venha a ser núcleo do produto interno, que por sua vez foi um conceito importante para realizar transformações de um espaço N-dimensional para outro espaço M-dimensional, sendo $M \geq N$, que no espaço de destino é desejado executar determinadas operações difíceis ou impossíveis de serem feitas no espaço de origem. Essa é a lógica que justifica na Matemática a existência de tantas outras transformações, como a Transformada de Laplace, Transformada Z, Transformada de Fourier, para citar apenas as mais usadas.

440   *Inteligência artificial e aprendizagem de máquina: aspectos teóricos e aplicações*

Bem, voltemos ao nosso assunto do título desta subseção, mais especificamente para entender o papel do núcleo do produto escalar na Máquina de Vetor de Suporte vista no Capítulo 7, usado para transformar dados de entrada, que podem ser interpretados como vetores, em dados de características num espaço de destino, e assim permitir a separabilidade linear dos dados, ou seja, a sua classificação, antes impossível de ser realizada no espaço de entrada (origem).

Suponha um espaço de entrada (não esqueça de que este é o espaço de origem) de dimensão N, no qual são definidos 2 vetores $X_1 = [x_{11}\ x_{12}...x_{1N}]^T$ e $X_2 = [x_{21}\ x_{22}...x_{2N}]^T$, e que se deseja criar um procedimento de transformação para quaisquer outros vetores, para um outro espaço de dimensão M, com $M \geq N$.

Para realizar essa tarefa de transformação, vamos definir como núcleo uma expressão vetorial designada por $\mathcal{K}_{ji}$ (vem de *kernel*, em inglês, cuja tradução é núcleo em português), que possua o produto escalar entre os seus componentes da fórmula, isto é, $\mathcal{K}_{ji} = F(X_1 X_2)$, com X_1 e X_2 sendo N-dimensionais. Esse núcleo é que irá fornecer os valores das M novas coordenadas no espaço de destino, procedimento denominado de nucleação do produto escalar. Vamos escolher para gerador do núcleo (*kernel*), uma expressão existente na literatura chamada de polinomial (ver Tabela 7.2), dada por:

$$\mathcal{K}_{ij} = a\left(X_j^T X_i + b\right)^c$$

em que o espaço de entrada é $N = 2$ e as constantes a, b e c são definidas pelo usuário. Para simplicidade, sem perda de generalidade, vamos adotar a = 1 e c = 2, sem atribuir por enquanto um valor para a constante b. Desenvolvendo o produto escalar assim definido, virá:

$$\begin{aligned}
\mathcal{K}_{ji} &= \varphi^T(X_j)\varphi(X_i) = \left(X_j^T X_i + b\right)^2 \\
&= \left(\begin{bmatrix} x_{j1} & x_{j2} \end{bmatrix}\begin{bmatrix} x_{i1} \\ x_{i2} \end{bmatrix} + b\right)^2 \\
&= \left(x_{j1}x_{i1} + x_{j2}x_{i2} + b\right)^2 \\
&= x_{j1}^2 x_{i1}^2 + 2x_{j1}x_{i1}x_{j2}x_{i2} + x_{j2}^2 x_{i2}^2 \\
&\quad + 2bx_{j1}x_{i1} + 2bx_{j2}x_{i2} + b^2
\end{aligned}$$

(C.23)

A expressão do núcleo fornece a quantidade de coordenadas do novo espaço, isto é, fornece a dimensão M, assim como os valores de cada novo componente do vetor transformado no espaço de destino. Para obter M, basta avaliar a quantidade de parcelas da expressão de $\mathcal{K}_{ji}$, no caso em questão, M, que pode ser igual a 3, se $b = 0$, ou ser igual a 6, se $b \neq 0$, portanto, dependerá do valor que for atribuído à constante b.

Como o núcleo é fruto de um produto escalar, $\mathcal{K}_{ji} = \varphi^T(X_j)\,\varphi(X_i)$, é possível "descobrir" realmente quais são os vetores transformados de cada vetor original (entrada),

Fundamentos de matemática   441

que são os vetores denominados de $\varphi(X_j)$ e $\varphi(X_i)$. Olhando a Equação (C.23) e fazendo uma decomposição de seus termos, um a um, tem-se que os componentes dos vetores transformados $\varphi(X_j)$ e $\varphi(X_i)$ são:

$$\varphi(X_j) = \begin{bmatrix} x_{j1}^2 & \sqrt{2x_{j1}x_{j2}} & x_{j2}^2 & \sqrt{2bx}_{j1} & \sqrt{2bx}_{j2} & b \end{bmatrix}^T$$

$$\varphi(X_i) = \begin{bmatrix} x_{i1}^2 & \sqrt{2x_{i1}x_{i2}} & x_{i2}^2 & \sqrt{2bx}_{i1} & \sqrt{2bx}_{i2} & b \end{bmatrix}^T$$

Exemplificando numericamente, vamos adotar b = 0 e substituir os valores dos componentes dos vetores de entrada $X_j = [1\ 4]^T$ e $X_i = [3\ 2]^T$, que resultará em:

$$\varphi(X_j) = \begin{bmatrix} [1 & 4\sqrt{2} & 16] \end{bmatrix}^T$$

$$\varphi(X_j) = \begin{bmatrix} 9 & 6\sqrt{2} & 4 \end{bmatrix}^T$$

Observe que o produto escalar $\varphi_j^T \varphi_i$ apresenta o seguinte valor:

$$\varphi_j^T \varphi_i = \begin{bmatrix} 1 & 4\sqrt{2} & 16 \end{bmatrix} \begin{bmatrix} 9 \\ 6\sqrt{2} \\ 4 \end{bmatrix} = 121$$

que corresponde exatamente ao mesmo valor do núcleo $\mathcal{K}_{ji}$ fornecido pela Equação (C.23), evidentemente, já que a construção dos vetores φ foi feita com base na expressão algébrica do núcleo (*kernel*) escolhido.

Resumindo, a interpretação do exemplo apresentado, é a seguinte

- é uma transformação do espaço 2-dimensional para um espaço 3-dimensional, devido à escolha de $b = 0$; se b fosse feito diferente de zero, então a transformação seria de 2-dimensional para 6-dimensional;

- a imagem de $X_1 = [1\ 4]^T$ no novo espaço 3-dimensional é $\varphi(X_j) = \begin{bmatrix} 1 & 4\sqrt{2} & 16 \end{bmatrix}^T$ e a imagem de $X_1 = [3\ 2]^T$ é $\varphi(X_j) = \begin{bmatrix} 9 & 6\sqrt{2} & 4 \end{bmatrix}^T$;

- o produto escalar $X_j^T X_i = 11$ e o correspondente núcleo do produto escalar $\varphi_j^T \varphi_i = 121$, significando que a transformação polinomial introduziu uma relação quadrática fixa entre os produtos escalares dos vetores de entrada e suas respectivas imagens;

- a projeção do vetor X_j sobre o outro vetor X_i, no espaço de entrada (origem), também manteve a relação quadrática, quando comparada com a respectiva projeção das imagens no espaço de destino;

- existe uma relação matemática bem definida entre os espaços de entrada e de destino, e vice-versa, que é definida pelo núcleo da transformação $\mathcal{K}_{ji} = \varphi^T(X_j)\,\varphi(X_i)$ escolhido pelo usuário, devendo atender a finalidade para a qual será aplicada.

Evidentemente, caso a constante b do núcleo polinomial seja escolhida como $b \neq 0$, a interpretação em questão mantém-se válida, lógico, obedecendo as devidas alterações numéricas causadas por se ter adotado um valor de b não nulo.

C.11 OTIMIZAÇÃO NUMÉRICA

Na maioria das tarefas a serem executadas, o sucesso na sua execução frequentemente passa pela escolha do que possa vir a ser a melhor alternativa, entre as várias possibilidades existentes.

Nas situações em que é necessário escolher uma entre várias alternativas possíveis, as ferramentas matemáticas que irão ajudar na definição da melhor opção são chamadas de técnicas ou métodos de otimização.

Principalmente quando se trata de agir de modo inteligente, a otimização é um comportamento característico na execução de qualquer tarefa, em que se busca a melhor solução para um determinado problema.

Em várias partes deste livro foram utilizadas algumas das técnicas de otimização existentes na literatura especializada, sendo que as técnicas usadas encontram-se relacionadas a seguir, segundo um critério que vai da mais simples (provavelmente também mais usada) para a mais complexa, que são:

- Método dos Mínimos Quadrados (MMQ), em inglês, *Least Mean Squares* (LMS)

Geometricamente falando, esse método determina qual é a superfície que minimiza a soma dos quadrados das distâncias euclidianas, dos diversos pontos representados pelas suas coordenadas cartesianas, em relação à citada superfície no espaço euclidiano.

Existem duas maneiras de operacionalizar o MMQ: na sua versão estatística (ver Subitem 8.2.1.1) e na sua versão matricial (ver Subitem 8.2.1.2). Essas duas versões constituem maneiras diferentes de implementar o mesmo método, já que ambos procuram minimizar uma função custo quadrática, que representa uma distância euclidiana.

- Método da Descida do Gradiente (*Gradient Descent*)

A sua grande aplicação na Inteligência Artificial (IA) encontra-se nas Redes Neurais Artificiais (RNA), constituindo-se na base matemática do algoritmo da Propagação do Erro (*Error Backpropagation*), que, pelas razões expostas em capítulos sobre o assunto, foi um marco importante para a abordagem conexionista e, por que não dizer, para o sucesso de toda a IA.

Esse método de otimização diferencia-se do MMQ, embora a função custo possua a mesma forma de uma função quadrática, pois o método de minimização da Descida

Fundamentos de matemática

do Gradiente baseia-se na busca direcional do vetor gradiente (ver Subitem 3.4.1, Figura 3.20)

- Algoritmo Genético (AG)

Já o método de classificação e otimização AG foi tratado em um capítulo específico deste livro (Capítulo 5), pela sua importância como uma ferramenta de otimização global. É importante destacar o caráter estocástico do AG, única ferramenta entre as mencionadas que possui esta característica, garantida pelo seu aspecto aleatório e variante, etapa a etapa, durante todo o processo de busca da melhor solução.

C.12 CONCLUSÕES

As fórmulas e as deduções matemáticas apresentadas neste apêndice têm a finalidade de possibilitar uma melhor compreensão de alguns conteúdos tratados neste livro, oferecendo assim um acesso rápido para os leitores que, por um motivo ou outro, não tiveram contato recente com esses tópicos da Matemática ou não disponibilizam de imediato de uma fonte de consulta confiável, embora este não seja um requisito imprescindível para aqueles que pretendem apenas entender como funciona a área da Inteligência Artificial e da Aprendizagem de Máquina.

A Matemática, no meu modesto ponto de vista, com os seus números e fórmulas, é a única Ciência capaz de dar forma ao pensamento, transformando fenômenos visíveis e invisíveis em algo perfeitamente compreensível, portanto, crível. Ela, se provar que um evento é falso, então certamente não existe!

Referências

Adetona, O., Sathananthan, S. e Keel, L. H. (2001). *Robust nonlinear adaptive control using neural networks*. In: *Proc of the American Control Conference* (pp. 3884-3889) Arlington.

Aguirre, L. A. (2007). *Introdução à identificação de sistemas: técnicas lineares e não-lineares aplicadas a sistemas reais* (3a ed). UFMG.

Alammar, J. (2018). *The illustrated transformer*. https:/jalammar.github.io//illustrated-transformer/

Aleksander, I., & Morton, H. (1991). *An introduction to neural computing*. Chappman & Hall.

Åström, K. J., & Wittenmark, B. (1990). *Computer-controlled systems* (2a ed.). Prentice-Hall International.

Bengio, Y., LeCun, Y., & Hinton, G. (2021). Deep learning for AI. *Communications of the ACM, 64*(7).

Cichocki, A., & Unbehauen, R. (1993). *Neural networks for optimization and signal processing*. John Wiley & Sons.

Costa Neto, P. L. O., & Cymbalista, M. (1974). *Probabilidades*. Blucher.

Damasceno, N. C., & Gabriel Filho, O. (2017). PI controller optimization for heat exchanger through metaheuristics bat algorithm, particle swarm optmization, flower pollination algorithm and cuckoo search algorithm. *IEEE Latin America Transactions, 15*(9), 1801-1807. http://doi.org/10.1109/TLA.2017.8015088

Demuth, H., & Beale, M. (1992). *Neural network toolbox user's guide*. The Math Works.

Friedlander, A. (1994). *Elementos de programação não-linear*. UNICAMP.

Gabriel Filho, O. (1996). *Um esquema de controle adaptativo neural com treinamento em tempo real*. [Dissertação de Mestrado Universidade Federal do Rio Grande do Norte].

Gabriel Filho, O. (2004). *Contribuições à análise de robustez de sistemas de controle usando redes neurais*. [Tese de Doutorado, Universidade Federal do Rio Grande do Norte].

Gabriel Filho, O. (2020). Robustness evaluation of an indirect neural control system. *Researchgate*. http://doi.org/10.13140/RG.2.2.26035.25120

Geman, S., Bienenstock, E. e Doursat, R. (1992). *Neural Networks and the Bias/Variance Dilemma*. Neural Computation 4, 1-58, Massachusetts Institute of Technology.

Goldberg, D. E. (1989). *Genetic algorithms in search, optimization, and machine learning*. Addison-Wesley Publishing Co.

Hamming, R. W. (1950). *Error detecting and error correcting codes*, In *The Bell System Technical Journal*, 29(2), 147-160. http://doi.org/10.1002/j.1538-7305.1950.tb00463.x

Harris, S. (1994). *Cyberlife*. Berkeley.

Hastie, T., Tibshirani, R., & Friedman, J. (2009). *The elements of statistical learning – data mining, inference, and prediction* (2nd ed.). Springer.

Haykin, S. (2001). *Redes Neurais*. Artmed.

Hebb, D. (1949). *The organization of behavior: a neuropsychological theory*. Psychology Press.

Hecht-Nielsen, R. (1989). *Theory of the backpropagation neural network*. In Proc. IJCN'89, I-593/I-605.

Jang, J.-S. R., Sun, C.-T., & Mizutani, E. (1997). *Neuro-fuzzy and soft computing a computacional approach to learning and machine intelligence*. Prentice Hall.

Keller, R. (1991). *Tecnologia de sistemas especialistas: desenvolvimento e aplicação*. Makron, McGraw-Hill.

Kovács, Z. L. (1996). *Redes neurais artificiais – fundamentos e aplicações*. Edição Acadêmica da USP.

Lanier. J. (2022). Entrevista publicada em 17/05/2022, feita por Marisa Adán Gil, Mountain View, Califórnia, USA.

LeCun, Y., Bottou, L., Bengio, Y. e Haffner, P. (1998). Gradiente-based learning applied to document recognition. *Journals & Magazines, Proceedings of the IEEE, 86*.

Levin, A. U., & Narendra, K. S. (1996). Control of nonlinear dynamical systems using neural networks. *IEEE Transactions on Neural Networks, 7*(1), 30-42.

Lippmann, R. P. (1987). An introduction to computing with neural nets. *IEEE ASSP Mag., 4*(2), 4-22.

Referências

Lucena, P. B. (2005). *Análise de um controlador baseado no jacobiano estimado da planta através de uma rede neural*. [Dissertação de Mestrado, Universidade Federal do Rio Grande do Norte].

Lyung, L. (2007). *System identification theory for the user* (2a ed.). Prentice Hall.

Maitelli, A. L., & Gabriel Filho, O. (1996). *Um esquema de controle adaptativo neural com treinamento "on-line", 7º Congreso Latinoamericano de Control Automatico-LACC· IFAC, 2*, 887-892.

McCarthy, J. (1963). A basis for a mathematical theory of computation. *Elsevier, 26.* https://doi.org/10.1016/S0049-237X(09)70099-0

McCulloch, W. S., & Pitts, W. H. (1943). A logical calculus of the ideas immanent in nervous activity. *Bulletin of Mathematical Biophysics, 5*, 115-133.

Miller, G., Keyser, S. J. e Walker, E. (1978). *State of the Art Report*. Fundação Sloan.

Minsky, M. (1967). Computation. Finite and Infinite Machines. Englewood Cliffs, Prentice-Hall. *Library of Congress Catalog Card*, 67-12342.

Minsky, M., & Papert, S. (1988). *Perceptrons – an introduction to computational geometry* (Edição expandida de 1969). Massachusetts Institute of Technology.

Mitchell, T. M. (1997). *Machine learning*. McGraw-Hill.

Narendra, K. S., & Parthasarathy, K. (1990). Identification and control of dynamical system using neural networks. *IEEE Transactions on Neural Networks, 1*(1), 4-27.

Nascimento, C. L., Jr., e & Yoneyama, T. (1997). *Inteligência artificial em automação e controle* (Versão 2). ITA.

Newell, A., & Simon, H. A. (1976). Computer science as empirical enquiry: symbols and search. *Communications of the ACM, 19*, 113-126.

Nφrgaard, M., Rvn, O., Poulse, N. K., & Hansen, L. K. (2001). *Neural networks for modelling and control of dynamic systems*. Springer.

Pansalkar, V. V., & Sastry, P. S. (1994). Analysis of the back-propagation algorithm with momentum. *IEEE Transactions on Neural Networks,5*(3), 505-506.

Rich, E., & Knight, K. (1994). *Inteligência Artificial*. Makron Books do Brasil.

Rosenblatt, F. (1962). *Principles of neurodynamics: perceptrons and the theory of brain mechanisms*. Spartan Books.

Rumelhart, D., McClelland, J. & PDP Research Group. (1986). *Parallel distributed processing*. MIT Press.

Slotine, J. J. E., & Li, W. (1991). *Applied nonlinear control*. Prentice-Hall.

Takagi, T., & Michio S. (1985). Fuzzy identification of systems and its applications to modeling and control. *IEEE Transactions on Systems, Man, and Cybernetics*, 116-132.

Thorndike, E. L. (1911). *Animal intelligence.* The Macmillan company.

Vaswani, A. et al. (2017). Attention is all you need. arXiv:1706.03762v5 [cs.CL].

Yang, J. et al. (2023). *Harnessing the power of LLMs in practice: a survey on chat GPT and beyond.* arXiv: 2304.13712v2 [cs.CL].

Zurada, J. M. (1992). *Introduction to artificial neural systems.* West Publishing Company.

Índice remissimo

A

acurácia, 210, 211, 212

algoritmo de recomendação, 300

algoritmo evolucionário, 163, 164, 166

algoritmo genético, 146, 166, 179, 181, 377, 378, 381, 443

    avaliação da população, 172

    condições de parada, 184

    fluxograma básico, 166

    inicialização da população, 171, 378

    inversão, 180, 182, 183, 380

    método da roleta, 380

    mutação, 180, 181, 182

    recombinação, 164, 180, 181

    representação cromossômica, 167, 168, 169, 170, 171, 185, 378, 418, 449

    reprodução, 42, 134, 163, 164, 178, 179, 180, 181, 185, 186, 380, 381

    rotação, 180, 183, 184

    seleção, 27, 163, 164, 166, 176, 177, 178, 179, 180, 185, 186, 380

alocação dinâmica de tarefas independentes, 377, 379, 381, 385, 387, 389, 391, 393

análise discriminante linear, 221, 222

aprendizagem

    dedutiva, 47

    direta, 47

    indutiva, 47

    não supervisionada, 110, 111, 188, 189, 195, 196, 197, 217

    por analogia, 47

    por descoberta, 47

    por exemplo, 47

    por instrução, 47

    por reforço, 111, 189, 195, 198, 199

    profunda, 35, 37, 132, 137, 146, 149, 150, 160, 161, 196

    supervisionada, 110, 111, 112, 188, 189, 195, 198, 217

aprendizagem de máquina,

    automática, 199, 202

    avaliação, 36, 55, 172, 173, 175, 184, 185, 208, 209, 212, 217, 379, 381, 386, 389

    especificidade, 35, 209, 210, 212, 213, 214, 215, 435,

    estabilidade, 33, 68, 119, 132, 193, 328, 331, 333, 335, 337, 346, 347, 355, 356, 357, 358, 361, 362, 370, 376

    etapas, 47, 67, 81, 84, 166, 187, 188, 192, 199, 202, 313, 315, 318, 326, 333, 385

    fontes de incerteza, 217, 218

    matriz de confusão, 209, 210, 213, 434, 435

    métricas, 208, 209, 210, 211, 212, 215, 284, 435

    não supervisionada, 110, 111, 188, 189, 195, 196, 197, 217

    pipeline, 189, 190, 199, 200, 201

    pontuação da perda logarítmica, 215, 216

    pontuação F1, 210, 212, 213

    por reforço, 111, 189, 195, 198, 199

    precisão, 24, 81, 165, 167, 168, 210, 211, 212, 213, 326, 435

    robustez, 33, 193, 353, 376

    sensibilidade, 210, 212, 213, 214, 215, 268, 435

    sobreajuste, 34, 129, 130, 131, 203, 204, 205, 206, 207, 350

    subajuste, 34, 129, 130, 160, 203, 204, 205, 206, 207, 350

supervisionada, 110, 111, 112, 188, 189, 195, 198, 217

teste, 34, 95, 129, 130, 190, 194, 203, 204 ,207, 209, 213, 214, 215, 126, 296, 297, 298, 299, 421, 434, 435, 436

aproximador universal de funções, 131, 148, 349, 376

árvore de decisão, 196, 218, 219, 281, 282, 283, 286, 287, 290, 292, 293, 294, 299, 300

Bagging, 294

Boosting, 294

Boosting Gradiente, 294

Boosting Gradiente Extremo, 294

Floresta Randômica, 294

atenção, 24, 39, 118, 173, 178, 217, 225, 226, 276, 308, 325, 385, 391, 392, 394, 410

autorregressivo, 332, 334, 355, 356, 393

B

Backpropagation, ver propagação retroativa do erro

base de regras *fuzzy,* 304

base de conhecimento, 45, 46, 51

batching, ver entrada em lote

Bayes ingênuo, 196, 218, 276, 277, 278, 279, 281, 299, 300

bias, ver desvio

busca, 29, 31, 35, 36, 38, 45, 48, 51, 98, 116, 126, 164, 165, 166, 167, 171, 185, 186, 197, 295, 299, 381, 394, 418, 422, 442, 443

C

caixeiro-viajante, 29, 30, 31, 169

caminho, 29, 30, 294

cibernética, 27

classificação, 23, 27, 32, 33, 38, 80, 82, 98, 132, 135, 137, 142, 144, 146, 147, 148, 161, 164, 166, 185, 189, 190, 191, 194, 195, 197, 202, 203, 205, 508, 209, 210, 213, 215, 219, 222, 224, 225, 227, 230, 231, 232, 235, 240, 241, 242, 243, 245, 248, 259, 261, 262, 276, 277, 279, 281, 294, 295, 300, 316, 336, 383, 385, 390, 400, 432, 440, 443 código Gray, 171, 186, 387, 417, 418, 419, 420, 422

   conversão de decimal-Gray, 171, 186, 387, 417, 418, 419, 420, 422

   conversão de Gray-decimal, 171, 186, 387, 417, 418, 419, 420, 422

complementação,

   operação *fuzzy*, 61, 64

complexidade de um problema, 31

computação evolucionária, 163, 164, 165

conhecimento,

   aquisição, 44, 47, 48

   base de, 45, 46, 51

   declarativo, 43

   episódico, 43

   especializado, 41, 44

   procedural, 43, 52

   representação, 26, 48, 50

   semântico, 43

contexto,

controlador *fuzzy*, 303, 306, 307

   braço do disco rígido (HD), 306, 307, 308, 311, 313

   proporcional (P), 304, 305

   proporcional-derivativo (PD), 305, 307

   proporcional-integral (PI), 304, 305

   proporcional-integral-derivativo (PID), 304, 305

controle *fuzzy*, 303, 312, 313

controle híbrido indireto, 362, 363, 364, 370, 371, 372

controle neural indireto, 362, 363, 368, 372, 373, 374

convolução discreta, 138, 142, 144

crisp, 62, 63, 66, 67, 69, 74, 76, 79, 323, 326

crossover, ver algoritmo genético: recombinação

Índice remissimo

453

D

deep learning, ver aprendizagem profunda

defuzzificação, 67, 82, 84, 313, 315, 320, 326

    centro de Gravidade, 74, 75, 76, 77, 78, 79, 82, 83, 321, 322, 326, 423

    centro de Massa, 74, 75, 321

    centro dos máximos, 74, 77, 78, 311, 321

    centroide, 74, 75, 321

    intervalar, 80, 81, 82, 84, 86, 313

    média dos máximos, 74, 78, 321

    máx-min, 74, 82, 84, 85, 311, 320, 321, 324, 326

    Takagi-Sugeno-Kang, 84, 86, 313, 315, 320, 322, 326, 447

desaparecimento do gradiente, 158, 159, 160

descida do gradiente, 116, 126, 127, 150, 151, 156, 190, 294, 368, 402, 404, 406, 410, 442

desvio, 96, 97, 195, 206, 207, 224, 232, 437

distância euclidiana, 228, 295, 296, 298, 442

distância Hamming, 31, 186, 417, 422

distribuição gaussiana, 279, 437, 438

E

embedding, ver incorporação

engenheiro do conhecimento, 47

entrada em lote, 120, 121

entrada individual, 120

entropia, 111, 197, 284, 285, 286, 288, 289, 290, 292, 293

equação da reta por 2 pontos, 181, 183, 240, 380, 423, 424

equação de diferenças, 191, 327, 328, 362

erro de generalização, 129, 130, 195, 203, 204, 205, 207, 344, 345, 346, 350

erro de treinamento, 98, 129, 130, 157, 159, 194, 203, 204, 205, 207, 344, 345, 350

error backpropagation, ver propagação retroativa do erro

espaço 29, 33, 43

    de estado, 29, 45, 48

linearmente separáveis, 113, 131, 135, 231, 235, 241, 243, 247, 248, 249, 250, 251, 252, 258, 438

não linearmente separáveis, 113, 131, 135, 231, 235, 241, 243, 247, 248, 249, 250, 251, 252, 258, 438

especialista, 24, 44, 45, 46, 47, 55, 58, 60, 64, 66, 67, 71, 80, 95, 134, 189, 195, 198, 222, 243, 251, 288, 294, 303, 304, 308, 309, 315, 316

especificidade, 210, 212, 2132, 214, 215, 435

estabilidade, 33, 68, 119, 132, 193, 328, 331, 333, 335, 337, 346, 347, 355, 356, 357, 358, 361, 362, 370, 376

estado, 24, 29, 48, 50, 71, 105, 158, 248, 294, 374

estratégias evolucionárias, 164

estrutura de símbolos, 42

estruturas de escaninho-e-preenchimento, 48, 50

eta-adaptativo, 157

expert system, ver sistema especialista

explosão combinatória, 30, 31

F

fato, 38, 41, 43, 48, 74, 79, 80, 108, 110, 113, 114, 119, 135, 138, 149, 208, 211, 219, 238, 249, 256, 276, 281, 294, 307, 326, 330, 331, 334, 336, 347, 350, 355, 361, 370, 387, 400

filtro convolucional, 138, 196, 202, 393

footprint, ver mancha de incerteza

frame, ver quadro

função de pertinência, 56, 57, 58, 59, 60, 63, 68, 69, 70, 71, 76, 80, 82, 83, 317, 320, 323, 324, 325, 326, 423

    gaussiana, 70, 71

    triangular, 68, 70, 71

    trapezoidal, 67, 68, 70

função de ativação do neurônio, 35, 91, 97, 98, 157, 269, 274, 368, 384, 399, 400

    limiar, 92, 93, 99, 100, 397, 400

    linear, 100, 149, 152, 153, 154, 160, 161, 349, 365, 368, 384

    logística, 33, 99, 101, 271, 274, 426

Índice remissimo

sigmoide bipolar, 99, 102, 102, 103, 104, 150, 158, 365, 370, 426, 428, 429

sigmoide unipolar, 33, 99, 101, 102, 104, 105, 150, 271, 272, 274, 426, 427

tangente hiperbólica, 99, 102, 104, 150, 158, 160, 161, 349, 365, 428

unidade linear, 132, 152, 153, 154, 155

ELU, 152, 155, 156, 158

ReLU, 132, 143, 152, 153, 158, 160, 161

SeLU com vazamento, 154, 155

SeLU paramétrica, 153, 160, 161

função discriminante, 224, 225, 226, 227, 228, 235, 240, 241, 242, 245, 250, 255, 256, 258

função logit, 272, 276

fuzzificação, 66, 67, 68, 69, 81, 82, 84, 313, 315, 318, 319, 326

intervalar, 81

fuzzy association matrix, ver matriz associativa *fuzzy*

fuzzy logic, ver lógica *fuzzy*

G

ganho de informação, 284, 290, 291, 293

grau de pertinência, 56, 57, 58, 59, 60, 66, 67, 69, 71, 72, 75, 77, 80, 84, 85, 313, 318, 319, 322, 323, 326, 424

H

heurística, 30, 43, 126, 191

hiperparâmetro, 190, 191, 192, 193, 295, 391

hiperplano, 221, 223, 224, 225, 227, 228, 229, 230, 231, 232, 233, 234, 236, 238, 241, 242, 245, 246, 247, 248, 250, 256, 257, 258, 263

I

identificação de sistemas, 131, 148, 160, 327, 328, 351, 352, 353, 376, 445 incorporação, 97, 236, 385, 386, 388, 390

indústria 4.0, 35, 37

inferência,

  critério VSSS, 72

  intervalar, 82

  Lukasiewicz, 73, 320

  Mín de Mamdani, 71, 72, 74, 75, 76, 82, 84, 85, 310, 311, 313, 320, 324, 325, 326

  produto de Monblad e Östergaard, 73, 320

integral definida, 430

inteligência artificial,

  conexionista, 133

  evolucionista, 185

  interface, 45, 271

  simbólica, 41

internet das coisas (IoT), 35, 37

interseção, 60, 61, 64, 66, 72, 294

  operação *fuzzy*, 60, 61, 64, 66, 72, 294

J

jogo da velha, 29, 49

K

knowledge based systems, ver sistemas baseados no conhecimento

k-vizinhos mais próximos, 193, 196, 295, 298, 299, 300

k-*nearest neighbors*, ver k-vizinhos mais próximos

L

large language model, ver modelo grande de linguagem

least minimum squares, ver método dos mínimos quadrados

Least Minimum Squares, ver Método dos mínimos Quadrados

limiar de operação, 90, 91, 92, 93, 94, 95, 96, 97, 159, 354, 367, 398, 399, 401

linearidade, 221, 424, 425

lógica

de predicados, 48, 49

fuzzy, 55, 64, 66, 67, 72, 76, 80, 81, 84, 86, 303, 313, 423

fuzzy clássica, 55, 80, 81, 82, 86

fuzzy do tipo 1, 55, 80

fuzzy do tipo 2, 80, 86, 313

fuzzy intervalar, 80, 82, 83, 86

logit, 272, 276

log-loss score, ver aprendizagem de máquina: pontuação da perda logarítmica

M

Machine learning, ver aprendizagem de máquina

mancha de incerteza, 80

máquina,

de vetor de suporte (SVM), 196, 218, 219, 221, 222, 231, 232, 235, 238, 241, 244, 246, 250, 252, 256, 257, 258, 259, 438, 440

linear de distância mínima, 221, 222, 228, 259

matriz associativa *fuzzy*, 309, 310, 316

matriz de confusão, 209, 213, 434, 435

mecanismo de inferência, 45, 46, 48, 197

média, 30, 33, 40, 41, 44, 48, 57, 58, 59, 60, 69, 72, 74, 75, 80, 82, 84, 86, 109, 110, 111, 115, 126, 127, 143, 144, 146, 148, 157, 159, 164, 169, 184, 189, 193, 202, 208, 212, 224, 232, 252, 265, 269, 276, 277, 282, 316, 318, 319, 321, 325, 326, 328, 334, 341, 346, 349, 356, 357, 362, 370, 380, 387, 393, 401, 405, 406, 407, 408, 410, 411, 412, 418, 429, 431, 432, 435, 437, 439, 443

meio ambiente, 27, 28, 43, 95, 134, 187, 188

meta-heurística, 27, 38, 186, 197

método dos mínimos quadrados, 147, 191, 262, 264, 268, 270, 343, 401, 442

métricas de informação, 284

mínimo local, 126, 127, 191

modelagem,

    de sistemas, 33, 34, 99, 131, 350

    experimental, 33, 34, 206, 327, 328, 331, 342, 351, 376

        estabilidade, 33, 68, 119, 132, 193, 328, 331, 333, 335, 337, 346, 347, 355, 356, 357, 358, 361, 362, 370, 376

        estruturas, 42, 47, 48, 50, 119, 141, 164, 218, 293, 328, 335, 346, 347, 358, 361, 376, 387, 392

modelo,

    de predição, 203, 209, 215, 331, 335

    erro na equação, 327, 328, 329, 332, 334, 338

    erro na saída, 328, 329, 330, 336, 358, 360

modelo grande de linguagem, 384, 387

modelo matemático, 32, 34, 96, 188, 190, 191, 206, 208, 222, 225, 240, 256, 265, 269, 304, 305, 307, 324, 329, 330, 332, 342, 351, 365, 384

modelo polinomial,

    ARMAX, 191, 332, 334, 336, 338, 352

    ARX, 191, 332, 334, 336, 338, 352

    BJ, 191, 332, 334, 336, 338, 352

    FIR, 191, 332, 334, 336, 338, 352

    OE, 191, 332, 334, 336, 338, 352

modus ponens, 71

morte do neurônio, 154, 159

multilayers perceptron, ver *perceptron* de múltiplas camadas

N

neurônio,

    biológico, 88

    McCulloch e Pitts, 89, 90, 92, 93, 97, 98, 99, 106, 112, 133, 135, 222, 225, 384, 397, 398, 400

    RAM, 89, 104, 105, 106, 113, 196

Índice remissimo

norma euclidiana, 233, 234, 236

nucleação do produto escalar, 248, 249, 440

O

one-hot, 388, 389, 390

otimização numérica, 27, 190, 442

overfitting, ver sobreajuste

P

palavra, 23, 28, 198, 215, 385, 388, 389, 391, 438

parâmetro, 27, 133, 143, 149, 164, 165, 173, 175, 187, 189, 190, 191, 192, 193, 194, 195, 201, 208, 221, 249, 264, 265, 267, 268, 269, 273, 278, 328, 329, 330, 331, 332, 333, 335, 337, 340, 352, 353, 354, 355, 357, 358, 360, 361, 365, 367, 379, 383, 384

perceptron de múltiplas camadas, 109, 196

perceptron de Rosenblatt, 221, 222, 228, 259, 397, 400

peso sináptico, 90, 96, 97, 98, 111, 112, 115, 122, 133, 150, 151, 156, 157, 158, 159, 160, 223, 354, 368, 399, 400, 401, 402, 403

piloto automático *fuzzy*, 86, 315, 317

pipeline, 189, 190, 199, 200, 201

pontuação da perda logarítmica, 215, 216

pontuação F1, 210, 212, 213

precisão, 24, 81, 165, 167, 168, 210, 211, 212, 213, 326, 435

predição, 23, 32, 34, 35, 98, 132, 135, 137, 142, 146, 147, 189, 190, 194, 196, 202, 203, 204, 205, 208, 209, 215, 216, 219, 259, 261, 262, 268, 270, 281, 282, 299, 327, 329, 330, 331, 332, 333, 335, 341, 342, 343, 345, 346, 347, 352, 353, 383, 384, 391

preditor,

ARMAX, 335, 336, 357

ARX, 332, 333, 344, 345

BJ, 328, 329, 338, 339, 340, 346, 347, 360

FIR, 328, 329, 330, 331, 332, 333, 341, 346, 347, 353, 354

OE, 328, 329, 336, 337, 338, 346, 347, 358, 360

princípio de Hebb, 111, 399, 400

produto,

    escalar, 248, 249, 253, 438, 439, 440, 441

    interno, ver produto escalar

programação,

    evolucionária, 164

    genética, 164

projeto de um sistema *fuzzy*, 67, 74

propagação retroativa do erro, 38, 99, 111, 112, 113, 116, 119, 133, 135, 143, 146, 362, 363, 370, 372, 384, 391, 397, 403, 406, 410, 415

    algoritmo, 119, 121, 123, 126, 127, 128, 131, 133, 135

Q

quadro, 51, 52, 346, 347

R

Raciocínio,

    aproximado, 55, 58, 59

    bidirecional, 48

    exato, 55, 56, 57

    para frente, 48

    para trás, 48, 50

realidade virtual, 28, 34, 133

recall, ver sensibilidade

reconhecimento de padrões, 31, 32, 33, 35, 45, 106, 112, 113, 132, 137, 147, 148, 149, 460, 164, 187, 191, 196, 231, 295, 385

rede neural autorregressiva 355, 356, 357, 370

    com entradas exógenas (NNARX), 332, 355, 370

    com média móvel e entradas,

        exógenas (NNARMAX), 334, 356, 357

Índice remissimo 461

redes neurais,

    artificiais, 27, 35, 38, 87, 90, 97, 106, 110, 112, 113, 114, 131, 134, 135, 137, 149, 150, 152, 161, 195, 196, 218, 221, 225, 262, 271, 348, 349, 352, 361, 363, 370, 376, 385, 397, 399, 403, 415, 442, 446

    controle híbrido indireto, 362, 363, 364, 370, 371, 372

    controle neural indireto, 362, 363, 368, 372, 373, 374

    convolucionais, 39, 137, 142, 161, 202, 218, 393

    multicamadas, 107, 109, 110, 113, 119, 120, 130, 131, 132, 133, 145, 146, 349, 352, 376, 403, 404, 406

    profundas, 135, 148, 383, 384, 393

    rasas, 148, 149, 150

    recorrentes, 107, 108, 393

rede neural,

    Box-Jenkins (NNBJ), 360

    com erro na saída (NNOE), 329, 358

    com resposta finita ao,

        impulso (NNFIR), 353, 354

rede semântica, 50, 51

regra da cadeia, 366, 402, 407, 408, 411, 412, 413, 429, 430

regra de inferência, 37, 71, 72, 73, 85, 304, 305, 306, 307, 310, 319, 320, 323, 324, 325

regra de produção, 48, 64, 71, 86, 134

regra de Widrow-Hoff, 112, 403, 415

regra Delta, 112, 113, 397, 400, 401, 402, 403, 408, 411, 415

regressão,

    linear, 100, 147, 196, 262, 264, 265, 267, 268, 269, 270, 299, 300

    logística, 33, 196, 269, 270, 271, 274, 275, 300

regressores, 191, 328, 329, 331, 333, 335, 337, 340, 341, 343, 345, 346, 353, 392

revocação, ver sensibilidade

robótica, 28

robustez, 33, 193, 353, 376

roteiro, 48, 50, 52, 53, 54, 181, 192

roullete wheel, ver algoritmo genético: método da roleta

S

script, ver roteiro

sensibilidade, 210, 212, 213, 214, 215, 268, 435

senso comum, 41, 44, 45

símbolo, 26, 41, 48, 56, 72, 91, 96, 115, 224, 233, 269, 278, 282, 240, 379, 399, 401, 432, 438, 439

simulação, 19, 327, 329, 330, 331, 333, 335, 337, 339, 341, 342, 343, 345, 347, 370, 371, 372, 373

sinapse, 26, 88, 89, 111, 112, 134, 453

single, ver entrada individual

singleton, 326

sistema,

baseado no conhecimento, 26, 41, 42, 44

de símbolos físicos, 41, 42

fuzzy, 66, 67, 68, 71, 73, 74, 77, 81, 84, 310, 313, 318

sistema especialista, 44

componentes, 45, 46

sistemas classificadores, 164

sistemas generativos, 39, 391, 392

sobreajuste, 34, 129, 130, 131, 203, 204, 205, 206, 207, 350

subajuste, 34, 129, 130, 160, 203, 204, 205, 206, 207, 350

suppot vector machine, ver máquina de vetor de suporte

T

Takagi-Sugeno-Kang, 84, 86, 313, 315, 320, 322, 326, 447

teorema de Bayes, 213, 214, 277, 432, 433, 435, 436

teoria 23, 27, 39, 55, 56, 57, 58, 59, 64, 66, 67, 113, 132, 163, 164, 197, 208, 313, 333, 335, 357, 358, 361, 415

clássica dos conjuntos, 55, 56

criacionista, 23

dos conjuntos *fuzzy*, 55, 58, 59, 64

evolucionista, 23, 39, 86, 163

threshold, ver limiar de operação

token, ver palavra

*token*ização, 385, 386, 387, 389

transformador, 385, 391, 392, 393

transformer, ver transformador

U

underfitting, ver subajuste

união 60, 64, 73, 74

operação *fuzzy*, 60, 64, 73, 74

universo de discurso, 56, 58, 68, 69, 73, 81, 308, 316

V

variância, 115, 193, 206, 207, 276, 277, 295, 329, 341, 346, 431, 432, 437

variável linguística, 63, 80, 320

GRÁFICA PAYM
Tel. [11] 4392-3344
paym@graficapaym.com.br